《运筹与管理科学丛书》编委会

主　编：袁亚湘

编　委：(以姓氏笔画为序)

　　　　叶荫宇　刘宝碇　汪寿阳　张汉勤

　　　　陈方若　范更华　赵修利　胡晓东

　　　　修乃华　黄海军　戴建刚

运筹与管理科学丛书 39

最优投资决策：
理论、模型和算法

叶中行 赵 霞 著

科学出版社

北 京

内 容 简 介

本书聚焦数理金融领域中最优投资决策的理论、模型和算法,在详细介绍马科维茨均值-方差最优资产组合理论模型的基础上,对该模型的约束条件、协方差矩阵、风险度量、多周期优化、效用优化、组合结构(股票加债券)和概率分布假设等做了多层次、多方面的推广,并探究了模型的几何意义,最后介绍了均值-协方差的数值估计算法与约束优化的单点和群体搜索算法,丰富了现代投资理论、模型和方法.

本书是一本研究型的教学用书,内容丰富,特色鲜明,既适合高等院校数学、统计学、经济学(含金融数学)等专业的本科生和研究生作为教材使用,也可以作为金融实务人员的参考用书.

图书在版编目(CIP)数据

最优投资决策:理论、模型和算法/叶中行,赵霞著. —北京:科学出版社, 2024.6

(运筹与管理科学丛书; 39)

ISBN 978-7-03-077895-6

Ⅰ.①最… Ⅱ.①叶… ②赵… Ⅲ.①最佳化-投资决策 Ⅳ.①F830.59

中国国家版本馆 CIP 数据核字(2024)第 000148 号

责任编辑:王丽平 范培培/责任校对:彭珍珍
责任印制:张 伟/封面设计:陈 敬

科学出版社 出版
北京东黄城根北街 16 号
邮政编码:100717
http://www.sciencep.com

三河市骏杰印刷有限公司印刷
科学出版社发行 各地新华书店经销

*

2024 年 6 月第 一 版 开本:720×1000 1/16
2025 年 1 月第二次印刷 印张:17 1/4 插页:1
字数:350 000

定价: 128.00 元
(如有印装质量问题,我社负责调换)

《运筹与管理科学丛书》序

运筹学是运用数学方法来刻画、分析以及求解决策问题的科学. 运筹学的例子在我国古已有之, 春秋战国时期著名军事家孙膑为田忌赛马所设计的排序就是一个很好的代表. 运筹学的重要性同样在很早就被人们所认识, 汉高祖刘邦在称赞张良时就说道: "运筹帷幄之中, 决胜千里之外."

运筹学作为一门学科兴起于第二次世界大战期间, 源于对军事行动的研究. 运筹学的英文名字 Operational Research 诞生于 1937 年. 运筹学发展迅速, 目前已有众多的分支, 如线性规划、非线性规划、整数规划、网络规划、图论、组合优化、非光滑优化、锥优化、多目标规划、动态规划、随机规划、决策分析、排队论、对策论、物流、风险管理等.

我国的运筹学研究始于 20 世纪 50 年代, 经过半个世纪的发展, 运筹学研究队伍已具相当大的规模. 运筹学的理论和方法在国防、经济、金融、工程、管理等许多重要领域有着广泛应用, 运筹学成果的应用也常常能带来巨大的经济和社会效益. 由于在我国经济快速增长的过程中涌现出了大量迫切需要解决的运筹学问题, 因而进一步提高我国运筹学的研究水平、促进运筹学成果的应用和转化、加快运筹学领域优秀青年人才的培养是我们当今面临的十分重要、光荣, 同时也是十分艰巨的任务. 我相信,《运筹与管理科学丛书》能在这些方面有所作为.

《运筹与管理科学丛书》可作为运筹学、管理科学、应用数学、系统科学、计算机科学等有关专业的高校师生、科研人员、工程技术人员的参考书, 同时也可作为相关专业的高年级本科生和研究生的教材或教学参考书. 希望该丛书能越办越好, 为我国运筹学和管理科学的发展做出贡献.

袁亚湘

2007 年 9 月

前 言

本书聚焦最优投资决策, 也称现代投资学, 而现代投资学是数理金融学的重要组成部分. 数理金融学是利用数学工具研究金融、进行数学建模、理论分析、数值计算等定量分析, 以求找到金融活动的规律并指导金融实务, 其中一个重要支柱就是最优投资决策的理论、模型、算法和应用, 它也是目前实务界热门的量化投资的理论和计算方法的基础. 本书全面地介绍、深入剖析马科维茨最优资产组合模型, 并进行多方位、多层次的推广, 以及介绍各种实用快速算法, 极大地丰富了现代投资理论、模型和方法, 使之更合理并更符合实际的市场环境, 更贴近应用, 既方便学生学习理解, 又适合实务工作者参考应用.

本书的最优资产组合问题是在金融范畴内、概率统计的框架和方法论下讨论的, 因此第 1 章简要介绍本书涉及的概率统计的一些基础知识, 以及资本资产定价和套利定价模型. 从第 2 章开始由浅入深地展开本书的主要内容, 首先从介绍马科维茨经典的均值-方差最优资产组合理论开始.

假设市场上有 N 种风险资产 (假设不存在无风险资产), 其日收益率向量记为 $\boldsymbol{X} = (X_1, X_2, \cdots, X_N)'$, 它的均值向量为 $\boldsymbol{\mu} = (\mu_1, \mu_2, \cdots, \mu_N)' := E(\boldsymbol{X}) = (EX_1, EX_2, \cdots, EX_N)'$. 假设投资者有 1 个单位的资金, 他投资于这 N 种风险资产的组合可表示为向量 $\boldsymbol{w} = (w_1, w_2, \cdots, w_N)', \sum_{i=1}^{N} w_i = \boldsymbol{w}'\boldsymbol{1} = 1$, 记 N 种资产收益率向量的方差-协方差矩阵为 $\boldsymbol{\Sigma} = (\sigma_{ij})_{N \times N}$, 则资产组合的收益率为

$$S = \boldsymbol{w}'\boldsymbol{X} = \sum_{i=1}^{N} w_i X_i, \quad \text{其均值为 } E(S) = \boldsymbol{w}'\boldsymbol{\mu}$$

资产组合收益率的方差为

$$\sigma_p^2 = E(S - E(S))^2 = E\left[\boldsymbol{w}'\boldsymbol{X} - E(\boldsymbol{w}'\boldsymbol{X})\right]^2 = \boldsymbol{w}'\boldsymbol{\Sigma}\boldsymbol{w}$$

马科维茨将资产组合收益率的方差 (或称波动率) 视为风险, 他提出的经典的均值-方差模型为在组合收益水平一定的条件下使其方差最小化, 即为以下的二次规划问题

$$\text{Minimize} \quad \frac{1}{2}\sigma_p^2 = \frac{1}{2}\boldsymbol{w}'\boldsymbol{\Sigma}\boldsymbol{w}$$
$$\text{s.t.} \quad E(S) = \boldsymbol{w}'E(\boldsymbol{X}) = \boldsymbol{w}'\boldsymbol{\mu} \geqslant r_p$$
$$\sum_{i=1}^{N} w_i = \boldsymbol{w}'\boldsymbol{1} = 1$$

利用标准的拉格朗日乘子法求解上述问题可以得到解析解, 在方差-收益坐标系下最优组合的收益关于方差是一条抛物线 (如图 1), 这条抛物线的上半段称为投资有效前沿, 其上的组合定义了 "均值-方差" 有效的资产组合, 对确定的方差水平具有最大期望收益率, 或对确定的期望收益率水平有最小的方差. 马科维茨的模型还推导出一个十分有意义的两基金定理, 即有效前沿上的任何组合都可以表示为全局最小方差组合和前沿上另一个组合的凸组合, 这两个组合也称为基金.

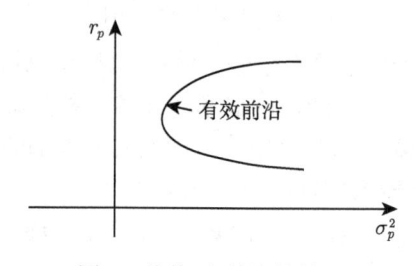

图 1 均值-方差有效前沿

如果组合中增加了无风险资产, 仍然在均值-方差分析框架下, 只是在有效前沿上增加了一条射线 (见图 2), 由此可以导出资本资产定价公式, 这也佐证了马科维茨模型的合理性. 我们在第 2 章将详细介绍马科维茨的基本模型及一些简单变形, 并且深究一些细节.

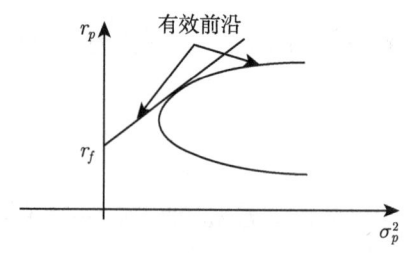

图 2 存在无风险资产时的均值-方差有效前沿

有些投资者可能对组合收益能否跑赢某个基准, 比如无风险利率、某个证券指数、某些经济指标 (如通货膨胀率) 等感兴趣, 这就需要研究与指数相关的优化模型, 如基于资本资产定价或因子模型的组合优化, 还有指数追踪模型等, 前两个模型还可以达到降维的目的, 我们将在第 3 章讨论这些模型.

马科维茨均值–方差模型简单易解, 结果完美, 有很多优点, 但也有局限性. 他的模型有一些技术性的约束, 比如模型求解过程中需要对协方差矩阵求逆, 因此要求 Σ 非奇异, 或者说要求各资产收益是线性无关的, 这在证券数量较少 (比如数十种) 时容易满足, 但当证券数量很多 (数百数千) 时很难满足. 此外, 在实际计算时常常用历史样本数据来估计均值、方差和协方差, 当资产数大于样本数时, 估计得到的协方差矩阵往往是奇异的, 这意味着矩阵不可逆. 还有当市场上可交易的证券中包括基金时, 基金本身就是基础证券的线性组合, 这就导致协方差矩阵奇异化. 处理奇异协方差矩阵的情形有多种办法, 有将矩阵对角化的方法和广义逆的方法; 还有一个聪明的方法是受马科维茨的两基金定理的启发, 在协方差矩阵奇异的情形下直接构造出有效前沿上的两个基金, 从而解决了最优组合的问题. 我们在第 4 章介绍这些方法.

马科维茨均值–方差模型允许卖空 (即允许 $w_i < 0$), 并假设无交易成本, 对这些约束条件的放松或改变, 使得模型得以扩展, 有些是简单的推广, 有些则有实质性的改进. 比如允许借贷且对借贷的数量或比例有限制时, 包括不允许卖空 (即要求 $w_i \geqslant 0$), 即增加了不等式约束, 模型可能没有解析解, 而要借助于数值解. 在实际问题中会遇到各种约束, 比如一些基金管理公司 (如养老基金、慈善基金、对冲基金等) 对未来的现金流有流动性约束, 证券交易市场对客户持股的比例数量有上限约束, 等等, 对分散性的约束导出最大熵资产组合. 我们在第 5 章介绍各种可能的约束和对组合优化带来的困难, 并从几何的视角帮助读者理解最优化的数学意义.

马科维茨均值–方差模型的一个最重要的假设是资产收益服从联合正态分布 (即 $X \sim N(\boldsymbol{\mu}, \boldsymbol{\Sigma})$, 且 $\boldsymbol{\Sigma}$ 非奇异), 在正态分布假设下, 将方差 (或波动率) 作为风险度量是合理的, 但是实际市场上风险资产 (主要指证券) 收益的分布通常是尖峰厚尾, 因此不满足正态假设. 而在非正态分布假设下, 优化模型会有什么变化, 这时仅仅考虑前二阶矩就不够了, 我们将在第 6 章讨论这些问题, 探讨有高阶矩约束的优化模型稳定分布下的优化模型等.

关于风险度量的讨论将在第 7 章展开, 在正态假设下将方差作为风险度量有合理性, 但是在非正态假设下就不合理了. 我们将介绍绝对离差、下半方差、VaR、单位风险下的回报 (如夏普比) 和其他各种比率 (如 Omega 比) 等风险度量. 但是这些风险度量或者不满足正齐性 (aX 的风险应等于 X 的风险的 a 倍), 或者不满足次可加性 ($X + Y$ 的风险应小于它们分别的风险之和), 因此有不合理性. 于是, 一致风险度量的概念横空出世, 一个合理的风险度量需要满足四条公理 (单调性、平移不变性、正齐性和次可加性), 人们构造出 CVaR 和最坏 CVaR 等一致风险度量, 还有比一致风险度量稍弱的凸风险度量. 关于风险度量研究的进展导出了新的收益-风险优化模型.

马科维茨均值-方差模型和其他推广模型都是以币值 (收益率本质上也是币值) 来衡量投资效益, 但是人们对于财富的满意程度并非和财富的币值呈线性关系, 而是和投资者对财富效用的态度有关, 面对相同的市场环境, 厌恶风险、风险中性和风险喜好者的投资决策是不同的, 因此期望效用最大化是比均值-方差分析更一般的投资决策的目标, 而均值-方差对应的是二次效用, 是一个特例. 我们在第 8 章讨论效用理论和效用函数, 分析期望效用最大化和高阶近似, 再次导出包含高阶矩的组合优化模型. 本章还讨论了借助信息论方法的一个有趣的模型——对数增长率优化模型, 也称 log-最优组合.

马科维茨均值-方差经典模型是单周期的, 通常投资者是多周期连续投资的, 例如养老基金、慈善基金、信托基金等对未来固定时间点都有支付的流动性要求, 因此将马科维茨均值-方差分析推广到多周期是很自然的, 我们在第 9 章讨论动态优化模型. 但是方差作为风险度量却不适合跨周期调整, 而换成二次效用就解决了这个问题, 本质上均值-方差分析和二次效用最大化是等价的, 当然协方差矩阵就变成了交叉矩矩阵, 仍然有可能出现奇异的情况, 鉴于非奇异是奇异的特例, 我们就按照奇异矩阵统一讨论了. 多周期动态最优化的另一个模型就是多周期 log-最优化模型, 我们讨论了在独立同分布市场、平稳市场和一般市场条件下 log-最优组合的极限性质, 还讨论了无市场分布的先验信息时的通用 log-最优组合方法的构造方法和最优性.

在前面的讨论中, 我们把债券当作有固定利息的无风险资产, 事实上, 由于实际利率是随机的, 因此投资债券也是有风险的, 我们在第 10 章将讨论利息理论、债券的风险管理和债券组合优化, 特别地将介绍可违约债券定价, 从而引入投资保险 (比如银行的存款保险) 的议题, 这是值得研究的问题.

实务界更关心的是如何快速精准地计算出在各种约束条件下的最优资产组合, 因此我们在第 11 章介绍最优资产组合的计算方法. 即便是有解析解的模型, 基于数据计算时也会出现各种问题, 因为模型中的各种参数都需要基于观测到的数据进行估计, 这本质上变成一个统计计算问题, 其中最重要的参数是协方差矩阵, 因此我们将专门讨论协方差估计的各种方法, 并对据此计算得到的资产组合有效前沿进行了比较. 在 11.2 节我们先对约束优化问题的数值解法作一个简要的综述, 对于较复杂的有约束的优化问题, 需要在解空间里搜索, 通常有单点搜索和群体搜索, 11.3 节、11.4 节分别介绍几种常用的单点搜索法和群体搜索法.

综上, 本书内容十分丰富, 具有内容的前沿性、结构的完整性、理论的严密性和算法的实用性等特点, 要强调的是, 本书介绍的各种模型中有相当部分是取自作者及与合作者的工作, 具有较高的学术价值和可扩展性, 对提高学生的研究水平和能力有很好的指导作用, 无论对初学的本科生和研究生, 还是对资深的实务界人士都有指导意义和参考价值. 特别是书中提供了很多可以继续深入研讨的内容, 本书每一章中都有不少附注, 这些附注的内容, 或是正文内容的补充, 或是提出未解决的问题, 是研究生学位论文选题的极富指导性的素材, 这是本书的突出特色之一. 本书按章列出参考文献, 便于读者查阅.

当然需要指出的是, 还有一些问题本书没有涉及, 比如数据的获取, 异常点的处理, 参数估计的可靠性分析、误差分析和统计检验, 最优资产组合模型在风险管理、经济流动性管理方面的应用等, 值得读者去深入探究. 近年来, 最优投资决策的思想和方法在绿色金融、最优成本控制等方面也取得有意义的成果, ChatGPT 的出现给金融学包括最优投资决策的研究带来了新的挑战性问题, 值得关注和研究.

本书可以作为"现代投资学"课程的教材, 也可以作为"数理金融"、"金融数学"和"金融工程"等相关课程的教学内容.

本书由叶中行教授和赵霞教授联合执笔完成. 本书的出版得到上海对外经贸大学"研究生教材建设项目"、上海高校学位点培优培育专项计划 (2021—2025 年) "统计学一级学科博士点培育专项计划"的支持, 特向上海对外经贸大学研究生院和统计与信息学院表示衷心感谢. 本书有部分数值仿真实例使用了最新的市场数据, 并由研究生完成, 因此写作过程也是研究生参与研究和实训的过程, 特此对上海对外经贸大学硕士研究生赵培楷、陈卓、江婷、司秦睿、朱钇频、杨雅婕、李芳羽、许澜涛、李梦婕和徐泽轩等表示感谢.

两位作者感谢各自家庭的关爱、理解和支持, 没有良好的写作环境, 本书的成书几无可能; 还要感谢科学出版社出版团队全体成员, 特别是王丽平编辑, 没有他们的鼓励、支持和精心操作, 本书的写作不可能达到现在这个程度. 由于能力和水平有限, 难免存在不妥和纰漏之处, 还请广大读者批评指正, 以求不断改进和完善.

叶中行　赵　霞
2023 年 12 月

目 录

《运筹与管理科学丛书》序
前言
第 1 章 预备知识 ··· 1
  1.1 概率论和数理统计的基础知识 ······························ 1
    1.1.1 随机变量的分布和数字特征 ························· 1
    1.1.2 几种常见的分布 ······································· 5
    1.1.3 二维随机变量及其联合分布函数 ··················· 10
    1.1.4 基于观察数据的统计量 ······························ 14
  1.2 金融资产、资产价格和资产组合 ··························· 16
    1.2.1 金融资产 ··· 16
    1.2.2 资产价格和回报 ······································· 16
    1.2.3 资产组合 ··· 17
  1.3 资本资产定价模型 (CAPM) ································· 18
    1.3.1 CAPM 的前提条件 ··································· 18
    1.3.2 CAPM 的经典表示 ··································· 18
    1.3.3 CAPM 的金融解释 ··································· 19
    1.3.4 CAPM 的变形 ··· 20
  1.4 套利定价模型 ··· 21
    1.4.1 多因子模型 ·· 21
    1.4.2 因子的筛选和发现 ··································· 22
  参考文献 ·· 22
第 2 章 经典的马科维茨均值-方差最优资产组合模型 ······ 24
  2.1 马科维茨的经典模型评述 ···································· 24
    2.1.1 马科维茨模型的理想市场条件 ······················ 24
    2.1.2 两证券资产组合 ······································· 26
  2.2 马科维茨均值-方差最优资产组合模型的原型 ············ 28
  2.3 马科维茨均值-方差模型和资本资产定价模型的关系 ···· 34
  2.4 均值-方差最优资产组合模型的若干简单推广 ············ 36

	2.4.1 推广之一：对偶模型	36
	2.4.2 推广之二：与夏普比率有关的模型	37
	2.4.3 推广之三：夏普比率的推广——Omega 测度	40
2.5	存在无风险资产时的均值-方差分析	44
	2.5.1 存在无风险资产的模型	44
	2.5.2 存在和不存在无风险资产情形的关系	46
	2.5.3 有借贷约束的情形	48
2.6	安全第一的概率准则模型	49
参考文献		51

第 3 章 与指数相关的最优资产组合的均值-方差分析 53
- 3.1 基于 CAPM 的均值-方差最优资产组合分析 53
- 3.2 基于套利定价模型的均值-方差最优资产组合分析 58
- 3.3 指数追踪模型 62
  - 3.3.1 单指数跟踪模型 62
  - 3.3.2 双指数追踪模型 66
  - 3.3.3 不允许卖空的指数跟踪模型 66
  - 3.3.4 指数跟踪模型的计算 67
- 3.4 实证分析 69
  - 3.4.1 单指数跟踪实证分析 69
  - 3.4.2 多指数跟踪实证分析 71
  - 3.4.3 数据验证 73
- 参考文献 74

第 4 章 方差-协方差矩阵奇异情况下的最优资产组合 75
- 4.1 Buser 方法 75
- 4.2 协方差矩阵对角化方法 78
- 4.3 风险资产中含有基金时的情况 83
  - 4.3.1 含一个基金的均值-方差最优资产组合模型 83
  - 4.3.2 含多个基金的均值-方差最优资产组合模型 87
  - 4.3.3 实证分析 91
- 参考文献 93

第 5 章 关于约束条件的讨论 95
- 5.1 不允许卖空 95
- 5.2 持有或卖空数量的约束 96

目 录

  5.3 约束条件的几何解释 ································· 99
    5.3.1 一个三种证券的示例 ························· 99
    5.3.2 多资产时约束条件的几何解释 ············· 102
  5.4 分散性约束及最大熵资产组合 ······················· 104
    5.4.1 熵度量 ··· 104
    5.4.2 最大熵资产组合 ······························· 105
    5.4.3 实证分析 ··· 107
  参考文献 ··· 108

第 6 章 非正态假设 ··· 109

  6.1 股票指数收益的分布 ···································· 109
    6.1.1 股票指数收益率实证分析 ··················· 109
    6.1.2 股票日收益的幂律 ···························· 112
  6.2 有高阶矩约束的最优资产组合模型 ················· 113
  6.3 肥尾分布 ·· 118
  6.4 基于稳定分布的最优资产组合 ······················· 123
  参考文献 ··· 125

第 7 章 其他风险度量下的模型 ······························ 127

  7.1 矩风险度量 ·· 127
    7.1.1 单变量情形 ····································· 127
    7.1.2 资产组合情形 ·································· 128
  7.2 在险价值 ·· 129
    7.2.1 单变量的分位数和在险价值 ··············· 129
    7.2.2 资产组合的 VaR ······························· 130
    7.2.3 VaR 的计算 ····································· 132
    7.2.4 VaR 的应用 ····································· 137
  7.3 与 VaR 有关的其他风险度量 ························ 137
  7.4 一致风险度量和凸风险度量 ························· 139
  7.5 均值-CVaR 最优资产组合 ····························· 140
    7.5.1 CVaR 性质 ······································ 140
    7.5.2 CVaR 与 VaR 的关系 ······················· 141
    7.5.3 均值-CVaR 最优资产组合模型 ··········· 142
  7.6 最坏情形 CVaR (WCVaR) 及稳健资产组合 ···· 145
    7.6.1 最坏情形 CVaR 的定义 ···················· 145

目　录

- 7.6.2　混合分布下的 min-max 模型 ··· 146
- 7.7　实证分析 ··· 149
  - 7.7.1　股票收益率分布检验 ··· 149
  - 7.7.2　CVaR 和 WCVaR 的计算 ··· 150
  - 7.7.3　均值–方差、均值-VaR、均值-CVaR 和均值-WCVaR 优化计算 ··· 150
- 参考文献 ··· 152

第 8 章　期望效用最大化资产组合模型 ··· 155
- 8.1　最优增长模型 ··· 155
- 8.2　效用理论 ··· 157
- 8.3　效用函数 ··· 159
  - 8.3.1　基数效用函数 ··· 159
  - 8.3.2　风险厌恶效用函数 ··· 160
  - 8.3.3　风险厌恶程度的比较 ··· 162
  - 8.3.4　风险厌恶函数的一个应用：保险费 (风险溢价) ··· 167
- 8.4　期望效用最大化模型 ··· 168
- 参考文献 ··· 174

第 9 章　多时段连续投资模型 ··· 176
- 9.1　有限时段均值–方差最优资产组合模型 ··· 176
  - 9.1.1　动态规划模型的设定 ··· 176
  - 9.1.2　最优动态资产组合序列 ··· 179
- 9.2　log-最优资产组合模型及其极限定理 ··· 187
  - 9.2.1　序列投资的一般模型 ··· 187
  - 9.2.2　独立同分布市场模型 ··· 188
  - 9.2.3　平稳市场模型 ··· 188
  - 9.2.4　序列投资模型的一般极限定理 ··· 190
- 9.3　通用证券组合 ··· 191
  - 9.3.1　离散通用资产组合模型 ··· 191
  - 9.3.2　两证券情形 ··· 196
  - 9.3.3　多证券情形 ··· 201
- 参考文献 ··· 202

第 10 章　利率理论和债券组合 ··· 204
- 10.1　利率理论 ··· 204
  - 10.1.1　到期收益率 ··· 205

10.1.2　当前利率 ································· 206
　　　10.1.3　即时利率 ································· 206
　　　10.1.4　期货利率 ································· 206
　　　10.1.5　即时利率和期货利率的关系 ····················· 207
　　　10.1.6　如何递推地计算即时利率 ······················· 208
　10.2　债券价格的计算 ································· 209
　　　10.2.1　常利率情形 ································ 209
　　　10.2.2　变利率情形 ································ 209
　10.3　久期的第一种算法 ······························· 211
　　　10.3.1　零息票的久期 ······························ 211
　　　10.3.2　附息债券的久期 ···························· 211
　　　10.3.3　凸度 ···································· 212
　10.4　债券收益率的风险管理 ··························· 214
　　　10.4.1　完全匹配法 ································ 214
　　　10.4.2　久期免疫 ································· 215
　　　10.4.3　久期的第二种定义 ··························· 217
　　　10.4.4　久期的第三种定义 ··························· 218
　10.5　债券指数 ···································· 220
　　　10.5.1　单指数模型 ································ 220
　　　10.5.2　多指数模型 ································ 221
　10.6　可违约债券 ·································· 222
　　　10.6.1　可违约零息票的定价公式 ······················· 222
　　　10.6.2　可违约附息债券的定价公式 ······················ 223
　参考文献 ·· 226
第 11 章　最优资产组合的计算方法 ························ 227
　11.1　均值–协方差的估计 ····························· 227
　　　11.1.1　基于历史数据的统计估计 ······················· 227
　　　11.1.2　因子模型 ·································· 228
　　　11.1.3　改进方法 ·································· 229
　　　11.1.4　数值计算案例 ······························· 232
　11.2　约束优化问题数值解法综述 ······················· 233
　　　11.2.1　模型的一般描述 ····························· 233
　　　11.2.2　群体搜索法 ································ 235

11.2.3　处理不可行解的惩罚函数法 ··· 237
11.3　单点搜索法 ·· 239
　　11.3.1　直接代入法 ·· 239
　　11.3.2　迭代算法 ·· 241
　　11.3.3　单纯形法 ·· 242
　　11.3.4　简约梯度算法 ·· 243
　　11.3.5　模拟退火算法 ·· 249
11.4　群体搜索法——进化算法 ·· 250
　　11.4.1　遗传算法 ·· 251
　　11.4.2　粒子群算法 ·· 252
参考文献 ·· 255
《运筹与管理科学丛书》已出版书目 ··· 257
彩图

第 1 章 预备知识

本书的最优资产组合问题是在金融范畴内、概率统计的框架和方法论下讨论的, 因此本章简要介绍本书中要用到的一些基础知识. 首先是概率论和数理统计的基础知识[1,7], 然后介绍金融资产、资本资产定价模型和套利定价模型的基础知识[2,3].

1.1 概率论和数理统计的基础知识

1.1.1 随机变量的分布和数字特征

1. 分布函数和分布密度

设 X 为一个随机变量, 其取值空间为 $\mathcal{X}$, 可以是离散空间或连续空间, 本书中除非特别说明, 都设 $\mathcal{X} = \mathcal{R} = (-\infty, +\infty)$ 为实数空间, 记为 $X \in \mathcal{X}$, 如 X 有分布函数 $F(x)$ 和分布密度 $f(x)$, 称 X 服从分布 $F(x)$, 记为 $X \sim F(x)$ 或 $X \sim f(x)$. 有时为强调分布对 X 的依赖关系, 也记为 $F_x(x)$ 和 $f_x(x)$.

2. 数字特征

1) 数学期望

定义 1.1 设 X 是一个随机变量, X 的数学期望, 记为 $E(X)$, 定义为

$$E(X) = \begin{cases} \sum_i x_i p(x_i), & \text{离散情形} \\ \int_{-\infty}^{+\infty} x f(x) dx, & \text{连续情形} \end{cases} \tag{1-1}$$

如果右式的级数或积分绝对收敛, 即

$$\sum_i |x_i| p(x_i) < \infty, \quad \text{离散情形}$$
$$\int_{-\infty}^{+\infty} |x| f(x) dx < \infty, \quad \text{连续情形}$$

否则说 $E(X)$ 不存在.

2) 分位数、众数

定义 1.2 给定 $\alpha \in [0,1]$, 设随机变量 X 有分布 $F_X(x)$ 或分布密度 $f_X(x)$, 则 X 分布的 α 分位数定义为

$$X_\alpha = \sup\{x \mid P(X \leqslant x) = \alpha\} = \inf\{x \mid P(X > x) = 1 - \alpha\} \tag{1-2}$$

此为单侧分位数, 见图 1.1.1. 显然有

$$P(x < X_\alpha) = \int_{-\infty}^{X_\alpha} dF_X(x) = \int_{-\infty}^{X_\alpha} f(x)dx = \alpha$$

特别地, 当 $\alpha = 1/4$ 时称 $X_{1/4}$ 为下四分位数, 当 $\alpha = 1/2$ 时称 $X_{1/2}$ 为中位数, 当 $\alpha = 3/4$ 时称 $X_{3/4}$ 为上四分位数.

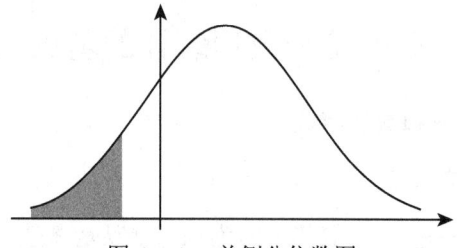

图 1.1.1　单侧分位数图

中位数的等价定义: 满足 $P(X \leqslant t) = P(X \geqslant t)$ 的数 t (如果这个数存在的话) 被称为随机变量 X 的中位数, 换言之, 数 t 满足

$$P(X \leqslant t) \geqslant P(X > t)$$

$$P(X \geqslant t) \geqslant P(X < t)$$

若存在数 λ_1, λ_2 使得

$$P(X \geqslant \lambda_1) = P(X \leqslant \lambda_2) = \frac{\alpha}{2} \tag{1-3}$$

则称 λ_1, λ_2 为双侧 α 分位数, 见图 1.1.2.

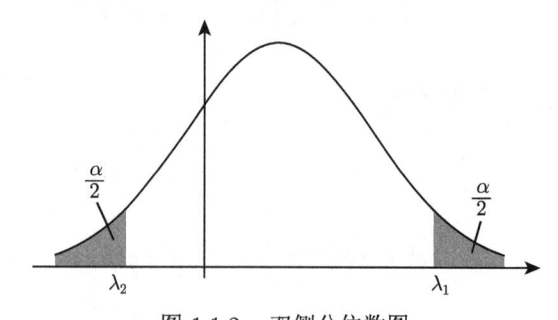

图 1.1.2　双侧分位数图

附注 1.1 对于离散型分布,分位数可能不唯一,但是对连续型分布,分位数是唯一的.

定义 1.3 众数 使分布密度 $f(x)$ 或 $p(x)$ 达到最大值的点 $\hat{x}$,称为随机变量 X 的众数,常记为 m_0. 众数可以不唯一,对于对称单峰分布有 $X_{1/2} = \mu = m_0$,对于非对称单峰分布函数,$X_{1/2}$ 位于 μ 和 m_0 之间.

分位数在金融风险度量中有重要应用,我们将在第 7 章介绍金融中常用所谓的在险价值 (Value at Risk, 简记 VaR), 其本质上就是分位数.

3) 矩、方差和标准差

定义 1.4 (k 阶矩) 幂函数 $Q(X) = X^k, k = 1, 2, 3, \cdots$ 是常用的一类简单函数,这个函数的数学期望称为随机变量 X 的 k 阶矩,记为 v_k, 对 $k = 1, 2, 3, \cdots$, 有

$$v_k = E(X^k) = \begin{cases} \sum_i x_i^k p(x_i), & \text{离散情形} \\ \int_{-\infty}^{+\infty} x^k f(x) dx, & \text{连续情形} \end{cases} \quad (1\text{-}4)$$

其中一阶矩就是随机变量 X 的数学期望 $E(X)$. 当然,(1-4) 式中的级数或积分也可能不绝对收敛,这时称相应的 k 阶矩不存在. 有的书中,矩也称为原点矩.

定义 1.5 (中心矩) 随机变量 X 的 k 阶中心矩,记为 μ_k, 定义为

$$\mu_k = E[X - E(X)]^k = \begin{cases} \sum_i [x_i - E(X)]^k p(x_i), & \text{离散情形,} \\ \int_{-\infty}^{+\infty} [x - E(X)]^k f(x) dx, & \text{连续情形,} \end{cases} \quad k = 1, 2, 3, \cdots$$

(1-5)

显然,由定义 1.5,

$$\mu_1 = E[X - E(X)] = E(X) - E(X) = 0$$

定义 1.6 (方差和标准差) 随机变量 X 的二阶中心矩

$$\mu_2 = E[X - E(X)]^2 \quad (1\text{-}6)$$

在统计学中有很重要意义,特别称之为方差,记 $\mathrm{Var}[X]$, 有时也记为 σ^2.

$$\mathrm{Var}(X) = \mu_2 = E[X - E(X)]^2 = \begin{cases} \sum_i [x_i - E(X)]^2 p(x_i), & \text{离散情形} \\ \int_{-\infty}^{+\infty} [x - E(X)]^2 f(x) dx, & \text{连续情形} \end{cases}$$

(1-7)

注意 $\mathrm{Var}(X)$ 是 $[X-E(X)]^2$ 的加权平均, 方差是随机变量分布分散程度的一个度量. 在金融应用中方差作为证券价格或收益波动的指标, 或作为一种风险度量, 在本书起重要作用.

通常方差的计算可以简化为

$$\mathrm{Var}(X) = E(X^2) - [E(X)]^2 \tag{1-8}$$

方差的平方根 $\sigma = \sqrt{\mathrm{Var}(X)} = \sqrt{\sigma^2}$ 称为随机变量 X 的标准差. 标准差也是随机变量分布分散程度的一个度量.

随机变量的各阶矩不一定始终存在, 一般地说, n 阶矩存在的条件是当 $|x| \to \infty$ 时, 分布密度的衰减要快于 $\dfrac{1}{|x|^{n+1}}$, 否则就会发散. 如果考虑分布密度尾部的幂律, 即

$$f(x) \sim \begin{cases} \dfrac{\delta A_+^\delta}{|x|^{1+\delta}}, & x \to +\infty \\[2mm] \dfrac{\delta A_-^\delta}{|x|^{1+\delta}}, & x \to -\infty \end{cases} \tag{1-9}$$

其中 A_+ 和 A_- 为常数, 那么对于 $n \geqslant \delta$ 的各阶矩都将趋于无穷. 比如当 $\delta \leqslant 2$ 时, 方差不存在. 注意到要使 $f(x)$ 成为分布密度, 必须 $\delta > 0$.

定义 1.7 (离差)　随机变量 X 与其期望值偏差的绝对值的期望

$$l = E[|X - E(X)|] \tag{1-10}$$

定义为 X 的离差.

方差、标准差和离差都可以用来度量随机变量分布的分散程度, 前面两个比较常用, 虽是非线性的, 但可导, 而离差是线性的, 但不可导, 因此使用时各有利弊.

定义 1.8 (偏度)　随机变量 X 的偏度定义为

$$g_1 = \frac{E[X - E(X)]^3}{[\mathrm{Var}(X)]^{3/2}} \tag{1-11}$$

偏度度量了分布的偏斜程度及偏向, 是一个无量纲的数值. 偏度 $g_1 = 0$ 时, 分布形态与正态分布相同, 关于其均值是对称的. 若 $g_1 > 0$, 则称 X 的分布是正偏 (或右偏) 的, 长尾巴拖在右边. 若 $g_1 < 0$, 则称 X 的分布是负偏 (或左偏) 的, 长尾巴拖在左边. $|g_1|$ 越大, 说明分布偏斜得越厉害. 对偏度值影响较大的是分布在其中一个方向上的尾部有拉长趋势的程度. 正 (负) 偏度往往更多反映的是分布在右 (左) 方向的尾部比在左 (右) 方向的尾部有拉长的趋势 (见图 1.1.3).

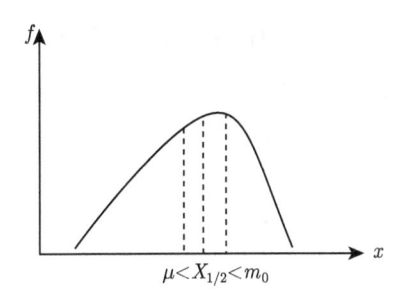

(a) 负偏度(左偏度)：峰偏右、左尾向变量值较小一侧延伸

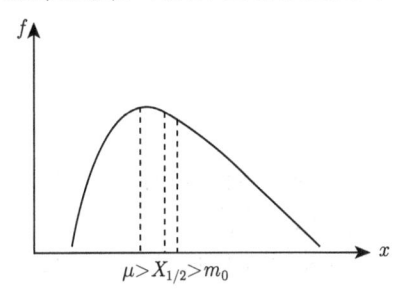

(b) 正偏度(右偏度)：峰偏左、右尾向变量值较大一侧延伸

图 1.1.3　有非零偏度的分布密度图

定义 1.9(峰度)　随机变量 X 的峰度定义为

$$g_2 = \frac{E[X-E(X)]^4}{[\operatorname{Var}(X)]^2} - 3 = \frac{\mu_4}{\mu_2^2} - 3 \tag{1-12}$$

峰度是另一个反映随机变量分布形状的量，同偏度一样，峰度也是一个没有量纲的数值. 峰度 g_2 的取值范围是 $[-2, \infty]$.

我们还会遇到以下几个数字特征

$$\gamma(X) = \left[E\{X-E(X)\}^3\right]^{1/3}$$
$$\theta(X) = \left[E\{X-E(X)\}^4\right]^{1/4}$$

1.1.2　几种常见的分布

1. 正态分布

定义 1.10　若随机变量的分布密度为

$$f(x) = \frac{1}{\sqrt{2\pi}\sigma} e^{-\frac{(x-\mu)^2}{2\sigma^2}} \tag{1-13}$$

其中 μ, σ 为常数, 且 $\sigma > 0$, 则称 X 服从参数为 (μ,σ) 的正态分布, 记为 $X \sim N(\mu,\sigma^2)$. 注意到其尾部以指数速度 $e^{-\frac{(x-\mu)^2}{2\sigma^2}}$ 衰减向 0. 特别地, 参数为 $\mu=0,\sigma=1$ 的正态分布 $N(0,1)$ 称为标准正态分布, 其分布密度通常用 $\varphi(x)$ 表示

$$\varphi(x) = \frac{1}{\sqrt{2\pi}} e^{-\frac{x^2}{2}} \tag{1-14}$$

标准正态分布的分布函数记作

$$\phi(x) = \int_{-\infty}^{x} \frac{1}{\sqrt{2\pi}} e^{-\frac{t^2}{2}} dt$$

已知 x, 通常可以查标准正态分布表得到分布函数 $\phi(x)$ 的值, 或者已知分布函数 $\phi(x)$ 的值, 查表得其反函数 $\phi^{-1}(x)$ 的值.

设随机变量 X 取值于 $(-\infty,+\infty)$, 服从正态分布 $N(\mu,\sigma^2)$, 其中的参数 μ 正是它的数学期望, σ^2 是方差, 正态分布被其均值和方差唯一决定; 并且其奇数阶矩均为 0, 偶数阶矩

$$v_{2n} = (2n-1)(2n-3)\cdots\sigma^{2n}$$

在正态分布假设下, 关于资产组合的最优化问题通常可以得到解析解, 但是实证分析表明金融资产价格或收益的分布通常不满足正态分布.

图 1.1.4 显示了均值相同均为零, 标准差不同的正态分布密度函数的形态, 从纵坐标由上到下看, 标准差分别为 0.75, 1.0, 1.25, 1.5, 1.75, 2.0, 标准差越大, 分布密度显得越分散.

图 1.1.5 给出了正态分布密度值落入 1 个、2 个、3 个标准差区域的图形.

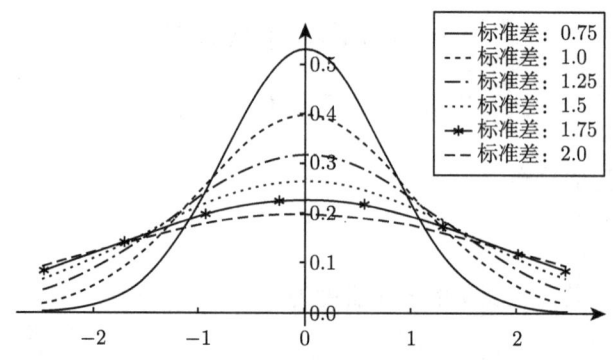

图 1.1.4 均值相同、标准差不同的正态分布密度比较图

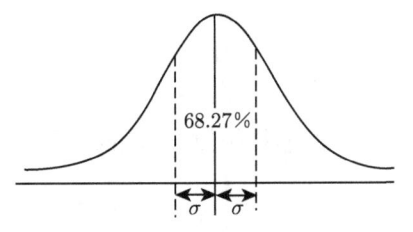

(a) 正负 1 个标准差：68.27%

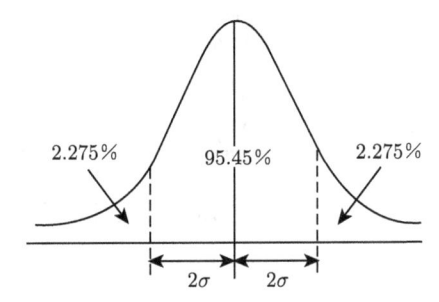

(b) 正负 2 个标准差：95.45%

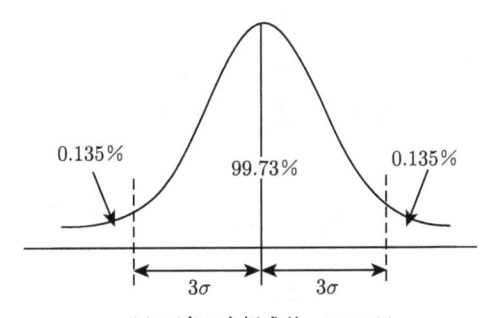

(c) 正负 3 个标准差：99.73%

图 1.1.5　正态分布 1, 2, 3 个标准差区域图形

注意峰度并不是指分布密度函数的峰值高低, 而是用以和正态分布的峰峭程度比较的一种度量, 因为正态分布的峰度为零. 以正态分布为标准, 若 $g_2 > 0$, 则说明标准化后的分布形状比标准正态分布更尖峭; 若 $g_2 < 0$, 则说明标准化后的分布形状比标准正态分布更平坦; 而 $g_2 = 0$, 说明标准化后的分布形状和标准正态分布相当. 图 1.1.4 显示了标准差不同时峰度也不同.

2. 对数正态分布

实际金融资产价格并不服从正态分布, 更合适的是对数正态分布.

定义 1.11　称随机变量 X 服从对数正态分布, 如果 $\ln X$ 服从正态分布, 即 X 的分布密度函数为

$$f(x) = \frac{1}{x\sqrt{2\pi}\sigma} e^{-\frac{(\ln X - \mu)^2}{2\sigma^2}} \tag{1-15}$$

对数正态分布和正态分布的形状相似, 但尾部不同, 见图 1.1.6.

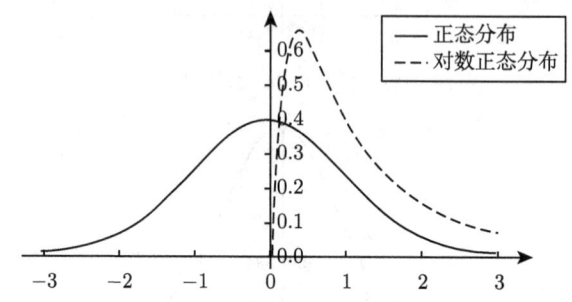

图 1.1.6 正态分布和对数正态分布密度比较图 (均值为 0, 方差为 1)

3. Lévy 分布

定义 1.12 称随机变量 X 服从 Lévy 分布, 如果其分布密度为

$$f(x; \mu, c) = \sqrt{\frac{c}{2\pi}} \cdot \frac{e^{-\frac{c}{2(x-\mu)}}}{(x-\mu)^{\frac{3}{2}}} \quad (x \geqslant \mu) \tag{1-16}$$

此分布为稳定分布的特例, μ 为位置参数, c 为尺度参数, 其尾部服从如下幂率形式:

$$\text{当 } x \to \infty \text{ 时}, \quad f(x; \mu, c) \sim \frac{\sqrt{\frac{c}{2\pi}}}{(x-\mu)^{\frac{3}{2}}}$$

Lévy 分布密度函数的图形见图 1.1.7.

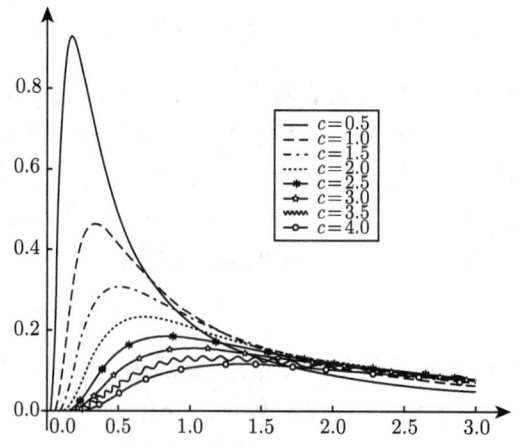

图 1.1.7 Lévy 分布密度函数的图形 ($\mu = 0, c = 0.5, 1.0, \cdots, 4.0$)

4. student t-分布

定义 1.13 一维 t-分布密度

$$f_\alpha(x) = \frac{\Gamma\left(\dfrac{\alpha+1}{2}\right)}{\sqrt{\pi}\,\Gamma\left(\dfrac{\alpha}{2}\right)}\left[1+\frac{x^2}{\alpha}\right]^{-\frac{\alpha+1}{2}}, \quad \alpha \text{ 为参数} \tag{1-17}$$

t-分布密度函数图形见图 1.1.8.

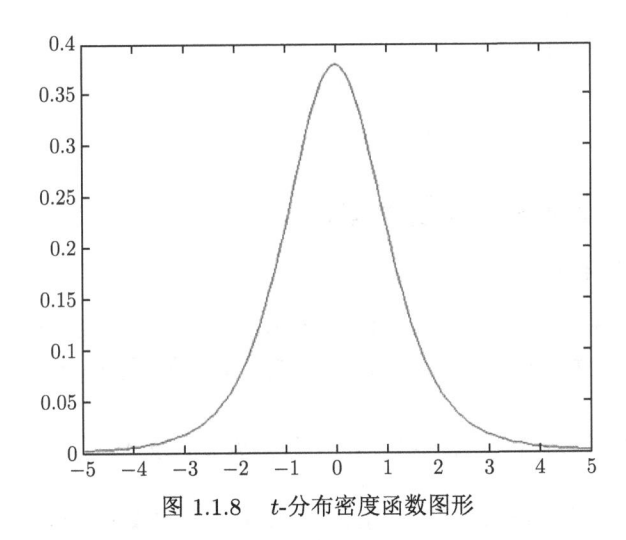

图 1.1.8 t-分布密度函数图形

正态分布是 t-分布的特例, 在 t-分布密度函数中令 $\alpha \to \infty$ 即得 $N(0,1)$ 的密度函数

$$\frac{1}{\sqrt{2\pi}}\exp\left\{-\frac{x^2}{2}\right\} \tag{1-18}$$

5. logistic 分布

定义 1.14 logistic 分布的分布密度为

$$f(x,\mu,\sigma) = \frac{\exp\left\{-\dfrac{x-\mu}{\sigma}\right\}}{\sigma\left(1+\exp\left\{-\dfrac{x-\mu}{\sigma}\right\}\right)^2} \tag{1-19}$$

logistic 分布密度函数图形见图 1.1.9.

图 1.1.9　logistic 分布密度函数图形

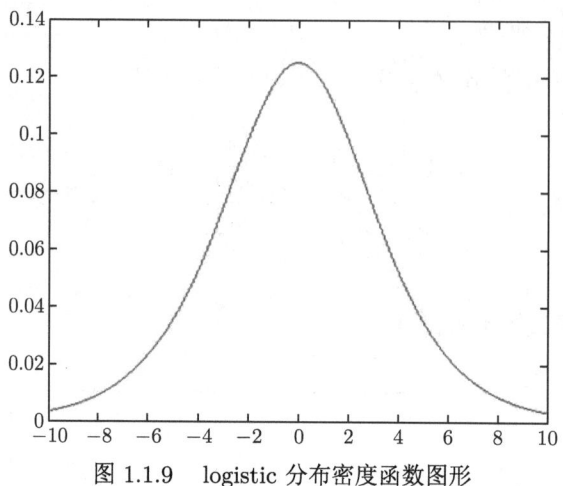

1.1.3　二维随机变量及其联合分布函数

1. 二维联合分布和协方差

考虑二维随机变量 (X,Y), 其联合分布函数记为 $F(x,y) = P(X \leqslant x, Y \leqslant y)$, 二维连续型随机变量的分布密度记作 $f(x,y)$. 常记为 $(X,Y) \sim F(x,y)$ 或 $(X,Y) \sim f(x,y)$.

定义 1.15(协方差)　随机变量 X,Y 的协方差定义为

$$\sigma_{XY} = \text{cov}(X,Y) = E[(X-EX)(Y-EY)] = E(XY) - E(X)E(Y) \tag{1-20}$$

相关系数

$$\rho = \frac{\text{cov}(X,Y)}{\sqrt{\text{Var}(X)\text{Var}(Y)}} = \frac{\text{cov}(X,Y)}{\sigma_X \sigma_Y} \tag{1-21}$$

所以

$$\sigma_{XY} = \rho \sigma_X \sigma_Y$$

2. 二维正态分布

定义 1.16　称具有联合密度函数

$$f(x,y) = \frac{1}{2\pi \sigma_1 \sigma_2 \sqrt{1-\rho^2}} \exp\left\{ -\frac{1}{2(1-\rho^2)} \right.$$

$$\left. \cdot \left[\frac{(x-\mu_1)^2}{\sigma_1^2} - \frac{2\rho(x-\mu_1)(y-\mu_2)}{\sigma_1 \sigma_2} + \frac{(y-\mu_2)^2}{\sigma_2^2} \right] \right\}$$

(其中 $\mu_1, \mu_2, \sigma_1, \sigma_2, \rho$ 为常数, 且 $\sigma_1 > 0, \sigma_2 > 0, |\rho| < 1$) 的随机变量 (X, Y) 服从二维正态分布. 记作 $(X, Y) \sim N(\mu_1, \sigma_1^2; \mu_2, \sigma_2^2; \rho)$.

二维正态分布密度函数图形见图 1.1.10.

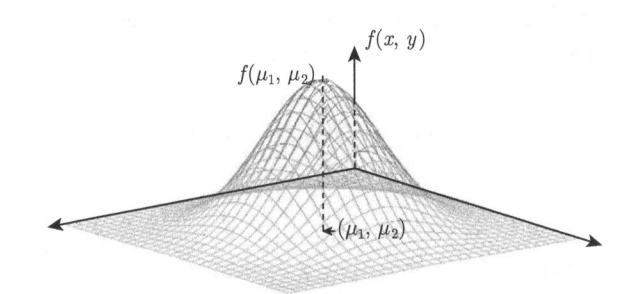

图 1.1.10　二维正态分布的概率密度函数图形

可以计算协方差为

$$\text{cov}(X, Y) = \int_{-\infty}^{+\infty} \int_{-\infty}^{+\infty} (x - \mu_1)(y - \mu_2) f(x, y) dx dy = \rho \sigma_1 \sigma_2$$

其中 ρ 就是相关系数.

特别地, 如果两个随机变量 X 与 Y 相互独立, 且分别服从正态分布 $N(\mu_1, \sigma_1^2)$ 和 $N(\mu_2, \sigma_2^2)$, 则二维随机变量 (X, Y) 的联合密度函数为

$$f(x, y) = \frac{1}{2\pi \sigma_1 \sigma_2} \exp\left\{-\frac{1}{2} \cdot \left[\frac{(x - \mu_1)^2}{\sigma_1^2} + \frac{(y - \mu_2)^2}{\sigma_2^2}\right]\right\} \tag{1-22}$$

因此 (X, Y) 服从二维正态分布 $N(\mu_1, \sigma_1^2; \mu_2, \sigma_2^2; 0)$, 此时 $\rho = 0$.

3. 两个随机变量函数的数学期望和方差

考虑计算两个或两个以上随机变量函数的数学期望, 比如计算 $Z = Q(X, Y)$ 的数学期望的问题, 严格地讲, 要计算 $E(Z)$ 必须知道 Z 的分布密度. 然而与 1.1.1 节中讨论一个随机变量函数的情形相仿, 可以用 (X, Y) 的联合分布密度作为权重计算 $Q(X, Y)$ 的加权平均, 即

$$E[Q(X, Y)] = \begin{cases} \int_{-\infty}^{+\infty} \int_{-\infty}^{+\infty} Q(x, y) f(x, y) dx dy, & \text{连续情形} \\ \sum_i \sum_j Q(x_i, y_j) p(x_i, y_j), & \text{离散情形} \end{cases} \tag{1-23}$$

其中 $f(x,y)$ (或 $p(x_i,y_j)$) 是 X 和 Y 的联合分布密度. 在此略去 (1-24) 式的证明, 这个准则可以推广到任意多个随机变量的任何形式的函数.

下面介绍两个随机变量和的数学期望和方差.

设 X 和 Y 是随机变量, 它们分别有均值 $\mu_X = E(X)$ 和 $\mu_Y = E(Y)$, 方差 $\sigma_X^2 = \mathrm{Var}(X)$ 和 $\sigma_Y^2 = \mathrm{Var}(Y)$, 考虑它们的和 $Z = X + Y$ 的数学期望

$$E(Z) = E(X) + E(Y)$$

其方差为

$$\begin{aligned}\mathrm{Var}(Z) &= E\left[(Z - EZ)^2\right] = E\left[(X + Y - EX - EY)^2\right] \\ &= \mathrm{Var}(X) + \mathrm{Var}(Y) + 2\,\mathrm{cov}(X,Y)\end{aligned} \tag{1-24}$$

当设 X 和 Y 不相关, 乃至互相独立时, $\mathrm{cov}(X,Y) = 0$,

$$\mathrm{Var}(Z) = \mathrm{Var}(X + Y) = \mathrm{Var}(X) + \mathrm{Var}(Y) \tag{1-25}$$

4. n 维随机变量及其分布函数

设 $X_1, X_2, \cdots, X_n$ 为定义在同一样本空间 Ω 上的 n ($n \geqslant 1$) 个随机变量, 它们的有序组 $\boldsymbol{X} = (X_1, X_2, \cdots, X_n)$ 称为 n 维随机变量 (或 n 维随机向量).

据此定义, 上面讨论的随机变量亦称一维随机变量. 在 1.1.2 节中已经知道分布函数能完整地描述随机变量, 不论该随机变量是离散型的还是连续型的. 同样, 分布函数也是研究 n 维随机变量概率分布的有力工具, 下面给出多维随机变量分布函数的定义.

定义 1.17 设 $\boldsymbol{X} = (X_1, X_2, \cdots, X_n)$ 为 n 维随机变量, 对任意 n 个实数 $x_1, x_2, \cdots, x_n$, 服从联合分布 $F(x_1, x_2, \cdots, x_n) = P(X_1 \leqslant x_1, X_2 \leqslant x_2, \cdots, X_n \leqslant x_n)$, 联合分布密度记为 $f(x_1, x_2, \cdots, x_n)$.

多个随机变量和的数学期望有以下的一般准则.

$S = \boldsymbol{w}'\boldsymbol{X} = \sum_{i=1}^{n} w_i X_i$, 其中 $X_1, X_2, \cdots, X_n$ 是随机变量, $w_1, w_2, \cdots, w_n$ 是常数. 则有

$$E\left(\sum_{i=1}^{n} w_i X_i\right) = \sum_{i=1}^{n} w_i E(X_i) \tag{1-26}$$

协方差的概念可以推广到随机向量, 设 $\boldsymbol{X} = (X_1, X_2, \cdots, X_n)'$ 为随机向量,

记 $\sigma_{ij} = \text{cov}(X_i, X_j)$，显然 $\sigma_{ii} = \text{Var}(X_i)$，矩阵

$$\boldsymbol{\Sigma} = \begin{pmatrix} \sigma_{11} & \sigma_{12} & \cdots & \sigma_{1n} \\ \sigma_{21} & \sigma_{22} & \cdots & \sigma_{2n} \\ \vdots & \vdots & & \vdots \\ \sigma_{n1} & \sigma_{n2} & \cdots & \sigma_{nn} \end{pmatrix}$$

称为 $\boldsymbol{X}$ 的协方差矩阵, 显然这是一个对称矩阵. 此外, 对任意实数 t_j ($j = 1, 2, \cdots, n$), 有

$$\int \cdots \int \left\{ \sum_{j=1}^{n} t_j(x_j - EX_j) \right\}^2 f(x_1, x_2, \cdots, x_n) dx_1 dx_2 \cdots dx_n = \sum_{j,k} \sigma_{jk} t_j t_k \geqslant 0$$

因此它是一个非负定矩阵, 所以若用 $|\boldsymbol{\Sigma}|$ 表示 $\boldsymbol{\Sigma}$ 的行列式, 其值是非负的. 如果它严格大于 0, 则其逆矩阵存在, 这一点在以后讨论均值–方差最优组合是很重要的. 特别地当 $X_1, X_2, \cdots, X_n$ 互相独立时, 协方差矩阵为对角阵. 对角线上元素就是各变量的方差.

随机变量的线性组合 $S = \boldsymbol{w}'\boldsymbol{X} = \sum_{i=1}^{n} w_i X_i$, 其中 $\boldsymbol{w} = (w_1, w_2, \cdots, w_n)'$ 为权重向量, 记 S 的方差为 $\sigma_p^2 = \text{Var}(S)$, 通过简单计算可得

$$\sigma_p^2 = \text{Var}(S) = E\left[\boldsymbol{w}'\boldsymbol{X} - E(\boldsymbol{w}'\boldsymbol{X})\right]^2 = \boldsymbol{w}'\boldsymbol{\Sigma}\boldsymbol{w} \tag{1-27}$$

特别地, 当 $X_1, X_2, \cdots, X_n$ 是互相独立的随机变量时, 有

$$\text{Var}\left(\sum_{i=1}^{n} w_i X_i\right) = \sum_{i=1}^{n} w_i^2 \text{Var}(X_i)$$

5. n 维正态分布

定义 1.18 若 n 维随机变量 $(X_1, X_2, \cdots, X_n)'$ 的联合分布密度为

$$f(\boldsymbol{x}) = \frac{1}{(2\pi)^{n/2} |\boldsymbol{\Sigma}|^{1/2}} \exp\left\{-\frac{1}{2} \cdot \left[(\boldsymbol{x} - \boldsymbol{\mu})' \boldsymbol{\Sigma}^{-1} (\boldsymbol{x} - \boldsymbol{\mu})\right]\right\} \tag{1-28}$$

其中 $\boldsymbol{x} = (x_1, x_2, \cdots, x_n)'$, $\boldsymbol{\mu} = (\mu_1, \mu_2, \cdots, \mu_n)'$, $\boldsymbol{\Sigma} = \begin{pmatrix} \sigma_{11} & \sigma_{12} & \cdots & \sigma_{1n} \\ \sigma_{21} & \sigma_{22} & \cdots & \sigma_{2n} \\ \vdots & \vdots & & \vdots \\ \sigma_{n1} & \sigma_{n2} & \cdots & \sigma_{nn} \end{pmatrix}$

为正定矩阵, 则称 $\boldsymbol{X} = (X_1, X_2, \cdots, X_n)'$ 为 n 维正态向量, 或称服从 n 维正态

分布, 记为 $\boldsymbol{X} \sim N(\boldsymbol{\mu}, \boldsymbol{\Sigma})$. 特别地当 $\boldsymbol{\Sigma}$ 为对角阵时, $X_1, X_2, \cdots, X_n$ 为互相独立的随机变量.

随机变量的线性组合 $S = \boldsymbol{w}'\boldsymbol{X} = \sum_{i=1}^{n} w_i X_i$, 其中 $\boldsymbol{w} = (w_1, w_2, \cdots, w_n)'$ 为权重向量, 如果 $\boldsymbol{X} \sim N(\boldsymbol{\mu}, \boldsymbol{\Sigma})$, 则 $S \sim N(\boldsymbol{w}'\boldsymbol{\mu}, \boldsymbol{w}'\boldsymbol{\Sigma}\boldsymbol{w})$.

n 维联合 t-分布密度

$$f_{\alpha, \boldsymbol{\Sigma}}(\boldsymbol{x}) = \frac{\Gamma\left(\frac{\alpha+n}{2}\right)}{(\alpha\pi)^{\frac{n}{2}} \Gamma\left(\frac{\alpha}{2}\right) \boldsymbol{\Sigma}^{\frac{1}{2}}} \left[1 + \frac{1}{\alpha} \boldsymbol{x}' \boldsymbol{\Sigma}^{-1} \boldsymbol{x}\right]^{-\frac{\alpha+n}{2}} \tag{1-29}$$

若 $\boldsymbol{x} \sim N_n(\mu, \boldsymbol{\Sigma})$, 则 $s = \boldsymbol{w}'\boldsymbol{x} \sim N(\boldsymbol{w}'\mu, \boldsymbol{w}'\boldsymbol{\Sigma}\boldsymbol{w})$, 同样若 $\boldsymbol{x}$ 服从 n 维 t-分布, 则 $\boldsymbol{w}'\boldsymbol{x}$ 服从一维 t-分布.

定义 1.19 定义单个随机变量与组合的相关系数 β_{ip} (或称为 beta) 为

$$\beta_{ip} = \frac{E\left[\{X_i - E(X_i)\}\{S - E(S)\}\right]}{E\left[\{X - E(S)\}^2\right]} \tag{1-30}$$

协偏度 γ_{ip}, 或称系统偏度 (systematic skewness) 为

$$\gamma_{ip} = \frac{E\left[\{X_i - E(X_i)\}\{S - E(S)\}^2\right]}{E\left[\{S - E(S)\}^3\right]} \tag{1-31}$$

协峰度 θ_{ip}, 或称系统峰度 (systematic kurtosis) 如下

$$\theta_{ip} = \frac{E\left[\{X_i - E(X_i)\}\{S - E(S)\}^3\right]}{E\left[\{S - E(S)\}^4\right]} \tag{1-32}$$

我们将在后面的章节中遇到这些特征指标.

1.1.4 基于观察数据的统计量

在金融实务中, 一个金融变量的分布通常是未知的, 常常需要通过观察到的数据来估计它的分布和数字特征. 以下介绍一些常用的统计量.

设 $x_1, x_2, \cdots, x_n$ 是随机变量 X 的 n 个观察值.

统计量 $\bar{x} = \frac{1}{n} \sum_{i=1}^{n} x_i$ 称为样本均值.

统计量 $S_n^2 = \frac{1}{n} \sum_{i=1}^{n} (x_i - \bar{x})^2$ 称为样本方差, $S_n = \sqrt{S_n^2}$ 称为样本标准差, 而 $S^2 = \frac{1}{n-1} \sum_{i=1}^{n} (x_i - \bar{x})^2$ 称为修正的样本方差, $S = \sqrt{S^2}$ 称为修正的样本标准差.

样本的 r 阶原点矩:

$$A_r = \frac{1}{n}\sum_{i=1}^{n} x_i^r, \quad r = 1, 2, \cdots \tag{1-33}$$

样本的 r 阶中心矩:

$$B_r = \frac{1}{n}\sum_{i=1}^{n} (x_i - \bar{x})^r, \quad r = 1, 2, \cdots \tag{1-34}$$

而 $A_1 = \bar{x}, B_2 = S_n^2$.

样本分位数: 将 n 个观察值按照从小到大顺序重新排序为 $x_{(1)} \leqslant x_{(2)} \leqslant \cdots \leqslant x_{(n)}$, 定义

$$X^*(\lambda) = (1-(\lambda(n+1)-[\lambda n]))X_{([\lambda n])} + (\lambda(n+1)-[\lambda n])X_{([\lambda n]+1)}, \quad \frac{1}{n} \leqslant \lambda \leqslant \frac{n}{n+1}$$

则称 $X^*(\lambda)$ 为样本的 λ 分位数. 当 $\lambda = 1/2$ 时, $X^*(1/2)$ 称为样本的中位数 (也用 $m_{1/2}$ 表示).

基于样本的经验分布函数: 将 n 个观察值按照从小到大顺序重新排序为 $x_{(1)} \leqslant x_{(2)} \leqslant \cdots \leqslant x_{(n)}$, 定义如下函数

$$F_n^*(x) = \begin{cases} 0, & x < x_{(1)} \\ \dfrac{1}{n}, & x_{(1)} \leqslant x < x_{(2)} \\ \cdots \cdots \\ \dfrac{k}{n}, & x_{(k)} \leqslant x < x_{(k+1)} \\ \cdots \cdots \\ 1, & x \geqslant x_{(n)} \end{cases} \tag{1-35}$$

称 (1-35) 式为总体对应于样本 $X_1, X_2, \cdots, X_n$ 的经验分布函数.

样本协方差: 设 $(x_i, y_i)\,(i = 1, 2, \cdots, n)$ 是二元随机变量 (X,Y) 的 n 个观察值, 定义

$$S_{X,Y} = n\sum_{i=1}^{n} x_i y_i - \sum_{i=1}^{n} x_i \sum_{i=1}^{n} y_i \tag{1-36}$$

为样本协方差,

$$r_{X,Y} = \frac{n\sum\limits_{i=1}^{n}x_iy_i - \sum\limits_{i=1}^{n}x_i\sum\limits_{i=1}^{n}y_i}{\sqrt{n\sum\limits_{i=1}^{n}x_i^2 - \left(\sum\limits_{i=1}^{n}x_i\right)^2}\sqrt{n\sum\limits_{i=1}^{n}y_i^2 - \left(\sum\limits_{i=1}^{n}y_i\right)^2}}$$

$$= \frac{\sum\limits_{i=1}^{n}x_iy_i - n\bar{x}\bar{y}}{\sqrt{\sum\limits_{i=1}^{n}x_i^2 - n\bar{x}^2}\sqrt{\sum\limits_{i=1}^{n}y_i^2 - n\bar{y}^2}} = \frac{S_{X,Y}}{S_X S_Y} \quad (1\text{-}37)$$

为样本相关系数.

1.2 金融资产、资产价格和资产组合

1.2.1 金融资产

本书涉及的金融市场上的资产, 简称金融资产, 有各种不同的分类方法 (参考图 1.2.1).

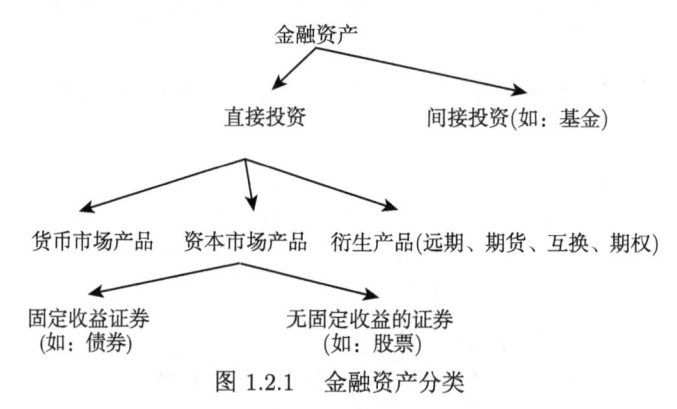

图 1.2.1 金融资产分类

投资者在金融市场可以选择直接或间接投资, 包括风险资产和无风险资产. 风险资产通常指证券, 比如股票、债券等; 无风险资产主要指银行存款和现金. 投资者将其拥有的资金投资于金融市场以获取收益, 如投资银行定期存款可以获取利息, 投资风险资产可以获得股息、分红等收益, 以及由证券价格波动中通过交易手段使得资产增值.

1.2.2 资产价格和回报

1. 时间尺度

本书主要讨论离散时间模型, 假设投资者在离散时间 $t = 1, 2, \cdots$ 进行投资活动,

其间隔可以是秒、分、小时、日、周、月、年等, 没有特定指出时我们称之为时刻.

2. 资产价格和变化量

设 P_t 为某种金融资产在 t 时刻的价格, 记 Y_t 为该资产在 $t-1$ 到 t 时刻价格的变化量, 即投资者的损益,

$$Y_t = P_t - P_{t-1}$$

如 $Y_t > 0$ 表示收益, 反之为损失.

(1) 收益率或回报率

$$R_t = \frac{P_t - P_{t-1}}{P_{t-1}} = \frac{Y_t}{P_{t-1}}$$

也称为简单收益率.

进一步, 记 $Z_t = \dfrac{P_t}{P_{t-1}}$, 称为投资者的收益 (或回报), 易见

$$R_t = \frac{P_t - P_{t-1}}{P_{t-1}} = \frac{P_t}{P_{t-1}} - 1 = Z_t - 1$$

(2) 对数收益率 (或连续收益率)

$$S_t = \ln\left[\frac{P_t}{P_{t-1}}\right] = \ln\left[1 + \frac{Y_t}{P_{t-1}}\right] = \ln[1 + R_t]$$

当 R_t 很小时, 对数收益率近似等于收益率, 因为 $S_t = \ln[1 + R_t] \approx R_t$.

1.2.3 资产组合

我们考虑的金融市场为随机市场, 在这个市场上, 一种金融资产在 t 时刻的价格用随机变量 P_t 表示, 服从概率分布 $F(x)$, 有分布密度 $f(x)$. 如果市场上有 N 种资产, 在 t 时刻的价格用向量 $\boldsymbol{P}_t = (P_{1t}, P_{2t}, \cdots, P_{Nt})$ 表示.

定义 2.1 投资组合 假定投资者投资于第 i 种资产的数量为 T_j 单位, $T_j > 0$ 表示买入, 或做多, $T_j < 0$ 为卖出, 或做空 (卖空), 那么称 $\boldsymbol{T} = (T_1, T_2, \cdots, T_N)'$ 为投资者的投资组合.

定义 2.2 资产组合 (portfolio) 记

$$w_i = \frac{T_i P_i}{\sum\limits_{i=1}^{N} T_i P_i}, \quad i = 1, 2, \cdots, N$$

称向量 $w = (w_1, w_2, \cdots, w_N)'$ 为投资者的资产组合. 注意资产组合满足归一性条件

$$\sum_{i=1}^{N} w_i = 1$$

但是投资组合不满足. 要注意的是因为 portfolio 既可以译为投资组合, 也可以译为资产组合, 本书大多数情况下都是资产组合.

1.3 资本资产定价模型 (CAPM)

1.3.1 CAPM 的前提条件

资本资产定价模型 (CAPM) 是在理想市场条件下建立的, 它是将市场指数作为一个基准, 对个股的收益进行估值的模型. 其对市场的假设有以下几条:

(1) 无交易成本 (即无交易手续费等);
(2) 资产是无限可分的 (即投资者可以购买任意份额的证券);
(3) 无税收;
(4) 任何个人的投资行为都不影响市场的整体变化;
(5) 投资者只关心证券的收益和以方差度量的价格波动率;
(6) 允许无限量卖空;
(7) 允许无限量借入或贷出行为;
(8) 所有投资者都投资一个周期;
(9) 所有投资者对市场的看法一致, 即对市场价格的变化的估计一致;
(10) 所有证券交易都是市场化的 (即无内幕交易和做市行为).

但是事实上实际市场是不满足以上这些条件的, 这些假设是为了数学建模的简化或者说是理想化. 以下我们就在这些假设下建立资本资产定价模型.

1.3.2 CAPM 的经典表示

设 X 为证券的收益率, X_M 为市场指数的收益率, 把它作为一种比较的基准, r_f 为无风险利率, 则 CAPM 的基本表达式为

$$X - r_f = \beta (X_M - r_f) + \varepsilon \tag{3-1}$$

其中 ε 为误差, 它满足 $E(\varepsilon) = 0, E(X_M \varepsilon) = 0$, 或写成均值形式

$$E(X) = r_f + \beta (E(X_M) - r_f) \tag{3-2}$$

也可以表为

$$X = \alpha + \beta X_M + \varepsilon$$

1.3 资本资产定价模型 (CAPM)

其中 $\alpha = (1-\beta)r_f$.

β 的概率计算方法有两种.

方法一: 如果 X 和 X_M 的联合分布已知, 则有

$$\begin{aligned} \mathrm{cov}(X, X_M) &= E[(X-EX)(X_M - EX_M)] \\ &= E\{[\beta(X_M - EX_M) + \varepsilon - E\varepsilon](X_M - EX_M)\} \\ &= \beta E[(X_M - EX_M)^2] \end{aligned}$$

由此可得

$$\beta = \frac{\mathrm{cov}(X, X_M)}{\mathrm{Var}(X_M)} = \frac{\mathrm{cov}(X, X_M)}{\sigma_{X_M}^2} \tag{3-3}$$

方法二: β 的统计计算方法.

如果 X 和 X_M 的联合分布未知, 则可以通过观察到的数据来估计 $\mathrm{cov}(X, X_M)$ 和 $\mathrm{Var}(X_M)$, 进而估计出 β. 设观察到的证券和市场指数的收益率数据为 $\{(x_1, x_{M1}), (x_2, x_{M2}), \cdots, (x_n, x_{Mn})\}$, 先计算出它们的样本均值、样本方差和协方差如下

$$\bar{x} = \frac{1}{n}\sum_{i=1}^{n} x_i, \quad \bar{x}_M = \frac{1}{n}\sum_{i=1}^{n} x_{Mi}$$

$$S_{X_M}^2 = \frac{1}{n}\sum_{i=1}^{n}(x_{Mi} - \bar{x}_M)^2, \quad \sigma_{X,X_M} = \frac{1}{n}\sum_{i=1}^{n}(x_i - \bar{x})(x_{Mi} - \bar{x}_M)$$

则有

$$\beta = \frac{\mathrm{cov}(X, X_M)}{\mathrm{Var}(X_M)} = \frac{\sigma_{X,X_M}^2}{S_{X_M}^2} \tag{3-4}$$

1.3.3 CAPM 的金融解释

将 (3-3) 代入 (3-2), CAPM 被重新写为

$$E(X) = r_f + \frac{E(X_M) - r_f}{\sigma_{X_M}} \frac{\mathrm{cov}(X, X_M)}{\sigma_{X_M}} \tag{3-5}$$

左边是证券的期望收益, 右边第一项 r_f 体现了货币的时间价值, 第二项中 $\dfrac{E(X_M) - r_f}{\sigma_{X_M}}$ 表示风险溢价, 而 $\dfrac{\mathrm{cov}(X, X_M)}{\sigma_{X_M}}$ 可以理解为风险的市场价值, 所以 CAPM 的金融意义是

$$证券的期望收益 = 货币的时间价值 + 风险溢价 \times 风险的市场价值$$

附注 3.1 $\dfrac{\operatorname{cov}(X,X_M)}{\sigma_{X_M}}$ 作为风险的市场价值的理由.

假设 $\boldsymbol{w}=(w_1,w_2,\cdots,w_n)'$ 为市场组合, 那么该组合的标准差为

$$\sigma_M = (\boldsymbol{w'\Sigma w})^{1/2}$$

单个证券比例的变化对整个市场组合的影响率为

$$\frac{\partial \sigma_M}{\partial w_i} = \frac{\frac{1}{2}\left[2w_i\sigma_i^2 + 2\sum_{i=1}^{n}\sum_{j=1,j\neq i}^{n} w_j\sigma_{ij}\right]}{(\boldsymbol{w'\Sigma w})^{1/2}} = \frac{w_i\sigma_i^2 + \sum_{i=1}^{n}\sum_{j=1,j\neq i}^{n} w_j\sigma_{ij}}{(\boldsymbol{w'\Sigma w})^{1/2}} = \frac{\sigma_{iM}}{\sigma_M}$$

此即 (3-5) 中的 $\dfrac{\operatorname{cov}(X,X_M)}{\sigma_{X_M}}$.

1.3.4 CAPM 的变形

1. 基于消费的 CAPM

如果把 CAPM 中的证券市场收益 X_M 改为消费市场的增长率 C_M, 则基于消费的 CAPM 可表为

$$X - r_f = \beta_c(C_M - r_f) + \varepsilon_c \tag{3-6}$$

其中 ε 为误差, 它满足 $E(\varepsilon_c)=0, E(C_M\varepsilon_c)=0$, 或写成均值形式

$$E(X) = r_f + \beta_c(E(C_M) - r_f) \tag{3-7}$$

2. 多 beta CAPM

如果投资人不仅考虑证券市场的影响, 还考虑要对冲通货膨胀的风险, 则 CAPM 可表为 2-因子 CAPM 如下

$$X - r_f = \beta_M(X_M - r_f) + \beta_T(Y_T - r_f) + \varepsilon \tag{3-8}$$

其中 ε 为误差, 它满足 $E(\varepsilon)=0, E(X_M\varepsilon)=E(Y_T\varepsilon)=0$, 或写成均值形式

$$E(X) = r_f + \beta_c(E(C_M) - r_f) + \beta_T(E(Y_T) - r_f) \tag{3-9}$$

这是我们下一节要讨论的多因子套利定价模型的特例.

3. 有税收时的 CAPM

如前所示, 设 X_M 为市场指数的收益, δ_M 为市场组合的红利, X 为某证券的收益率, δ 为该证券的红利, τ 为税率, 则有税收时的 CAPM 可表为

$$E(X) = r_f + \beta\left[(E(X_M) - r_f) - \tau(\delta_M - r_f)\right] + \tau(\delta - r_f)$$

CAPM 和多 beta CAPM 都是以下多因子模型的特例.

1.4 套利定价模型

1.4.1 多因子模型

套利定价模型也称为多因子模型, 假设影响证券收益率的有 L 个因素, 通常考虑的因素有市场因素、行业因素、经济增长率 (如 GDP)、通货膨胀率 (如 CPI)、利率、汇率等, 设 X 为某种风险资产的收益率, $f_1, f_2, \cdots, f_L$ 为影响证券收益的 L 个因子, 则

$$X = b_0 + b_1 f_1 + b_2 f_2 + \cdots + b_L f_L + \varepsilon \tag{4-1}$$

满足

(1) $E(\varepsilon) = 0$;
(2) $E\left[(f_j - E(f_j))(f_k - E(f_k))\right] = 0, k \neq j$;
(3) $E\left[(f_j - E(f_j))\varepsilon\right] = 0, j = 1, 2, \cdots, L$.

多因子模型也可以看作一个多元线性回归模型, 通过观测数据可以估计回归参数 $b_0, b_1, b_2, \cdots, b_L$. 以单资产多因素模型为例, 用最小二乘法来估计回归系数, 其中 $f_1, f_2, \cdots, f_L$ 为影响因素, $b_0, b_1, b_2, \cdots, b_L$ 为待定系数, 假设证券收益率的观测值为 $\{x_1, x_2, \cdots, x_n\}$, 因子的观测值为 $\{(f_{k1}, f_{k2}, \cdots, f_{kL})', k = 1, 2, \cdots, n\}$,

$$\boldsymbol{X} = \begin{pmatrix} x_1 \\ x_2 \\ x_3 \\ \vdots \\ x_n \end{pmatrix}, \quad \boldsymbol{F} = \begin{pmatrix} 1 & f_{11} & f_{12} & \cdots & f_{1L} \\ 1 & f_{21} & f_{22} & \cdots & f_{2L} \\ 1 & f_{31} & f_{32} & \cdots & f_{3L} \\ \vdots & \vdots & \vdots & & \vdots \\ 1 & f_{n1} & f_{n2} & \cdots & f_{nL} \end{pmatrix}, \quad \boldsymbol{b} = \begin{pmatrix} b_0 \\ b_1 \\ b_2 \\ \vdots \\ b_L \end{pmatrix}, \quad \boldsymbol{\varepsilon} = \begin{pmatrix} \varepsilon_1 \\ \varepsilon_2 \\ \varepsilon_3 \\ \vdots \\ \varepsilon_n \end{pmatrix}$$

即

$$\boldsymbol{X} = \boldsymbol{F}\boldsymbol{b} + \boldsymbol{\varepsilon} \tag{4-2}$$

利用最小二乘法可得矩阵方程

$$(\boldsymbol{F}'\boldsymbol{F})\boldsymbol{b} = \boldsymbol{F}'\boldsymbol{X}$$

解得估计值为
$$\widehat{b} = (F'F)^{-1}F'X \tag{4-3}$$
可以应用统计软件计算 $F'F, (F'F)^{-1}, F'X$, 最后计算乘积 $(F'F)^{-1}F'X$.

1.4.2 因子的筛选和发现

在套利定价模型中, 因子的选择至关重要. 最著名的是 Fama 和 French[13] 提出的三因子模型 (市场因子、规模因子和价值因子), Carhart[12] 提出的增加动量因子的四因子模型, 以及 Fama 和 French[14] 提出的增加投资因子和盈利因子的五因子模型. 随着数据的丰富和计算的便利, 更多的因子被挖掘, 比如非流动性因子、异质波动率因子、投资者情绪因子等. 但是所有的因子并不都是有效的, Green 等[17] 和 Hou 等[18] 发现, 大部分因子在后续的样本外检验中难以持续地提供超额收益. 因此, 如何寻找并筛选更多有效因子成了研究热点之一. 现有因子筛选的方法主要有: 主成分分析和因子分析、LASSO 变量选择和弹性网络 (elastic net)、机器学习和深度学习、复杂网络等.

1. 主成分分析和因子分析

主成分分析和因子分析是两种常用的降维技术, 也是投资决策中常用的因子筛选方法. 这种因子筛选法具有良好的可解释性, 但是保留多少主成分或者公共因子较为主观, 并且难以考虑因子与股票收益间的非线性关系, 因此在实践应用过程中存在着一定的弊端. 我们在 [4-6] 探究了影响中国股市的若干因子.

2. LASSO 变量选择和弹性网络

LASSO 方法通过对因子权重增加惩罚函数约束, 可以有效剔除无效因子, 使构造的最优资产组合具有更优的收益及稳健性, 比如 [16] 等. 为了克服高维数据中的多重共线问题和 LASSO 方法预测能力不足问题, 在 LASSO 基础上弹性网模型被提出并验证了其有效性, 见 [8] 与 [19] 等.

3. 机器学习和深度学习

机器学习模型适用性更广, 可以有效地克服传统模型中的非线性关系、高维问题的局限性等. 因子筛选中常用的机器学习模型有逻辑回归、支持向量机和随机森林, 其中随机森林的使用更为广泛, 如 [9] 和 [10] 等. 但是机器学习方法仍存在学习深度不足、拟合过度等缺陷, 而深度学习则拥有更强的学习能力和适应性, 比如 [11] 和 [15] 等.

参 考 文 献

[1] 叶中行, 王蓉华, 徐晓岭, 白云芬. 概率论与数理统计 [M]. 北京: 北京大学出版社, 2009.

参考文献

[2] 叶中行, 林建忠. 数理金融: 资产定价与金融决策理论 [M]. 2 版. 北京: 科学出版社, 2010.

[3] 叶中行, 卫淑芝, 王安娇. 数理金融基础 [M]. 2 版. 北京: 高等教育出版社, 2022.

[4] 叶中行, 柯春雷, 李宁. 影响上海股市的因素筛选和统计分析 [J]. 上海交通大学学报, 1998, 32(3): 133-135.

[5] 刘太阳, 叶中行. 中国上市公司抑价率的实证研究 [J]. 上海交通大学学报, 2005, 39(10): 1171-1174.

[6] 姚俊敏, 叶中行. 金融约束对股票收益的影响 [J]. 应用概率统计, 2004, 20(3): 307-312.

[7] 洪永淼. 概率论与统计学在经济学中的应用 [J]. 计量经济学报, 2022, 2(1): 2-18.

[8] 谢合亮, 胡迪. 多因子量化模型在投资组合中的应用——基于 LASSO 与 Elastic Net 的比较研究 [J]. 统计与信息论坛, 2017, 32(10): 36-42.

[9] 张虎, 沈寒蕾, 刘晔诚. 基于自注意力神经网络的多因子量化选股问题研究 [J]. 数理统计与管理, 2020, 39(3): 556-570.

[10] 周亮. 基于随机森林模型的股票多因子投资研究 [J]. 金融理论与实践, 2021(7): 97-103.

[11] 马甜, 姜富伟, 唐国豪. 深度学习与中国股票市场因子投资——基于生成式对抗网络方法 [J]. 经济学 (季刊), 2022, 22(3): 819-842.

[12] Carhart M M. On persistence in mutual fund performance [J]. Journal of Finance, 1997, 52(1): 57-82.

[13] Fama E F, French K R. Common risk factors in the returns on stocks and bonds [J]. Journal of Financial Economics, 1993, 33(1): 3-56.

[14] Fama E F, French K R. A five-factor asset pricing model[J]. Journal of Financial Economics, 2015, 116: 1-22.

[15] Fang J, Lin J W, Xia S T, et al. Neural network-based automatic factor construction [J]. Quantitative Finance, 2020, 20(12): 2101-2114.

[16] Freyberger J, Neuhierl A, Weber M. Dissecting characteristics nonparametrically [J]. The Review of Financial Studies, 2020, 33(5): 2326-2377.

[17] Green J, Hand J, Zhang X. The characteristics that provide independent information about average U. S. monthly stock returns [J]. Review of Financial Studies, 2017, 30(12): 4389-4436.

[18] Hou K, Xue C, Zhang L. Replicating anomalies [J]. Review of Financial Studies, 2020, 33(5): 2019-2133.

[19] Zou H, Zhang H. On the adaptive elastic-net with a diverging number of parameters [J]. Annals of Statistics, 2009, 37(4): 1733-1751.

第 2 章 经典的马科维茨均值-方差最优资产组合模型

马科维茨的均值-方差最优资产组合模型是现代投资学的一块基石, 在理想的市场假设和诸多前提条件下, 得到完美的结果, 有很多变形和推广. 本章 2.1 节首先对模型做一个简要的评述, 并从两种证券的组合分析开始, 给读者一个直观的印象. 2.2 节详细介绍马科维茨的经典模型, 得出有效前沿的基本概念和著名的两基金定理, 很多数理金融的著作 [1-10] 中都有专门的章节介绍马科维茨的模型, 本书在理论推导的过程中细究了各个细节, 这是本书的特色之一. 2.3 节介绍由马科维茨的模型导出资本资产定价理论, 说明两者的一致性. 2.4 节给出了模型的一些等价形式和简单推广. 2.5 节在存在无风险资产的情况下再次导出有效前沿, 是 2.2 节的延伸. 2.6 节讨论安全第一的概率准则模型. 本章在均值-方差的大框架下由浅入深地逐步深入展开, 引导读者理解马科维茨模型的本质和精髓.

2.1 马科维茨的经典模型评述

2.1.1 马科维茨模型的理想市场条件

资产组合是指投资者对各种风险资产的选择而形成的投资组合. 通常风险资产主要指各种证券, 因此也常称为证券组合. 由于证券投资的预期收益受到多种因素的影响而具有不确定性, 人们在投资过程中往往通过分散投资的方法来规避投资中的系统性风险和非系统性风险, 实现投资效用的最大化. 证券组合管理的主要内容就是研究风险与收益的关系. 一般情况下风险与收益呈现正相关关系. 即收益越高, 要承担的风险越大; 反之, 风险越小, 收益越小. 理性的投资者在风险一定的条件下, 选择收益大的证券投资组合; 在收益一定的条件下, 选择风险小的证券组合投资, 满足这种要求的组合才是有效的投资组合. 但传统的证券投资组合管理无法从理论上解决长期困扰证券投资活动的两个根本性问题. 其一是虽然证券市场上客观存在着大量的证券组合投资, 但为什么要进行组合投资? 其二是证券市场上的投资者除了通过证券组合来降低风险, 将如何根据有关信息进一步确定最优投资比例, 实现证券市场投资的最优选择? 美国经济学家马科维茨、夏普和罗斯将现代应用经济理论运用于证券市场的组合投资问题的研究, 建立了现代证券投资组合理论, 从理论上回答了证券投资活动中的这两个难题.

2.1 马科维茨的经典模型评述

20 世纪 50 年代, 哈利·马科维茨和詹姆士·托宾利用期望值和方差两种统计概念发展出在不确定经济情况下完整的资本资产选择模型, 哈利·马科维茨于 1952 年发表《证券组合的选择》一文[21], 并于 1959 年出版的同名著作[22] 中建立了均值–方差模型, 为现代证券投资组合理论的建立和发展奠定了基础. 马科维茨所要解决的问题是: 投资者如何在期初从所有可能的证券组合中选择一个最优的证券组合. 为了获得这个最优证券组合, 马科维茨认为投资者的决策目标应该有两个: "尽可能高的收益率" 和 "尽可能低的不确定性 (风险)". 最好的决策应该是使这两个相互制约的目标达到最佳平衡.

为简化理论模型, 马科维茨[21-23] 首先对市场提出了若干理想化的假设:

(1) 所有资产收益率服从联合正态分布;

(2) 投资者都接受市场的价格, 市场是一个完全竞争的有效市场, 每个投资者了解市场的所有信息 (各种股票的收益和风险);

(3) 所有投资者都是理性的, 都是厌恶风险的, 每个投资者以期望收益率 (即收益率平均值) 来衡量未来收益率水平, 以收益率方差来衡量收益率的不确定性 (即风险), 投资者在决策中只关心投资的期望收益率和方差, 在投资风险一定的情况下, 投资者会选择投资回报最高的资产, 在投资回报一定的情况下, 会选择风险最小的资产;

(4) 市场是无摩擦的, 即没有交易费用、手续费, 没有税收;

(5) 所有资产都是完全可分和充分流动的, 即在交易数量和时间上没有任何限制;

(6) 投资者在银行有无限的信用额度, 即他可以无限量地向银行借款, 并且银行存贷利率相同;

(7) 允许投资者卖空.

从以上理论假设出发, 马科维茨阐述了均值–方差模型的理论思想: 每一种证券和证券组合均可由平面上坐标系 σ_p(标准差)–r_p(期望收益率) 中的点来表示, 所有存在的证券和合法的证券组合构成平面上的一个区域, 称为可行域, 投资者在可行域中选择一个最满意的点, 在这一点上均值和方差这两个目标达到最佳平衡. 根据 "主宰原则", 在可行域中可能被选中的点将局限在可行域部分的边界上, 这部分边界称为 "有效前沿", 有效前沿上的点所对应的组合便是可能被投资者选中的候选组合, 称为有效组合. 在确定有效前沿 (相应地确定了有效组合) 后, 投资者需要根据其个人对均值和方差更具体、精细的偏好态度 (用无差异曲线来描述) 在有效前沿上选择在他看来最满意的点 (该点是无差异曲线与效率边界的切点), 从而得到最满意的证券组合.

均值–方差模型在理论上是严谨的. 人们在肯定马科维茨的历史贡献的同时, 也对他的模型提出了众多的批评, 特别是他对市场条件作的理想性假设. 事实上,实证分析表明他的大多数假设在实际市场中是不成立的. 于是, 通过放松对模型的假设, 或考虑在更接近实际市场条件下寻求最优的投资组合, 推动最优投资组合的理论的发展, 使得这个领域仍然是当前研究的一个前沿, 新模型和新结果层出不穷. 我们将在后面的一些章节讨论模型的各种推广.

2.1.2 两证券资产组合

在介绍马科维茨的 "均值–方差" 最优资产组合的一般模型前, 先给出两种证券情况下的讨论.

假设市场上有两种证券, 其日收益为 $\boldsymbol{X} = (X_1, X_2)'$, 其中 X_i 为第 i 种证券的收益率, 记 $\boldsymbol{\mu} := E(\boldsymbol{X}) = (EX_1, EX_2)' = (\mu_1, \mu_2)'$. 假设投资者有 1 个单位的资金, 他投资于这两种证券的组合向量为 $\boldsymbol{w} = (w_1, w_2)'$, $w_1 + w_2 = 1$, 其中 w_i 为投资于第 i 种证券的比例, 如果不要求 $w_i \geqslant 0$, 即允许卖空, 否则就是不允许卖空. 记这两种证券收益率的协方差为

$$\sigma_{12} = \mathrm{cov}(X_1, X_2) = E[(X_1 - \mu_1)(X_2 - \mu_2)] = \rho_{12}\sigma_1\sigma_2$$

特别地, $\sigma_i^2 := \sigma_{ii} = \mathrm{cov}(X_i, X_i) = EX_i^2 - (EX_i)^2, i = 1, 2$ 为它们的方差, ρ_{12} 为相关系数.

那么这个资产组合的收益率为

$$S = \boldsymbol{w}'\boldsymbol{X} = w_1 X_1 + w_2 X_2 \tag{1-1}$$

期望收益率为

$$r_p = ES = \boldsymbol{E}(\boldsymbol{w}'\boldsymbol{X}) = w_1\mu_1 + w_2\mu_2 \tag{1-2}$$

方差为

$$\begin{aligned}
\sigma_p^2 &= E[w_1 X_1 + w_2 X_2 - (w_1\mu_1 + w_2\mu_2)]^2 \\
&= E[(w_1 X_1 - w_1\mu_1) + (w_2 X_2 - w_2\mu_2)]^2 \\
&= w_1^2\sigma_1^2 + 2w_1 w_2 \sigma_{12} + w_2^2\sigma_2^2
\end{aligned} \tag{1-3}$$

我们将它视为资产组合的风险.

令 $s = w_1$, 则 $1 - s = w_2$, 代入上面 (1-2) 和 (1-3), 有

$$\begin{cases} r_p = s\mu_1 + (1-s)\mu_2 & (1\text{-}4) \\ \sigma_p^2 = s^2\sigma_1^2 + (1-s)^2\sigma_2^2 + 2s(1-s)\sigma_{12} & (1\text{-}5) \end{cases}$$

下面我们先给出一个数值计算示例.

2.1 马科维茨的经典模型评述

例 1.1 设 $\mu_1 = 0.1$, $\mu_2 = 0.2$, $\sigma_1^2 = 0.04$, $\sigma_2^2 = 0.25$, ρ_{12} 依次取值 0, 0.01, 0.02, 0.03, 0.04, 0.05, 进一步令 r_p 依次取值 0, 0.05, 0.1, 0.15, 0.2, 0.25, 0.3. 接着利用 (1-4) 和 (1-5) 式计算 σ_p^2, 结果见表 2.1.1. 在 σ_p^2-r_p 坐标系下的图形见图 2.1.1.

表 2.1.1 σ_p^2 数值计算结果

r_p	w_1	w_2	ρ_{12}					
			0	0.01	0.02	0.03	0.04	0.05
0	2	−1	0.41	0.01	负值	负值	负值	负值
0.05	1.5	−0.5	0.1525	0.0025	负值	负值	负值	负值
0.1	1	0	0.04	0.04	0.04	0.04	0.04	0.04
0.15	0.5	0.5	0.0725	0.1225	0.1725	0.2225	0.2725	0.3225
0.2	0	1	0.25	0.25	0.25	0.25	0.25	0.25
0.25	−0.5	1.5	0.5725	0.4225	0.2725	0.1225	负值	负值
0.3	−1	2	1.0625	0.6625	0.2625	负值	负值	负值

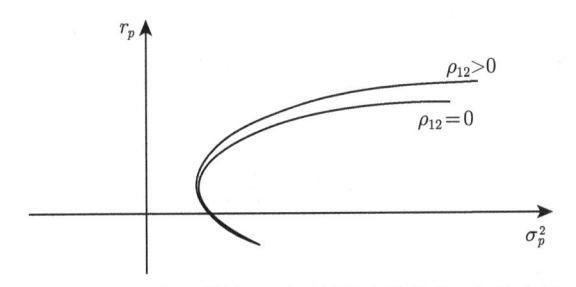

图 2.1.1 两种证券情况下可行组合的均值–方差曲线

观测图 2.1.1 可以发现:

(1) 在 (σ_p^2, r_p) 坐标系下的图形是抛物线, 且两证券收益率不相关, 即 $\rho_{12} = 0$ 对应的抛物线在对应 $\rho_{12} > 0$ 的抛物线下方, 说明两证券正相关时可以提高收益率.

(2) 当收益不变时, 随着相关系数的增加, 组合中 w_1, w_2 都大于 0 时, 即无卖空情形下的资产组合的风险会增加, 其中有一个为负时, 即有卖空情形下的资产组合的风险会相对减少. 当收益提高时, 一般情况下风险也会增加, 但是当相关性加大时, 会出现风险减少但收益增加的情况, 甚至 σ_p^2 出现负值, 这说明出现了套利情形 (见附注 1.2). 这一条结论对 $\rho_{12} > 0$ 的情况都适用.

附注 1.1 如果两证券收益率负相关, 即 $\rho_{12} < 0$, 也即 $\sigma_{12} < 0$ 时, 可能会导致什么结果呢? 我们留给读者自己去思考.

附注 1.2 所谓"套利", 是指投资者可以在 0 时刻不花钱而在 1 时刻获得无风险的正收益, 我们在第 4 章给出套利的严格定义, 详细可参阅文献 [3,4].

2.2 马科维茨均值–方差最优资产组合模型的原型

本节介绍马科维茨的"均值–方差"最优资产组合模型, 推导的过程是经典的 (参见 [1, 2, 5, 7]), 但是我们对一些细节作了深入探究.

假设市场上有 N 种风险资产 (或说 N 种证券, 例如股票, 暂时假设不存在无风险资产), 其日收益率向量记为 $\boldsymbol{X} = (X_1, X_2, \cdots, X_N)'$, 其中 X_i 为第 i 种资产的收益率, 记 $\boldsymbol{\mu} = (\mu_1, \mu_2, \cdots, \mu_N)' := E(\boldsymbol{X}) = (EX_1, EX_2, \cdots, EX_N)'$. 假设投资者有 1 个单位的资金, 他投资于这 N 种风险资产的组合向量为 $\boldsymbol{w} = (w_1, w_2, \cdots, w_N)'$, $\sum_{i=1}^{N} w_i = \boldsymbol{w}'\boldsymbol{1} = 1$, 其中 w_i 为投资于第 i 种资产的比例, $\boldsymbol{1} = (1, 1, \cdots, 1)'$. 如果不要求 $w_i \geqslant 0$, 即允许卖空, 否则就是不允许卖空. 记第 i 种资产和第 j 种资产的收益率的协方差为 $\sigma_{ij} = \mathrm{cov}(X_i, X_j), i, j = 1, 2, \cdots, N, i = j$ 时为第 i 种资产收益率的方差, 即 $\sigma_i^2 := \sigma_{ii} = \mathrm{cov}(X_i, X_i) = EX_i^2 - (EX_i)^2, i = 1, 2, \cdots, N$. 记 N 种资产收益率向量的方差–协方差矩阵为 $\boldsymbol{\Sigma} = (\sigma_{ij})_{N \times N}$.

首先讨论允许卖空且方差–协方差矩阵为非退化矩阵的情况. 相应地, 记资产组合的收益率为

$$S = \boldsymbol{w}'\boldsymbol{X} = \sum_{i=1}^{N} w_i X_i$$

记资产组合的收益率的方差为

$$\sigma_p^2 = E\left[\boldsymbol{w}'\boldsymbol{X} - E(\boldsymbol{w}'\boldsymbol{X})\right]^2 = \boldsymbol{w}'\boldsymbol{\Sigma}\boldsymbol{w}$$

这样, 可以将标准的均值–方差资产组合问题表示成如下的随机规划问题 (I)

$$\text{Minimize} \quad \frac{1}{2}\sigma_p^2 = \frac{1}{2}\boldsymbol{w}'\boldsymbol{\Sigma}\boldsymbol{w} \tag{2-1a}$$

$$\text{s.t.} \quad E(S) = \boldsymbol{w}'E(\boldsymbol{X}) = \boldsymbol{w}'\boldsymbol{\mu} \geqslant r_p \tag{2-1b}$$

$$\sum_{i=1}^{N} w_i = \boldsymbol{w}'\boldsymbol{1} = 1 \tag{2-1c}$$

他最初的模型中不要求 $w_i \geqslant 0$, 即允许卖空. 可以用标准的拉格朗日乘子法求解该问题. 令

$$L \equiv \frac{1}{2}\boldsymbol{w}'\boldsymbol{\Sigma}\boldsymbol{w} + \delta_1(r_p - \boldsymbol{w}'\boldsymbol{\mu}) + \delta_2(1 - \boldsymbol{w}'\boldsymbol{1}) \tag{2-2}$$

2.2 马科维茨均值-方差最优资产组合模型的原型

其中 δ_1, δ_2 是待定系数. 最优解应满足的一阶条件为

$$\begin{cases} \dfrac{\partial L}{\partial \boldsymbol{w}} = \boldsymbol{\Sigma w} - \delta_1 \boldsymbol{\mu} - \delta_2 \mathbf{1} = \mathbf{0} \\ \dfrac{\partial L}{\partial \delta_1} = r_p - \boldsymbol{w}' \boldsymbol{\mu} = 0 \\ \dfrac{\partial L}{\partial \delta_2} = 1 - \mathbf{1}' \boldsymbol{w} = 0 \end{cases} \quad (2\text{-}3)$$

由假设 $\boldsymbol{\Sigma}$ 满秩, 所以 $\boldsymbol{\Sigma}^{-1}$ 是非退化即满秩的, 则对 (2-3) 第一式移项后两边同乘 $\boldsymbol{\Sigma}^{-1}$ 得到最优解

$$\boldsymbol{w}^* = \delta_1 \boldsymbol{\Sigma}^{-1} \boldsymbol{\mu} + \delta_2 \boldsymbol{\Sigma}^{-1} \mathbf{1} \quad (2\text{-}4)$$

将 (2-4) 代入 (2-3) 中的第二、第三式得

$$r_p = \delta_1 \boldsymbol{\mu}' \boldsymbol{\Sigma}^{-1} \boldsymbol{\mu} + \delta_2 \boldsymbol{\mu}' \boldsymbol{\Sigma}^{-1} \mathbf{1} = \delta_1 a + \delta_2 b \quad (2\text{-}5\text{a})$$

$$1 = \delta_1 \mathbf{1}' \boldsymbol{\Sigma}^{-1} \boldsymbol{\mu} + \delta_2 \mathbf{1}' \boldsymbol{\Sigma}^{-1} \mathbf{1} = \delta_1 b + \delta_2 c \quad (2\text{-}5\text{b})$$

其中, 记

$$a = \boldsymbol{\mu}' \boldsymbol{\Sigma}^{-1} \boldsymbol{\mu}, \ b = \mathbf{1}' \boldsymbol{\Sigma}^{-1} \boldsymbol{\mu} = \boldsymbol{\mu}' \boldsymbol{\Sigma}^{-1} \mathbf{1}, \ c = \mathbf{1}' \boldsymbol{\Sigma}^{-1} \mathbf{1}, \ \Delta = ac - b^2 \quad (2\text{-}6)$$

显然, 因为 $\boldsymbol{\Sigma}^{-1}$ 满秩, 则 $a > 0, c > 0$. 由于已知 $\boldsymbol{\Sigma}$ 非退化及 $\boldsymbol{\mu} \neq k\mathbf{1}$, 用柯西-施瓦茨 (Cauchy-Schwarz) 不等式可以证明 $\Delta \geqslant 0$ (见附注 2.2), 以下分别讨论两种情况.

情形一: 当 $\Delta > 0$, 从而方程组 (2-5a) 和 (2-5b) 有解. 解后得

$$\delta_1 = (r_p c - b)/\Delta, \quad \delta_2 = (a - r_p b)/\Delta \quad (2\text{-}7)$$

将 (2-4) 代入 $\sigma_p^2 = \boldsymbol{w}' \boldsymbol{\Sigma w}$ 并利用 (2-7) 的结果, 即可得到最优资产组合的方差为

$$\sigma_p^2 = \boldsymbol{w}^{*'} \boldsymbol{\Sigma} \boldsymbol{w}^* = \left(\delta_1 \boldsymbol{\Sigma}^{-1} \boldsymbol{\mu} + \delta_2 \boldsymbol{\Sigma}^{-1} \mathbf{1} \right)' \boldsymbol{\Sigma} \left(\delta_1 \boldsymbol{\Sigma}^{-1} \boldsymbol{\mu} + \delta_2 \boldsymbol{\Sigma}^{-1} \mathbf{1} \right)$$

$$= \frac{1}{\Delta} \left(c r_p^2 - 2 b r_p + a \right) = \frac{c}{\Delta} \left(r_p - \frac{b}{c} \right)^2 + \frac{1}{c} \quad (2\text{-}8)$$

在方差-均值坐标系 (即 σ_p^2-r_p 坐标系) 下, 它是抛物线, 如图 2.2.1 所示. 其中阴影部分为所有可能的资产组合所能达到的 (σ_p^2, r_p) 区域, 称为可行区域.

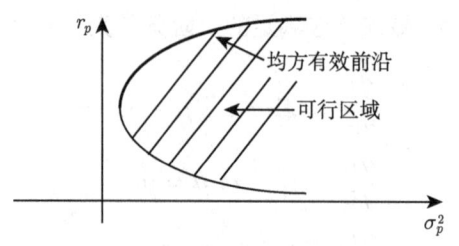

图 2.2.1 最小方差资产组合图

为了求全局最小方差资产组合,令

$$\frac{d\sigma_p^2}{dr_p} = \frac{2cr_p - 2b}{\Delta} = 0 \tag{2-9}$$

解得 $r_p = b/c, \sigma_p^2 = 1/c$,即为图 2.2.1 中抛物线的左顶点. 用 $r_p = b/c$ 代入 (2-7) 得 $\delta_1 = 0, \delta_2 = 1/c$. 故全局最小方差资产组合是

$$\boldsymbol{w}_g = \frac{\boldsymbol{\Sigma}^{-1}\mathbf{1}}{c} = \frac{\boldsymbol{\Sigma}^{-1}\mathbf{1}}{\mathbf{1}'\boldsymbol{\Sigma}^{-1}\mathbf{1}} \tag{2-10}$$

通常 $r_p = b/a > 0$,因此 $b \neq 0$,我们令 $\delta_2 = 0$,可得 $\delta_1 = \dfrac{1}{b}$,于是得到

$$\boldsymbol{w}_d = \frac{\boldsymbol{\Sigma}^{-1}\boldsymbol{\mu}}{b} = \frac{\boldsymbol{\Sigma}^{-1}\boldsymbol{\mu}}{\mathbf{1}'\boldsymbol{\Sigma}^{-1}\boldsymbol{\mu}} \tag{2-11}$$

$\boldsymbol{w}_d$ 称为可分散化的资产组合. 将 (2-7) 代入 (2-4),并将两项系数归一化得

$$\boldsymbol{w}_p^* = \delta_1 \boldsymbol{\Sigma}^{-1}\boldsymbol{\mu} + \delta_2 \boldsymbol{\Sigma}^{-1}\mathbf{1} = \lambda_1 \frac{\boldsymbol{\Sigma}^{-1}\boldsymbol{\mu}}{\mathbf{1}'\boldsymbol{\Sigma}^{-1}\boldsymbol{\mu}} + \lambda_2 \frac{\boldsymbol{\Sigma}^{-1}\mathbf{1}}{\mathbf{1}'\boldsymbol{\Sigma}^{-1}\mathbf{1}} := \lambda_1 \boldsymbol{w}_d + \lambda_2 \boldsymbol{w}_g \tag{2-12}$$

其中

$$\lambda_1 = \delta_1 b, \qquad \lambda_2 = \delta_2 c \tag{2-13}$$

且

$$\lambda_1 + \lambda_2 = \delta_1 b + \delta_2 c = b\frac{r_p c - b}{\Delta} + c\frac{a - r_p b}{\Delta} = \frac{ac - b^2}{\Delta} = 1 \tag{2-14}$$

如此,便有著名的两基金分离定理.

定理 2.1(两基金分离定理) 在上面的市场假设和记号下,当 $\Delta > 0$ 时,问题 (I) 的解,即任一最小方差资产组合 $\boldsymbol{w}_p^*$ 都可以唯一地表示成全局最小方差资产组合 $\boldsymbol{w}_g$ 和可分散化资产组合 $\boldsymbol{w}_d$ 的线性组合

$$\boldsymbol{w}_p^* = A\boldsymbol{w}_g + (1-A)\boldsymbol{w}_d \tag{2-15}$$

2.2 马科维茨均值-方差最优资产组合模型的原型

其中 $A = \dfrac{ac - r_p cb}{\Delta}$, 且 $\boldsymbol{w}_p^*$ 的收益与方差满足关系式 (2-8).

通常称 $\boldsymbol{w}_g$ 和 $\boldsymbol{w}_d$ 为 "共同基金", 所以称 (2-15) 为两基金分离定理. 这是一般的共同基金定理或称基金分离定理的特例, 因为在这种情形下, 所有仅通过检验均值和方差而选择的资产组合的投资者通过持有由 $\boldsymbol{w}_g$ 和 $\boldsymbol{w}_d$ 构成的资产组合就可以达到他的目标, 而无须直接购买所有的资产, 且与投资者的偏好无关. 分离定理在基金中是十分重要的, 以后还会看到, 随着约束条件的增加, 基金分离定理中将包括更多的基金.

(2-8) 式在标准差-均值坐标系 (即 σ_p-r_p 坐标系) 下, 是双曲线, 如图 2.2.2 所示.

$$\frac{\sigma_p^2}{1/c} - \frac{(r_p - b/c)^2}{\Delta/c^2} = 1 \tag{2-16}$$

这时双曲线的两条渐近线的斜率能通过计算 $dr_p/d\sigma_p$ 并令 $r_p \to \pm\infty$ 得到

$$\frac{dr_p}{d\sigma_p} = \frac{dr_p}{d\sigma_p^2}\frac{d\sigma_p^2}{d\sigma_p} = \frac{\Delta}{2cr_p - 2b}2\sigma_p = \frac{\sqrt{\Delta}}{cr_p - b}\sqrt{cr_p^2 - 2br_p + a}$$

$$\lim_{r_p \to \pm\infty} \frac{dr_p}{d\sigma_p} = \pm\sqrt{\frac{\Delta}{c}} \tag{2-17}$$

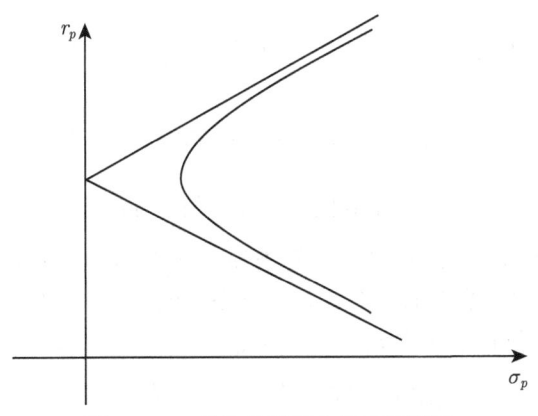

图 2.2.2 有效前沿双曲线和渐近线

两条渐近线方程为

$$r_p = \pm\sqrt{\frac{\Delta}{c}}\sigma_p + \frac{b}{c} \tag{2-18}$$

也可以运用解析几何的知识直接从 (2-16) 得到两条渐近线方程 (本质上就是 (2-18)):
$$\frac{\sigma_p}{\sqrt{1/c}} \pm \frac{r_p - b/c}{\sqrt{\Delta/c}} = 0$$

附注 2.1 情形一是常见的典型情形, 一般的教科书上只讨论这种情况, 但这是不完整的, 还应讨论以下第二种情况.

情形二: 当 $\Delta = 0$(例如 $\mu = k\mathbf{1}$ 时, 见以下附注 2.2), 这时市场上所有风险资产的平均收益率都相同, 则问题 (I) 的最优解是任何一个有最小方差的资产, 它可能不唯一. 如果假设市场不存在套利机会, 那么所有资产收益的方差也应相同, 否则就会出现套利. 这时有效前沿退化成一个点, 即 σ_p^2-r_p 坐标系下抛物线的左端点, 或 σ_p-r_p 坐标系下双曲线右半支的左端点.

附注 2.2 $\Delta \geqslant 0$ 的证明. 由于假设 $\boldsymbol{\Sigma}$ 是非退化的正定对称矩阵, 因此 $\boldsymbol{\Sigma}^{-1}$ 也是非退化的正定对称矩阵, 利用 Cholesky 分解方法, 可以将 $\boldsymbol{\Sigma}^{-1}$ 分解为 $N \times N$ 矩阵 $\boldsymbol{B}$ 和它的转置 $\boldsymbol{B}'$ 的乘积 $\boldsymbol{\Sigma}^{-1} = \boldsymbol{B}'\boldsymbol{B}$.

于是
$$\Delta = ac - b^2 = \left(\boldsymbol{\mu}'\boldsymbol{B}'\boldsymbol{B}\boldsymbol{\mu}\right)\left(\mathbf{1}'\boldsymbol{B}'\boldsymbol{B}\mathbf{1}\right) - \left(\boldsymbol{\mu}'\boldsymbol{B}'\boldsymbol{B}\mathbf{1}\right)$$

令
$$\boldsymbol{B}\boldsymbol{\mu} = \boldsymbol{u} := (u_1, u_2, \cdots, u_N)', \quad \boldsymbol{B}\mathbf{1} = \boldsymbol{v} := (v_1, v_2, \cdots, v_N)'$$

于是上式变成
$$\Delta = ac - b^2 = (\boldsymbol{u}'\boldsymbol{u})(\boldsymbol{v}'\boldsymbol{v}) - (\boldsymbol{u}'\boldsymbol{v}) = \left(\sum_{i=1}^{N} u_i^2\right)\left(\sum_{i=1}^{N} v_i^2\right) - \left(\sum_{i=1}^{N} u_i v_i\right) \geqslant 0$$

最后一个不等号成立是因为 Cauchy-Schwarz 不等式, 其中等号成立当且仅当 $\frac{u_i}{v_i} = k$, k 为常数, $i = 1, 2, \cdots, N$, 由 $\boldsymbol{u}, \boldsymbol{v}$ 的定义知该条件等价于 $\frac{\mu_i}{1} = k$, $i = 1, 2, \cdots, N$, 其中 μ_i 见 2.2 节开头, 因此情形一中的条件 $\boldsymbol{\mu} \neq k\mathbf{1}$ 是必要的.

附注 2.3 不允许卖空时的二次规划和 Kuhn-Tucker 条件.

上面的讨论中我们假设允许卖空, 即允许 $w_i < 0$. 如果不允许卖空, 即要求 $w_i \geqslant 0$, 那么会发生什么情况呢? 在求均值-方差最优解时, 通过 $\frac{\partial L}{\partial w_i} = 0$ 来发现 L 的最小值点, 这时相当于下面图 2.2.3(a) 中的 M 点, 而当要求 $w_i \geqslant 0$ 时可能找不到满足这个条件且 $\frac{\partial L}{\partial w_i} = 0$ 的点. L 作为 w_i 的函数, 可能出现图 2.2.3(b) 的情形, 即满足 $w_i \geqslant 0$ 的最小值点为 M' 点, 而在该点处 $w_i = 0$, 而 $\frac{\partial L}{\partial w_i} > 0$.

2.2 马科维茨均值-方差最优资产组合模型的原型

(a) $\dfrac{\partial L}{\partial w_i}=0,\ w_i>0$

(b) $\dfrac{\partial L}{\partial w_i}>0, w_i=0$

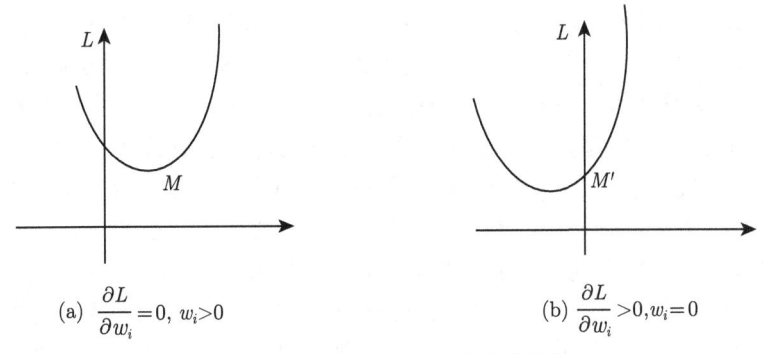

图 2.2.3 Kuhn-Tucker 条件的解释

综合上面两种情况, 我们把达到最小值的条件写成

$$\frac{\partial L}{\partial w_i}+U_i=0$$

这就是达到最小值的 Kuhn-Tucker 条件, 如果达到最小值的点满足 $w_i>0$, 则

$$\frac{\partial L}{\partial w_i}=0, \quad U_i=0$$

如果在 $w_i=0$ 处达到最小值, 则 $\dfrac{\partial L}{\partial w_i}>0, U_i<0$. 综合起来就是

$$w_i>0, \quad U_i=0$$
$$w_i=0, \quad U_i<0$$

所以我们可以把 Kuhn-Tucker 条件归纳为

(1) $\dfrac{\partial L}{\partial w_i}+U_i=0$;

(2) $w_i U_i=0$;

(3) $w_i \geqslant 0$;

(4) $U_i \leqslant 0$.

附注 2.4 通常允许卖空时, 对卖空的数量有上界约束, 即增加约束

$$\sum_{i=1}^{n}|w_i|\leqslant c$$

组合的所有权重绝对值之和小于一个控制值 c, 就不会出现极端卖空的情形, 可以减少持有证券的数量, 减轻投资人的负担. 称常数 c 为暴露水平. 但是增加了这个约束后, 就不能得到解析解, 需要借助于数值解.

附注 2.5 在经典均值–方差模型中, 资产收益率向量的方差–协方差矩阵在资产组合风险中起关键作用, 而方差–协方差矩阵的非对角元素是资产收益率间的协方差, 它仅刻画了线性约束关系. 如果资产间存在显著的非线性约束关系时, 基于传统的均值–方差模型得到的最优投资决策的可靠性就存疑了. 这种情况下, 可以根据实际情况, 考虑用 Spearman 相关系数、尾相关系数、Kendall 相关系数, 甚至复杂网络等来刻画资产收益率间的复杂关联, 比如 [9, 14, 20] 等.

附注 2.6 一般情况下, 资产数量远小于样本容量, 样本方差–协方差的估计效果较好. 但是在高维情况下, 当资产数量与样本容量相当或者大于样本容量时, 样本方差–协方差的估计的效果就比较差, 学者们提出了多种改进的思路和方法, 特别是 Maurya[25] 提出的良好稀疏估计方法表现较优, Zhao 和 Shi 等[27] 在多目标投资组合研究中给出了对比讨论.

2.3 马科维茨均值–方差模型和资本资产定价模型的关系

回忆 (2-2) 式

$$L \equiv \frac{1}{2}\boldsymbol{w}'\boldsymbol{\Sigma}\boldsymbol{w} + \delta_1(r_p - \boldsymbol{w}'\boldsymbol{\mu}) + \delta_2(1 - \boldsymbol{w}'\boldsymbol{1})$$

考察待定系数 δ_1 的意义, 记 $S = \boldsymbol{w}'\boldsymbol{X}, E(S) = \boldsymbol{w}'\boldsymbol{\mu}, \sigma(S) = \sqrt{\boldsymbol{w}'\boldsymbol{\Sigma}\boldsymbol{w}}$, 则上式变为

$$L \equiv \frac{1}{2}\sigma^2(S) + \delta_1(r_p - E(S)) + \delta_2(1 - \boldsymbol{w}'\boldsymbol{1})$$

计算

$$\frac{dE(S)}{d\sigma(S)} = \frac{dL/d\sigma(S)}{dL/dE(S)} = \frac{\sigma(S)}{-\delta_1} := -S_e \tag{3-1}$$

其中记 $S_e := \dfrac{\sigma(S)}{\delta_1}$, (3-1) 式即是在 σ_p-r_p 坐标系下有效前沿双曲线上点的切线斜率. 再将 (2-3) 第一式

$$\frac{\partial L}{\partial \boldsymbol{w}} = \boldsymbol{\Sigma}\boldsymbol{w} - \delta_1\boldsymbol{\mu} - \delta_2\boldsymbol{1} = \boldsymbol{0}$$

写成分量形式:

$$\sum_{j=1}^{N} w_j^* \sigma_{ij} - \delta_1 \mu_i - \delta_2 = 0, \quad i = 1, 2, \cdots, N \tag{3-2}$$

特别地对第 k 种资产有

2.3 马科维茨均值–方差模型和资本资产定价模型的关系

$$\sum_{j=1}^{N} w_j^* \sigma_{kj} - \delta_1 \mu_k - \delta_2 = 0 \tag{3-3}$$

(3-2) 和 (3-3) 二式相减得

$$\sum_{j=1}^{N} w_j^* \sigma_{kj} - \delta_1 \mu_k = \sum_{j=1}^{N} w_j^* \sigma_{ij} - \delta_1 \mu_i \tag{3-4}$$

(3-4) 两边乘 w_k^*, 再对 k 从 1 到 N 求和 (注意到右边与 k 无关) 得

$$\operatorname{Var}(S^*) - \delta_1 r_p = \sum_{j=1}^{N} w_j^* \sigma_{ij} - \delta_1 \mu_i \tag{3-5}$$

即

$$\mu_i - r_p = \frac{1}{\delta_1} \left[\sum_{j=1}^{N} w_j^* \sigma_{ij} - \operatorname{Var}(S^*) \right] \tag{3-6}$$

利用 (3-1) 得

$$\mu_i - r_p = \frac{S_e}{\sigma(S^*)} \left[\sum_{j=1}^{N} w_j^* \sigma_{ij} - \operatorname{Var}(S^*) \right]$$

$$= \frac{S_e}{\sigma(S^*)} \left[\operatorname{cov}(X_i, S^*) - \sigma^2(S^*) \right] \tag{3-7}$$

整理后得

$$\mu_i = [r_p - S_e \sigma(S^*)] + \frac{S_e}{\sigma(S^*)} \operatorname{cov}(X_i, S^*) \tag{3-8}$$

其中右边第一项 $r_p - S_e \sigma(S^*)$ 是某个投资组合 w_e 的期望收益率, 即

$$E(\boldsymbol{w}_e' \boldsymbol{X}) = r_p - S_e \sigma(S^*) := r_e \tag{3-9}$$

它是个常数, 与 S^* 不相关, 即 $\operatorname{cov}(\boldsymbol{w}_e' \boldsymbol{X}, S^*) = 0$, 由此得

$$S_e = \frac{r_p - r_e}{\sigma(S^*)} \tag{3-10}$$

在 σ_p-r_p 坐标系下它是从纵轴上 r_e 点向有效前沿的双曲线作的切线斜率 (见图 2.3.1). (3-10) 式又可以改写为

$$\mu_i = E(\boldsymbol{w}_e'\boldsymbol{X}) + \frac{\mathrm{cov}(X_i, S^*)}{\sigma^2(S^*)}[r_p - E(\boldsymbol{w}_e'\boldsymbol{X})] := E(\boldsymbol{w}_e'\boldsymbol{X}) + \beta_{i,S^*}[r_p - E(\boldsymbol{w}_e'\boldsymbol{X})] \tag{3-11}$$

这就是风险资产关于最优资产组合的 CAPM 表达式.

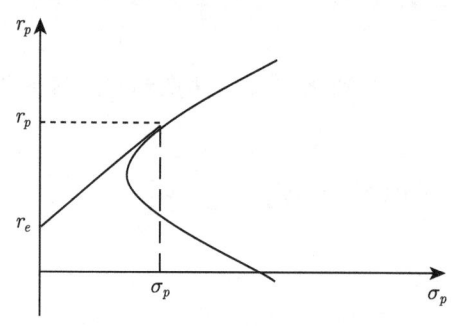

图 2.3.1 有效前沿的双曲线和 CAPM

附注 3.1 在实际应用中可以发现, 在有效前沿中选中的资产数与资产总数相比往往数量很小, 这说明可能存在资产全体集合的一个真子集, 该子集的有效前沿恒同于全体资产的有效前沿. 我们称这种子集为原资产集的有效子集, 我们将在 4.2 节给出详细定义, 如能找到这样的子集则可降低问题的维度和求解的复杂性.

2.4 均值–方差最优资产组合模型的若干简单推广

马科维茨的"均值–方差"最优资产组合模型有很多推广 (参考 [13, 15, 18, 19, 24, 28]), 这里首先介绍在不改变模型假设的前提和均值–方差分析的框架下的一些简单推广.

2.4.1 推广之一: 对偶模型

将模型 (I) 中的风险目标与收益率约束互换就得到模型 (I) 的对偶模型 (II):

$$\text{Maximize} \quad E(S) = \boldsymbol{w}'\boldsymbol{\mu}$$

$$\text{s.t.} \quad \mathrm{Var}(S) = \frac{1}{2}\boldsymbol{w}'\boldsymbol{\Sigma}\boldsymbol{w} \leqslant \sigma_p^2$$

$$\sum_{i=1}^{N} w_i = \boldsymbol{w}'\mathbf{1} = 1$$

模型 (II) 和模型 (I) 有相同的解. 也可以将上述目标和约束组合在一起, 就得以下的模型 (III):

$$\text{Maximize} \quad \alpha \boldsymbol{w}'\boldsymbol{\mu} - \beta \boldsymbol{w}'\boldsymbol{\Sigma}\boldsymbol{w} \quad (\alpha > 0, \beta > 0)$$

$$\text{s.t.} \quad \sum_{i=1}^{N} w_i = \boldsymbol{w}'\mathbf{1} = 1$$

或

$$\text{Minimize} \quad \beta \boldsymbol{w}'\boldsymbol{\Sigma}\boldsymbol{w} - \alpha \boldsymbol{w}'\boldsymbol{\mu}$$

$$\text{s.t.} \quad \sum_{i=1}^{N} w_i = \boldsymbol{w}'\mathbf{1} = 1$$

调节 α 和 β 的值, 就可得到模型 (I) 的整个有效前沿. 因此本质上模型 (I), (II) 和 (III) 是等价的.

2.4.2 推广之二: 与夏普比率有关的模型

记

$$f(\boldsymbol{w}) := \frac{\boldsymbol{w}'\boldsymbol{\mu}}{\sigma} = \frac{\boldsymbol{w}'\boldsymbol{\mu}}{\sqrt{\boldsymbol{w}'\boldsymbol{\Sigma}\boldsymbol{w}}} \tag{4-1}$$

(其中 $\sigma = \sqrt{\boldsymbol{w}'\boldsymbol{\Sigma}\boldsymbol{w}}$) 称为夏普 (Sharpe) 比率, 即单位风险 (收益率的标准差) 的回报, 考虑以下的模型 (IV):

$$\text{Maximize} \quad f(\boldsymbol{w}) \tag{4-2}$$

$$\text{s.t.} \quad \sum_{i=1}^{N} w_i = \boldsymbol{w}'\mathbf{1} = 1 \tag{4-3}$$

利用拉格朗日乘子法, 记

$$L \equiv \frac{\boldsymbol{w}'\boldsymbol{\mu}}{\sqrt{\boldsymbol{w}'\boldsymbol{\Sigma}\boldsymbol{w}}} + \lambda(1 - \boldsymbol{w}'\mathbf{1})$$

由最优解存在的一阶条件

$$\mathbf{0} = \frac{\partial L}{\partial \boldsymbol{w}} = \frac{\boldsymbol{\mu}}{\sqrt{\boldsymbol{w}'\boldsymbol{\Sigma}\boldsymbol{w}}} + \left(-\frac{\boldsymbol{w}'\boldsymbol{\mu}}{\left(\sqrt{\boldsymbol{w}'\boldsymbol{\Sigma}\boldsymbol{w}}\right)^3} \boldsymbol{\Sigma}\boldsymbol{w} \right) - \lambda \mathbf{1} \tag{4-4}$$

则由上式得
$$\sigma\boldsymbol{\mu} - \frac{\boldsymbol{w}'\boldsymbol{\mu}}{\sigma}(\boldsymbol{\Sigma}\boldsymbol{w}) - \lambda\sigma^2\boldsymbol{1} = \boldsymbol{0} \tag{4-5}$$

两边左乘 $\boldsymbol{w}'$ 得
$$\sigma(\boldsymbol{w}'\boldsymbol{\mu}) - \frac{\boldsymbol{w}'\boldsymbol{\mu}}{\sigma}(\boldsymbol{w}'\boldsymbol{\Sigma}\boldsymbol{w}) - \lambda\sigma^2(\boldsymbol{w}'\boldsymbol{1}) = \sigma(\boldsymbol{w}'\boldsymbol{\mu}) - \sigma(\boldsymbol{w}'\boldsymbol{\mu}) - \lambda\sigma^2 = -\lambda\sigma^2 = 0$$

从而得 $\lambda = 0$, 于是由 (4-5) 得最优解为
$$\boldsymbol{w}^* = \frac{\sigma^2}{\boldsymbol{w}^{*\prime}\boldsymbol{\mu}}(\boldsymbol{\Sigma}^{-1}\boldsymbol{\mu}) \tag{4-6}$$

利用约束条件 $\sum_{i=1}^{N} w_i = \boldsymbol{w}'\boldsymbol{1} = 1$, 并回忆 $a = \boldsymbol{\mu}'\boldsymbol{\Sigma}^{-1}\boldsymbol{\mu}, b = \boldsymbol{\mu}'\boldsymbol{\Sigma}^{-1}\boldsymbol{1} = \boldsymbol{1}'\boldsymbol{\Sigma}^{-1}\boldsymbol{\mu}, c = \boldsymbol{1}'\boldsymbol{\Sigma}^{-1}\boldsymbol{1}$, 可得
$$1 = \boldsymbol{1}'\boldsymbol{w}^* = \frac{\sigma^2}{\boldsymbol{w}^{*\prime}\boldsymbol{\mu}}(\boldsymbol{1}'\boldsymbol{\Sigma}^{-1}\boldsymbol{\mu}) = b\frac{\sigma^2}{\boldsymbol{w}^{*\prime}\boldsymbol{\mu}} \tag{4-7}$$

则
$$b = \frac{\boldsymbol{w}^{*\prime}\boldsymbol{\mu}}{\sigma^2} \tag{4-8}$$

(4-8) 代入 (4-6) 的右边就得
$$\boldsymbol{w}^* = \frac{1}{b}(\boldsymbol{\Sigma}^{-1}\boldsymbol{\mu}) \tag{4-9}$$

于是最优解对应的平均收益率以及收益率的方差分别为
$$\boldsymbol{\mu}'\boldsymbol{w}^* = \frac{1}{b}(\boldsymbol{\mu}'\boldsymbol{\Sigma}^{-1}\boldsymbol{\mu}) = \frac{a}{b} \tag{4-10}$$

$$\text{Var}(\boldsymbol{w}^{*\prime}\boldsymbol{X}) = \boldsymbol{w}^{*\prime}\boldsymbol{\Sigma}\boldsymbol{w}^* = \frac{1}{b^2}(\boldsymbol{\mu}'\boldsymbol{\Sigma}^{-1}\boldsymbol{\Sigma}\boldsymbol{\Sigma}^{-1}\boldsymbol{\mu}) = \frac{a}{b^2} \tag{4-11}$$

从而
$$f(\boldsymbol{w}^*) := \frac{a/b}{\sqrt{a/b^2}} = \sqrt{a} = \sqrt{\boldsymbol{\mu}'\boldsymbol{\Sigma}^{-1}\boldsymbol{\mu}}, \quad b > 0 \tag{4-12}$$

但是当 $b < 0$ 时, 由 (4-9) 式给出的组合 $\boldsymbol{w}^*$ 是 $f(\boldsymbol{w})$ 的平衡点, 但却是最小值点, 此时 $f(\boldsymbol{w})$ 的最大值只能渐近达到, 其最大值实际上是上确界, 其值为
$$\sup_{\boldsymbol{w}} f(\boldsymbol{w}) = \sqrt{a - \frac{b^2}{c}}, \quad b < 0 \tag{4-13}$$

这个上确界可以由一列投资组合的极限来逼近 (详见 [24]).

以下举一例说明第二种情况是可能发生的.

例 4.1[24] 设 $N=3$, $\boldsymbol{\mu}=(0,1,0.5)'$, $\boldsymbol{\Sigma}=\begin{pmatrix} 1 & 2 & 0 \\ 2 & 5 & 0 \\ 0 & 0 & 1 \end{pmatrix}$, 这时

$$\boldsymbol{\Sigma}^{-1} = \begin{pmatrix} 5 & -2 & 0 \\ -2 & 1 & 0 \\ 0 & 0 & 1 \end{pmatrix}$$

$$b = \mathbf{1}'\boldsymbol{\Sigma}^{-1}\boldsymbol{\mu} = -0.5, \quad \boldsymbol{w}^* = \frac{1}{b}\left(\boldsymbol{\Sigma}^{-1}\boldsymbol{\mu}\right) = (4,-2,-1)'$$

$$f(\boldsymbol{w}) = \frac{\boldsymbol{w}'\boldsymbol{\mu}}{\sqrt{\boldsymbol{w}'\boldsymbol{\Sigma}\boldsymbol{w}}} = -\frac{\sqrt{5}}{2} = -1.12$$

$$\sup_{\boldsymbol{w}} f(\boldsymbol{w}) = \sqrt{a - \frac{b^2}{c}} = \sqrt{7/6} = 1.08$$

它可以用以下一列组合渐近达到 ($\lambda \to \infty$):

$$\boldsymbol{w}(\lambda) = \left(-\frac{9}{\sqrt{106}}\lambda, \frac{5}{\sqrt{106}}\lambda, 1 - \frac{4}{\sqrt{106}}\lambda\right)$$

事实上, 当取 $\lambda = \sqrt{106}$, $\boldsymbol{w}(\lambda) = (-9,5,5)'$ 时, 对应的

$$f(\boldsymbol{w}) = \frac{\boldsymbol{w}'\boldsymbol{\mu}}{\sqrt{\boldsymbol{w}'\boldsymbol{\Sigma}\boldsymbol{w}}} = -\frac{(-9,5,5)'(0,1,0.5)}{\sqrt{51}} = 1.05$$

已经很接近上确界 1.08 了.

附注 4.1 最优夏普比率模型的解是均值–方差有效前沿上的一个点, 而模型 (I) 的解是整条有效前沿. 夏普比率是风险调整后的收益, 其值越高, 说明投资者控制风险越成功, 收益的可靠性也越高.

与夏普比率有关的模型有模型 (V):

$$\text{Maximize} \quad \boldsymbol{w}'\boldsymbol{\mu} \tag{4-14}$$

$$\text{s.t.} \quad f(\boldsymbol{w}) = \frac{\boldsymbol{w}'\boldsymbol{\mu}}{\sigma_p} = \beta \tag{4-15}$$

$$\sum_{i=1}^{N} w_i = \boldsymbol{w}'\mathbf{1} = 1 \tag{4-16}$$

或它的对偶模型 (VI):

$$\text{Minimize} \quad \frac{1}{2}\boldsymbol{w}'\boldsymbol{\Sigma}\boldsymbol{w} \tag{4-17}$$

$$\text{s.t.} \quad f(\boldsymbol{w}) = \frac{\boldsymbol{w}'\boldsymbol{\mu}}{\sigma_p} = \beta \tag{4-18a}$$

$$\sum_{i=1}^{N} w_i = \boldsymbol{w}'\boldsymbol{1} = 1 \tag{4-18b}$$

读者可以自己求解这两个模型.

附注 4.2 通过最大化夏普比率, 投资者能够在优化中同时考虑投资组合回报和风险, 具有良好的经济解释. 学者们在各种不同背景下研究了基于夏普比率的投资策略问题, 比如 [10-12, 26].

2.4.3 推广之三: 夏普比率的推广——Omega 测度

Omega 比率是一种衡量投资组合风险回报情况的指标, 由 Kazemi 和 Schneeweis[16]、Keating 和 Shadwick[17] 提出, 它在考虑通过高阶矩信息对均值-方差度量进行修正的同时, 也考虑到了回报水平, 包含了仅均值和方差无法体现的附加信息.

1. Omega 测度定义

定义 4.2 设证券收益率 X 服从 $[a, b]$ 上的分布 $F(x)$, 分布密度为 $f(x)$, 记

$$I_1(r) = \int_a^r F(x)dx \tag{4-19}$$

$$I_2(r) = \int_r^b (1 - F(x))dx \tag{4-20}$$

其中 r 为投资者希望达到的最低收益率, $I_2(r)$ 为上偏距, $I_1(r)$ 为下偏距.

定义 Omega 测度为

$$\Omega(r) = \frac{I_2(r)}{I_1(r)} = \frac{\int_r^b (1 - F(x))dx}{\int_a^r F(x)dx} \tag{4-21}$$

2.4 均值–方差最优资产组合模型的若干简单推广

计算如下两个积分:

$$\int_r^b d[x(1-F(x))] = \int_r^b (1-F(x))dx + \int_r^b xd(1-F(x))$$
$$= \int_r^b (1-F(x))dx - \int_r^b xdF(x)$$
$$= \lim_{x \to b} x(1-F(x)) - \lim_{x \to r} x(1-F(x))$$
$$= 0 - r \times (1-F(r)) = -r \times P(x \geqslant r)$$

$$\int_a^r d[xF(x)] = \int_a^r F(x)dx + \int_a^r xdF(x) = \lim_{x \to r} xF(x) - \lim_{x \to a} xF(x) = r \times F(r) - 0$$
$$= r \times P(x \geqslant r)$$

于是式 (4-21) 可以对应地改写为

$$\Omega(r) = \frac{\int_r^b (1-F(x))dx}{\int_a^r F(x)dx} = \frac{-r \times (1-F(r)) + \int_r^b xdF(x)}{r \times F(r) - \int_a^r xdF(x)} = \frac{\int_r^b (x-r)f(x)dx}{\int_a^r (r-x)f(x)dx}$$

$$= \frac{\int_a^b \max(x-r,0)f(x)dx}{\int_a^b \max(r-x,0)f(x)dx} = \frac{E[\max(x-r,0)]}{E[\max(r-x,0)]} \qquad (4\text{-}22)$$

附注 4.3 当 $[a,b] = (-\infty, +\infty)$ 时,

$$\Omega(r) = \frac{I_2(r)}{I_1(r)} = \frac{\int_r^{+\infty} (1-F(x))dx}{\int_{-\infty}^r F(x)dx} \qquad (4\text{-}23)$$

可以证明 $\Omega(r)$ 函数是可微的, 一阶导数小于 0, 说明它是单调减函数. 如果 $r = EX$, 则 $\Omega(EX) = 1$, 特别地当分布函数是正态分布时, $\Omega(r)$ 函数等同于夏普比率. 可以用图 2.4.1 来理解该指标的计算, Omega 比率就等于上方横条阴影区域内面积除以下方竖条阴影区域内面积.

图 2.4.1 Omega 比率 $\Omega(70)$ 的图示

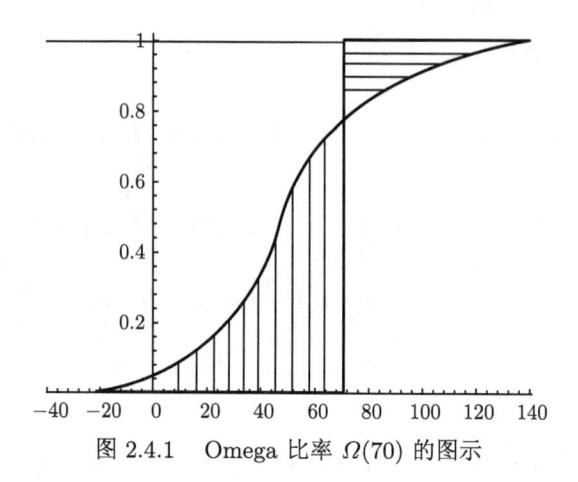

2. Omega 比率最优化模型

引入 $\Omega(r)$ 后的优化模型 (VII) 为

$$\text{Maximize} \quad \Omega(r) = \frac{I_2(r)}{I_1(r)} \tag{4-24}$$

$$\text{s.t.} \quad \sum_{i=1}^{N} w_i = \boldsymbol{w}'\boldsymbol{1} = 1$$

附注 4.4 (1) 在计算 Omega 比率的时候, 需要设定一个目标收益率, 也有定义称之为最低可接受的回报率 (MAR), 这样投资组合的回报率就可以被分成两个部分: 一是高于 MAR 的部分, 二是低于 MAR 的部分, Omega 比率 = 高于 MAR 的部分/低于 MAR 的部分. 根据 Omega 比率对投资组合进行优化的做法与传统的均值–方差法颇有不同, 均值–方差法是在收益和风险之间搞平衡, 在投资风险给定的情况下实现回报率的最大化; 而谋求投资组合的 Omega 比率最优化将导致投资组合收益的波动率大于根据均值–方差法对投资组合进行优化后的波动率.

(2) Omega 比率还可以应用于动态组合调整, 动态阈值收益率的 Omega 组合策略相对于静态阈值策略能实现更高的绩效, 说明在市场低迷时及时调整预期 (甚至选择负的阈值收益率) 能够获取更高收益. Omega 比率还可以应用于指数追踪, 也可以增加其他风险约束形成新的优化组合模型.

3. Omega 比率性质

性质 4.3 单调递减性.

$$\frac{d\Omega}{dr} = \frac{\frac{dI_2}{dr}I_1 - \frac{dI_1}{dr}I_2}{I_1^2} = \frac{[F(r)-1]I_1 - F(r)I_2}{I_1^2}$$

2.4 均值–方差最优资产组合模型的若干简单推广

其中 I_1, I_2 可导, 因此 Ω 可导, 和 $F(r)$ 一样平滑, 并且由于 $F(r)$ 为分布函数, $0 \leqslant F(r) \leqslant 1$, I_1, I_2 均为正值, 因此始终有 $\dfrac{d\Omega}{dr} < 0$.

性质 4.4 仿射不变性.

Omega 测度是收益分布的仿射不变量. 也就是说, 对于变量的任何仿射变化, $r \to \varphi(r) = Ar + B$, 在 $A > 0$ 下, 存在 Omega 测度的推断分布 $\widehat{\Omega}$ 满足 $\widehat{\Omega}(\varphi(r)) = \Omega(r)$. 相反, 如果变量 φ 的任何变化满足此关系, 则 $\varphi(r) = Ar + B$. 对于具有 $A < 0$ 的变量的仿射变化, 满足 $\widehat{\Omega}(\varphi(r)) = \dfrac{1}{\Omega(r)}$.

性质 4.5 高阶矩效应.

以正态分布为例, 图 2.4.2 显示了三个均值为零、方差不同的正态分布的 Omega 函数 (点虚线、实线和虚线分别对应标准差为 5, 10 和 15). 由于方差的不同, 均值相同的 $\Omega(r)$ 表现出不同的特性. 从好的方面来看, 方差的增加提供了更多的获利机会, 而从不利的方面来看, 它对称地提供了更多的损失机会. 因此, 方差越小, Omega 函数的斜率越陡.

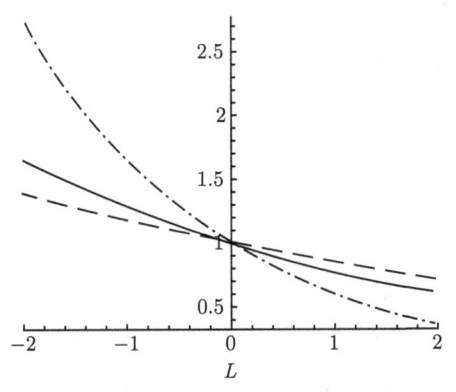

图 2.4.2 均值为零, 方差分别为 5, 10, 15 的正态分布的 Omega 函数

如果三阶矩、四阶矩或更高阶矩有差距, 对 Omega 比率影响会更大, 所以它可以很好地反映高阶矩信息.

4. Sharpe-Omega 比率

根据 [16], 由 (4-22) 得

$$\Omega(r) - 1 = \frac{e^{-r_f} E[\max(x - r, 0)]}{e^{-r_f} E[\max(r - x, 0)]} - 1$$

$$= \frac{e^{-r_f} E[\max(x - r, 0)] - e^{-r_f} E[\max(r - x, 0)]}{e^{-r_f} E[\max(r - x, 0)]}$$

于是有

$$e^{r_f}(\Omega(r)-1) = \frac{E[\max(x-r,0)] - E[\max(r-x,0)]}{e^{-r_f}E[\max(r-x,0)]}$$

$$= \frac{E[\max(x-r,0)] - E[\max(r-x,0)]}{e^{-r_f}E[\max(r-x,0)]}$$

$$= \frac{\bar{x}-r}{e^{-r_f}E[\max(r-x,0)]} = \frac{\bar{x}-r}{P(r)}$$

其中 $P(r) = e^{-r_f}E[\max(r-x,0)]$.

定义 4.6 Sharpe-Omega 比率

$$\text{Sharpe-Omega比率} = \frac{\bar{x}-r}{P(r)}$$

其中, $\bar{x}$ 为期望投资回报. Sharpe-Omega 比率与 $\Omega(r) - 1$ 成正比, 因此提供与 Omega 测度相同的信息, 并且它始终提供与 Omega 测度相同的投资排名. 因此它是衡量投资风险的合理指标, 所以 Sharpe-Omega 比率代表了一种比 Omega 测度更直观的回报/风险衡量标准.

2.5 存在无风险资产时的均值–方差分析

2.5.1 存在无风险资产的模型

存在无风险资产比如银行存款 (如银行利率, 假设它是固定的), 或某种固定利率债券的收益率, 记为 r_f, 并仍设投资者投资到 N 种风险资产的组合向量为 $\boldsymbol{w} = (w_1, w_2, \cdots, w_N)'$, 则投资到无风险资产的比例为 $w_0 = 1 - \sum_{i=1}^{N} w_i$, 如果 $w_0 > 0$, 则总的投资组合中包含了无风险资产, 否则就是卖空了无风险资产. 于是就得到以下的模型 (VIII)[1,2]:

$$\text{Minimize} \quad \frac{1}{2}\sigma_p^2 = \frac{1}{2}\boldsymbol{w}'\boldsymbol{\Sigma}\boldsymbol{w} \tag{5-1}$$

$$\text{s.t.} \quad \boldsymbol{w}'\boldsymbol{\mu} + (1-\boldsymbol{w}'\boldsymbol{1})r_f \geqslant r_p \tag{5-2}$$

可以用标准的拉格朗日乘子法求解该问题. 令

$$L \equiv \frac{1}{2}\boldsymbol{w}'\boldsymbol{\Sigma}\boldsymbol{w} + \lambda\left[\boldsymbol{w}'\boldsymbol{\mu} + (1-\boldsymbol{w}'\boldsymbol{1})r_f - r_p\right]$$

2.5 存在无风险资产时的均值-方差分析

最优解应满足的一阶条件为

$$\frac{\partial L}{\partial \boldsymbol{w}} = \boldsymbol{\Sigma}\boldsymbol{w} - \lambda\left(\boldsymbol{\mu} - r_f \boldsymbol{1}\right) = 0 \tag{5-3}$$

由假设 $\boldsymbol{\Sigma}$ 是非退化的，上式两边同乘 $\boldsymbol{\Sigma}^{-1}$ 得到最优解

$$\boldsymbol{w}^* = \lambda \boldsymbol{\Sigma}^{-1}\left(\boldsymbol{\mu} - r_f \boldsymbol{1}\right) \tag{5-4}$$

$$w_0^* = 1 - \boldsymbol{w}^{*\prime}\boldsymbol{1}$$

利用约束条件 (5-2) 得

$$\lambda\left(\boldsymbol{\mu}'\boldsymbol{\Sigma}^{-1}\boldsymbol{\mu} - r_f \boldsymbol{\mu}'\boldsymbol{\Sigma}^{-1}\boldsymbol{1} - r_f \boldsymbol{1}'\boldsymbol{\Sigma}^{-1}\boldsymbol{\mu} + r_f^2 \boldsymbol{1}'\boldsymbol{\Sigma}^{-1}\boldsymbol{1}\right) = r_p - r_f$$

简记为

$$\lambda H = r_p - r_f \tag{5-5}$$

其中

$$\begin{aligned} H &= \boldsymbol{\mu}'\boldsymbol{\Sigma}^{-1}\boldsymbol{\mu} - r_f \boldsymbol{\mu}'\boldsymbol{\Sigma}^{-1}\boldsymbol{1} - r_f \boldsymbol{1}'\boldsymbol{\Sigma}^{-1}\boldsymbol{\mu} + r_f^2 \boldsymbol{1}'\boldsymbol{\Sigma}^{-1}\boldsymbol{1} \\ &= a - 2r_f b + r_f^2 c \end{aligned} \tag{5-6}$$

这里我们沿用了以前的记号

$$a = \boldsymbol{\mu}'\boldsymbol{\Sigma}^{-1}\boldsymbol{\mu}, \quad b = \boldsymbol{1}'\boldsymbol{\Sigma}^{-1}\boldsymbol{\mu} = \boldsymbol{\mu}'\boldsymbol{\Sigma}^{-1}\boldsymbol{1}, \quad c = \boldsymbol{1}'\boldsymbol{\Sigma}^{-1}\boldsymbol{1}, \quad \Delta = ac - b^2$$

由 (5-5) 得

$$\lambda = \frac{r_p - r_f}{H} \tag{5-7}$$

将 (5-7) 代入 (5-4) 得到

$$\boldsymbol{w}^* = \frac{r_p - r_f}{H}\left(\boldsymbol{\Sigma}^{-1}\boldsymbol{\mu} - r_f \boldsymbol{\Sigma}^{-1}\boldsymbol{1}\right) \tag{5-8}$$

此即两基金分离定理的推广形式，这时即可得到最优资产组合的方差为

$$\sigma_p^2 = \boldsymbol{w}^{*\prime}\boldsymbol{\Sigma}\boldsymbol{w}^* = \frac{(r_p - r_f)^2}{H} \tag{5-9}$$

在 σ_p^2-r_p 坐标系下它是以 $(0, r_f)$ 为顶点的抛物线 (见图 2.5.1).

在 σ_p-r_p 坐标系下它是以 $(0, r_f)$ 为顶点的两条射线 (见图 2.5.2)

$$r_p = r_f \pm \sqrt{H}\sigma_p \tag{5-10}$$

而有效前沿显然是斜率为正的那一支.

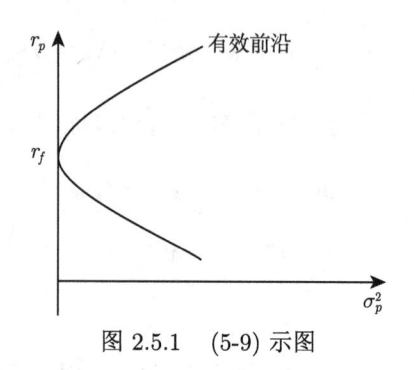

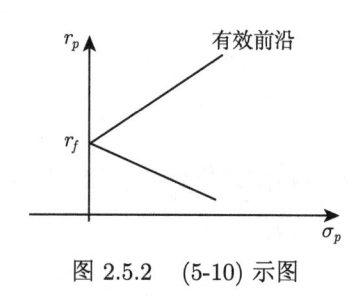

图 2.5.1 (5-9) 示图

图 2.5.2 (5-10) 示图

2.5.2 存在和不存在无风险资产情形的关系

回忆投资组合中不存在无风险资产时的有效前沿, 在标准差–均值坐标系 (即 σ_p-r_p 坐标系) 下, 它是双曲线 (如图 2.2.2 所示):

$$\frac{\sigma_p^2}{1/c} - \frac{(r_p - b/c)^2}{\Delta/c^2} = 1 \tag{5-11}$$

这时双曲线的两条渐近线方程为

$$r_p = \pm\sqrt{\frac{\Delta}{c}}\sigma_p + \frac{b}{c} \tag{5-12}$$

而存在无风险资产时的有效前沿是射线 (回忆 (2-18))

$$r_p = r_f + \sqrt{H}\sigma_p \tag{5-13}$$

现在来讨论该射线和由 (5-11) 表示的双曲线关系, 它们可能有三种关系: 相交、相切或相离. 以下要证明, 只有后两种可能.

2.5 存在无风险资产时的均值-方差分析

情形一: 当 $r_f \geqslant \dfrac{b}{c}$ 时,

$$H = \boldsymbol{\mu}'\boldsymbol{\Sigma}^{-1}\boldsymbol{\mu} - r_f\boldsymbol{\mu}'\boldsymbol{\Sigma}^{-1}\mathbf{1} - r_f\mathbf{1}'\boldsymbol{\Sigma}^{-1}\boldsymbol{\mu} + r_f^2\mathbf{1}'\boldsymbol{\Sigma}^{-1}\mathbf{1}$$

$$= cr_f^2 - 2br_f + a = c\left(r_f - \frac{b}{c}\right)^2 + \frac{\Delta}{c} \geqslant \frac{\Delta}{c} \tag{5-14}$$

射线与双曲线相离 (见图 2.5.3(a)).

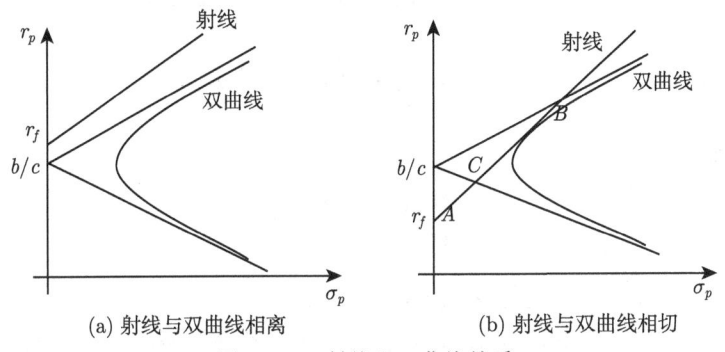

图 2.5.3 射线和双曲线关系

(a) 射线与双曲线相离　　(b) 射线与双曲线相切

情形二: 当 $r_f < \dfrac{b}{c}$ 时, 要证明射线与双曲线相切, 即要证明两者只有一个交点, 且双曲线在交点的切线与射线重合 (斜率相同).

事实上, 在不存在无风险资产时, 回忆 (2-4) 和 (2-7) 最优组合为

$$\boldsymbol{w}_p^* = \delta_1\boldsymbol{\Sigma}^{-1}\boldsymbol{\mu} + \delta_2\boldsymbol{\Sigma}^{-1}\mathbf{1} = \frac{r_pc - b}{\Delta}\boldsymbol{\Sigma}^{-1}\boldsymbol{\mu} + \frac{a - r_pb}{\Delta}\boldsymbol{\Sigma}^{-1}\mathbf{1} \tag{5-15}$$

存在无风险资产时, 回忆 (5-8) 最优组合为

$$\boldsymbol{w}^* = \frac{r_p - r_f}{H}\left(\boldsymbol{\Sigma}^{-1}\boldsymbol{\mu} - r_f\boldsymbol{\Sigma}^{-1}\mathbf{1}\right) \tag{5-16}$$

在交点处, 这两者相等,

$$\frac{r_pc - b}{\Delta}\boldsymbol{\Sigma}^{-1}\boldsymbol{\mu} + \frac{a - r_pb}{\Delta}\boldsymbol{\Sigma}^{-1}\mathbf{1} = \frac{r_p - r_f}{H}\boldsymbol{\Sigma}^{-1}\boldsymbol{\mu} - \frac{r_f(r_p - r_f)}{H}\boldsymbol{\Sigma}^{-1}\mathbf{1} \tag{5-17}$$

两边左乘以 $\boldsymbol{\mu}'$, 并利用 (2-6) 式可得交点处坐标为

$$\tilde{r}_p = \frac{(\tilde{r}_p - r_f)(a - r_fb)}{H} \tag{5-18}$$

利用 (5-14) 式解出

$$\tilde{r}_p = \frac{a - r_f b}{b - r_f c} \tag{5-19}$$

将它代入 (5-9) 得

$$\tilde{\sigma}_p = \frac{\sqrt{H}}{b - r_f c} \tag{5-20}$$

如果将 (5-19) 代入双曲线方程 (2-16) 也可以得到 (5-20), 即交点是唯一的. 余下计算在交点处双曲线的切线的斜率, 对 (2-16) 两边求微分得

$$2\sigma_p d\sigma_p = \frac{c}{\Delta} \cdot 2 \left(r_p - \frac{b}{c} \right) dr_p \tag{5-21}$$

易计算得到

$$\left. \frac{dr_p}{d\sigma_p} \right|_{\tilde{\sigma}_p, \tilde{r}_p} = \sqrt{H} \tag{5-22}$$

此斜率与射线斜率相同 (见图 2.5.3(b)), 证毕.

由公式 (5-19)、(5-20) 和 (5-16) 进而可以计算得到该切点对应的资产组合为

$$\tilde{\boldsymbol{w}}^* = \frac{\tilde{r}_p - r_f}{H} \left(\boldsymbol{\Sigma}^{-1} \boldsymbol{\mu} - r_f \boldsymbol{\Sigma}^{-1} \mathbf{1} \right) \tag{5-23}$$

推论 5.1 射线上任一点对应的组合 $\boldsymbol{w}^*$ 可以表示成无风险资产和切点资产组合的线性组合. 对线段 AB 上的点如 C 点, 表示由无风险资产和切点资产组合的一定比例构成的组合, AB 延伸线上的点表示借入无风险资产和买入切点资产组合构成的组合. 这就是 CAPM 模型.

附注 5.1 公式 (5-23) 也是如下优化问题的解:

$$\text{Maximize} \quad \frac{\boldsymbol{w}' \boldsymbol{\mu} - r_f}{\sqrt{\boldsymbol{w}' \boldsymbol{\Sigma} \boldsymbol{w}}}$$
$$\text{s.t.} \quad \boldsymbol{w}' \mathbf{1} = 1$$

请读者自己补充推导过程和金融学解释.

2.5.3 有借贷约束的情形

情形一: 借贷利率相同.

如果 (σ_p, r_p) 落在 A 和 B 点之间, 表明对应的资产组合可表示为

$$\boldsymbol{w} = \alpha (w_0, 0, 0, \cdots, 0)' + (1 - \alpha) (0, \tilde{w}_1^*, \tilde{w}_2^*, \cdots, \tilde{w}_N^*)' := \alpha \boldsymbol{w}_0 + (1 - \alpha) (0, \tilde{\boldsymbol{w}}^*)$$

其中 $0 \leqslant \alpha \leqslant 1, \boldsymbol{w}_0 = (w_0, 0, 0, \cdots, 0)', \widetilde{\boldsymbol{w}}^* = (0, \widetilde{w}_1^*, \widetilde{w}_2^*, \cdots, \widetilde{w}_N^*)'$, 当 $\alpha = 1$ 时为 A 点, 即只存在无风险资产, $\alpha = 0$ 时为 B 点, 即只有风险资产. 当 (σ_p, r_p) 落在 BC 段右方时, 相当于 $\alpha < 0$, 即借入无风险资产. 假设借贷利率相同都等于 r_f, 并设借款有上限约束

$$w_0 \geqslant -1$$

则有效前沿从 A 点出发经过 B 点到达上限对应的点 C 后, 转到曲线 CE, 而 CE 是双曲线的 BD 部分的平移 (见图 2.5.4(a)).

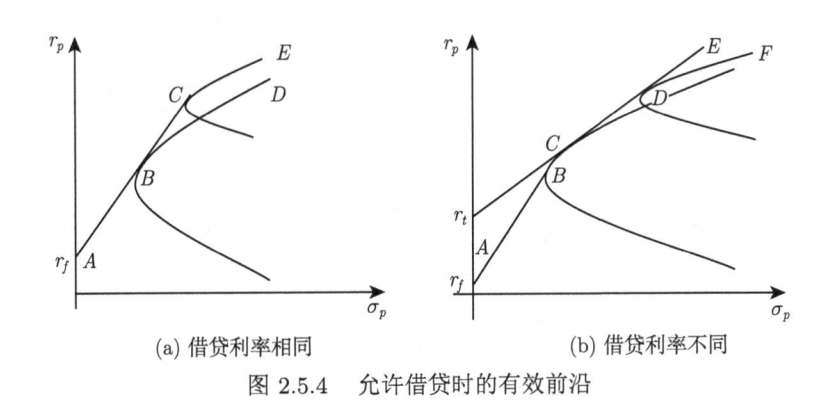

(a) 借贷利率相同

(b) 借贷利率不同

图 2.5.4　允许借贷时的有效前沿

情形二:　借贷利率不同.

假设借款利率 r_l 大于存款利率 r_f, 并设借款有上限约束

$$w_0 \geqslant -1$$

则有效前沿从 $A(0, r_f)$ 点出发经过切点 B 沿双曲线到达 C 点 (从 $(0, r_l)$ 出发的切线与双曲线之切点), 再沿切线 CE 到达借款上限对应的点 E 后, 转到曲线 EF, 而 EF 是双曲线的 CD 部分的平移 (见图 2.5.4(b)).

2.6　安全第一的概率准则模型

有时投资人为安全起见, 希望大于某个目标 r_p 的概率最大化, 即考虑以下的模型 (X):

$$\text{Maximize} \quad P(\boldsymbol{w}'\boldsymbol{X} \geqslant r_p) \tag{6-1}$$

$$\text{s.t.} \quad \sum_{i=1}^{N} w_i = \boldsymbol{w}'\boldsymbol{1} = 1 \tag{6-2}$$

在 $\boldsymbol{X}$ 服从联合正态分布 $N(\boldsymbol{\mu}, \boldsymbol{\Sigma})$ 的假设下此模型有解析解. 事实上, 这时投资组合的总收益 $S = \boldsymbol{w}'\boldsymbol{X}$ 服从正态分布 $N(\boldsymbol{w}'\boldsymbol{\mu}, \boldsymbol{w}'\boldsymbol{\Sigma}\boldsymbol{w})$, 则

$$f(\boldsymbol{w}) := \frac{\boldsymbol{w}'\boldsymbol{X} - \boldsymbol{w}'\boldsymbol{\mu}}{\sigma} = \frac{\boldsymbol{w}'\boldsymbol{X} - \boldsymbol{w}'\boldsymbol{\mu}}{\sqrt{\boldsymbol{w}'\boldsymbol{\Sigma}\boldsymbol{w}}} \tag{6-3}$$

服从标准正态分布 $N(0,1)$, 于是 (6-1) 中的目标函数可以表示为

$$P(\boldsymbol{w}'\boldsymbol{X} \geqslant r_p) = P\left(\frac{\boldsymbol{w}'\boldsymbol{X} - \boldsymbol{w}'\boldsymbol{\mu}}{\sqrt{\boldsymbol{w}'\boldsymbol{\Sigma}\boldsymbol{w}}} \geqslant \frac{r_p - \boldsymbol{w}'\boldsymbol{\mu}}{\sqrt{\boldsymbol{w}'\boldsymbol{\Sigma}\boldsymbol{w}}}\right)$$

$$= 1 - \Phi\left(\frac{r_p - \boldsymbol{w}'\boldsymbol{\mu}}{\sqrt{\boldsymbol{w}'\boldsymbol{\Sigma}\boldsymbol{w}}}\right) = \Phi\left(\frac{\boldsymbol{w}'\boldsymbol{\mu} - r_p}{\sqrt{\boldsymbol{w}'\boldsymbol{\Sigma}\boldsymbol{w}}}\right) \tag{6-4}$$

其中 $\Phi(\cdot)$ 是标准正态分布 $N(0,1)$ 的累积分布函数, 由于它是单增函数, 因此最大化概率等价于最大化 $\dfrac{\boldsymbol{w}'\boldsymbol{\mu} - r_p}{\sqrt{\boldsymbol{w}'\boldsymbol{\Sigma}\boldsymbol{w}}}$, 于是问题 (X) 等价于以下的问题 (X'):

$$\text{Maximize} \quad \frac{\boldsymbol{w}'\boldsymbol{\mu} - r_p}{\sqrt{\boldsymbol{w}'\boldsymbol{\Sigma}\boldsymbol{w}}} \tag{6-5}$$

$$\text{s.t.} \quad \sum_{i=1}^{N} w_i = \boldsymbol{w}'\boldsymbol{1} = 1 \tag{6-6}$$

此问题与最大化夏普比率的问题有相似之处, 可以利用拉格朗日乘子法来解, 记

$$L = \frac{\boldsymbol{w}'\boldsymbol{\mu} - r_p}{\sqrt{\boldsymbol{w}'\boldsymbol{\Sigma}\boldsymbol{w}}} + \lambda(1 - \boldsymbol{w}'\boldsymbol{1})$$

我们将推导过程留给读者, 最后可得最优解为

$$\boldsymbol{w}^* = \frac{\sigma^2}{\boldsymbol{w}'\boldsymbol{\mu} - r_p}\left(\boldsymbol{\Sigma}^{-1}\boldsymbol{\mu} - r_p\boldsymbol{\Sigma}^{-1}\boldsymbol{1}\right) \tag{6-7}$$

以及两基金的表示

$$\boldsymbol{w}^* = \frac{1}{b - r_p c}\left(\boldsymbol{\Sigma}^{-1}\boldsymbol{\mu} - r_p\boldsymbol{\Sigma}^{-1}\boldsymbol{1}\right)$$

$$= \frac{1}{b - r_p c}\left(\frac{b\boldsymbol{\Sigma}^{-1}\boldsymbol{\mu}}{\boldsymbol{1}'\boldsymbol{\Sigma}^{-1}\boldsymbol{\mu}} - \frac{r_p\boldsymbol{\Sigma}^{-1}\boldsymbol{1}}{\boldsymbol{1}'\boldsymbol{\Sigma}^{-1}\boldsymbol{1}}\right)$$

$$= \frac{b}{b - r_p c}\boldsymbol{w}^{(1)} + \frac{-r_p}{b - r_p c}\boldsymbol{w}^{(2)} \tag{6-8}$$

其中 a, b, c 见前文.

$$w^{(1)} = \frac{\Sigma^{-1}\mu}{1'\Sigma^{-1}\mu}, \quad w^{(2)} = -\frac{\Sigma^{-1}1}{1'\Sigma^{-1}1} \tag{6-9}$$

是两个投资组合, 称为基金, 且易验证 (6-8) 的系数和等于 1, 故也称 (6-8) 为两基金分离定理. 最优解对应的收益率的方差为

$$\sigma^2 = w'\Sigma w = \frac{1}{(b-r_pc)^2}\left(\mu'\Sigma^{-1} - r_p 1'\Sigma^{-1}\right)\Sigma\left(\Sigma^{-1}\mu - \Sigma^{-1}1\right)$$

$$= \frac{1}{(b-r_pc)^2}\left(a - 2r_pb + cr_p^2\right) \tag{6-10}$$

从而

$$\text{Maximize } P\left(w'X \geqslant r_p\right) = \Phi\left(\frac{w^{*\prime}\mu - r_p}{\sigma}\right)$$

利用 (6-7) 和 (6-10) 可得

$$\text{Maximize } P\left(w'X \geqslant r_p\right) = \Phi\left(\frac{w^{*\prime}\mu - r_p}{\sigma}\right) = \Phi\left(\sqrt{a - 2r_pb - cr_p^2}\right) \tag{6-11}$$

参 考 文 献

[1] 叶中行, 林建忠. 数理金融: 资产定价与金融决策理论 [M]. 2 版. 北京: 科学出版社, 2010.
[2] 叶中行, 卫淑芝, 王安娇. 数理金融基础 [M]. 2 版. 北京: 高等教育出版社, 2022.
[3] 史树中, 杨杰. 证券组合选择的有效子集 [J]. 应用数学学报, 2002, 25(1): 177-186.
[4] 杨杰, 史树中. 证券集的组合前沿分类与有效子集 [J]. 经济数学, 2001, 18(1): 8-18.
[5] 李仲飞, 汪寿阳. 投资组合优化与无套利分析 [M]. 北京: 科学出版社, 2001.
[6] 姚海洋, 李仲飞, 马庆华. 基于均值和风险的投资组合选择 [M]. 北京: 科学出版社, 2017.
[7] 张卫国. 现代投资组合理论 [M]. 北京: 科学出版社, 2007.
[8] 马雷克·凯宾斯基. 金融数学–金融工程引论 [M]. 2 版. 佟梦华, 译. 北京: 中国人民大学出版社, 2017.
[9] 赵霞, 朱钇频, 杨雅婕, 等. 基于含时网络与随机矩阵理论的投资组合研究 [J]. 山东大学学报 (理学版), 2023, 58(1): 101-110.
[10] 赵霞, 时雨, 王佳琪. 网络视角下基于夏普比率的投资组合策略 [J]. 山东财经大学学报, 2022, 34(2): 17-26.
[11] 宋红雨. 夏普比率在投资管理中的应用探索 [J]. 统计与决策, 2006, 12: 107-109.
[12] 周明, 寇炜, 李宏军. 基于夏普比率的最优再保险策略 [J]. 数理统计与管理, 2013, 32(5): 910-922.
[13] Bouchaud J-H, Potters M. Theory of Financial Risk: From Statistical Physics to Risk Management[M]. Cambridge: Cambridge University Press, 2000.

[14] Clemente G P, Grassi R, Hitaj A. Asset allocation: New evidence through network approaches[J]. Annals of Operations Research, 2021, 299: 61-80.

[15] Elton E J, Gruber M J. Modern Portfolio Theory and Investment Analysis[M]. 9th ed. New Jersey: John Wiley & Sons, Inc. USA 2013.

[16] Kazemi H, Schneeweis T, Gupta B. Omega as a performance measure[J]. Journal of performance measurement, 2004, 8: 16-25.

[17] Keating C, Shadwick W F. A Universal Performance Measure[J]. Journal of Performance Measurement, 2002, 6, 59-84.

[18] Keating C, Shadwick W F, Risk: A Package for Financial Risk Measures[J]. Computational Economics, 2019, 53, 1337-1351.

[19] Kolm P N, Tütüncü R, Fabozzi F J. 60 Years of portfolio optimization: Practical challenges and current trends[J]. European Journal of Operational Research, 2014, 234(2): 356-371.

[20] Li Y, Jiang X F, Tian Y, et al. Portfolio optimization based on network topology[J]. Physica A: Statistical Mechanics and its Applications, 2019, 515: 671-681.

[21] Markowitz H M. Portfolio Selection[J]. Journal of Finance , 1952, 7(1): 77-91.

[22] Markowitz H M. Portfolio Selection: Efficient Diversification of Investments[M]. New York: Wiley, 1959.

[23] Markowitz H M. Portfolio selection: Efficient diversification of investments [M]. 2nd ed. Oxford: Basil Blackwell, 1991.

[24] Maller R, Turkington D. New light on the portfolio allocation problem[J]. Math. Meth. Operat. Res., 2002, 56: 501-511.

[25] Maurya A. A well-conditioned and sparse estimation of covariance and inverse covariance matrix using a joint penalty[J]. Journal of Machine Learning Research, 2016, 17(130): 1-28.

[26] Sahamkhadam M, Stephan A, Östermark R. Portfolio optimization based on GARCH-EVT-Copula forecasting models [J]. International Journal of Forecasting, 2018, 3: 497-506.

[27] Shi Y, Zhao X, Jiang F, et al. Stable portfolio selection strategy for mean-variance-CVaR model under high-dimensional scenarios[J]. Mathematical Problems in Engineering, 2020, Article ID 2767231.

[28] Ziemba W T, Vickson R G. Stochastic Optimization Models in Finance[M]. Singapore: World Scientific, 2006.

第 3 章 与指数相关的最优资产组合的均值--方差分析

在第 1 章中我们介绍了资本资产定价模型, 讨论了以市场指数为基准的证券收益的估计方法. 我们说的指数主要是指股票指数即股票价格指数, 简称股指, 它是由证券交易所或金融服务机构编制的表明股票行市变动的一种供参考的指示数字, 描述股票市场总的价格水平变化的指标. 按照编制股价指数时纳入指数计算范围的股票样本数量, 可以将股价指数划分为全部上市股票价格指数和成分股指数. 国际上最有名的指数有道琼斯股票价格指数、标准普尔股票价格指数、纽约证券交易所股票价格指数、日经 225 指数、伦敦《金融时报》股票价格指数、富时指数和中国的上证综指、深成指、沪深 300 指数和香港的恒生指数等.

在金融实务中投资者可能对组合收益能否跑赢某个基准, 比如无风险利率、某个证券指数、某些经济指标 (如通货膨胀率) 等感兴趣, 这就需要研究与指数相关的优化模型, 通过构建指数组合来进行以对冲交易为主要目的的指数套利操作是规避金融风险的必要手段. 指数组合优化从狭义上讲就是标的指数的优化复制. 指数复制的方法大体分为两类: 完全复制和不完全复制 (即优化复制). 完全复制是按照标的指数中成分股的比例来构造复制组合, 以达到追踪指数的目的. 而优化复制是以指数成分股中的部分股票来构建组合, 使得追踪误差尽可能小并伴有其他的优化目标.

本章主要讨论优化复制意义下的指数追踪问题. 我们先讨论与指数有关的组合优化模型, 如基于资本资产定价或因子模型的组合优化, 这两个模型还可以达到降维的目的. 关于指数追踪模型有众多方法可参阅 [1-10], 我们主要讨论基于均方误差最小的追踪模型, 对其他方法只作简要的评述.

3.1 基于 CAPM 的均值--方差最优资产组合分析

假设各证券的收益率都可用 CAPM 模型表示出, 那么均值--方差最优资产组合会有怎样的表达呢? 假设市场上有 n 种证券, 它们的收益率可以用 CAPM 模型估计, 即

$$X_i = \alpha_i + \beta_i X_M + \varepsilon_i, \quad i = 1, 2, \cdots, n \tag{1-1a}$$

$$E(X_i) = \alpha_i + \beta_i E(X_M), \quad i = 1, 2, \cdots, n \tag{1-1b}$$

其中 X_M 为市场指数的收益率，记 $r_M = E(X_M), \sigma_M^2 = \text{Var}(X_M), \sigma_i^2 = \text{Var}(X_i)$，$\sigma_{ij} = \text{cov}(X_i, X_j)$，它们满足以下这些条件：

(1) $E(\varepsilon_i) = 0, i = 1, 2, \cdots, n;$ \hfill (1-2a)

(2) $E(\varepsilon_i \varepsilon_j) = 0, i \neq j;$ \hfill (1-2b)

(3) $\sigma_{\varepsilon_i}^2 = \text{Var}(\varepsilon_i) \leqslant c$ (常数)$, i = 1, 2, \cdots, n;$ \hfill (1-2c)

(4) $E(\varepsilon_i X_M) = 0, i = 1, 2, \cdots, n.$ \hfill (1-2d)

由以上计算易得

$$E(X_i) = \alpha_i + \beta_i r_M \tag{1-3a}$$

$$\sigma_i^2 = \beta_i^2 \sigma_M^2 + \sigma_{\varepsilon_i}^2, \quad i = 1, 2, \cdots, n \tag{1-3b}$$

$$\sigma_{ij} = E[(X_i - E(X_i))(X_j - E(X_j))] = \beta_i \beta_j \sigma_M^2, \quad i \neq j \tag{1-3c}$$

写成矩阵形式时，记列向量

$$\boldsymbol{X} = (X_1, X_2, \cdots, X_n)', \quad \boldsymbol{\alpha} = (\alpha_1, \alpha_2, \cdots, \alpha_n)'$$

$$\boldsymbol{\beta} = (\beta_1, \beta_2, \cdots, \beta_n)', \quad \boldsymbol{\varepsilon} = (\varepsilon_1, \varepsilon_2, \cdots, \varepsilon_n)'$$

则

$$\boldsymbol{X} = \boldsymbol{\alpha} + X_M \boldsymbol{\beta} + \boldsymbol{\varepsilon} \tag{1-4a}$$

$$E\boldsymbol{X} = \boldsymbol{\alpha} + (EX_M)\boldsymbol{\beta} = \boldsymbol{\alpha} + r_M \boldsymbol{\beta} \tag{1-4b}$$

协方差矩阵

$$\boldsymbol{\Sigma} = \begin{pmatrix} \text{cov}(X_1, X_1) & \text{cov}(X_1, X_2) & \cdots & \text{cov}(X_1, X_n) \\ \text{cov}(X_2, X_1) & \text{cov}(X_2, X_2) & \cdots & \text{cov}(X_2, X_n) \\ \vdots & \vdots & & \vdots \\ \text{cov}(X_{n-1}, X_1) & \text{cov}(X_{n-1}, X_2) & \cdots & \text{cov}(X_{n-1}, X_n) \\ \text{cov}(X_n, X_1) & \text{cov}(X_n, X_2) & \cdots & \text{cov}(X_n, X_n) \end{pmatrix}$$

$$= \sigma_M^2 \boldsymbol{B} \tag{1-5}$$

其中

$$\boldsymbol{B} = \begin{pmatrix} \beta_1^2 & \cdots & \beta_1 \beta_n \\ \vdots & & \vdots \\ \beta_n \beta_1 & \cdots & \beta_n^2 \end{pmatrix} \tag{1-6}$$

3.1 基于 CAPM 的均值-方差最优资产组合分析

考虑一个资产组合 $\boldsymbol{w} = (w_1, w_2, \cdots, w_n)'$,其总收益率为 $S = \sum_{i=1}^{n} w_i X_i = \boldsymbol{w}'\boldsymbol{X}$,则

$$ES = \sum_{i=1}^{n} w_i E(X_i)$$

$$= \sum_{i=1}^{n} w_i [\alpha_i + \beta_i r_M]$$

$$= \boldsymbol{w}'\boldsymbol{\alpha} + r_M \boldsymbol{w}'\boldsymbol{\beta} \tag{1-7a}$$

$$\sigma_p^2 = \mathrm{Var}(S) = E\left[\sum_{i=1}^{n} w_i X_i - E\left(\sum_{i=1}^{n} w_i X_i\right)\right]^2$$

$$= \sum_{i=1}^{n} w_i^2 \sigma_i^2 + \sum_{i=1}^{n}\sum_{j=1, j\neq i}^{n} w_i w_j \sigma_{ij}$$

$$= \sum_{i=1}^{n} w_i^2 \beta_i^2 \sigma_M^2 + \sum_{i=1}^{n}\sum_{j=1, j\neq i}^{n} w_i w_j \beta_i \beta_j \sigma_M^2 + \sum_{i=1}^{n} w_i^2 \sigma_{\varepsilon_i}^2 \tag{1-7b}$$

其中最后一项

$$\sum_{i=1}^{n} w_i^2 \sigma_{\varepsilon_i}^2 \leqslant c \sum_{i=1}^{n} w_i^2 \tag{1-7c}$$

可以证明 (1-7b) 式中最后一项在均匀组合时取最大值 (见下面的附注), 即

$$c \sum_{i=1}^{n} w_i^2 \leqslant c \sum_{i=1}^{n} \left(\frac{1}{n}\right)^2 = \frac{c}{n} \tag{1-8}$$

当组合中所含证券数很大时, 这一项可以忽略不计, 于是

$$\sigma_p^2 \approx \sum_{i=1}^{n} w_i^2 \beta_i^2 \sigma_M^2 + \sum_{i=1}^{n}\sum_{j=1, j\neq i}^{n} w_i w_j \beta_i \beta_j \sigma_M^2 = \boldsymbol{w}'\boldsymbol{\Sigma}\boldsymbol{w} \tag{1-9}$$

其中 $\boldsymbol{\Sigma}$ 如 (1-5) 所示. 注意到 $\sigma_p^2 > 0$, 所以矩阵 $\boldsymbol{\Sigma}$ 是正定矩阵, 其逆矩阵 $\boldsymbol{\Sigma}^{-1}$ 存在.

下面考虑基于 CAPM 的最优均值-方差组合, 对一个资产组合 $\boldsymbol{w} = (w_1, w_2, \cdots, w_n)'$, 考虑以下的最优化问题

$$\text{Minimize} \quad \frac{1}{2}\sigma_p^2 = \frac{1}{2}\boldsymbol{w}'\boldsymbol{\Sigma}\boldsymbol{w} \tag{1-10a}$$

$$\text{s.t.} \quad ES = \sum_{i=1}^{n} w_i E(X_i) = \boldsymbol{w}'\boldsymbol{\alpha} + r_M \boldsymbol{w}'\boldsymbol{\beta} \geqslant r_p \tag{1-10b}$$

$$\sum_{i=1}^{n} w_i = \mathbf{1}'\boldsymbol{w} = 1 \tag{1-10c}$$

为解决这个问题, 用拉格朗日乘子法, 设

$$L = \frac{1}{2}\boldsymbol{w}'\boldsymbol{\Sigma}\boldsymbol{w} - \lambda_1 (\boldsymbol{w}'\boldsymbol{\alpha} + r_M \boldsymbol{w}'\boldsymbol{\beta} - r_p) - \lambda_2 (\mathbf{1}'\boldsymbol{w} - 1) \tag{1-11a}$$

$$\frac{\partial L}{\partial \boldsymbol{w}} = 0 \tag{1-11b}$$

得到 $\boldsymbol{\Sigma}\boldsymbol{w} - \lambda_1 (\boldsymbol{\alpha} + r_M \boldsymbol{\beta}) - \lambda_2 \mathbf{1} = \mathbf{0}$, 即 $\boldsymbol{\Sigma}\boldsymbol{w} = \lambda_1 (\boldsymbol{\alpha} + r_M \boldsymbol{\beta}) + \lambda_2 \mathbf{1}$, 两边左乘以 $\boldsymbol{\Sigma}^{-1}$ 得

$$\boldsymbol{w}^* = \boldsymbol{\Sigma}^{-1} [\lambda_1 (\boldsymbol{\alpha} + r_M \boldsymbol{\beta}) + \lambda_2 \mathbf{1}] \tag{1-12}$$

代入 (1-10b) 中的等式和 (1-10c) 得

$$\boldsymbol{\alpha}' \boldsymbol{\Sigma}^{-1} [\lambda_1 (\boldsymbol{\alpha} + r_M \boldsymbol{\beta}) + \lambda_2 \mathbf{1}] + r_M \boldsymbol{\beta}' \boldsymbol{\Sigma}^{-1} [\lambda_1 (\boldsymbol{\alpha} + r_M \boldsymbol{\beta}) + \lambda_2 \mathbf{1}] = r_p \tag{1-13a}$$

$$\mathbf{1}' \boldsymbol{\Sigma}^{-1} [\lambda_1 (\boldsymbol{\alpha} + r_M \boldsymbol{\beta}) + \lambda_2 \mathbf{1}] = 1 \tag{1-13b}$$

记

$$a = \boldsymbol{\alpha}' \boldsymbol{\Sigma}^{-1} \boldsymbol{\alpha} + 2 r_M \boldsymbol{\alpha}' \boldsymbol{\Sigma}^{-1} \boldsymbol{\beta} + r_M^2 \boldsymbol{\beta}' \boldsymbol{\Sigma}^{-1} \boldsymbol{\beta} \tag{1-14a}$$

$$b = \boldsymbol{\alpha}' \boldsymbol{\Sigma}^{-1} \mathbf{1} + r_M \boldsymbol{\beta}' \boldsymbol{\Sigma}^{-1} \mathbf{1} \tag{1-14b}$$

$$c = \mathbf{1}' \boldsymbol{\Sigma}^{-1} \mathbf{1} \tag{1-14c}$$

那么这两个方程可表示为

$$\lambda_1 a + \lambda_2 b = r_p \tag{1-15a}$$

$$\lambda_1 b + \lambda_2 c = 1 \tag{1-15b}$$

解得

$$\lambda_1 = \frac{r_p c - b}{\Delta}, \quad \lambda_2 = \frac{a - r_p b}{\Delta} \tag{1-16}$$

其中 $\Delta = ac - b^2$, 于是由 (1-12)

$$\boldsymbol{w}^* = \boldsymbol{\Sigma}^{-1} \left[\frac{r_p c - b}{\Delta} (\boldsymbol{\alpha} + r_M \boldsymbol{\beta}) + \frac{a - r_p b}{\Delta} \mathbf{1} \right] \tag{1-17}$$

3.1 基于 CAPM 的均值–方差最优资产组合分析

代入 (1-9) 得到

$$\begin{aligned}
\sigma_p^2 &= \boldsymbol{w}^{*'}\boldsymbol{\Sigma}\boldsymbol{w}^* \\
&= \left[\frac{r_p c - b}{\Delta}\left(\boldsymbol{\alpha}' + r_M \boldsymbol{\beta}'\right) + \frac{a - r_p b}{\Delta}\mathbf{1}'\right]\boldsymbol{\Sigma}^{-1}\boldsymbol{\Sigma}\boldsymbol{\Sigma}^{-1}\left[\frac{r_p c - b}{\Delta}\left(\boldsymbol{\alpha}' + r_M \boldsymbol{\beta}'\right)\right.\\
&\quad \left.+ \frac{a - r_p b}{\Delta}\mathbf{1}'\right] \\
&= a\left(\frac{r_p c - b}{\Delta}\right)^2 + 2b\left(\frac{r_p c - b}{\Delta}\right)\left(\frac{a - r_p b}{\Delta}\right) + c\left(\frac{a - r_p b}{\Delta}\right)^2 \\
&= \frac{1}{\Delta}\left[cr_p^2 - 2br_p + a\right] \\
&= \frac{c}{\Delta}\left(r_p - \frac{b}{c}\right)^2 + \frac{1}{c}
\end{aligned} \tag{1-18}$$

在 σ_p^2-r_p 平面上是一条抛物线.

附注 1.1 要证明 $\sum_{i=1}^{n} w_i^2$ 在条件 $\sum_{i=1}^{n} w_i = 1$ 下的最大值在均匀组合下达到. 利用拉格朗日乘子法, 设

$$Q = \frac{1}{2}\sum_{i=1}^{n} w_i^2 - \delta\left(\sum_{i=1}^{n} w_i - 1\right) \tag{1-19}$$

计算

$$\frac{\partial Q}{\partial w_i} = 0$$

得到

$$w_i - \delta = 0, \quad i = 1, 2, \cdots, n$$

$$w_i = \delta, \quad i = 1, 2, \cdots, n$$

因为 $\sum_{i=1}^{n} w_i = 1$, 所以

$$w_i = \frac{1}{n}, \quad i = 1, 2, \cdots, n$$

于是

$$\text{Maximize } \sum_{i=1}^{n} w_i^2 = \sum_{i=1}^{n} \frac{1}{n^2} = \frac{1}{n} \tag{1-20}$$

因此当 n 充分大时这一项可以忽略不计.

3.2 基于套利定价模型的均值–方差最优资产组合分析

套利定价模型也称为多因子模型, 假设影响证券收益率的有 L 个因素, 通常考虑的因素有市场因素、行业因素、经济增长率 (如 GDP)、通货膨胀率 (如 CPI)、利率、汇率等, 设 X 为某种风险资产的收益率, $I_1, I_2, \cdots, I_L$ 为影响证券收益的 L 个因子 (其中有一个因子可以取为市场指数), 则

$$X = \alpha + b_1 I_1 + b_2 I_2 + \cdots + b_L I_L + \varepsilon \qquad (2\text{-}1)$$

满足

(1) $E(\varepsilon) = 0$ \hfill (2-2a)

(2) $E\left[(I_j - E(I_j))(I_k - E(I_k))\right] = 0, \quad k \neq j$ \hfill (2-2b)

(3) $E\left[(I_j - E(I_j))\varepsilon\right] = 0$ \hfill (2-2c)

也可以把它看作一个多元线性回归, 通过观察的数据可以估计回归参数 $\alpha, b_1, b_2, \cdots, b_L$ (见 1.4 节). 下面介绍基于多因子模型的均值–方差最优资产组合分析.

设有 n 种证券, 它们的收益率 $X_1, X_2, \cdots, X_n$ 受 L 个因子 $I_1, I_2, \cdots, I_L$ 影响, 可以用以下 n 个线性方程表示

$$X_i = \alpha_i + b_{i1} I_1 + b_{i2} I_2 + \cdots + b_{iL} I_L + \varepsilon_i, \quad i = 1, 2, \cdots, n \qquad (2\text{-}3)$$

并记 $r_i = E(X_i), \sigma_i^2 = \mathrm{Var}(X_i), \sigma_{\varepsilon_i}^2 = \mathrm{Var}(\varepsilon_i), i = 1, 2, \cdots, n, \sigma_{I_j}^2 = \mathrm{Var}(I_j), j = 1, 2, \cdots, L$ 满足以下条件

(1) $E(\varepsilon_i) = 0, \quad i = 1, 2, \cdots, n$ \hfill (2-4a)

(2) $\sigma_{\varepsilon_i}^2 \leqslant c, \quad i = 1, 2, \cdots, n$ \hfill (2-4b)

(3) $\mathrm{cov}(\varepsilon_i, \varepsilon_j) = E(\varepsilon_i \varepsilon_j) = 0$ \hfill (2-4c)

(4) $E\left[(I_j - E(I_j))(I_k - E(I_k))\right] = 0, \quad j \neq k$ \hfill (2-4d)

(5) $E\left[\varepsilon_i (I_k - E(I_k))\right] = 0, \quad i = 1, 2, \cdots, n; k = 1, 2, \cdots, L$ \hfill (2-4e)

由此可得

$$\begin{aligned} E(X_i) &= \alpha_i + b_1 E(I_1) + b_2 E(I_2) + \cdots + b_L E(I_L) + E(\varepsilon_i) \\ &= \alpha_i + b_1 E(I_1) + b_2 E(I_2) + \cdots + b_L E(I_L), \quad i = 1, 2, \cdots, n \end{aligned} \qquad (2\text{-}5\text{a})$$

$$\sigma_i^2 = \mathrm{Var}(X_i) = b_{i1}^2 \sigma_{I_1}^2 + b_{i2}^2 \sigma_{I_2}^2 + \cdots + b_{iL}^2 \sigma_{I_L}^2, \quad i = 1, 2, \cdots, n \qquad (2\text{-}5\text{b})$$

$$\begin{aligned} \mathrm{cov}(X_j, X_k) &= E\left[(X_j - E(X_j))(X_k - E(X_k))\right] \\ &= b_{j1} b_{k1} \sigma_{I_1}^2 + b_{j2} b_{k2} \sigma_{I_2}^2 + \cdots + b_{jL} b_{kL} \sigma_{I_L}^2, \quad k \neq j \end{aligned} \qquad (2\text{-}5\text{c})$$

3.2 基于套利定价模型的均值–方差最优资产组合分析

我们以二因子模型为例，设有 n 种证券，它们的收益率受 2 个因子所影响，可表示为

$$X_i = \alpha_i + b_{i1}I_1 + b_{i2}I_2 + \varepsilon_i, \quad i = 1, 2, \cdots, n \tag{2-6}$$

并记

$$r_i = E(X_i), \quad \sigma_i^2 = \text{Var}(X_i), \quad d_1 = E(I_1), \quad d_2 = E(I_2)$$

$$\sigma_{\varepsilon_i}^2 = \text{Var}(\varepsilon_i) \leqslant c, \quad i = 1, 2, \cdots, n$$

$$\sigma_{I_j}^2 = \text{Var}(I_j), \quad j = 1, 2$$

$\boldsymbol{w} = (w_1, w_2, \cdots, w_n)'$ 为一资产组合，其总收益率可表示为

$$S = \sum_{i=1}^n w_i X_i = \sum_{i=1}^n w_i (\alpha_i + b_{i1}I_1 + b_{i2}I_2 + \varepsilon_i)$$

$$= \sum_{i=1}^n w_i \alpha_i + \sum_{i=1}^n w_i b_{i1} I_1 + \sum_{i=1}^n w_i b_{i2} I_2 + \sum_{i=1}^n w_i \varepsilon_i \tag{2-7a}$$

$$E(S) = \sum_{i=1}^n w_i E(X_i) = \sum_{i=1}^n w_i (\alpha_i + b_{i1} E(I_1) + b_{i2} E(I_2) + E(\varepsilon_i))$$

$$= \sum_{i=1}^n w_i \alpha_i + d_1 \sum_{i=1}^n w_i b_{i1} + d_2 \sum_{i=1}^n w_i b_{i2} \tag{2-7b}$$

$$\sigma_p^2 = \text{Var}(S) = E\left[\left(\sum_{i=1}^n w_i X_i - \sum_{i=1}^n w_i E(X_i)\right)^2\right]$$

$$= E\left[\sum_{i=1}^n w_i (\alpha_i + b_{i1}I_1 + b_{i2}I_2 + \varepsilon_i) - \sum_{i=1}^n w_i E(\alpha_i + b_{i1}I_1 + b_{i2}I_2 + \varepsilon_i)\right]^2$$

$$= E\left[(I_1 - d_1) \sum_{i=1}^n w_i b_{i1} + (I_1 - d_2) \sum_{i=1}^n w_i b_{i2} + \sum_{i=1}^n w_i \varepsilon_i\right]^2$$

$$= E\left[(I_1 - d_1) \sum_{i=1}^n w_i b_{i1}\right]^2 + E\left[(I_1 - d_2) \sum_{i=1}^n w_i b_{i2}\right]^2 + E\left[\sum_{i=1}^n w_i \varepsilon_i\right]^2$$

$$+ 2E\left[(I_1 - d_1) \sum_{i=1}^n w_i b_{i1}\right]\left[(I_2 - d_2) \sum_{i=1}^n w_i b_{i2}\right]$$

$$+ 2E\left[(I_1 - d_1)\sum_{i=1}^{n} w_i b_{i1}\right]\left[\sum_{i=1}^{n} w_i \varepsilon_i\right]$$

$$+ 2E\left[(I_2 - d_2)\sum_{i=1}^{n} w_i b_{i2}\right]\left[\sum_{i=1}^{n} w_i \varepsilon_i\right]$$

$$= (\bm{w}'\bm{B}_1\bm{w})\sigma_{I_1}^2 + (\bm{w}'\bm{B}_2\bm{w})\sigma_{I_2}^2 + \sum_{i=1}^{n} w_i^2 \sigma_{\varepsilon_i}^2 \tag{2-7c}$$

其中 $\bm{w} = (w_1, w_2, \cdots, w_n)'$，易知

$$\bm{B}_1 = \begin{pmatrix} b_{11}^2 & b_{11}b_{21} & \cdots & b_{11}b_{n1} \\ b_{21}b_{11} & b_{21}^2 & \cdots & b_{21}b_{n1} \\ \vdots & \vdots & & \vdots \\ b_{n1}b_{11} & b_{n1}b_{21} & \cdots & b_{n1}^2 \end{pmatrix} \tag{2-8a}$$

$$\bm{B}_2 = \begin{pmatrix} b_{12}^2 & b_{12}b_{22} & \cdots & b_{12}b_{n2} \\ b_{22}b_{12} & b_{22}^2 & \cdots & b_{22}b_{n2} \\ \vdots & \vdots & & \vdots \\ b_{n2}b_{12} & b_{n2}b_{22} & \cdots & b_{n2}^2 \end{pmatrix} \tag{2-8b}$$

易知 $\bm{B}_1, \bm{B}_2$ 都是正定矩阵，其逆都存在. 最后一项当 n 充分大时可以忽略不计. 以下我们来求解均值-方差最优组合问题.

$$\text{Minimize} \quad \frac{1}{2}\sigma_p^2 = \frac{1}{2}\bm{w}'\bm{\Sigma}\bm{w} \tag{2-9a}$$

$$\text{s.t.} \quad E(S) \geqslant r_p \tag{2-9b}$$

$$\sum_{i=1}^{n} w_i = \bm{1}'\bm{w} = 1 \tag{2-9c}$$

利用拉格朗日乘子法，设

$$\begin{aligned} L &= \frac{1}{2}\bm{w}'\bm{\Sigma}\bm{w} - \delta_1\left(E(S) - r_p\right) - \delta_2(\bm{1}'\bm{w} - 1) \\ &= \frac{1}{2}(\bm{w}'\bm{B}_1\bm{w})\sigma_{I_1}^2 + \frac{1}{2}(\bm{w}'\bm{B}_2\bm{w})\sigma_{I_2}^2 \\ &\quad - \delta_1\left(\bm{w}'\bm{\alpha} + d_1\bm{w}'\bm{b}_1 + d_2\bm{w}'\bm{b}_2 - r_p\right) - \delta_2(\bm{1}'\bm{w} - 1) \end{aligned} \tag{2-10}$$

3.2 基于套利定价模型的均值--方差最优资产组合分析

令 $\dfrac{\partial L}{\partial \boldsymbol{w}} = 0$, 即

$$\sigma_{I_1}^2 \boldsymbol{B}_1 \boldsymbol{w} + \sigma_{I_2}^2 \boldsymbol{B}_2 \boldsymbol{w} - \delta_1 (\boldsymbol{\alpha} + d_1 \boldsymbol{b}_1 + d_2 \boldsymbol{b}_2) - \delta_2 \boldsymbol{1} = 0 \tag{2-11a}$$

$$\left(\sigma_{I_1}^2 \boldsymbol{B}_1 + \sigma_{I_2}^2 \boldsymbol{B}_2\right) \boldsymbol{w} = \delta_1 (\boldsymbol{\alpha} + d_1 \boldsymbol{b}_1 + d_2 \boldsymbol{b}_2) - \delta_2 \boldsymbol{1} \tag{2-11b}$$

记

$$\boldsymbol{\Sigma} = \sigma_{I_1}^2 \boldsymbol{B}_1 + \sigma_{I_2}^2 \boldsymbol{B}_2 \tag{2-12}$$

(2-11b) 两边左乘以 $\boldsymbol{\Sigma}^{-1}$ 得

$$\boldsymbol{w}^* = \delta_1 \boldsymbol{\Sigma}^{-1} (\boldsymbol{\alpha} + d_1 \boldsymbol{b}_1 + d_2 \boldsymbol{b}_2) - \delta_2 \boldsymbol{\Sigma}^{-1} \boldsymbol{1} \tag{2-13}$$

代入 (2-9b), (2-9c) 得

$$\begin{aligned} E(S) &= \boldsymbol{w}^{*\prime} (\boldsymbol{\alpha} + d_1 \boldsymbol{b}_1 + d_2 \boldsymbol{b}_2) \\ &= \delta_1 (\boldsymbol{\alpha} + d_1 \boldsymbol{b}_1 + d_2 \boldsymbol{b}_2)' \boldsymbol{\Sigma}^{-1} (\boldsymbol{\alpha} + d_1 \boldsymbol{b}_1 + d_2 \boldsymbol{b}_2) \\ &\quad - \delta_2 (\boldsymbol{\alpha} + d_1 \boldsymbol{b}_1 + d_2 \boldsymbol{b}_2)' \boldsymbol{\Sigma}^{-1} \boldsymbol{1} \\ &= \delta_1 p + \delta_2 q = r_p \end{aligned} \tag{2-14a}$$

$$\begin{aligned} \boldsymbol{1}' \boldsymbol{w}^* &= \delta_1 \boldsymbol{1}' \boldsymbol{\Sigma}^{-1} (\boldsymbol{\alpha} + d_1 \boldsymbol{b}_1 + d_2 \boldsymbol{b}_2) - \delta_2 \boldsymbol{1}' \boldsymbol{\Sigma}^{-1} \boldsymbol{1} \\ &= \delta_1 q + \delta_2 r = 1 \end{aligned} \tag{2-14b}$$

其中

$$p = (\boldsymbol{\alpha} + d_1 \boldsymbol{b}_1 + d_2 \boldsymbol{b}_2)' \boldsymbol{\Sigma}^{-1} (\boldsymbol{\alpha} + d_1 \boldsymbol{b}_1 + d_2 \boldsymbol{b}_2) \tag{2-15a}$$

$$q = \boldsymbol{1}' \boldsymbol{\Sigma}^{-1} (\boldsymbol{\alpha} + d_1 \boldsymbol{b}_1 + d_2 \boldsymbol{b}_2) \tag{2-15b}$$

$$r = \boldsymbol{1}' \boldsymbol{\Sigma}^{-1} \boldsymbol{1} \tag{2-15c}$$

解 (2-14a) 和 (2-14b) 得

$$\delta_1 = \frac{r_p r - q}{\Delta}, \quad \delta_2 = \frac{p - r_p q}{\Delta} \tag{2-16}$$

代回 (2-13) 得

$$\boldsymbol{w}^* = \frac{r_p r - q}{\Delta} \boldsymbol{\Sigma}^{-1} (\boldsymbol{\alpha} + d_1 \boldsymbol{b}_1 + d_2 \boldsymbol{b}_2) - \frac{p - r_p q}{\Delta} \boldsymbol{\Sigma}^{-1} \boldsymbol{1} \tag{2-17}$$

于是

$$\sigma_p^{*2} = \boldsymbol{w}^{*\prime} \boldsymbol{\Sigma} \boldsymbol{w}^* = \frac{r}{\Delta} \left(r_p - \frac{q}{r}\right)^2 + \frac{1}{r} \tag{2-18}$$

在 σ_p^2-r_p 平面上是抛物线.

3.3 指数追踪模型

一个完整的指数跟踪应包括以下几个步骤: ①选择基准指数, ②确定跟踪组合, ③创建初始跟踪组合, ④维护跟踪组合, ⑤动态调整跟踪组合, ⑥评价跟踪组合业绩. Roll[10] 在马科维茨均值–方差分析的基础上较早研究了指数复制组合与目标指数的均方误差最小化问题, 这是一个二次规划模型. 之后有不同跟踪误差最小化组合的研究, 比如 Rudolf 等[11] 考虑了线性的均值–绝对离差模型、均值–绝对向下偏差模型、最小最大化模型和向下最小最大化模型等, 这些模型被应用于各国的股票市场实践, 取得较好追踪效果. Bamberg 和 Wagner[8] 将线性回归法应用于指数追踪问题. 当然还有尝试用其他更复杂的方法来建模和求解, 比如用遗传算法、启发式算法、随机控制和顺向优化法、协整优化法等. 我们主要介绍最基本的单时段基于均值–方差的指数跟踪模型, 对其他方法感兴趣的读者可参阅相关文献 [1-7].

3.3.1 单指数跟踪模型

假设市场上有 N 种风险资产 (例如股票, 暂时假设不存在无风险资产), 其收益率向量记为 $\boldsymbol{X} = (X_1, X_2, \cdots, X_N)'$, 其中 X_i 为第 i 种资产的收益率, 记 $\boldsymbol{\mu} := E(\boldsymbol{X}) = (EX_1, EX_2, \cdots, EX_N)'$, 并设 $E(\boldsymbol{X}) \neq k\mathbf{1}$, 其中 $\mathbf{1} = (1, 1, \cdots, 1)'$. 假设投资者投资于这 N 种风险资产的组合向量为 $\boldsymbol{w} = (w_1, w_2, \cdots, w_N)'$, $\sum_{i=1}^{N} w_i = \boldsymbol{w}'\mathbf{1} = 1$, 其中 w_i 为投资于第 i 种资产的比例. 如果不要求 $w_i \geqslant 0$, 即允许卖空, 否则就是不允许卖空. 记第 i 种资产和第 j 种资产的收益率的交叉矩为 $a_{ij} = E(X_i X_j), i, j = 1, 2, \cdots, N$, 当 $i = j$ 时为第 i 种资产收益率的二阶矩, 即 $a_{ii} = EX_i^2, i = 1, 2, \cdots, N$. 记 N 种资产收益率向量的交叉矩矩阵为 $\boldsymbol{\Lambda} = (a_{ij})_{N \times N}$, 注意到

$$E[(\boldsymbol{w}'\boldsymbol{X})^2] = E[(w_1 X_1 + w_2 X_2 + \cdots + w_N X_N)^2] = \boldsymbol{w}'\boldsymbol{\Lambda}\boldsymbol{w} \geqslant 0$$

对任何 $\boldsymbol{w} = (w_1, w_2, \cdots, w_N)'$ 都成立, 因此矩阵 $\boldsymbol{\Lambda} = (a_{ij})_{N \times N}$ 是非负定的, 假设它为非退化, 即为正定的. 设 Y 为市场指数的收益率, 记风险资产和指数的交叉矩向量为

$$e_{XY} = (E(X_1 Y), E(X_2 Y), \cdots, E(X_N Y))' \tag{3-1}$$

我们要构造一个投资组合 $\boldsymbol{w} = (w_1, w_2, \cdots, w_N)'$, 使得它的总收益 $S = \boldsymbol{w}'\boldsymbol{X} = \sum_{i=1}^{N} w_i X_i$ 能尽可能接近市场指数的收益 Y, 我们用两者的均方误差

$$\varepsilon = E|\boldsymbol{w}'\boldsymbol{X} - Y|^2 \tag{3-2}$$

3.3 指数追踪模型

来表示跟踪的误差. 如果还要有保底收益 r_p, 则可要求 $E(w'X) = w'\mu \geqslant r_p$, 于是我们就得到以下的指数跟踪模型 (I):

$$\text{Minimize} \quad \frac{1}{2}E|w'X - Y|^2 \tag{3-3a}$$

$$\text{s.t.} \quad E(w'X) = w'\mu \geqslant r_p \tag{3-3b}$$

$$\sum_{i=1}^{N} w_i = w'\mathbf{1} = 1 \tag{3-3c}$$

在解这个约束优化问题之前, 先来计算

$$\varepsilon = E|w'X - Y|^2 = E|w_1X_1 + w_2X_2 + \cdots + w_NX_N - Y|^2$$

$$= w'\Lambda w - 2w'\begin{pmatrix} E(X_1Y) \\ E(X_2Y) \\ \vdots \\ E(X_NY) \end{pmatrix} + E(Y^2)$$

$$= w'\Lambda w - 2w'e_{XY} + E(Y^2) \tag{3-4}$$

接下来用拉格朗日乘数法求解指数跟踪模型 (I), 令

$$L \equiv \frac{1}{2}E|w'X - Y|^2 + \delta_1(r_p - w'\mu) + \delta_2(1 - w'\mathbf{1})$$

$$= \frac{1}{2}w'\Lambda w - w'e_{XY} + \frac{1}{2}E(Y^2) + \delta_1(r_p - w'\mu) + \delta_2(1 - w'\mathbf{1}) \tag{3-5}$$

其中 δ_1, δ_2 是待定系数, 最优解应满足的一阶条件为

$$\begin{cases} \dfrac{\partial L}{\partial w} = \mathbf{0} \\ \dfrac{\partial L}{\partial \delta_1} = r_p - w'\mu = 0 \\ \dfrac{\partial L}{\partial \delta_2} = 1 - \mathbf{1}'w = 0 \end{cases} \tag{3-6}$$

可得

$$\frac{\partial L}{\partial w} = \Lambda w - e_{XY} - \delta_1\mu - \delta_2\mathbf{1} = 0 \tag{3-7}$$

由假设交叉矩矩阵 $\boldsymbol{\Lambda}$ 为非退化，则对 (3-7) 式移项后两边同乘 $\boldsymbol{\Lambda}^{-1}$ 得到最优解：

$$\boldsymbol{w}^* = \boldsymbol{\Lambda}^{-1}\boldsymbol{e}_{XY} + \delta_1\boldsymbol{\Lambda}^{-1}\boldsymbol{\mu} + \delta_2\boldsymbol{\Lambda}^{-1}\mathbf{1} \tag{3-8}$$

将 (3-8) 代入 (3-6) 后两式得

$$r_p = \boldsymbol{\mu}'\boldsymbol{\Lambda}^{-1}\boldsymbol{e}_{XY} + \delta_1\boldsymbol{\mu}'\boldsymbol{\Lambda}^{-1}\boldsymbol{\mu} + \delta_2\boldsymbol{\mu}'\boldsymbol{\Lambda}^{-1}\mathbf{1} = d_1 + \delta_1 a + \delta_2 b \tag{3-9a}$$

$$1 = \mathbf{1}'\boldsymbol{\Lambda}^{-1}\boldsymbol{e}_{XY} + \delta_1\mathbf{1}'\boldsymbol{\Lambda}^{-1}\boldsymbol{\mu} + \delta_2\mathbf{1}'\boldsymbol{\Lambda}^{-1}\mathbf{1} = d_2 + \delta_1 b + \delta_2 c \tag{3-9b}$$

其中，记

$$a = \boldsymbol{\mu}'\boldsymbol{\Lambda}^{-1}\boldsymbol{\mu}, \quad b = \mathbf{1}'\boldsymbol{\Lambda}^{-1}\boldsymbol{\mu} = \boldsymbol{\mu}'\boldsymbol{\Lambda}^{-1}\mathbf{1}, \quad c = \mathbf{1}'\boldsymbol{\Lambda}^{-1}\mathbf{1} \tag{3-10a}$$

$$d_1 = \boldsymbol{\mu}'\boldsymbol{\Lambda}^{-1}\boldsymbol{e}_{XY}, \quad d_2 = \mathbf{1}'\boldsymbol{\Lambda}^{-1}\boldsymbol{e}_{XY} \tag{3-10b}$$

并记

$$\Delta = ac - b^2 \tag{3-11}$$

由于 $\boldsymbol{\Lambda}$ 正定，从而 $\boldsymbol{\Lambda}^{-1}$ 也正定，易知 $a > 0, c > 0$，由于已知 $\boldsymbol{\Lambda}$ 非退化及 $\boldsymbol{\mu} \neq k\mathbf{1}$，用 Cauchy-Schwarz 不等式可以证明 $\Delta \geqslant 0$，以下分别讨论两种情况．

情形一： 当 $\Delta > 0$ 时，方程组 (3-9a) 和 (3-9b) 有解，解后得

$$\begin{aligned}\delta_1 &= \frac{c(r_p - d_1) - b(1 - d_2)}{\Delta} \\ \delta_2 &= \frac{a(1 - d_2) - b(r_p - d_1)}{\Delta}\end{aligned} \tag{3-12}$$

将 (3-12) 代入 (3-8) 即可得到最优指数跟踪组合为

$$\begin{aligned}\boldsymbol{w}^* &= \boldsymbol{\Lambda}^{-1}\boldsymbol{e}_{XY} + \delta_1\boldsymbol{\Lambda}^{-1}\boldsymbol{\mu} + \delta_2\boldsymbol{\Lambda}^{-1}\mathbf{1} \\ &= \boldsymbol{\Lambda}^{-1}\boldsymbol{e}_{XY} + \frac{c(r_p - d_1) - b(1 - d_2)}{\Delta}\boldsymbol{\Lambda}^{-1}\boldsymbol{\mu} + \frac{a(1 - d_2) - b(r_p - d_1)}{\Delta}\boldsymbol{\Lambda}^{-1}\mathbf{1}\end{aligned}$$
$$\tag{3-13}$$

将 (3-13) 代入 (3-4) 即可得到最优跟踪误差为

$$\begin{aligned}\varepsilon^* &= E|\boldsymbol{w}^{*'}\boldsymbol{X} - Y|^2 \\ &= \boldsymbol{w}^{*'}\boldsymbol{\Lambda}\boldsymbol{w}^* - 2\boldsymbol{w}^{*'}\boldsymbol{e}_{XY} + E(Y^2) \\ &= \left(\boldsymbol{e}'_{XY}\boldsymbol{\Lambda}^{-1} + \delta_1\boldsymbol{\mu}'\boldsymbol{\Lambda}^{-1} + \delta_2\mathbf{1}'\boldsymbol{\Lambda}^{-1}\right)\boldsymbol{\Lambda}\left(\boldsymbol{\Lambda}^{-1}\boldsymbol{e}_{XY} + \delta_1\boldsymbol{\Lambda}^{-1}\boldsymbol{\mu} + \delta_2\boldsymbol{\Lambda}^{-1}\mathbf{1}\right) \\ &\quad - 2\left(\boldsymbol{e}'_{XY}\boldsymbol{\Lambda}^{-1} + \delta_1\boldsymbol{\mu}'\boldsymbol{\Lambda}^{-1} + \delta_2\mathbf{1}'\boldsymbol{\Lambda}^{-1}\right)\boldsymbol{e}_{XY} + E(Y^2)\end{aligned}$$

3.3 指数追踪模型

$$= a\delta_1^2 + 2b\delta_1\delta_2 + c\delta_2^2 - \boldsymbol{e}'_{XY}\boldsymbol{\Lambda}^{-1}\boldsymbol{e}_{XY} + E(Y^2)$$

$$\stackrel{(i)}{=} \frac{c}{\Delta}\left[r_p - \left(d_1 + \frac{b}{c}(1-d_2)\right)\right]^2 + \frac{1}{c}(1-d_2)^2 - \boldsymbol{e}'_{XY}\boldsymbol{\Lambda}^{-1}\boldsymbol{e}_{XY} + E(Y^2)$$

$$= \frac{c}{\Delta}(r_p - r_0)^2 + \varepsilon_0 \tag{3-14}$$

其中 $\stackrel{(i)}{=}$ 是将 (3-12) 式代入上一式所得, 最后式中的

$$r_0 = d_1 + \frac{b}{c}(1-d_2)$$

$$\varepsilon_0 = \frac{1}{c}(1-d_2)^2 - \boldsymbol{e}'_{XY}\boldsymbol{\Lambda}^{-1}\boldsymbol{e}_{XY} + E(Y^2)$$

在均方误差–均值坐标系 (即 ε-r_p 坐标系) 下, 它是抛物线, 其顶点坐标为 (ε_0, r_0), 如图 3.3.1 所示.

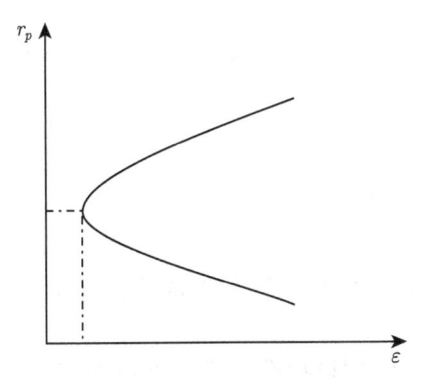

图 3.3.1　均方误差–均值坐标系下收益–误差曲线图

情形二: 当 $\Delta = 0$ 时, 则由方程组 (3-9a) 和 (3-9b) 可得 $r_p = r_0, \varepsilon^* = \varepsilon_0$. 现在我们将 (3-13) 式中三个向量归一化得

$$\boldsymbol{w}^* = \frac{\mathbf{1}'\boldsymbol{\Lambda}^{-1}\boldsymbol{e}_{XY}}{\mathbf{1}'\boldsymbol{\Lambda}^{-1}\boldsymbol{e}_{XY}}\boldsymbol{\Lambda}^{-1}\boldsymbol{e}_{XY} + \frac{c(r_p - d_1) - b(1-d_2)}{\Delta}\cdot\frac{\mathbf{1}'\boldsymbol{\Lambda}^{-1}\boldsymbol{\mu}}{\mathbf{1}'\boldsymbol{\Lambda}^{-1}\boldsymbol{\mu}}\boldsymbol{\Lambda}^{-1}\boldsymbol{\mu}$$

$$+ \frac{a(1-d_2) - b(r_p - d_1)}{\Delta}\cdot\frac{\mathbf{1}'\boldsymbol{\Lambda}^{-1}\mathbf{1}}{\mathbf{1}'\boldsymbol{\Lambda}^{-1}\mathbf{1}}\boldsymbol{\Lambda}^{-1}\mathbf{1}$$

$$= d_2\frac{\boldsymbol{\Lambda}^{-1}\boldsymbol{e}_{XY}}{\mathbf{1}'\boldsymbol{\Lambda}^{-1}\boldsymbol{e}_{XY}} + \frac{bc(r_p - d_1) - b^2(1-d_2)}{\Delta}\frac{\boldsymbol{\Lambda}^{-1}\boldsymbol{\mu}}{\mathbf{1}'\boldsymbol{\Lambda}^{-1}\boldsymbol{\mu}}$$

$$+ \frac{ac(1-d_2) - bc(r_p - d_1)}{\Delta}\cdot\frac{\boldsymbol{\Lambda}^{-1}\mathbf{1}}{\mathbf{1}'\boldsymbol{\Lambda}^{-1}\mathbf{1}} \tag{3-15}$$

易见 $\dfrac{\boldsymbol{\Lambda}^{-1}\boldsymbol{e}_{XY}}{\mathbf{1}'\boldsymbol{\Lambda}^{-1}\boldsymbol{e}_{XY}}, \dfrac{\boldsymbol{\Lambda}^{-1}\boldsymbol{\mu}}{\mathbf{1}'\boldsymbol{\Lambda}^{-1}\boldsymbol{\mu}}$ 和 $\dfrac{\boldsymbol{\Lambda}^{-1}\mathbf{1}}{\mathbf{1}'\boldsymbol{\Lambda}^{-1}\mathbf{1}}$ 都是投资组合 (因为分量和为 1, 我们称它们为基金), (3-15) 式三个系数和为 1, 即

$$d_2 + \frac{bc(r_p - d_1) - b^2(1 - d_2)}{\Delta} + \frac{ac(1 - d_2) - bc(r_p - d_1)}{\Delta} = 1 \tag{3-16}$$

这意味着最优追踪组合可以表示为三个基金的凸组合, 我们称 (3-15) 式为三基金定理.

3.3.2 双指数追踪模型

在模型 (I) 中我们只考虑了追踪一个指数的情形, 实务中, 追踪模型跟踪的是一个股票指数与债券指数的复合. 将股票指数、国债指数的收益率看作随机变量, 分别记为 U, V, 记 $Y = \eta U + (1 - \eta)V$ $(0 \leqslant \eta \leqslant 1)$ 为它们的综合指数收益率. 这样得到模型 (II):

$$\underset{\boldsymbol{w}}{\text{Minimize}} \quad \frac{1}{2} E \left| \boldsymbol{w}'\boldsymbol{X} - (\eta U + (1-\eta)V) \right|^2 = \underset{\boldsymbol{w}}{\text{Minimize}} \frac{1}{2} E \left| \boldsymbol{w}'\boldsymbol{X} - Y \right|^2 \tag{3-17}$$

$$\text{s.t.} \quad E(\boldsymbol{w}'\boldsymbol{X}) = \boldsymbol{w}'\boldsymbol{\mu} \geqslant r_p \tag{3-18a}$$

$$\sum_{i=1}^{N} w_i = \boldsymbol{w}'\mathbf{1} = 1 \tag{3-18b}$$

将 $Y = \eta U + (1-\eta)V$ 看作通过 U, V 组合成的新指数, 就是模型 (I), 在实务中更有用处一些.

现在市场上很多指数, 假设我们跟踪 n 个指数 $\boldsymbol{L} = (L_1, L_2, \cdots, L_n)'$, 权重为 $\boldsymbol{h} = (h_1, h_2, \cdots, h_n)'$, 那么这 n 个指数的复合指数为 $Y = \boldsymbol{h}'\boldsymbol{L}$, 我们得到模型 (III):

$$\underset{\boldsymbol{w}}{\text{Minimize}} \quad \frac{1}{2} E \left| \boldsymbol{w}'\boldsymbol{X} - \boldsymbol{h}'\boldsymbol{L} \right|^2 = \underset{\boldsymbol{w}}{\text{Minimize}} \frac{1}{2} E \left| \boldsymbol{w}'\boldsymbol{X} - Y \right|^2 \tag{3-19}$$

$$\text{s.t.} \quad E(\boldsymbol{w}'\boldsymbol{X}) = \boldsymbol{w}'\boldsymbol{\mu} \geqslant r_p$$

$$\sum_{i=1}^{N} w_i = \boldsymbol{w}'\mathbf{1} = 1$$

3.3.3 不允许卖空的指数跟踪模型

3.1 节我们研究了保证一定收益前提下的指数跟踪模型, 并且得到了解析解. 在此基础上, 我们考虑不允许卖空时的指数跟踪模型, 即增加限制条件 $w_i \geqslant 0$, 得

到新的模型 (IV):

$$\underset{\boldsymbol{w}}{\text{Minimize}} \quad E|\boldsymbol{w}'\boldsymbol{X} - Y|^2 \tag{3-20}$$

$$\text{s.t.} \quad E(\boldsymbol{w}'\boldsymbol{X}) = \boldsymbol{w}'\boldsymbol{\mu} \geqslant r_p$$

$$\sum_{i=1}^{N} w_i = \boldsymbol{w}'\boldsymbol{1} = 1$$

$$w_i \geqslant 0$$

3.3.4 指数跟踪模型的计算

在实际计算时常常用样本均方差代替随机变量的均方差，用样本均值代替随机变量的均值，即 $\boldsymbol{\mu} = \left(\dfrac{1}{T}\sum\limits_{t=1}^{T}X_{1t}, \dfrac{1}{T}\sum\limits_{t=1}^{T}X_{2t}, \cdots, \dfrac{1}{T}\sum\limits_{t=1}^{T}X_{Nt}\right)'$，记 $\boldsymbol{X}_t = (X_{1t}, X_{2t}, \cdots, X_{Nt})'$，表示这 N 只股票的日收益率向量，Y_t 表示目标指数在第 t 天的收益率，于是资产组合在第 t 天的收益率为 $\boldsymbol{X}_t'\boldsymbol{w}$，与目标指数的日收益率之差为 $\boldsymbol{X}_t'\boldsymbol{\omega} - Y_t$。在卖空约束 $\boldsymbol{w} \geqslant \boldsymbol{0}$ 下，建立动态最优化模型 (V) 如下

$$\underset{\boldsymbol{w}}{\text{Minimize}} \quad f(\boldsymbol{w}) = \dfrac{1}{T}\sum_{t=1}^{T}(\boldsymbol{X}_t'\boldsymbol{w} - Y_t)^2 \tag{3-21}$$

$$\text{s.t.} \quad \boldsymbol{w}'\boldsymbol{\mu} = \boldsymbol{w}'\left(\dfrac{1}{T}\sum_{t=1}^{T}X_{1t}, \dfrac{1}{T}\sum_{t=1}^{T}X_{2t}, \cdots, \dfrac{1}{T}\sum_{t=1}^{T}X_{Nt}\right)' \geqslant r_p \tag{3-22}$$

$$\sum_{i=1}^{N} w_i = \boldsymbol{w}'\boldsymbol{1} = 1$$

$$w_i \geqslant 0$$

其中

$$\begin{aligned}
f(w) &= \dfrac{1}{T}\sum_{t=1}^{T}(\boldsymbol{X}_t'\boldsymbol{w} - Y_t)^2 \\
&= \boldsymbol{w}'\left(\dfrac{1}{T}\sum_{t=1}^{T}\boldsymbol{X}_t\boldsymbol{X}_t'\right)\boldsymbol{w} - \left(\dfrac{1}{T}\sum_{t=1}^{T}2Y_t\boldsymbol{X}_t'\right)\boldsymbol{w} + \left(\dfrac{1}{T}\sum_{t=1}^{T}Y_t^2\right) \\
&= \boldsymbol{w}'\boldsymbol{Q}\boldsymbol{w} - \boldsymbol{b}'\boldsymbol{w} + c
\end{aligned}$$

其中

$$Q = \frac{1}{T}\sum_{t=1}^{T} X_t X_t'$$

$$b = \frac{1}{T}\sum_{t=1}^{T} 2Y_t' X_t, \quad c = \frac{1}{T}\sum_{t=1}^{T} Y_t^2$$

如果考虑交易成本,持有投资组合市值加上仓位调整成本等于初始资金规模:

$$\sum_{i=1}^{N} p_i q_i + \gamma \sum_{i=1}^{N} p_i |q_i - \bar{q}_i| = V \tag{3-23}$$

其中 p_i 表示第 $T+1$ 时刻第 i 只股票的收盘价; q_i 表示第 $T+1$ 时刻第 i 只股票的持有数量; $\bar{q}_i$ 表示投资组合调整以前第 i 只股票的持有数量, 在初始建仓时 $\bar{q}_i = 0$; V 表示资金规模; γ 为交易费的综合比例, 本书取值为 0.003. 关于最小交易量, 我国股票市场允许的最小交易量为 100 股 (1 手), 因此需要对计算得出的个股买卖数量进行取整, 或者也可以在模型中加入整数约束条件. 实际中, 取整所带来的现金误差很小 (在百万分之三左右), 可以忽略不计, 因此我们采取了事后取整的方法.

附注 3.1 交易费用包括佣金、印花税和其他交易费等, 其中佣金和印花税占主要部分, 当前印花税率 (单边) 为万分之五, 佣金一般不超过 3‰, 因此, 本书 γ 取值为 0.003.

基于以上分析, 为了方便实证分析, 得到如下模型 (VI):

$$\underset{w}{\text{Minimize}} \quad f(w) = w'Qw - b'w + c \tag{3-24}$$

$$\text{s.t.} \quad E(w'X) = w'\mu \geqslant r_p$$

$$\sum_{i=1}^{N} w_i = w'\mathbf{1} = 1$$

$$w_i \geqslant 0$$

$$\sum_{i=1}^{N} p_i q_i + \gamma \sum_{i=1}^{N} p_i |q_i - \bar{q}_i| = V$$

值得注意的是, 在初次建仓时 $\bar{q}_i = 0$, (3-23) 变为 $\sum_{i=1}^{N} p_i q_i = \dfrac{V}{1+\gamma}$, 又 $w_i = \dfrac{p_i q_i}{\sum_{i=1}^{N} p_i q_i}$, 所以

$$q_i = \frac{w_i \dfrac{V}{1+\gamma}}{p_i} \tag{3-25}$$

这个公式用于事后求解具体个股数量.

3.4 实证分析

现对前文的单指数及多指数跟踪模型进行实证分析，其中单指数跟踪问题基于上证 50 指数，多指数跟踪问题基于上证 50 指数和国债指数进行．本书数据来源于国泰君安数据库．目标指数为上证 50 指数以及国债指数日收益率数据，其时间跨度为 2019 年 1 月 1 日至 2020 年 12 月 31 日．

由于上证 50 指数调整较频繁，而且新调入指数的一些股票缺乏历史交易数据，我们选用其成分股作为备选的跟踪股票，且各股票的续存期超过 2 年．我们用大权重法选取 10 只股票构成跟踪组合，其中在此期间停盘时间过长的股票被剔除，见表 3.4.1. 用 2019 年 1 月 1 日至 2020 年 10 月 31 日的数据确定最初的投资组合权重 w, 后用 2020 年 11 月、12 月的数据进行验证.

表 3.4.1 所选股票列表

序号	公司简称	股票代码	所属行业	权重
1	中国石化	600028	能源	6.44
2	中信证券	600030	金融	6.86
3	招商银行	600036	金融	7.20
4	中国联通	600050	电信	3.11
5	贵州茅台	600519	消费	2.83
6	大秦铁路	601006	工业	2.19
7	中国平安	601318	金融	7.31
8	交通银行	601328	金融	3.40
9	工商银行	601398	金融	2.89
10	中国石油	601857	能源	2.44

3.4.1 单指数跟踪实证分析

针对单指数跟踪，首先，选取上证 50 指数 L_1 作为目标指数.

其次，计算表 3.4.1 中 10 只股票的收益率和波动率，得收益率为

$$\boldsymbol{\mu} = (-0.0055, 0.0227, 0.0199, -0.0052, 0.0963,$$
$$-0.011, 0.1444, -0.0063, 0.0254, -0.0023)$$

由上可见收益率多数在 -0.01 与 0.09 之间，因此本书设置 0.02, 0.03, 0.05, 0.07, 0.09 五个投资组合收益率约束. 分别基于无卖空约束优化模型 (I) 和有卖空约束优化模型 (IV) 进行单指数跟踪投资策略分析，结果见表 3.4.3 和表 3.4.2.

表 3.4.2 有卖空约束下单指数跟踪建仓问题优化结果 (问题 Z_1)

r_p 序号	0.02 w_i	0.02 q_i	0.03 w_i	0.03 q_i	0.05 w_i	0.05 q_i	0.07 w_i	0.07 q_i	0.09 w_i	0.09 q_i
1	0.0159	2200	0.0082	1100	0.0001	0	0.0001	0	0.0001	0
2	0.1690	7400	0.1910	8300	0.2350	10300	0.2730	11900	0.3113	13600
3	0.0068	300	0.0105	500	0.0101	500	0.0016	0	0.0001	0
4	0.0233	5900	0.0126	3100	0.0001	0	0.0001	0	0.0001	0
5	0.1180	0	0.1420	0	0.1830	0	0.2250	100	0.2711	100
6	0.1290	30300	0.0930	21900	0.0070	1600	0.0001	0	0.0001	0
7	0.0489	200	0.0969	400	0.1930	800	0.2950	1300	0.3935	1700
8	0.0779	20500	0.0668	17600	0.0400	10500	0.0001	0	0.0001	0
9	0.0256	500	0.0090	100	0.0001	0	0.0001	0	0.0001	0
10	0.3860	126000	0.3700	120800	0.3310	108100	0.2060	67300	0.0238	7700

建仓时资金规模及均方误差

r_p	0.02	0.03	0.05	0.07	0.09
V	870478	839511	797876	969853	915727
$f(w)$	0.0097	0.0103	0.0125	0.0161	0.0213

表 3.4.3 无卖空约束下单指数跟踪建仓问题优化结果 (问题 Z_2)

r_p 序号	0.02 w_i	0.02 q_i	0.03 w_i	0.03 q_i	0.05 w_i	0.05 q_i	0.07 w_i	0.07 q_i	0.09 w_i	0.09 q_i
1	0.0159	2200	0.0081	1100	−0.0074	−1000	−0.0231	−3200	−0.0387	−5300
2	0.1690	7400	0.1910	8300	0.2360	10300	0.2800	12200	0.3242	14200
3	0.0068	300	0.0105	500	0.0178	800	0.0250	1200	0.0323	1600
4	0.0233	5900	0.0126	3100	−0.0090	−2200	−0.0306	−7700	−0.0521	−13200
5	0.1180	0	0.1420	0	0.1900	0	0.2370	100	0.2850	100
6	0.1287	30330	0.0931	21900	0.0217	5100	−0.0497	−11700	−0.1211	−28500
7	0.0488	200	0.0969	400	0.1930	800	0.2890	1200	0.3851	1700
8	0.0778	20500	0.0669	17600	0.0449	11800	0.0228	6000	−0.0008	200
9	0.0256	500	0.0090	100	−0.0241	−500	−0.0573	−1200	−0.0904	−1900
10	0.3856	126000	0.3700	120800	0.3380	110500	0.3070	100100	0.2748	89800

建仓时资金规模及均方误差

r_p	0.02	0.03	0.05	0.07	0.09
V	870478	839511	791679	942011	913032
$f(W)$	0.0097	0.0103	0.0124	0.0157	0.0203

由表 3.4.2 和表 3.4.3 发现: 随着收益率目标的提高, 投资组合的跟踪误差也在变大. 在无卖空约束下, 最优优化策略偏向于卖出低风险股票, 买入高风险股票.

随着 r_p 的变化, 画出跟踪误差–收益率曲线图 (图 3.4.1) 它是抛物线的一部分, 无卖空约束曲线在有卖空约束曲线的上方, 跟踪误差相同的情况下, 前者资产组合能通过卖空机制, 卖空更多的高收益股票, 获得更高的收益.

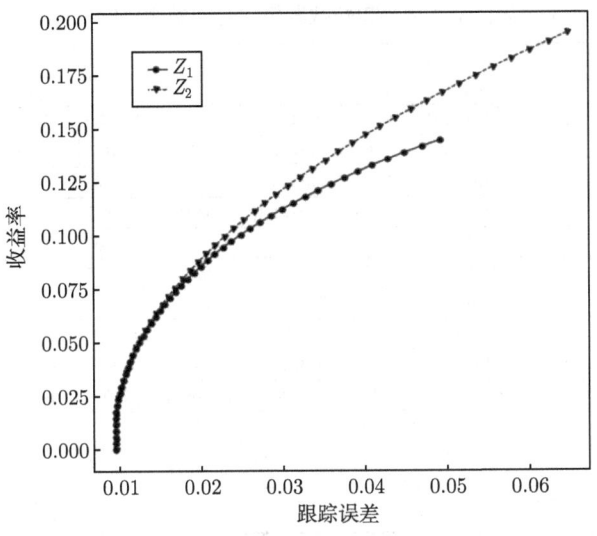

图 3.4.1 单指数跟踪误差–收益率曲线图

3.4.2 多指数跟踪实证分析

指数跟踪问题可以根据实际情况选择多个指数进行跟踪. 这里我们选取上证 50 指数 L_1 和国债指数 L_2, 构建跟踪指数 $Y_2 = \eta L_1 + (1-\eta)L_2$, η 的权重反映了投资者的风险态度. 由于上证 50 指数 L_1 相较于国债指数 L_2 的收益率更高, 风险也更大, 因此 η 的系数越小, 则投资者对风险越厌恶. 这里, 首先 η 设置为 0.8, 即 $Y_2 = 0.8L_1 + 0.2L_2$.

分别基于优化模型 (3-17) 和 (3-19), 进行多指数跟踪投资策略分析, 结果见表 3.4.4 和表 3.4.5.

表 3.4.4 有卖空约束下单指数跟踪建仓问题优化结果 (问题 Z_3)

r_p 序号	0.02 w_i	q_i	0.03 w_i	q_i	0.05 w_i	q_i	0.07 w_i	q_i	0.09 w_i	q_i
1	0.0001	0	0.0001	0	0.0001	0	0.0001	0	0.0001	0
2	0.2080	9100	0.2320	10100	0.2780	12200	0.3170	13900	0.3398	14900
3	0.0001	0	0.0001	0	0.0001	0	0.0001	0	0.0001	0
4	0.0027	600	0.0001	0	0.0001	0	0.0001	0	0.0001	0
5	0.1220	0	0.1440	0	0.1840	0	0.2290	100	0.2719	100
6	0.1430	33700	0.1010	23700	0.0040	900	0.0001	0	0.0001	0
7	0.0423	100	0.0909	400	0.1860	800	0.2850	1200	0.3881	1700
8	0.0614	16200	0.0459	12100	0.0122	3200	0.0001	0	0.0001	0
9	0.0132	200	0.0002	0	0.0001	0	0.0001	0	0.0001	0
10	0.4065	132900	0.3860	126000	0.3360	109700	0.1700	55400	0.0001	0
建仓时资金规模及均方误差										
r_p	0.02		0.03		0.05		0.07		0.09	
V	849502		848502		805524		956692		921752	
$f(w)$	0.0103		0.0110		0.0133		0.0172		0.0225	

表 3.4.5　无卖空约束下单指数跟踪建仓问题优化结果 (问题 Z_4)

r_p 序号	0.02 w_i	0.02 q_i	0.03 w_i	0.03 q_i	0.05 w_i	0.05 q_i	0.07 w_i	0.07 q_i	0.09 w_i	0.09 q_i
1	−0.0164	−2200	−0.0242	−3300	−0.0398	−5500	−0.0554	−7700	−0.0710	−9800
2	0.2072	9100	0.2290	10000	0.2740	12000	0.3180	13900	0.3623	15900
3	−0.0045	−200	−0.0008	0	0.0064	300	0.0137	600	0.0210	1000
4	0.0042	1000	−0.0066	−1600	−0.0282	−7100	−0.0497	−12600	−0.0713	−18000
5	0.1221	0	0.1460	0	0.1940	0	0.2410	100	0.2891	100
6	0.1468	34600	0.1110	26100	0.0397	9300	−0.0317	−7400	−0.1031	−24200
7	0.0430	100	0.0911	400	0.1870	800	0.2830	1200	0.3794	1600
8	0.0660	17400	0.0550	14500	0.0330	8700	0.0110	2900	−0.0110	−2900
9	0.0150	300	−0.0016	0	−0.0348	−700	−0.068	−1400	−0.1011	−2100
10	0.4165	136100	0.4010	130900	0.3690	120600	0.3370	110200	0.3057	99900

建仓时资金规模及均方误差

r_p	0.02	0.03	0.05	0.07	0.09
V	854130	850461	796458	945305	894385
$f(w)$	0.0103	0.0109	0.0131	0.0165	0.0240

由分析表 3.4.4 和表 3.4.5 可以发现: 与单指数跟踪类似, 随着组合收益率约束的提高, 跟踪误差也相应增加; 收益率约束较大时, 具有高 (低) 收益的跟踪股票的权重逐渐增大 (减少). 特别当不存在卖空约束时, 在增大高收益率股票的权重同时卖空低收益率股票.

多指数跟踪误差-收益率曲线, 见图 3.4.2, 曲线变动趋势与单指数跟踪情形类似.

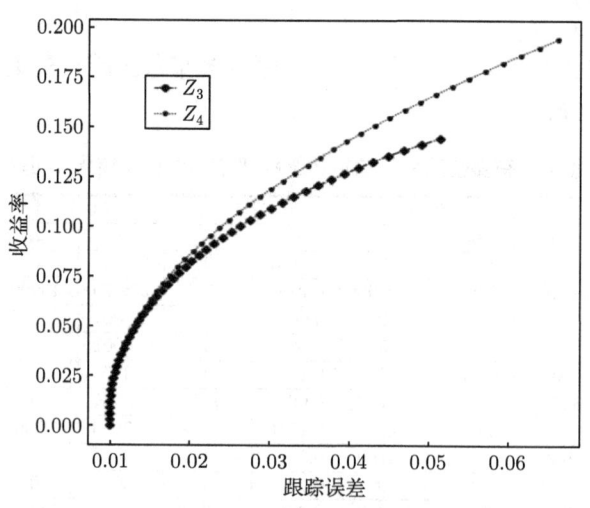

图 3.4.2　多指数跟踪误差-收益率曲线图

进一步, 令 $\eta = 0.5$ 及 $\eta = 0.2$, 分别构建新的跟踪指数 $Y_3 = 0.5L_1 + 0.5L_2$ 和 $Y_4 = 0.2L_1 + 0.8L_2$, 求解相对应多指数跟踪优化结果, 绘制跟踪误差-收益率图像,

3.4 实证分析

见图 3.4.3. 在同等收益下, 随着 η 的逐渐减小, 上证 50 指数 L_1 的权重减小 (国债指数 L_2 权重增加), 所对应的最优投资策略的跟踪误差随之变大. 这说明: 相对来说, 上证 50 指数的跟踪效果较好.

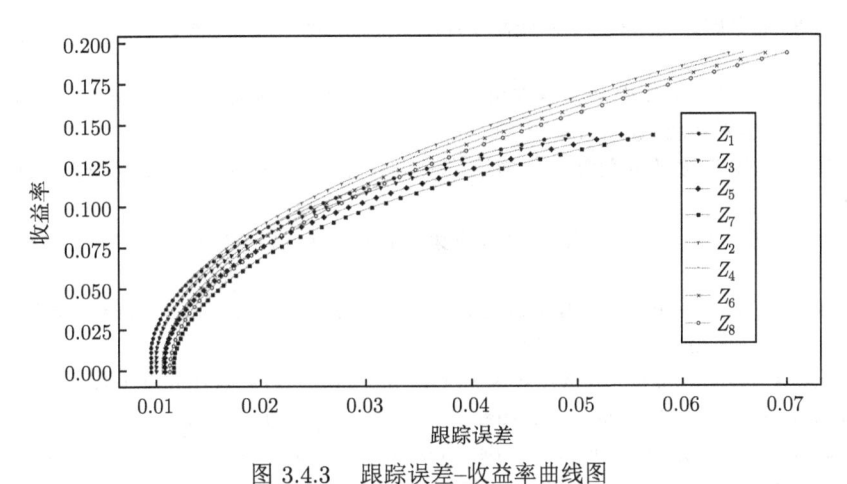

图 3.4.3 跟踪误差–收益率曲线图

Z_1, Z_3, Z_5, Z_7 分别为 $\eta = 1, 0.8, 0.5, 0.2$ 下有卖空约束模型; Z_2, Z_4, Z_6, Z_8 分别为 $\eta = 1, 0.8, 0.5, 0.2$ 下无卖空约束模型

3.4.3 数据验证

现在用 2022 年 11 月、12 月的数据, 验证单指数跟踪 (问题 Z_1 和问题 Z_2) 和多指数跟踪 (问题 Z_3 和问题 Z_4) 的跟踪组合 w, 我们将实际收益率 R 和实际跟踪误差 $f(w)$ 对其样本外表现进行评价, 见表 3.4.6.

表 3.4.6 基于验证集的跟踪组合收益率和误差

问题	r_p	0.02	0.03	0.05	0.07	0.09
单指数跟踪问题Z_1	R	0.051	0.057	0.071	0.086	0.110
	$f(w)$	0.0073	0.0075	0.0085	0.0106	0.0137
单指数跟踪问题Z_2	R	0.051	0.057	0.071	0.084	0.097
	$f(w)$	0.0073	0.0075	0.0086	0.0106	0.0135
多指数跟踪问题Z_3	R	0.046	0.052	0.065	0.086	0.110
	$f(w)$	0.0072	0.0075	0.0086	0.0108	0.0138
多指数跟踪问题Z_4	R	0.045	0.052	0.065	0.079	0.092
	$f(w)$	0.0072	0.0074	0.0085	0.0106	0.0136

可以发现, 验证集收益率皆高于收益率约束的阈值, 且拥有更小的跟踪误差, 说明模型和计算方法在实际应用中的误差在可接受的范围内.

参 考 文 献

[1] 倪苏云, 吴冲锋. 跟踪误差最小化线性规划模型 [J]. 系统工程理论方法应用, 2001, 10(3): 198-201.
[2] 劳剑勇. 指数跟踪问题的广义双线性规划模型 [J]. 应用数学和计算数学学报, 2004, 18(1): 85-91.
[3] 刘伯清, 朱正佑, 秦成林, 等. 具有非常数回报率的证券指数跟踪问题的简单脉冲控制 [J]. 上海大学学报, 2002, 8(1): 68-72.
[4] 陈春锋, 陈伟忠. 指数优化复制的方法、模型与实证 [J]. 数量经济技术经济研究, 2004(12): 106-115.
[5] 姜凤薇. 基于信息熵理论的指数化投资策略研究 [D]. 上海对外经贸大学硕士学位论文, 2021.
[6] Alexander C, Dimitriu A. Indexing and statistical arbitrage [J]. Journal of Portfolio Management, 2004, 31(2): 50-63.
[7] Alexei A, Gaivoronski S K, Wijst N V. Optimal portfolio selection and dynamic benchmark tracking [J]. European Journal of OR, 2005, 163: 115-131.
[8] Bamberg G, Wagner N. Equity index replication with standard and robust regression estimators[J]. OR Spektrum, 2000: 525-543.
[9] Beasley J E, Meade N, Chang T J. An evolutionary heuristic for the index tracking problem [J]. European Journal of Operational Research, 2003, 148(3): 621-643.
[10] Roll R. A mean/variance analysis of tracking error[J]. Journal of Portfolio Management, 1992, 18(4): 13-22.
[11] Rudolf M, Wolter H-J, Zimmermann H. A linear model for tracking error minimization [J]. Journal of Banking & Finance, 1999, 23: 85-103.

第 4 章 方差--协方差矩阵奇异情况下的最优资产组合

马科维茨均值--方差资产组合模型需要对协方差矩阵求逆, 因此假设资产收益的方差--协方差矩阵是非奇异 (满秩) 的, 但实际市场却不一定满足此条件, 比如当有基金时, 基金本身就是股票的组合, 则此时方差--协方差矩阵可能为奇异 (降秩) 的. 此外在利用市场实际数据估计协方差矩阵时, 当资产数大于样本数时, 所得协方差矩阵的估计是奇异的. 于是, 原来的求解方法 (矩阵求逆) 不再适用. 为解决这个问题, Buser[9] 遵循了两基金定理的思路, 技术性地构造了两个新的基金使得两基金定理仍成立, 文献 [1] 和 [6] 也都研究过这个问题. 本章将详细讨论奇异方差--协方差矩阵的情形, 4.1 节介绍 Buser 的方法, 4.2 节利用正交变换将协方差矩阵对角化[4], 进而求解均值--方差模型, 得到了解析解及两基金分离定理. 4.3 节讨论市场上存在基金的情形, 从有一个基金到多个基金[7,8], 也得到了解析解及两基金分离定理. 4.2 节和 4.3 节依然沿用拉格朗日乘子法, 因此更容易理解, 以上讨论弥补了马科维茨均值--方差模型的一个缺憾. 当然还可以用文献 [3] 和 [6] 的广义逆矩阵的方法来求解, 我们把它留给读者, 关于广义逆矩阵的理论和应用可参阅文献 [5].

4.1 Buser 方法

本节介绍协方差矩阵是降秩时的 Buser 方法[9], 他借鉴了协方差矩阵是满秩时的两基金分离定理, 用构造性方法巧妙地构造出了两个基金, 使得在协方差矩阵是降秩时两基金分离定理仍然成立.

回忆标准的均值--方差资产组合问题 (I)

$$\text{Minimize} \quad \frac{1}{2}\sigma_p^2 = \frac{1}{2}\boldsymbol{w}'\boldsymbol{\Sigma}\boldsymbol{w} \tag{1-1a}$$

$$\text{s.t.} \quad E(S) = \boldsymbol{w}'E(\boldsymbol{X}) = \boldsymbol{w}'\boldsymbol{\mu} \geqslant r_p \tag{1-1b}$$

$$\sum_{i=1}^{N} w_i = \boldsymbol{w}'\boldsymbol{1} = 1 \tag{1-1c}$$

用标准的拉格朗日乘子法求解该问题. 令

$$L \equiv \frac{1}{2}\boldsymbol{w}'\boldsymbol{\Sigma}\boldsymbol{w} + \delta_1\left(r_p - \boldsymbol{w}'\boldsymbol{\mu}\right) + \delta_2\left(1 - \boldsymbol{w}'\boldsymbol{1}\right) \tag{1-2}$$

其中 δ_1, δ_2 是待定系数. 最优解应满足的一阶条件为

$$\begin{cases} \dfrac{\partial L}{\partial \boldsymbol{w}} = \boldsymbol{\Sigma}\boldsymbol{w} - \delta_1\boldsymbol{\mu} - \delta_2\boldsymbol{1} = \boldsymbol{0} \\ \dfrac{\partial L}{\partial \delta_1} = r_p - \boldsymbol{w}'\boldsymbol{\mu} = 0 \\ \dfrac{\partial L}{\partial \delta_2} = 1 - \boldsymbol{1}'\boldsymbol{w} = 0 \end{cases} \tag{1-3}$$

由 (1-3) 中第一式得

$$\boldsymbol{\Sigma}\boldsymbol{w} = \delta_1\boldsymbol{\mu} + \delta_2\boldsymbol{1} \tag{1-4}$$

此时由假设 $\boldsymbol{\Sigma}$ 是退化即降秩的, 则对 (1-4) 式两边不能同乘 $\boldsymbol{\Sigma}^{-1}$ 得到最优解, 如何消去 δ_1, δ_2 呢? 回忆协方差矩阵是满秩时的两基金分离定理, 最优投资组合可以表示成一个全局方差最小组合和另一个组合的线性组合, 由此得到启发, Buser 先构造出全局最小方差组合, 然后再寻找另一个组合. 考虑以下求解全局最小方差投资组合问题 (II):

$$\text{Minimize} \quad \frac{1}{2}\sigma_p^2 = \frac{1}{2}\boldsymbol{w}'\boldsymbol{\Sigma}\boldsymbol{w} \tag{1-5a}$$

$$\text{s.t.} \quad \sum_{i=1}^{N} w_i = \boldsymbol{w}'\boldsymbol{1} = 1 \tag{1-5b}$$

设其最优解为 $\boldsymbol{w}_k$, 利用拉格朗日乘子法知由最优解应满足的一阶条件得

$$\boldsymbol{\Sigma}\boldsymbol{w}_k = \delta_k\boldsymbol{1} \tag{1-6}$$

其中 δ_k 是待定参数, 将 (1-6) 两边同时左乘 $\boldsymbol{w}_k'$ 得

$$\sigma_k^2 := \boldsymbol{w}_k'\boldsymbol{\Sigma}\boldsymbol{w}_k = \delta_k \tag{1-7}$$

即是全局最小方差, 结合 (1-6) 和 (1-7) 得

$$\boldsymbol{\Sigma}\boldsymbol{w}_k = \sigma_k^2\boldsymbol{1} \tag{1-8}$$

将 (1-4) 和 (1-6) 分别左乘 $\boldsymbol{w}_k'$ 和 $\boldsymbol{w}'$ 得

$$\boldsymbol{w}_k'\boldsymbol{\Sigma}\boldsymbol{w} = \delta_1\boldsymbol{w}_k'\boldsymbol{\mu} + \delta_2\boldsymbol{w}_k'\boldsymbol{1} = \delta_1\boldsymbol{w}_k'\boldsymbol{\mu} + \delta_2 \tag{1-9}$$

4.1 Buser 方法

$$w'\Sigma w_k = \delta_k w'\mathbf{1} = \sigma_k^2 \tag{1-10}$$

(1-9) 减去 (1-10) 得

$$\delta_2 = \sigma_k^2 - \delta_1 w'_k \mu := \sigma_k^2 - \delta_1 r_k \tag{1-11}$$

将 (1-11) 代入 (1-4) 得到

$$\begin{aligned}\Sigma w &= \delta_1 \mu + \left(\sigma_k^2 - \delta_1 r_k\right)\mathbf{1} \\ &= \sigma_k^2 \mathbf{1} + \delta_1\left(\mu - r_k \mathbf{1}\right)\end{aligned} \tag{1-12}$$

接着再消去 (1-12) 中的 δ_1，考虑以下的优化问题 (Ⅲ):

$$\text{Minimize} \quad \frac{1}{2}w'\Sigma w - w'\mu \tag{1-13a}$$

$$\text{s.t.} \quad \sum_{i=1}^{N} w_i = w'\mathbf{1} = 1 \tag{1-13b}$$

设其最优解为 w_G，利用拉格朗日乘子法，由最优解应满足的一阶条件得

$$\Sigma w_G - \mu = \eta_k \mathbf{1} \tag{1-14}$$

其中 η_k 是待定参数，将 (1-8) 两边左乘 w'_G 得

$$w'_G \Sigma w_k = \sigma_k^2 w'_G \mathbf{1} = \sigma_k^2 \tag{1-15}$$

将 (1-14) 左乘 w'_k 并整理得

$$w'_k \Sigma w_G = w'_k \mu + \eta_k w'_k \mathbf{1} = r_k + \eta_k \tag{1-16}$$

将 (1-15) 减去 (1-16) 得

$$\eta_k = \sigma_k^2 - r_k \tag{1-17}$$

将 (1-17) 代入 (1-14) 得

$$\Sigma w_G - \mu = \left(\sigma_k^2 - r_k\right)\mathbf{1} \tag{1-18}$$

将 (1-12) 两边左乘 w'_G 得

$$w_G'\Sigma w = \sigma_k^2 + \delta_1 w_G'\left(\mu - r_k\right)\mathbf{1} := \sigma_k^2 + \delta_1\left(r_G - r_k\right) \tag{1-19}$$

将 (1-18) 左乘 w' 得

$$w'\Sigma w_G - w'\mu = \sigma_k^2 - r_k \tag{1-20}$$

由 (1-19) 和 (1-20) 可解出 δ_1:

$$\delta_1 = \frac{w'\mu - r_k}{r_G - r_k} \tag{1-21}$$

(1-12) 左乘 w' 得

$$w'\Sigma w = \sigma_k^2 w'\mathbf{1} + \delta_1 w'(\mu - r_k\mathbf{1}) \tag{1-22}$$

将 (1-21) 代入 (1-22) 得

$$\sigma_{w^*}^2 := w'\Sigma w = \sigma_k^2 w'\mathbf{1} + \frac{w'\mu - r_k}{r_G - r_k} w'(\mu - r_k\mathbf{1}) = \sigma_k^2 + \frac{(r_p - r_k)^2}{r_G - r_k} \tag{1-23}$$

无论协方差矩阵是满秩还是降秩, (1-23) 均成立, 表示问题 (I) 的解的方差等于全局最小方差加上另外一项, 也即最优投资组合可以表示成全局最小方差投资组合和另一个投资组合的线性组合, 即两基金分离定理仍然成立.

式 (1-23) 还告诉我们最优解表示的有效前沿在 $(\sigma_{w^*}^2, r_p)$ 平面上是一条抛物线, 其最左边端点对应全局最小方差投资组合, 它的坐标为 (σ_k^2, r_k). 在 (σ_{w^*}, r_p) 平面上有效前沿是一条双曲线, 它的两条渐近线方程 (见图 4.1.1) 为

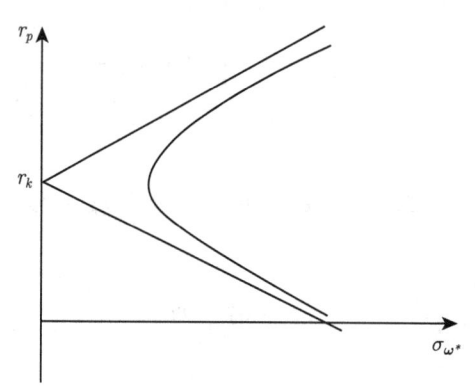

$$r_p = \pm\sqrt{r_G - r_k}\,\sigma_{w^*} + r_k \tag{1-24}$$

图 4.1.1 有效前沿双曲线和渐近线关系

4.2 协方差矩阵对角化方法

本节内容参考文献 [4, 7-9]. 当方差-协方差矩阵 Σ 奇异即半正定时, 设它的秩 $r < N$, 这时存在一正交矩阵 U, 使得 $U'\Sigma U$ 是一个对角矩阵 G, 不失一般性可设 $G = \text{diag}(g_1, g_2, \cdots, g_r, 0, \cdots, 0)$, g_i $(i = 1, \cdots, r)$ 是 Σ 的非零特征值, 矩

4.2 协方差矩阵对角化方法

阵 U 的第 i 列就是 Σ 的特征值 g_i 对应的特征向量, 记为 $u_i, i = 1, 2, \cdots, r$, 它们是互相线性独立的, 可以看作 r 个投资组合 (这里还没有归一化), 记它们各自的收益为 $S(u_i) = u_i' X, i = 1, 2, \cdots, r$, 显然这些随机变量是互不相关的, 并且后 $N - r$ 个组合 $u_i, i = r + 1, r + 2, \cdots, N$ 是无风险组合. 易证明任何无风险组合都可以表示成它们的线性组合, 它们张成一个 $N - r$ 维的线性子空间. 记

$$a_i = E[S(u_i)] = u_i' E(X) = u_i' \mu, \quad i = 1, 2, \cdots, N$$
$$b_i = u_i' \mathbf{1}, \quad i = 1, 2, \cdots, N$$

现考虑问题 (I)

$$\text{Minimize} \quad \frac{1}{2}\text{Var}(S) = \frac{1}{2}w'\Sigma w \qquad (2\text{-}1\text{a})$$

$$\text{s.t.} \quad E(S) = w'\mu \geqslant r_p \qquad (2\text{-}1\text{b})$$

$$\sum_{i=1}^{N} w_i = 1 \qquad (2\text{-}1\text{c})$$

为使问题 (I) 有解, 我们还需要无套利假设.

定义 2.1 **无套利** (no-arbitrage, 简记 NA) 称市场是无套利的, 如果不存在任何组合 w, 使得 $w'X_0 = 0$, 其中 X_0 表示 0 时刻的收益向量 (即它的总资产是零), 但投资市场后的收益 $S(w) = w'X \geqslant 0$, 且 $P(S(w) > 0) > 0$.

性质 2.2 在无套利假设下, 或者 $r = N - 1$, 或者当 $r < N - 1$ 时, 存在一个常数 $\lambda \geqslant -1$, 使得对 $j \geqslant r + 1$ 时有

$$\begin{cases} \dfrac{a_j}{b_j} = \lambda, & b_j \neq 0 \\ a_j = 0, & b_j = 0 \end{cases} \qquad (2\text{-}2)$$

证明 见文献 [2], 此略.

作变换 $v' = U^{-1}w$, 或等价地 $w = Uv' = \sum_{i=1}^{N} v_i u_i$, 其中 $v' = (v_1, v_2, \cdots, v_N)$ 为新的变量, 则问题 (I) 变成:

$$\text{Minimize} \quad \frac{1}{2}\text{Var}(S) = \frac{1}{2}w'\Sigma w = \frac{1}{2}v'U'\Sigma Uv = \frac{1}{2}v'Gv = \frac{1}{2}\sum_{i=1}^{r} v_i^2 g_i \quad (2\text{-}3\text{a})$$

$$\text{s.t.} \quad E(S) = w'\mu = v'U'\mu = \sum_{i=1}^{N} v_i a_i \geqslant r_p \qquad (2\text{-}3\text{b})$$

$$\sum_{i=1}^{N} w_i = \boldsymbol{v}'\boldsymbol{U}'\boldsymbol{I}\sum_{i=1}^{N} v_i b_i = 1 \qquad (2\text{-}3\text{c})$$

这相当于引入了 N 个新的基金, 其中前 r 个基金是风险基金, 对应的投资权重为 $v_1, v_2, \cdots, v_r$; 后 $N-r$ 个基金是无风险基金, 其对应的投资权重为 $v_{r+1}, v_{r+2}, \cdots, v_N$.

下面我们先利用 Lagrange 乘子法, 解出 v 的解析解, 设

$$L = \frac{1}{2}\sum_{i=1}^{r} v_i^2 g_i - \delta_1\left(\sum_{i=1}^{N} v_i a_i - r_p\right) - \delta_2\left(\sum_{i=1}^{N} v_i b_i - 1\right) \qquad (2\text{-}4)$$

令

$$\frac{\partial L}{\partial v_i} = g_i v_i - \delta_1 a_i - \delta_2 b_i = 0, \quad i = 1, 2, \cdots, r \qquad (2\text{-}5)$$

得

$$v_i^* = \delta_1 g_i^{-1} a_i + \delta_2 g_i^{-1} b_i, \quad i = 1, 2, \cdots, r \qquad (2\text{-}6)$$

然后令

$$\frac{\partial L}{\partial v_j} = 0, \quad j = r+1, r+2, \cdots, N \qquad (2\text{-}7)$$

得

$$\delta_1 a_j + \delta_2 b_j = 0, \quad j = r+1, r+2, \cdots, N \qquad (2\text{-}8)$$

利用无套利假设和性质 2.2, 从 (2-8) 得

$$\frac{\delta_2}{\delta_1} = -\lambda \qquad (2\text{-}9)$$

记 $A := \sum_{i=1}^{r} g_i^{-1} a_i^2, B := \sum_{i=1}^{r} g_i^{-1} a_i b_i, C := \sum_{i=1}^{N} g_i^{-1} b_i^2$, 则式 (2-3b) 和式 (2-3c) 可写成

$$\delta_1 A + \delta_2 B + \sum_{j=r+1}^{N} v_j a_j = r_p \qquad (2\text{-}10\text{a})$$

$$\delta_1 B + \delta_2 C + \sum_{j=r+1}^{N} v_j b_j = 1 \qquad (2\text{-}10\text{b})$$

由此两式可解出

$$\delta_1 = \frac{r_p - \lambda}{A - 2\lambda B + C\lambda^2}, \quad \delta_2 = \frac{\lambda r_p - \lambda^2}{A - 2\lambda B + C\lambda^2} \qquad (2\text{-}11)$$

4.2 协方差矩阵对角化方法

而 $v_{r+1}^*, v_{r+2}^*, \cdots, v_N^*$ 落在以下超平面上

$$\sum_{j=r+1}^{N} b_j v_i^* = 1 - \delta_1 B - \delta_2 C \tag{2-12}$$

根据 $\boldsymbol{w}^* = \boldsymbol{U}\boldsymbol{v}^*$, 可得原问题 (I) 的解为

$$\boldsymbol{w}^* = \boldsymbol{U}\boldsymbol{v}^* = \sum_{i=1}^{r} v_i^* \boldsymbol{u}_i + \sum_{j=r+1}^{N} v_j^* \boldsymbol{u}_j$$

$$= \eta_1 \boldsymbol{w}_1^* + \eta_2 \boldsymbol{w}_2^* \tag{2-13}$$

其中

$$\eta_1 = \boldsymbol{1}' \left(\sum_{i=1}^{r} v_i^* \boldsymbol{u}_i \right), \quad \eta_2 = \boldsymbol{1}' \left(\sum_{j=r+1}^{N} v_j^* \boldsymbol{u}_j \right)$$

$$\boldsymbol{w}_1^* = \frac{\sum_{i=1}^{r} v_i^* \boldsymbol{u}_i}{\boldsymbol{1}' \left(\sum_{i=1}^{r} v_i^* \boldsymbol{u}_i \right)}, \quad \boldsymbol{w}_2^* = \frac{\sum_{j=r+1}^{N} v_j^* \boldsymbol{u}_j}{\boldsymbol{1}' \left(\sum_{j=r+1}^{N} v_j^* \boldsymbol{u}_j \right)} \tag{2-14}$$

$\boldsymbol{w}_1^*$ 是风险资产组合, $\boldsymbol{w}_2^*$ 是无风险资产组合, 也可以看作两个基金, 表明最优组合是一个风险资产组合和另一个无风险资产的组合, 即两基金分离定理仍然成立. 再计算最优组合的风险 (即方差):

$$\sigma^2(\boldsymbol{w}^*) = \text{Var}(\boldsymbol{w}^{*\prime} \boldsymbol{X}) = \sum_{i=1}^{r} v_i^{*2} g_i$$

$$= \sum_{i=1}^{r} \left(\delta_1^2 g_i^{-1} \right) (a_i - \lambda b_i)^2 = \frac{(r_p - \lambda)^2}{A - 2B\lambda + C\lambda^2} \tag{2-15}$$

即 σ^2 是关于 r_p 的抛物线函数, 所以有效前沿曲线在 (σ^2, r_p) 平面上是抛物线, 右端点在纵轴上和协方差矩阵非奇异情形的比较见图 4.2.1 和图 4.2.2, 这是因为最小风险组合是无风险组合.

图 4.2.1　Σ 正定

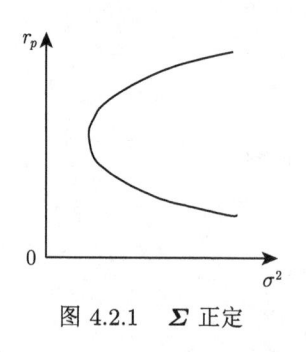

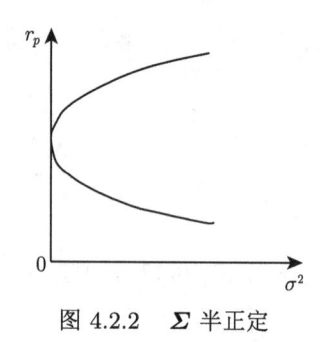

图 4.2.2　Σ 半正定

进一步阐述有效子集和套利的关系.

设 N 种风险资产的集合为 $G_N = \{1, 2, \cdots, N\}$, 称为资产全集, 又记可行组合全体为 $W_{(N)} = \{\boldsymbol{w} = (w_1, w_2, \cdots, w_N)' \in R^N \mid \boldsymbol{w}'\boldsymbol{1} = 1\}$, 又设 $G_k = \{1, 2, \cdots, k\}$ 为资产全集 G_N 的一个子集, 由 G_k 中的资产组成的可行集记为 $W_{(k)} = \{\boldsymbol{w}_{(k)} = (w_1, w_2, \cdots, w_k)' \in R^k \mid \boldsymbol{w}'_{(k)}\boldsymbol{1} = 1\}$.

定义 2.3　称 G_k 为 G_N 的有效子集, 如果对任意 $\boldsymbol{w} \in W_{(N)}$, 总存在 $\boldsymbol{w}_{(k)} \in W_{(k)}$, 使得

$$E(\boldsymbol{w}'\boldsymbol{X}) \leqslant E(\boldsymbol{w}'_{(k)}\boldsymbol{X}_{(k)}), \quad \operatorname{Var}(\boldsymbol{w}'\boldsymbol{X}) \geqslant \operatorname{Var}(\boldsymbol{w}'_{(k)}\boldsymbol{X}_{(k)})$$

该定义表明, G_k 为 G_N 的有效子集等价于 G_k 和 G_N 有相同的组合前沿, 从而也有相同的有效前沿, 问题是资产市场存在无套利机会和资产全集存在有效子集有什么关系? 在协方差矩阵 Σ 满秩时, 即当 Σ 正定时, G_N 中不存在冗余资产, 即没有有效子集. 但当 Σ 奇异时, 则可能存在无风险套利机会, G_N 中可能存在有效子集. Szego[10] 曾猜想当 Σ 的秩小于 $N-1$ 时, 市场要么存在套利, 要么存在有效子集, 但是事实上套利和有效子集要么同时存在, 要么都不存在, 也就是说资本市场存在套利机会和 G_N 存在有效子集是等价的[2].

附注 2.1　本节的方法可以自然推广到多周期动态均值–方差分析 (见第 9 章).

附注 2.2　协方差矩阵对角化后对角线上的非零元都是矩阵的特征值, 其中最大特征值有重要意义, 可以用它作为一种风险的度量.

定义 2.4　最大化风险方向　设 $g_{\max} = \arg\max_{i} g_i$ 为最大特征值, $\boldsymbol{w}_{g_{\max}}$ 为该特征值对应的特征向量表示的资产组合, 称 $\boldsymbol{w}_{g_{\max}}$ 为市场的风险最大化方向, 其方差 $\sigma_g = \boldsymbol{w}'_{g_{\max}}\boldsymbol{\Sigma}\boldsymbol{w}_{g_{\max}}$ 为所有资产组合中风险最大的, 即

$$\sigma_g = \arg\max_{\boldsymbol{w}} \{\boldsymbol{w}'\boldsymbol{\Sigma}\boldsymbol{w}\}$$

这个量可以作为市场风险的一个度量.

附注 2.3 相对于最大化风险方向, 正交变换矩阵对角化后对应对角线上 0 特征值的列向量 u, 归一化后得到的资产组合 w_2^*, 它的方差 $w'\Sigma w = 0$, 所以是无风险组合 (详见文献 [2]).

4.3 风险资产中含有基金时的情况

4.3.1 含一个基金的均值-方差最优资产组合模型 [7]

假设市场上有 $N+1$ 种风险资产 (其中 N 种是股票, 第 $N+1$ 种为基金), $\boldsymbol{X} = (X_1, X_2, \cdots, X_N)'$ 为股票的日收益率向量, 其中 X_i 为第 i 种股票的收益率. $E(\boldsymbol{X}) = (EX_1, EX_2, \cdots, EX_N)'$ 为股票的日收益率的数学期望向量, $\boldsymbol{\Sigma} = (\text{cov}(X_i, X_j))_{N \times N} := (\sigma_{ij})_{N \times N}$ 为股票的日收益率的协方差矩阵, 本书假设 $\boldsymbol{\Sigma}$ 满秩, 即秩为 N. 基金实际上是股票的组合, 它的日收益率可以表示为股票收益率的线性组合:

$$X_{N+1} = \sum_{i=1}^{N} \alpha_i X_i = \boldsymbol{X}'\boldsymbol{a} \tag{3-1}$$

其中 $\boldsymbol{a} = (\alpha_1, \alpha_2, \cdots, \alpha_N)'$, $\boldsymbol{1}'\boldsymbol{a} = 1$, 其中 $\boldsymbol{1}$ 是分量均为 1 的 N 维列向量. 它和第 i 种股票收益率的协方差为

$$\text{cov}(X_{N+1}, X_i) = E([\boldsymbol{X}'\boldsymbol{a} - E(\boldsymbol{X}'\boldsymbol{a})][X_i - EX_i]) = \sum_{j=1}^{N} a_j \sigma_{ij}$$

它的方差为

$$\text{cov}(X_{N+1}, X_{N+1}) = E\left([\boldsymbol{X}'\boldsymbol{a} - E(\boldsymbol{X}'\boldsymbol{a})]^2\right) = \boldsymbol{a}'\boldsymbol{\Sigma}\boldsymbol{a}$$

则这 $N+1$ 种风险资产的收益向量为 $\boldsymbol{X}_{(1)} = (\boldsymbol{X}', X_{N+1})'$, $\boldsymbol{X}_{(1)}$ 的期望向量与协方差矩阵分别为

$$E(\boldsymbol{X}_{(1)}) = (E(\boldsymbol{X})', \boldsymbol{a}'E(\boldsymbol{X})) \tag{3-2}$$

$$\boldsymbol{\Sigma}_{(1)} = \begin{pmatrix} \boldsymbol{\Sigma} & \boldsymbol{\Sigma}\boldsymbol{a} \\ \boldsymbol{a}'\boldsymbol{\Sigma} & \boldsymbol{a}'\boldsymbol{\Sigma}\boldsymbol{a} \end{pmatrix} \tag{3-3}$$

假设投资者有 1 个单位的资金, $\boldsymbol{w}_{(1)} = (w_1, w_2, \cdots, w_N, w_{N+1})' = (\boldsymbol{w}', w_{N+1})'$ 为投资于这 $N+1$ 种风险资产的组合, 其中 w_i 为投资于第 i 种资产的比例, 须满足

$$\sum_{i=1}^{N+1} w_i = \boldsymbol{w}'_{(1)}\boldsymbol{1}_{N+1} = 1 \tag{3-4}$$

其中 $\mathbf{1}_{N+1}$ 是分量均为 1 的 $N+1$ 维列向量. 如果不要求 $w_i \geqslant 0$, 即允许卖空, 否则就是不允许卖空.

考虑以下的均值–方差最优资产组合模型 (P):

$$\text{Minimize} \quad \frac{1}{2}\boldsymbol{w}'_{(1)}\boldsymbol{\Sigma}_{(1)}\boldsymbol{w}_{(1)} \tag{3-5a}$$

$$\text{s.t.} \quad \mathbf{1}'_{N+1}\boldsymbol{w}_{(1)} = 1 \tag{3-5b}$$

$$E\left(\boldsymbol{X}'_{(1)}\boldsymbol{w}_{(1)}\right) \geqslant \mu_{(1)} \tag{3-5c}$$

将 (3-4) 代入上式得

$$E(\boldsymbol{X})'(\boldsymbol{w} + w_{n+1}\boldsymbol{a}) \geqslant \mu_{(1)} \tag{3-5d}$$

将 (3-5d) 变成等式约束后用拉格朗日乘数法求解上述模型. 令

$$L \equiv \frac{1}{2}\boldsymbol{w}'_{(1)}\boldsymbol{\Sigma}_{(1)}\boldsymbol{w}_{(1)} + \lambda_1\left(1 - \boldsymbol{w}'_{(1)}\mathbf{1}_{N+1}\right) + \lambda_2\left(\mu_{(1)} - E\left(\boldsymbol{X}'_{(1)}\boldsymbol{w}_{(1)}\right)\right) \tag{3-6}$$

最优解的一阶条件为

$$\frac{\partial L}{\partial \boldsymbol{w}_{(1)}} = \boldsymbol{\Sigma}_{(1)}\boldsymbol{w}_{(1)} - \lambda_2 E\left(\boldsymbol{X}_{(1)}\right) - \lambda_1 \mathbf{1}_{N+1} = \mathbf{0} \tag{3-7}$$

$$\frac{\partial L}{\partial \lambda_1} = 1 - \mathbf{1}'_{N+1}\boldsymbol{w}_{(1)} = 0 \tag{3-8}$$

$$\frac{\partial L}{\partial \lambda_2} = \mu_{(1)} - E\left(\boldsymbol{X}'_{(1)}\boldsymbol{w}_{(1)}\right) = \mu_{(1)} - E(\boldsymbol{X})'\boldsymbol{w} - w_{N+1}E(\boldsymbol{X})'\boldsymbol{a} = 0 \tag{3-9}$$

得到最优解的前 N 个分量为

$$\boldsymbol{w}^* = \lambda_1 \boldsymbol{\Sigma}^{-1}\mathbf{1} + \lambda_2 \boldsymbol{\Sigma}^{-1}E(\boldsymbol{X}) - w^*_{N+1}\boldsymbol{a} \tag{3-10}$$

其中

$$\lambda_1 = \left(c - \mu_{(1)}b\right)/\Delta, \quad \lambda_2 = \left(\mu_{(1)}a - b\right)/\Delta \tag{3-11}$$

记

$$a = \mathbf{1}'_N \boldsymbol{\Sigma}^{-1}\mathbf{1}_N, \ b = \mathbf{1}'_N \boldsymbol{\Sigma}^{-1}E(\boldsymbol{X}), \ c = E(\boldsymbol{X})'\boldsymbol{\Sigma}^{-1}E(\boldsymbol{X}), \ \Delta = ac - b^2 \tag{3-12}$$

则约束优化模型 (P) 的最优解为

$$\boldsymbol{w}^*_{(1)} = \begin{pmatrix} \boldsymbol{w}^* \\ w_{N+1} \end{pmatrix}$$

4.3 风险资产中含有基金时的情况

由 (3-10) 知得到的解不唯一, 其中包含待定参数 w_{N+1}, 因此存在一个最优解集. 如果仅从方差度量风险的角度考虑, 投资者从这无穷多个解中任选一个都是一样的.

以下计算最优资产组合 $\boldsymbol{w}^*_{(1)}$ 的方差 $\sigma^2_{(1)}$, 及其投资有效前沿, 并给出其两基金分离定理.

为计算最优资产组合 $\boldsymbol{w}^*_{(1)}$ 的方差 $\sigma^2_{(1)} = \boldsymbol{w}^{*'}_{(1)} \boldsymbol{\Sigma}_{(1)} \boldsymbol{w}^*_{(1)}$, 将 (3-10) 代入有

$$\sigma^2_{(1)} = \begin{pmatrix} \boldsymbol{w}' & w_{N+1} \end{pmatrix} \begin{pmatrix} \boldsymbol{\Sigma} & \boldsymbol{\Sigma}\boldsymbol{a} \\ \boldsymbol{a}'\boldsymbol{\Sigma} & \boldsymbol{a}'\boldsymbol{\Sigma}\boldsymbol{a} \end{pmatrix} \begin{pmatrix} \boldsymbol{w} \\ w_{N+1} \end{pmatrix}$$

$$= \begin{pmatrix} \boldsymbol{w}' & w_{N+1} \end{pmatrix} \left(\lambda_2 \begin{pmatrix} E(\boldsymbol{X}) \\ \boldsymbol{a}'E(\boldsymbol{X}) \end{pmatrix} + \lambda_1 \begin{pmatrix} \boldsymbol{1}_N \\ 1 \end{pmatrix} \right)$$

$$= (\lambda_1 \boldsymbol{w}' \boldsymbol{1}_N + \lambda_2 \boldsymbol{w}' E(\boldsymbol{X})) + (\lambda_1 w_{N+1} + \lambda_2 w_{N+1} \boldsymbol{a}' E(\boldsymbol{X}))$$

$$= \lambda_1 (\boldsymbol{w}' \boldsymbol{1}_N + w_{N+1}) + \lambda_2 (E(\boldsymbol{X})' \boldsymbol{w} + w_{N+1} E(\boldsymbol{X})' \boldsymbol{a})$$

再将 (3-11) 及 (3-12) 代入上式得

$$\sigma^2_{(1)} = \lambda_1 + \lambda_2 \mu_{(1)} = \left(a\mu^2_{(1)} - 2b\mu_{(1)} + c \right)/\Delta = \frac{a}{\Delta}\left(\mu_{(1)} - \frac{b}{a} \right)^2 + \frac{1}{a} \quad (3\text{-}13)$$

它在 $\left(\sigma^2_{(1)}, \mu_{(1)} \right)$ 平面上是抛物线, 称为有效前沿. 以下是可能的几种分解.

当 $E\left(\boldsymbol{X}' \boldsymbol{w}_g \right) = \mu_g = \dfrac{b}{a}$ 即 $\lambda_1 = \dfrac{1}{a}, \lambda_2 = 0$ 时方差达到全局最小. 对应全局最小方差资产组合

$$\boldsymbol{w}_g = \lambda_1 \boldsymbol{\Sigma}^{-1} \boldsymbol{1}_N + \lambda_2 \boldsymbol{\Sigma}^{-1} E(\boldsymbol{X}) = \frac{1}{\boldsymbol{1}'_N \boldsymbol{\Sigma}^{-1} \boldsymbol{1}_N} \boldsymbol{\Sigma}^{-1} \boldsymbol{1}_N \quad (3\text{-}14)$$

也称 $X_g = \boldsymbol{X}' \boldsymbol{w}_g$ 为全局最小方差资产组合基金 (投资于 N 种股票).

由 (3-11), 向量 $\boldsymbol{a} = (\alpha_1, \alpha_2, \cdots, \alpha_N)'$ 是一种投资于 N 种股票的资产组合, 这里事实上有两种情形, 下面分别讨论.

情形一: 已知基金为全局风险最小的资产组合的情形.

假定向量 $\boldsymbol{a} = (\alpha_1, \alpha_2, \cdots, \alpha_N)'$ 对应的基金 X_{N+1}, 对应于约束条件

$$E\left(\boldsymbol{X}' \boldsymbol{a} \right) = \mu_a \quad (3\text{-}15)$$

达到最小方差, 即 $\boldsymbol{a}' \boldsymbol{\Sigma} \boldsymbol{a} = \sigma^2_a = \dfrac{a}{\Delta}\left(\mu_a - \dfrac{b}{a} \right)^2 + \dfrac{1}{a}$, 其中 a, b, Δ 见 (3-12) 式.

记任意投资于 N 种股票的风险最小资产组合为 $\boldsymbol{w}_p = \lambda_1 \boldsymbol{\Sigma}^{-1}\mathbf{1}_N + \lambda_2 \boldsymbol{\Sigma}^{-1}E(\boldsymbol{X})$，其对应期望值的约束为 $E(\boldsymbol{X}'\boldsymbol{w}_p) = \mu_{(1)}$，则由 (3-10) 可以得 $\boldsymbol{w}_p$ 的分解式

$$\boldsymbol{w}_p = \boldsymbol{w}^* + w^*_{N+1}\boldsymbol{a} \tag{3-16}$$

其中 w^*_{N+1} 是待定参数，由两基金分离定理，可以设

$$\delta = w^*_{N+1}, \quad \boldsymbol{w}^* = (1-\delta)\boldsymbol{w}_g \tag{3-17}$$

使得

$$\boldsymbol{w}_p = (1-\delta)\boldsymbol{w}_g + \delta\boldsymbol{a} \tag{3-18}$$

以 $E(\boldsymbol{X})'$ 左乘 (3-18) 两端得 $E(\boldsymbol{X})'\boldsymbol{w}_p = (1-\delta)E(\boldsymbol{X})'\boldsymbol{w}_g + \delta E(\boldsymbol{X})'\boldsymbol{a}$，将 (3-17) 代入并整理得

$$\delta = \frac{a\mu_{(1)} - b}{a\mu_a - b} \tag{3-19}$$

记

$$\boldsymbol{w}_{g(1)} = \begin{pmatrix} \boldsymbol{w}_g \\ 0 \end{pmatrix}, \quad \boldsymbol{a}_{(1)} = \begin{pmatrix} \mathbf{0} \\ 1 \end{pmatrix} \tag{3-20}$$

则 $\boldsymbol{w}_{g(1)}, \boldsymbol{a}_{(1)}$ 分别表示投资于市场中 $N+1$ 种风险资产的全局最小方差资产组合和已知基金 $\boldsymbol{a}$，可以得

$$\boldsymbol{w}^*_{(1)} = \begin{pmatrix} \boldsymbol{w}^* \\ w^*_{N+1} \end{pmatrix} = \begin{pmatrix} (1-\delta)\boldsymbol{w}_g \\ \delta \end{pmatrix} = (1-\delta)\boldsymbol{w}_{g(1)} + \delta\boldsymbol{a}_{(1)} \tag{3-21}$$

两基金分离定理 在以上假设和记号下，投资于市场中的 $N+1$ 种风险资产的最小风险组合 $\boldsymbol{w}^*_{(1)}$ 可以唯一地表示为全局最小方差资产组合 $\boldsymbol{w}_{g(1)}$ 和已知基金 $\boldsymbol{a}_{(1)}$ 的资产组合，$\boldsymbol{w}^*_{(1)} = (1-\delta)\boldsymbol{w}_{g(1)} + \delta\boldsymbol{a}_{(1)}$，其中 $\delta = \dfrac{a\mu_{(1)} - b}{a\mu_a - b}$，且 $\boldsymbol{w}^*_{(1)}$ 的收益与方差满足关系 $\sigma^2_{(1)} = (a\mu^2_{(1)} - 2b\mu_{(1)} + c)/\Delta$。

对组合系数进行讨论：

(1) 当 $\mu_{(1)} = \mu_g = \dfrac{b}{a}$ 时，增加的基金 X_{N+1} 的权重 $w_{N+1} = \delta = 0$，有 $\boldsymbol{w}_p = \boldsymbol{w}_g$，最优资产组合 $\boldsymbol{w}^*_{(1)} = ((\lambda_1\boldsymbol{\Sigma}^{-1}\mathbf{1} + \lambda_2\boldsymbol{\Sigma}^{-1}E(\boldsymbol{X}))', 0)'$。

(2) 当 $\mu_{(1)} = \mu_a = E(\boldsymbol{X}'\boldsymbol{a})$ 时，增加的基金 X_{N+1} 的权重 $w_{N+1} = \delta = 1$，有 $\boldsymbol{w}_p = \boldsymbol{a}$，最优资产组合 $\boldsymbol{w}^*_{(1)} = (0, 0, \cdots, 0, 1)'$。

(3) 当 $\mu_{(1)} < \dfrac{b}{a}$ 时，$w_{N+1} = \delta < 0$，即需要卖空 $-\delta$ 份已知基金 X_{N+1}，买入 $(1-\delta)$ 份全局最小方差资产组合基金 X_g。

4.3 风险资产中含有基金时的情况

(4) 当 $\mu_{(1)} > \mu_a = E(\boldsymbol{X}'\boldsymbol{a})$ 时, $w_{N+1} = \delta > 1$, 那么 $1 - \delta < 0$, 即需要卖空 $(\delta - 1)$ 份全局最小方差资产组合基金 X_g, 买入 δ 份已知基金 X_{N+1}.

(5) 当 $\dfrac{b}{a} < \mu_{(1)} < \mu_a = E(\boldsymbol{X}'\boldsymbol{a})$ 时, $0 < \delta, 1 - \delta < 1$, 分别买入 δ 份已知基金 X_{N+1}、$(1 - \delta)$ 份全局最小方差资产组合基金 X_g, 就可以得到最小方差资产组合 $\boldsymbol{w}^*_{(1)}$.

情形二：已知基金不是风险最小的资产组合的情形.

假定基金 X_{N+1}, 对应于约束条件 (3-5b), (3-5c) 未达到最小方差, 即 $\boldsymbol{a}'\boldsymbol{\Sigma}\boldsymbol{a} > \dfrac{a}{\Delta}\left(\mu_a - \dfrac{b}{a}\right)^2 + \dfrac{1}{a}$, 不是最优资产组合. 令

$$\boldsymbol{w_a} = \lambda_1 \boldsymbol{\Sigma}^{-1}\boldsymbol{1} + \lambda_2 \boldsymbol{\Sigma}^{-1} E(\boldsymbol{X}) \tag{3-22}$$

其中

$$\lambda_1 = (c - \mu_a b)/\Delta, \quad \lambda_2 = (\mu_a a - b)/\Delta \tag{3-23}$$

则 $\boldsymbol{w_a}$ 对应的基金 X_a 与已知基金 X_{N+1} 具有相同均值, 并且达到最小方差, 是最优资产组合.

任意投资于 N 种股票的风险最小资产组合 $\boldsymbol{w}_p$ 在以上假设和记号下, 都可以唯一地表示为全局最小方差资产组合 $\boldsymbol{w}_g$ 和基金 $\boldsymbol{w_a}$ 的资产组合 $\boldsymbol{w}_p = (1-\delta)\boldsymbol{w}_g + \delta \boldsymbol{w_a}$, 即 $\boldsymbol{w}^* + w^*_{N+1}\boldsymbol{a} = (1-\delta)\boldsymbol{w}_g + \delta \boldsymbol{w_a}$, 取 $w^*_{N+1} = \delta$, 得到 $\boldsymbol{w}^* = (1-\delta)\boldsymbol{w}_g + \delta(\boldsymbol{w_a} - \boldsymbol{a})$. 进而投资于市场中的 $N+1$ 种风险资产的最小风险组合为

$$\boldsymbol{w}^*_{(1)} = \begin{pmatrix} \boldsymbol{w}^* \\ w^*_{N+1} \end{pmatrix} = \begin{pmatrix} (1-\delta)\boldsymbol{w}_g + \delta(\boldsymbol{w_a} - \boldsymbol{a}) \\ \delta \end{pmatrix} = (1-\delta)\begin{pmatrix} \boldsymbol{w}_g \\ 0 \end{pmatrix} + \delta \begin{pmatrix} \boldsymbol{w_a} - \boldsymbol{a} \\ 1 \end{pmatrix} \tag{3-24}$$

如果记 $\boldsymbol{w}_{a(1)} = \begin{pmatrix} \boldsymbol{w_a} - \boldsymbol{a} \\ 1 \end{pmatrix}$, 则可以得

$$\boldsymbol{w}^*_{(1)} = (1-\delta)\boldsymbol{w}_{g(1)} + \delta \boldsymbol{w}_{a(1)} \tag{3-25}$$

此即为已知基金不是风险最小的资产组合的情况下, 投资于市场中的 $N+1$ 种风险资产的最小风险组合 $\boldsymbol{w}^*_{(1)}$ 的两基金分离表达式.

4.3.2 含多个基金的均值–方差最优资产组合模型 [8]

假设市场上有 $N + m$ 种风险资产 (其中前 N 种是股票, 后 m 种为基金, 并设 $m \ll N$, 即相对于股票数量来说基金的数量较少), $X = (X_1, X_2, \cdots, X_N)'$ 为股票的

日收益率向量,其中 $X_i(i=1,2,\cdots,N)$ 为第 i 种股票的收益率. $E(\boldsymbol{X}) = (EX_1, EX_2,\cdots,EX_N)'$ 为股票的日收益率的数学期望向量,$\boldsymbol{\Sigma} = (\text{cov}(X_i,X_j))_{N\times N} := (\sigma_{ij})_{N\times N}$ 为股票的日收益率的协方差矩阵,本书假设 $\boldsymbol{\Sigma}$ 满秩,即秩为 N. 因为风险资产中包含 m $(m \geqslant 1)$ 只基金,记增加基金后资产组合的收益向量为

$$\boldsymbol{X}_{(m)} = (\boldsymbol{X}', X_{N+1}, X_{N+2}, \cdots, X_{N+m})' = (\boldsymbol{X}', \boldsymbol{X}_F')' \tag{3-26}$$

其中 $\boldsymbol{X}_F = (X_{N+1}, X_{N+2}, \cdots, X_{N+m})'$,$X_{N+k}$ $(k=1,2,\cdots,m)$ 为新增的基金的收益率. 基金实际上是股票的组合,它的日收益率可表示为股票收益率的线性组合:

$$X_{N+k} = \sum_{i=1}^{N} \alpha_{ik} X_i \tag{3-27}$$

其中 α_{ik} 为基金 X_{N+k} 投资在第 i 只股票上的权重 $(k=1,2,\cdots,m; i=1,2,\cdots,N)$. 如果记: $\boldsymbol{a}_k = (\alpha_{1k}, \alpha_{2k}, \cdots, \alpha_{Nk})'$ $\left(\text{可以令} \sum_{i=1}^{N} \alpha_{ik} = 1\right)$,$\boldsymbol{A} = (\boldsymbol{a}_1, \boldsymbol{a}_2, \cdots, \boldsymbol{a}_m)$,则有 $\boldsymbol{X}_F = \boldsymbol{X}'\boldsymbol{A}$. 对于 $E(\boldsymbol{X}_{(m)}) = (EX_1, EX_2, \cdots, EX_N, EX_{N+1}, \cdots, EX_{N+m})'$,有

$$E(\boldsymbol{X}_{(m)}) = \begin{pmatrix} E(\boldsymbol{X}) \\ \boldsymbol{A}'E(\boldsymbol{X}) \end{pmatrix} \tag{3-28}$$

增加基金后的协方差矩阵为

$$\boldsymbol{\Sigma}_{(m)} = \begin{pmatrix} \boldsymbol{\Sigma} & \boldsymbol{\Sigma A} \\ \boldsymbol{A}'\boldsymbol{\Sigma} & \boldsymbol{A}'\boldsymbol{\Sigma A} \end{pmatrix} \tag{3-29}$$

假设投资者有 1 个单位的资金,他投资于这 $N+m$ 种风险资产的组合向量为 $\boldsymbol{w}_{(m)} = (w_1, w_2, \cdots, w_N, w_{N+1}, \cdots, w_{N+m})' = (\boldsymbol{w}, \boldsymbol{w}_F')$,$\sum_{i=1}^{N+m} w_i = \boldsymbol{w}_{(m)}'\boldsymbol{1}_{N+m} = 1$,其中 w_i 为投资于第 i 种资产的比例,$\boldsymbol{1}_{(m)} = (1,1,\cdots,1)'$ 为 $N+m$ 个分量都是 1 的向量.

此时,最优资产组合模型可表示如下

$$\text{Minimize} \quad \frac{1}{2}\boldsymbol{w}_{(m)}'\boldsymbol{\Sigma}_{(m)}\boldsymbol{w}_{(m)} \tag{3-30}$$

$$\text{s.t.} \quad \boldsymbol{1}_{(m)}'\boldsymbol{w}_{(m)} = 1 \tag{3-31}$$

$$E(\boldsymbol{X}_{(m)}'\boldsymbol{w}_{(m)}) \geqslant \mu_{(m)} \tag{3-32a}$$

4.3 风险资产中含有基金时的情况

其中 $\mathbf{1}_{(N+m)}$ 是分量均为 1 的 $N+m$ 维列向量. 如果不要求 $w_i \geqslant 0$, 即允许卖空, 否则就是不允许卖空.

将 (3-28) 代入上式得到

$$E(\boldsymbol{X})'\boldsymbol{w} + E(\boldsymbol{X})'\boldsymbol{A}\boldsymbol{w}_F \geqslant \mu_{(m)} \tag{3-32b}$$

将 (3-32a) 变成等式约束后用拉格朗日乘数法求解上述模型, 可以得到

$$\boldsymbol{w}^* = \lambda_1 \boldsymbol{\Sigma}^{-1}\mathbf{1}_N + \lambda_2 \boldsymbol{\Sigma}^{-1}E(\boldsymbol{X}) - \boldsymbol{A}\boldsymbol{w}_F^* \tag{3-33a}$$

等价地有

$$\boldsymbol{w}^* = \lambda_1 \boldsymbol{\Sigma}^{-1}\mathbf{1}_N + \lambda_2 \boldsymbol{\Sigma}^{-1}E(\boldsymbol{X}) - \left(w_{N+1}^*\boldsymbol{a}_1 + w_{N+2}^*\boldsymbol{a}_2 + \cdots + w_{N+m}^*\boldsymbol{a}_m\right) \tag{3-33b}$$

其中

$$\lambda_1 = \left(c - \mu_{(m)}b\right)/\Delta, \quad \lambda_2 = \left(\mu_{(m)}a - b\right)/\Delta \tag{3-34}$$

$$a = \mathbf{1}_N'\boldsymbol{\Sigma}^{-1}\mathbf{1}_N, \quad b = \mathbf{1}_N'\boldsymbol{\Sigma}^{-1}E(\boldsymbol{X}), \quad c = E(\boldsymbol{X})'\boldsymbol{\Sigma}^{-1}E(\boldsymbol{X}), \quad \Delta = ac - b^2 \tag{3-35}$$

将 (3-34),(3-35) 代入 (3-33), 我们即可求得最优资产组合 $\boldsymbol{w}_{(m)}^* = \begin{pmatrix} \boldsymbol{w}^* \\ \boldsymbol{w}_F^* \end{pmatrix}$. 显然最终的资产组合解中包含待定的 $\boldsymbol{w}_F^* = \left(w_{N+1}^*, \cdots, w_{N+m}^*\right)$, 此时求出来的解并非一个解, 而是一个最优解集. 如果仅从方差度量风险的角度考虑, 投资者从这无穷多个解中任选一个都是一样的.

以下计算风险最小的资产组合 $\boldsymbol{w}_{(m)}^*$ 的方差 $\sigma_{(m)}^2$ 并讨论其有效前沿.

$\sigma_{(m)}^2 = \boldsymbol{w}_{(m)}^{*\prime}\boldsymbol{\Sigma}_{(m)}\boldsymbol{w}_{(m)}^*$, 将上节计算结果代入得

$$\sigma_{(m)}^2 = \lambda_1\left(\boldsymbol{w}'\mathbf{1}_N + \boldsymbol{w}_F'\mathbf{1}_m\right) + \lambda_2\left(E(\boldsymbol{X})'\boldsymbol{w} + E(\boldsymbol{X})'\boldsymbol{A}\boldsymbol{w}_F\right)$$

再将 (3-34) 代入得

$$\sigma_{(m)}^2 = \lambda_1 + \lambda_2\mu_{(m)} = \frac{a}{\Delta}\left(\mu_{(m)} - \frac{b}{a}\right)^2 + \frac{1}{a} \tag{3-36}$$

它在 $\left(\sigma_{(m)}^2, \mu_{(m)}\right)$ 平面上是抛物线, 称为投资有效前沿.

以下讨论风险最小的资产组合的两基金分离定理.

记 $\boldsymbol{w}_p = \lambda_1\boldsymbol{\Sigma}^{-1}\mathbf{1}_N + \lambda_2\boldsymbol{\Sigma}^{-1}E(\boldsymbol{X})$, 则 $\boldsymbol{w}_p$ 是仅投资于 N 种股票时的最优资产组合, 由 (3-33a) 可以得

$$\boldsymbol{w}_p = \boldsymbol{w}^* + \boldsymbol{A}\boldsymbol{w}_F^* \tag{3-37}$$

当已知基金 $X_F = (X_{N+1}, \cdots, X_{N+m})'$ 不含仅投资于 N 种股票时的最优资产组合 w_p，即由矩阵 A 的列向量生成的线性空间 $L(A)$ 中不包含风险最小的资产组合 w_p 时，求 $w_F^* \in R^m$，使 $X'w^* = X'(w_p - Aw_F^*)$ 的方差最小.

$$\mathrm{Var}\,(X'w^*) = (w_p - Aw_F^*)' \Sigma (w_p - Aw_F^*)$$
$$= w_p' \Sigma w_p - 2w_F^{*'} A' \Sigma w_p + w_F^{*'} A' \Sigma A w_F^* \tag{3-38}$$

由最小二乘法解得

$$w_F^* = (A'\Sigma A)^{-1} (A'\Sigma) w_p \tag{3-39}$$

代入 (3-33a) 便可得到

$$w^* = [I - A(A'\Sigma A)^{-1}(A'\Sigma)]w_p \tag{3-40}$$

两基金分离定理 在以上假设和记号下, 投资于市场中的 $N+m$ 种风险资产的最小风险组合 $w_{(m)}^*$ 可以唯一地表示为仅由已知基金构成的资产组合与仅由股票构成的资产组合的和, 即

$$w_{(m)}^* = \begin{pmatrix} w^* \\ w_F^* \end{pmatrix} = \begin{pmatrix} O \\ (A'\Sigma A)^{-1}(A'\Sigma)w_p \end{pmatrix} + \begin{pmatrix} [I - A(A'\Sigma A)^{-1}(A'\Sigma)]w_p \\ O \end{pmatrix} \tag{3-41}$$

且有:

(1) Aw_F^* 是在 $L(A)$ 中剩余资产方差最小意义下对最优投资组合 w_p 的最佳逼近;

(2) Aw_F^* 对应基金组合的收益率与 w^* 对应股票组合的收益率不相关.

证明略.

事实上, 当已知基金 $X_F = (X_{N+1}, \cdots, X_{N+m})'$ 包含仅投资于 N 种股票时的最优资产组合 w_p, 即秩 $(A|w_p) =$ 秩(A) 时, 存在 $w_F^* \in R^m$, 使得 $Aw_F^* = w_p$. 则 $w^* = 0$, 这时只要取基金的组合 w_F^* 便可以得到最优资产组合 w_p, 不必直接投资股票.

类似地还可以讨论 $w_g \in L(A)$ 或 $w_d \in L(A)$ 的情形. 其中 $L(A)$ 是矩阵 A 的列向量张成的子空间.

附注 3.1 从本章的讨论可以看到, 当协方差矩阵的秩 r 小于资产总数 N 时, 市场上存在一个由 r 种资产组成的最大线性无关组. 任何资产的收益都可表示为这 r 种资产收益的线性组合, 并且这 r 种资产收益的协方差矩阵 Σ 构成全体资产

4.3 风险资产中含有基金时的情况

协方差矩阵的一个子阵 (记为 $\mathbf{\Sigma}_r$), 其秩为 r, 这些资产构成的子集就是本章定义 2.3 中的有效子集, 即它们构成的有效前沿就是全体资产的有效前沿. 因此如能找到这样的子集, 可以将原问题降维处理, 但是一般来说找出这样的子集并不容易, 所以本章直接对全体资产的集合进行讨论, 避开了这个问题.

4.3.3 实证分析

选取十只股票和两只基金进行计算与分析.

1. 只含股票的情形

选取股票中国平安 (601318)、贵州茅台 (600519)、招商银行 (600036)、恒瑞医药 (600276)、美的集团 (000333)、五粮液 (000858)、格力电器 (000651)、兴业银行 (601166)、中信证券 (600030) 和伊利股份 (600887) 在 2021 年 1 月 1 日至 2021 年 12 月 31 日的共计 243 个交易日数据, 计算得到其日收益率的均值向量为

$$E(\mathbf{X}) = (3.425 \times 10^{-4}, 2.375 \times 10^{-3}, 9.4456 \times 10^{-4}, 1.946 \times 10^{-3}, 2.45 \times 10^{-3},$$
$$3.581 \times 10^{-3}, 1.035 \times 10^{-4}, 5.513 \times 10^{-4}, 9.761 \times 10^{-4}, 1.858 \times 10^{-3})'$$

$$\mathbf{\Sigma} = (\operatorname{cov}(X_i, X_j))_{N \times N}$$

$$= \begin{pmatrix} 3.14 & 1.41 & 2.63 & 0.81 & 1.74 & 1.99 & 2.10 & 2.37 & 3.04 & 1.73 \\ 1.41 & 3.36 & 1.43 & 1.94 & 1.84 & 3.58 & 1.64 & 1.25 & 2.11 & 2.29 \\ 2.63 & 1.43 & 3.54 & 0.97 & 1.78 & 2.06 & 2.01 & 2.60 & 2.73 & 1.72 \\ 0.81 & 1.94 & 0.97 & 3.87 & 1.53 & 2.37 & 1.16 & 0.74 & 1.75 & 1.82 \\ 1.74 & 1.84 & 1.78 & 1.53 & 4.60 & 2.63 & 3.07 & 1.47 & 2.42 & 2.29 \\ 1.99 & 3.58 & 2.06 & 2.37 & 2.63 & 5.74 & 2.40 & 1.62 & 2.88 & 3.28 \\ 2.10 & 1.64 & 2.01 & 1.16 & 3.07 & 2.40 & 3.93 & 1.66 & 2.43 & 1.99 \\ 2.37 & 1.25 & 2.60 & 0.74 & 1.47 & 1.62 & 1.66 & 3.03 & 2.55 & 1.49 \\ 3.04 & 2.11 & 2.73 & 1.75 & 2.42 & 2.88 & 2.43 & 2.55 & 5.91 & 2.85 \\ 1.73 & 2.29 & 1.72 & 1.82 & 2.29 & 3.28 & 1.99 & 1.49 & 2.85 & 5.27 \end{pmatrix} \times 10^{-4}$$

如果要求期望收益率至少为 0.0015, 则有风险最小投资组合:

$$\mathbf{w}_p = (0.2046, 0.3368, 0.0341, 0.2725, 0.1827, -0.1354, -0.052, 0.2611,$$
$$-0.1710, 0.0666)'$$

对应实际收益率为 0.0015, 方差为 0.01324.

2. 含股票和基金的情形

设市场中含有基金时, 不妨设有两只基金, 它们投资于 10 只股票的比例分别为

$$\boldsymbol{a}_1 = (0.1, 0.1, 0.1, 0.1, 0.1, 0.1, 0.1, 0.1, 0.1, 0.1)'$$

和

$$\boldsymbol{a}_2 = (0.1377, 0.0680, 0.1002, 0.1020, 0.0733, 0.1288, 0.0948, 0.0340, 0.1252, 0.1360)'$$

若要求期望收益率仍然不低于 0.0015, 则计算得基金与股票的投资组合权重分别为

$$\boldsymbol{w}_F^* = (0.0859, 0.0551)'$$

$$\boldsymbol{w}^* = (0.1885, 0.3245, 0.020, 0.2583, 0.170, -0.1511, -0.0658, 0.2506,$$
$$-0.1865, 0.0505)'$$

这里的两只基金未包含仅投资于股票时的最优投资组合 $\boldsymbol{w}_p$. 但是, 可以验证:

$$(a_1, a_2)\boldsymbol{w}_F^* + \boldsymbol{w}^* = \boldsymbol{w}_p$$

这说明, 我们可以首先以权重 $\boldsymbol{w}_F^*$ 投资于几只基金, 再以权重 $\boldsymbol{w}^*$ 投资于股票, 即得到风险最小的最优投资组合.

3. 仅投资基金的情形

考虑将全部资本仅投资于以上两只基金的情况, 此时其日收益率的均值向量与协方差矩阵分别为 $E(\boldsymbol{X}_F) = (0.001518, 0.001550)'$ 和

$$\boldsymbol{\Sigma}_F = \begin{pmatrix} 0.00022676 & 0.00023292 \\ 0.00023292 & 0.00024076 \end{pmatrix}$$

最优投资组合是 $\boldsymbol{w}_F = (0.515, 0.485)'$, 对应期望收益与方差分别为 0.0015335 和 0.01526878. 这种投资组合分散到已知股票上的权重分配为

$$\boldsymbol{w}^* = (0.1183, 0.0845, 0.1001, 0.1010, 0.0870, 0.1140, 0.0975, 0.068, 0.1122, 0.1174)'$$

显然 $\boldsymbol{w}^* \neq \boldsymbol{w}_p$, 且其方差大于 $\boldsymbol{w}_p$ 对应的方差, 这是因为给定的两只基金中未包含最优投资组合 $\boldsymbol{w}_p$ 的信息.

然而对于共同基金, 即全局最小方差投资组合 w_g 与可分散化投资组合 w_d, 情形则完全不同. 通过计算得到

$$w_g = (0.2602, 0.3478, -0.0064, 0.2810, 0.0637, -0.2421, 0.1000, 0.2837,$$
$$-0.1678, 0.0799)'$$

$$w_d = (0.1583, 0.3277, 0.0677, 0.2655, 0.2818, -0.0466, -0.1786, 0.2423,$$
$$-0.1736, 0.0555)'$$

进一步求得共同基金的均值与协方差分别为 $E(\boldsymbol{X}) = (0.0009, 0.002)$ 和 $\boldsymbol{\Sigma} = \begin{pmatrix} 0.000166 & 0.000167 \\ 0.000167 & 0.000196 \end{pmatrix}$. 然后将资产全部投资于共同基金, 这时最优组合 $w_F^* = (0.4545, 0.5455)'$ 将其分散到已知的股票上, 所得各股票的权重分配为 $(w_g, w_d)' \cdot w_F^*$, 经验证它恰好等于 w_p. 换言之, 投资人只要对依照最优投资组合理念组成的少数几只基金进行投资, 就可以得到对应于各种指定收益率的风险最小的资产组合. 这也是两基金分离定理的内涵.

图 4.3.1 显示了最优组合的有效前沿和四种基金表现的比较图形.

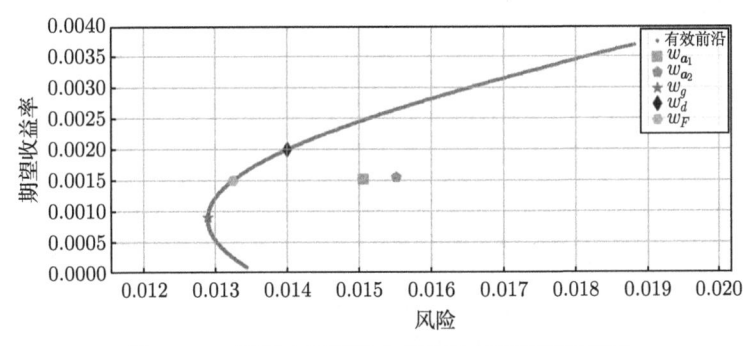

图 4.3.1 示例中投资组合的有效前沿和四种基金

参 考 文 献

[1] 陈典发, 李恩波. 奇异方差投资组合的可行边界 [J]. 中国管理科学, 2002, 10(1): 26-31.
[2] 杨杰, 史树中. 证券集的组合前沿分类与有效子集 [J]. 经济数学, 2001, 18(1): 8-18.
[3] 蒋春福, 戴永隆. 奇异协方差阵下前沿组合及无套利分析 [J]. 中山大学学报 (自然科学版), 2005, 44(5): 14-17.
[4] 苏咪咪, 叶中行. 方差-协方差矩阵奇异情况下的最优投资组合 [J]. 应用概率统计, 2005, 21(3): 244-248.
[5] 王松桂, 杨振海. 广义逆矩阵及其应用 [M]. 北京: 北京工业大学出版社, 2006.

[6] 姚海祥, 易建新, 李仲飞. 奇异方差–协方差矩阵的 n 种风险资产有效边界的特征 [J]. 数量经济技术经济研究, 2005, 22(1): 107-113.

[7] 张建新, 叶中行. 证券市场上含有基金时的最优投资策略 [J]. 运筹学学报, 2007, 11(增刊): 212-217.

[8] 张建新, 叶中行. 证券市场上含有多个基金时的最优投资策略 [J]. 数理统计与管理, 2008, 27(3): 530-534.

[9] Buser S A. Mean-variance portfolio selection with either a singular or nonsingular variancecovariance matrix[J]. Financial and Economic Research Section Division of Research, 1976: HB135-B88.

[10] Szego G P. Portfolio Theory[M]. New York: Academic Press, 1980.

第 5 章 关于约束条件的讨论

回忆第 2 章讨论马科维茨的均值–方差最优资产组合模型时, 提到该模型成立的诸多理想的市场条件, 此处不再一一重复. 而在金融实务中, 这些条件往往不满足, 实际操作中会遇到各种约束, 本章就来讨论常见的一些约束 (参见 [3-6]), 以及对最优资产组合的影响, 还专门讨论了风险分散性的最大资产熵组合, 最后从几何角度来理解约束条件和优化目标的关系.

5.1 不允许卖空

设资产组合向量为 $\boldsymbol{w} = (w_1, w_2, \cdots, w_N)'$, $\sum_{i=1}^{N} w_i = \boldsymbol{w}'\boldsymbol{1} = 1$, 其中 w_i 为投资于第 i 种资产的比例, $\boldsymbol{1} = (1,1,\cdots,1)'$. 其中不要求 $w_i \geqslant 0$, 即允许卖空, 否则就是不允许卖空. 即要求 $w_i \geqslant 0$, $i = 1, 2, \cdots, N$, 这时在方差–均值坐标系 (即 σ_p^2-r_p 坐标系) 下, 可行资产组合区域是一个由若干条抛物线片段组成的闭区域 (见图 5.1.1).

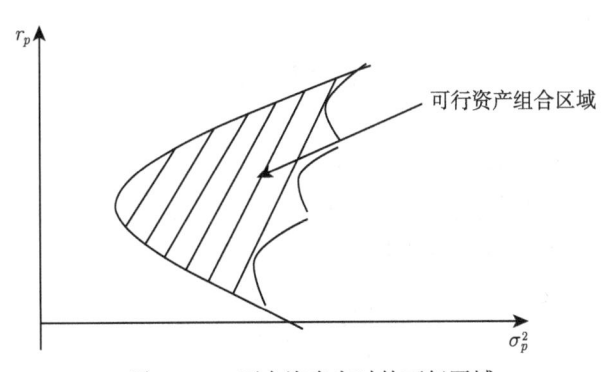

图 5.1.1 不允许卖空时的可行区域

有时买入某种证券时的比例有上限约束, 即

$$\sum_{i=1}^{N} w_i = 1, \quad w_i \geqslant 0, \quad w_i \leqslant u_i, \quad i = 1, 2, \cdots, N$$

如果 u_i, $i = 1, 2, \cdots, N$ 足够大, 则可行区域见图 5.1.2.

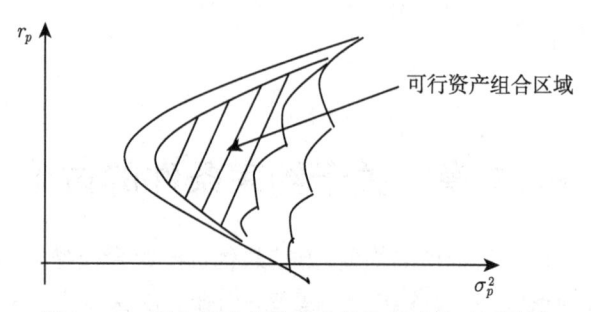

图 5.1.2　不允许卖空并有上界约束时的可行区域

5.2　持有或卖空数量的约束

我国股票市场允许融资融券, 即允许借贷、允许卖空股票 (即借入股票卖掉, 等股价下跌后再买入归还), 但无论借款还是借股票都需要抵押, 抵押品可以是某种证券, 如国库券、债券, 也可以是账户中权益资本超过持有证券的部分. 这里设 A 为总资产数, w_{iL} 表示第 i 种证券的多头地位, w_{iS} 表示第 i 种证券的空头地位, 其中第一类 K 种证券不能充作抵押品, 第二类 G 种证券可以当作抵押品, 于是有

(1) $\sum_{i=1}^{K+G} w_{iL} \leqslant A$

(2) $\alpha \sum_{i=1}^{K+G} w_{iS} \leqslant A - \sum_{i=1}^{K} w_{iL}$

表示空头总数乘以一个比例 α 不能超过总权益资本减去不能当作抵押品的空头价值.

(3) $w_{iL} \geqslant 0, \quad i = 1, 2, \cdots, K+G$

(4) $w_{iS} \geqslant 0, \quad i = 1, 2, \cdots, K+G$

上述 (1)—(4) 可以改写成以下标准形式:

$$\sum_{i=1}^{K+G} w_i \leqslant A$$

$$\sum_{i=1}^{K} w_i + \alpha \sum_{i=K+G+1}^{2(K+G)} w_i \leqslant A$$

$$w_i \geqslant 0, \quad i = 1, 2, \cdots, 2(K+G)$$

其中 $w_i (i \leqslant K+G)$ 表示 w_{iL}, $w_i (i > K+G)$ 表示 $w_{i-(K+G),S}$.

5.2 持有或卖空数量的约束

实际空头头寸的约束条件比上述表达式更为复杂. 首先存在借款上限的约束. 其次尽管多头头寸一般不用作抵押品, 但一些多头头寸仍可以作为某项空头头寸的部分抵押品, 比如, 一份可转换债券可兑换 100 股 A 股股票, 它可以作为这种股票空头头寸的部分抵押品. 再次, 交易开始和后续时期对抵押品比重的要求不一样, 比如, 用 α_1 表示最初需要支付的抵押品比例, α_2 表示股票价格波动后需维持的抵押品要求. 最后, 一些证券根本不能卖空, 或因为禁令, 或由于证券不能借入.

综上可把约束条件表示如下.

情形一: 要求 $\boldsymbol{w} = (w_1, w_2, \cdots, w_N)'$ 满足以下要求:

(i) $w_i \geqslant L_i$, 对某些 i.

或 $w_i \leqslant u_i$, 对某些 i.

或同时有上下限 $L_i \leqslant w_i \leqslant u_i$, 对某些 i.

(ii) $\boldsymbol{\alpha}'\boldsymbol{w} \geqslant C$, $\boldsymbol{\alpha} = (\alpha_1, \alpha_2, \cdots, \alpha_N)'$ 是向量.

或 $\boldsymbol{\alpha}'\boldsymbol{w} \leqslant C$, 或 $\boldsymbol{\alpha}'\boldsymbol{w} = C$.

情形二: 设 $\boldsymbol{A} = \begin{pmatrix} a_{11} & a_{12} & \cdots & a_{1N} \\ a_{21} & a_{22} & \cdots & a_{2N} \\ \vdots & \vdots & & \vdots \\ a_{m1} & a_{m2} & \cdots & a_{mN} \end{pmatrix}$, $\boldsymbol{b} = (b_1, b_2, \cdots, b_m)'$, 则一般约束条件可以表示为

$$\boldsymbol{A}\boldsymbol{w} \geqslant \boldsymbol{b}$$

加上不允许卖空条件 $\boldsymbol{w} \geqslant \boldsymbol{0}$.

情形三: 行业约束条件.

用 $S_1, S_2, \cdots, S_K$ 表示资产集合 $\{1, 2, \cdots, N\}$ 的子集, K 表示行业数, 其中 S_k 表示第 k 个行业的证券集合, 那么

行业约束可表示为

$$\sum_{i \in S_k} w_i \leqslant W_k, \quad k = 1, 2, \cdots, K$$

即组合中属于第 k 个行业的比重之上限, 其中 w_i 是投资的第 i 种资产之比例, 或更一般地表示成

$$\sum_{j=1}^{N} a_{kj} w_j \leqslant W_k, \quad k = 1, 2, \cdots, K$$

其中 w_j, W_k 含义同上式, a_{kj} 表示第 j 种证券对资产组合进入第 k 个行业的贡献.

情形四: 证券交易量约束条件.

设 w_i^C 表示证券 i 的当前持仓量, w_i^I 表示证券 i 的头寸增加量, w_i^P 表示证券 i 的头寸减少量, 可以将投资组合表示为 $\boldsymbol{W} = (\boldsymbol{w}, \boldsymbol{w}^I, \boldsymbol{w}^P)'$, 则约束条件可表示为

$$\boldsymbol{w} - \boldsymbol{w}^I + \boldsymbol{w}^P = \boldsymbol{w}^C$$

$$\sum_{i=1}^N w_i^I \leqslant U$$

$$\boldsymbol{w} \geqslant 0, \ \boldsymbol{w}^I \geqslant 0, \ \boldsymbol{w}^P \geqslant 0$$

则

$$\sigma^2 = \boldsymbol{W}'\boldsymbol{\Sigma}\boldsymbol{W} = (\boldsymbol{w}, \boldsymbol{w}^I, \boldsymbol{w}^P) \begin{pmatrix} \boldsymbol{\Sigma} & 0 & 0 \\ 0 & 0 & 0 \\ 0 & 0 & 0 \end{pmatrix} (\boldsymbol{w}, \boldsymbol{w}^I, \boldsymbol{w}^P)'$$

$$r_p = \boldsymbol{\mu}'\boldsymbol{W} = (\boldsymbol{\mu}, 0, 0)(\boldsymbol{\omega}, \boldsymbol{\omega}^I, \boldsymbol{\omega}^P)'$$

变成协方差矩阵为降秩的情形, 我们已在第 4 章讨论过.

实际上我们遇到的约束条件会更多, 下面再列举一部分:

(1) $\sum_{i=1}^N r_i |w_i| = 1$

其中当 $w_i < 0$ 时, $r_i < 1$; 当 $w_i \geqslant 0$ 时, $r_i = 1$. 这是在允许卖空的条件下的约束, 这是个硬条件.

(2) 允许买空、卖空, 允许向银行借款, 但是有限制.

(i) 关于卖空的约束

$$\text{当 } w_i < 0 \text{ 时}, \quad w_i \geqslant K, \quad K \leqslant 0 \text{ 给定}$$

或 (卖空、非卖空放到一起)

$$\sum_{i=1}^N |w_i| \leqslant 1 + 2K, \quad K > 0 \text{ 固定}$$

(ii) 关于抵押约束

$$\sum_{i \in \Lambda} 2|w_i| + \sum_{i \in \overline{\Lambda}} |w_i| \leqslant C$$

其中 Λ 是风险资产集, $\overline{\Lambda}$ 是无风险资产集.

(3) 交易费用税收约束.

$$E\left(\boldsymbol{w}'\boldsymbol{x} + \eta \boldsymbol{w}'\boldsymbol{x} + \delta \boldsymbol{w}'\boldsymbol{x}\right) \geqslant r_p, \quad \text{其中 } \eta \text{ 为交易费用率}, \delta \text{ 为税率}.$$

(4) 适用于多周期投资组合的买入卖出约束.

设 $\left\{w_i^{(0)}, i=1,\cdots,N\right\}$ 为初始组合，$\{w_i, i=1,\cdots,N\}$ 为调整后组合,

$$\text{买入约束} \quad \max\left(w_i - w_i^{(0)}, 0\right) \leqslant \overline{p_i}$$

$$\text{卖出约束} \quad \max\left(w_i^{(0)} - w_i, 0\right) \geqslant \overline{s_i}$$

实际上交易费用税收约束可以放在此约束条件下，这也是个硬条件.

(5) 数量约束

$$|\{i \in \{1, 2, \cdots, n\} : w_i \neq 0\}| \leqslant \alpha$$

这是用于投资组合的资产数量的限制. 这是整数规划问题，原模型为二次规划问题，加入此约束条件就变为混合规划问题.

5.3 约束条件的几何解释

在第 2 章中我们给出了两种证券时的几何解释，本章将给出三种证券时的几何解释，并进而考虑多证券时的几何解释.

5.3.1 一个三种证券的示例

假设市场上有 3 只股票，其日收益为 $\boldsymbol{X} = (X_1, X_2, X_3)'$，其中 X_i 为第 i 只股票的收益率，记 $\boldsymbol{\mu} := E(\boldsymbol{X}) = (EX_1, EX_2, EX_3)' = (\mu_1, \mu_2, \mu_3)'$. 假设投资者有 1 个单位的资金，他投资于这 3 只股票的组合向量为 $\boldsymbol{w} = (w_1, w_2, w_3)'$, $w_1 + w_2 + w_3 = 1$, 其中 w_i 为投资于第 i 只股票的比例，如果不要求 $w_i \geqslant 0$, 即允许卖空，否则就是不允许卖空. 记这两只股票收益率的协方差为

$$\sigma_{ij} = \text{cov}(X_i, X_j) = E[(X_i - \mu_i)(X_j - \mu_j)], \quad i,j = 1,2,3$$

特别地 $\sigma_i^2 := \sigma_{ii} = \text{cov}(X_i, X_i) = EX_i^2 - (EX_i)^2, i = 1,2,3$ 为它们的方差.

那么这个资产组合的收益率为

$$S = \boldsymbol{w}'\boldsymbol{X} = w_1 X_1 + w_2 X_2 + w_3 X_3$$

期望收益率为

$$ES = E(\boldsymbol{w}'\boldsymbol{X}) = w_1\mu_1 + w_2\mu_2 + w_3\mu_3$$

记资产组合的收益率的方差为

$$\sigma_p^2 = E\left[w_1X_1 + w_2X_2 + w_3X_3 - (w_1\mu_1 + w_2\mu_2 + +w_3\mu_3)\right]^2$$

$$= E\left[\sum_{i=1}^{3}(w_iX_i - w_i\mu_i)^2 + \sum_{i=1}^{3}\sum_{j\neq i}(w_iX_i - w_i\mu_i)(w_jX_j - w_j\mu_j)\right] = \boldsymbol{w}'\boldsymbol{\Sigma}\boldsymbol{w}$$

其中 $\boldsymbol{\Sigma} = (\sigma_{ij})_{1\leqslant i,j\leqslant 3}$ 为协方差矩阵.

我们希望对于确定的期望收益率水平有最小的方差, 即要求解以下的约束优化问题.

这样, 可以将标准的均值-方差资产组合问题表示成如下的随机规划问题 (I):

$$\text{Minimize} \quad \frac{1}{2}\sigma_p^2 = \frac{1}{2}\boldsymbol{w}'\boldsymbol{\Sigma}\boldsymbol{w} \tag{3-1}$$

$$\text{s.t.} \quad w_1\mu_1 + w_2\mu_2 + w_3\mu_3 \geqslant r_p \tag{3-2a}$$

$$w_1 + w_2 + w_3 = 1 \tag{3-2b}$$

我们考虑 (3-2a) 为等式约束, 即

$$w_1\mu_1 + w_2\mu_2 + w_3\mu_3 = r_p \tag{3-2c}$$

则约束条件 (3-2b) 和 (3-2c) 表示 (w_1, w_2, w_3)-3 维空间的两个平面, 一般情况下它们交于一条直线, 要求最小值的

$$\boldsymbol{w}'\boldsymbol{\Sigma}\boldsymbol{w} = \sigma_p^2 \tag{3-3}$$

表示 (w_1, w_2, w_3)-3 维空间中的一个椭球, 而当 σ_p^2 的值变化时表示一族同心椭球. 上述直线可能和椭球相交、相切或相离, 而只有当和椭球相切时, 此时问题 (I) 才有解 (见图 5.3.1 所示). 这个 σ_p^2 值和 r_p 是 1-1 对应的, 随着 r_p 的变化就得到 (r_p, σ_p^2) 平面上的一条曲线, 它是一条抛物线.

我们给出一个数值算例, 设 $\mu_1 = \frac{1}{8}, \mu_2 = \frac{1}{12}, \mu_3 = \frac{1}{9}$, 期望收益 $r_p = \frac{1}{10}$, 则约束条件为

$$w_1 \cdot \frac{1}{8} + w_2 \cdot \frac{1}{12} + w_3 \cdot \frac{1}{9} = \frac{1}{10} \tag{3-4a}$$

和

$$w_1 + w_2 + w_3 = 1$$

(3-4a) 可表为

$$\frac{w_1}{8/10} + \frac{w_2}{12/10} + \frac{w_3}{9/10} = 1 \tag{3-4b}$$

5.3 约束条件的几何解释

这是 3 维 (w_1, w_2, w_3) 空间中两个平面 (如图 5.3.1 所示), 相交于一条直线 (图中的 AB), 要在椭球族 $\boldsymbol{w}'\boldsymbol{\Sigma}\boldsymbol{w} = \sigma_p^2$ 中寻找一个和这条直线相切的椭球, 该椭球对应的 σ_p^2 就是组合的方差. 图 5.3.2 显示了 3 维空间的直线和不同 σ_p^2 值对应的一系列相似椭球的相对位置, 其中只有一个和直线相切, 就是我们要找的.

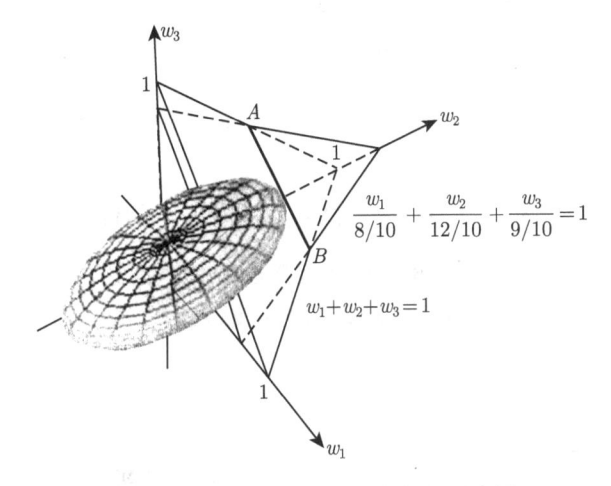

图 5.3.1 3 种证券时的几何解释示意图

附注 3.1 三种证券的组合 $\boldsymbol{w} = (w_1, w_2, w_3)'$, 满足条件 $w_1 + w_2 + w_3 = 1$, 也可表示为 $w_3 = 1 - w_1 - w_2$, 于是优化问题变为

$$\text{Minimize} \quad \sigma_p^2 = w_1^2 \sigma_1^2 + w_2^2 \sigma_2^2 + (1 - w_1 - w_2)^2 \sigma_3^2 + 2w_1 w_2 \sigma_{12}$$
$$+ 2w_1 (1 - w_1 - w_2) \sigma_{13} + 2w_2 (1 - w_1 - w_2) \sigma_{23} \quad (3\text{-}5)$$
$$\text{s.t.} \quad w_1 \mu_1 + w_2 \mu_2 + (1 - w_1 - w_2) \mu_3 = r_p \quad (3\text{-}6)$$

就变成在 (w_1, w_2) 平面上椭圆 (3-5) 和直线 (3-6) 的关系问题, 图 5.3.2 显示了平面上椭圆和直线相交、相切、相离的各种可能关系.

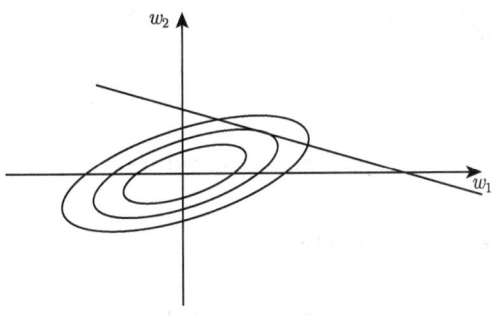

图 5.3.2 平面上椭圆和直线的相互关系图

类似地, 四种证券的组合 $\boldsymbol{w} = (w_1, w_2, w_3, w_4)$, 满足条件 $w_1+w_2+w_3+w_4=1$, 也可表示为 $w_4 = 1 - w_1 - w_2 - w_3$.

于是优化问题变为

$$\text{Minimize} \quad \sigma_p^2 = w_1^2\sigma_1^2 + w_2^2\sigma_2^2 + w_3^2\sigma_3^2 + (1-w_1-w_2-w_3)^2 \sigma_4^2 + 2w_1w_2\sigma_{12}$$
$$+ 2w_1w_3\sigma_{13} + 2w_2w_3\sigma_{23} + 2w_1(1-w_1-w_2-w_3)\sigma_{14}$$
$$+ 2w_2(1-w_1-w_2-w_3)\sigma_{24} + 2w_3(1-w_1-w_2-w_3)\sigma_{34} \tag{3-7}$$

$$\text{s.t.} \quad w_1\mu_1 + w_2\mu_2 + w_3\mu_3 + (1-w_1-w_2-w_3)\mu_4 = r_p \tag{3-8}$$

就变成在 3 维 (w_1, w_2, w_3) 空间里椭球和平面的关系问题, 图 5.3.3 显示了 3 维空间中平面和椭球相交、相切、相离的各种可能关系.

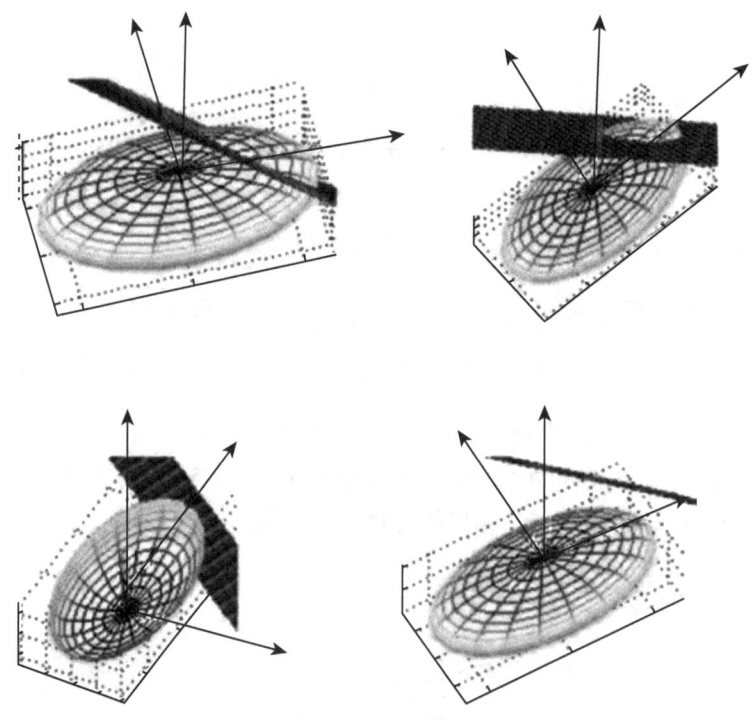

图 5.3.3 3 维空间中平面和椭球几种可能的位置

5.3.2 多资产时约束条件的几何解释

(1) $\sum\limits_{i=1}^{N} w_i = 1$ 表示 n 维空间中 $n-1$ 维超平面 (hyperplane).

5.3 约束条件的几何解释

(2) $r_p = \sum_{i=1}^{N} w_i \mu_i$ 也表示 n 维空间中 $n-1$ 维超平面.

(3) $\boldsymbol{w}'\boldsymbol{\Sigma}\boldsymbol{w} = \sigma^2$, 当 $\boldsymbol{\Sigma}$ 满秩时, 表示 N 维空间中的超椭球 (ellipsoid). 当资产组合中的一种是无风险资产时, $\boldsymbol{\Sigma}$ 可降秩, $\boldsymbol{w}'\boldsymbol{\Sigma}\boldsymbol{w} = \sigma^2$ 表示空间中的超椭柱 (elliptic cylinder).

(4) $\sum_{i=1}^{N} r_i |w_i| = 1$ 表示超多面体.

(5) $\sum_{i=1}^{N} w_i^2 = \dfrac{1}{K}$ 表示超球.

考虑问题

$$\text{Minimize} \quad \boldsymbol{w}'\boldsymbol{\Sigma}\boldsymbol{w}$$
$$\text{s.t.} \quad \sum_{i=1}^{N} w_i = 1$$
$$r_p = \sum_{i=1}^{N} w_i \mu_i$$

何时有解?

注意到 (1) 与 (2) 的交是 $n-2$ 维的超平面.

当 $\boldsymbol{\Sigma}$ 满秩时, $\boldsymbol{w}'\boldsymbol{\Sigma}\boldsymbol{w} = \sigma^2$ 为超椭球, 令 σ 变化, 就可以得到超椭球与超平面存在唯一的交点, 此时有唯一解. 图 5.3.3 显示超平面和超椭球几种可能的位置.

当 $\boldsymbol{\Sigma}$ 降秩时, $\boldsymbol{w}'\boldsymbol{\Sigma}\boldsymbol{w} = \sigma^2$ 表示空间中的超椭柱, 令 σ 变化, 就可以得到超椭柱与超平面存在无穷多个交点 (它们都在同一超平面上).

考虑问题

$$\text{Minimize} \quad \boldsymbol{w}'\boldsymbol{\Sigma}\boldsymbol{w}$$
$$\text{s.t.} \quad \sum_{i=1}^{N} r_i |w_i| = 1 \tag{3-9}$$

何时有解? 注意到 (4) 为超多面体. n 维空间中正多面体与椭球有 2^{n-1} 个切点, 这些切点不是同步达到的, 此时有多个解.

5.4 分散性约束及最大熵资产组合

人们常说鸡蛋不要放在一个篮子里, 意思就是通过分散投资来降低风险. 市场风险分散能力可以借助信息论中的熵或者广义熵来度量.

5.4.1 熵度量

定义 4.1 市场风险分散能力 (market diversity) 对资产组合序列 $w(t) = (w_1(t), w_2(t), \cdots, w_N(t))'$, 如果存在某个 $\delta > 0$, 使得

$$w(t)_{\max} \leqslant 1 - \delta, \quad t = 0, 1, \cdots, T-1, \quad \text{a.s.}$$

这里 $w(t)_{\max} = \max(w_1(t), \cdots, w_N(t))$, 那么我们称这一资产组合具有风险分散能力.

如果存在 $\delta > 0$, 使得

$$\frac{1}{T}\sum_{t=0}^{T-1} w(t)_{\max} \leqslant 1 - \delta, \quad \text{a.s.}$$

那么我们称这一资产组合对风险具有弱分散能力.

从这一定义我们可以发现, 如果某一资产组合具有风险分散能力, 那么整个交易期间将不会出现投资在某种风险资产上的比例占据市场份额的绝大部分, 也就是说, 没有任何一种风险资产会占有绝大部分的可投资资产. 而弱风险分散能力则只要求在整个交易期间, 单周期风险资产投资比例的最大值的平均值不超过某个值, 即使在某一周期内这个最大值曾经超过一定的界限. 不难发现, 在一个实际的完全市场上, 这样的要求还是相当低的, 因而不难实现.

下面引入熵的概念. 在信息论中, 熵通常用来度量信源的平均不确定性, 是对随机变量概率分布的不变性的度量. 我们在这里将资产组合看作一个概率分布, 借用信息论中香农 (Shannon) 熵来度量分散性 (参见 [1]).

定义 4.2 一个组合 $w = (w_1, \cdots, w_N)'$ 的香农熵定义为

$$H(w) = -\sum_{i=1}^{N} w_i \ln w_i \tag{4-1}$$

易证当 $w_1 = w_2 = \cdots = w_N = \dfrac{1}{N}$ 时, $H(w)$ 取得最大值 $\max H(w) = \ln N$; 当有一个 $w_i = 1$, 其他 $w_j = 0, j \neq i$, $H(w)$ 取得最小值 $\min H(w) = 0$.

基于上述定义, 我们不难发现, 熵可以用来度量市场分散风险的能力, 熵越大意味着分散风险的能力越强; 反之, 分散风险的能力越弱.

可以证明, 市场具有风险分散能力当且仅当存在 $\varepsilon > 0$, 使得 $H(w(t)) \geqslant \varepsilon$, $t \in [0, T]$, a.s..

5.4 分散性约束及最大熵资产组合

上面定义的熵是通常意义下的香农熵, 我们可以推广到广义熵.

定义 4.3 一个组合的 r-次熵定义为

$$H^r(\boldsymbol{w}) = \frac{1}{1-r}\left(\sum_{i=1}^{N}[w_i]^r - 1\right), \quad r > 0,\ r \neq 1 \tag{4-2}$$

特别地, 当 $r=2$ 时,

$$H^2(\boldsymbol{w}) \triangleq \text{GH}(\boldsymbol{w}) = 1 - \sum_{i=1}^{N}[w_i]^2 \tag{4-3}$$

同样可以证明当 $w_1 = w_2 = \cdots = w_N = \dfrac{1}{N}$ 时, 达到最大值 $\text{GH}(\boldsymbol{w}) = 1 - \dfrac{1}{N}$; 当有一个 $w_i = 1$, 其他 $w_j = 0,\ j \neq i$ 时, $\text{GH}(\boldsymbol{w}) = 0$.

更多广义熵的定义可以参阅 [1]. r-次熵和香农熵的关系如下

$$\lim_{r \to 1} H^r(w(t)) = H(w(t)) \tag{4-4}$$

下面我们将利用上述熵的概念和特性构造新的最优资产组合准则.

5.4.2 最大熵资产组合

模型一: 最大香农熵组合模型[1,2]

$$\text{Maximize} \quad S = H(\boldsymbol{w}) = -\sum_{i=1}^{N} w_i \ln w_i \tag{4-5}$$

$$\text{s.t.} \quad \boldsymbol{1}'\boldsymbol{w} = 1 \tag{4-6}$$

$$E(\boldsymbol{X}_p) = E(\boldsymbol{X})'\boldsymbol{w} = \mu \tag{4-7}$$

我们可以利用拉格朗日乘子法求解这个模型.

设 $L = S + \lambda_1(\boldsymbol{1}'\boldsymbol{w} - 1) + \lambda_2(E(\boldsymbol{X})'\boldsymbol{w} - \mu)$, 最优解的一阶条件为

$$\begin{cases} \dfrac{\partial L}{\partial w_i} = -(1 + \ln(w_i)) + \lambda_1 + \lambda_2 E(X_i) = 0, \quad i = 1, \cdots, N \\ \dfrac{\partial L}{\partial \lambda_1} = \boldsymbol{1}'\boldsymbol{w} - 1 = 0 \\ \dfrac{\partial L}{\partial \lambda_2} = E(\boldsymbol{X})'\boldsymbol{w} - \mu = 0 \end{cases} \tag{4-8}$$

由 (4-8) 式中的第一式知 $w_i = e^{\lambda_1 - 1} e^{\lambda_2 E(X_i)}$, 分别代入第二、三式有

$$\begin{cases} e^{\lambda_1-1}\sum_{i=1}^{N}e^{\lambda_2 E(X_i)}=1 \\ e^{\lambda_1-1}\sum_{i=1}^{N}E(X_i)e^{\lambda_2 E(X_i)}=\mu \end{cases} \qquad (4\text{-}9)$$

由 (4-9) 知

$$\sum_{i=1}^{N}(E(X_i)-\mu)e^{\lambda_2 E(X_i)}=0 \qquad (4\text{-}10)$$

从而 $w_i = e^{\lambda_2 E(X_i)} \Big/ \sum_{j=1}^{N} e^{\lambda_2 E(X_j)}, i=1,\cdots,N$, 其中 λ_2 是方程 (4-10) 的解.

从这个模型的求解结果来看, 虽然无法得到它的显式解析解, 但它的数值计算相当简单. 这个模型的求解关键在于求解方程 (4-10), 用通常的迭代方法便可很容易求得其解, 而且这个解的意义也相当明确.

模型二: 最大广义熵组合模型.

考虑 $r=2$ 时的 r-次熵, 此时目标函数 $S=H^r(\boldsymbol{w})=1-\sum_{i=1}^{N}(w_i)^2$, 我们仍可用拉格朗日乘子法求解.

设 $L=S+\lambda_1(\mathbf{1}'\boldsymbol{w}-1)+\lambda_2(E(\boldsymbol{X})'\boldsymbol{w}-\mu)$, 则最优解的一次条件为

$$\begin{cases} \dfrac{\partial L}{\partial w_i}=-2w_i+\lambda_1+\lambda_2 E(X_i)=0, \quad i=1,\cdots,N \\ \dfrac{\partial L}{\partial \lambda_1}=\mathbf{1}'\boldsymbol{w}-1=0 \\ \dfrac{\partial L}{\partial \lambda_2}=E(\boldsymbol{X})'\boldsymbol{w}-\mu=0 \end{cases} \qquad (4\text{-}11)$$

我们很容易便可求解这个线性方程组的解, 得解如下

$$\begin{cases} w_i=(\lambda_1+\lambda_2 E(X_i))/2 \\ \lambda_1=\left(2\sum_{i=1}^{N}(E(X_i))^2-2\mu\sum_{i=1}^{N}E(X_i)\right)\Big/\left(N\sum_{i=1}^{N}E(X_i)-\left(\sum_{i=1}^{N}E(X_i)\right)^2\right) \\ \lambda_2=\left(2N\mu-2\sum_{i=1}^{N}E(X_i)\right)\Big/\left(N\sum_{i=1}^{N}E(X_i)-\left(\sum_{i=1}^{N}E(X_i)\right)^2\right) \end{cases}$$

$$(4\text{-}12)$$

显然, 这个模型的求解不仅比上面的香农熵简单, 而且比原马科维茨模型的求解要简化许多, 无须迭代, 只需要用估计的各证券的平均收益率即可求解该模型.

5.4 分散性约束及最大熵资产组合

那么这个模型在实际应用中是否也有较好的结果呢? 是否也可以指导投资呢? 下面我们来对上述三个模型进行一下比较.

5.4.3 实证分析

我们选取了 2020 年沪深 300 指数权重股的前 25 只股票: 中国平安 (601318), 贵州茅台 (600519), 招商银行 (600036), 恒瑞医药 (600276), 美的集团 (000333), 五粮液 (000858), 格力电器 (000651), 兴业银行 (601166), 中信证券 (600030), 伊利股份 (600887), 长江电力 (600900), 万科 A(000002), 立讯精密 (002475), 民生银行 (600016), 交通银行 (601328), 农业银行 (601288), 平安银行 (000001), 浦发银行 (600000), 海螺水泥 (600585), 海天味业 (603288), 工商银行 (601398), 三一重工 (600031), 中国建筑 (601668), 牧原股份 (002714), 保利集团 (600048). 利用 2020 年 1 月—2020 年 12 月的数据, 分别对马科维茨投资组合模型、最大熵投资组合模型和最大广义熵投资组合模型进行求解, 结果见图 5.4.1—图 5.4.3. 在这三个图中, 纵轴均为三个模型下最优资产组合的期望收益率, 横轴分别为其所对应的标准差、香农熵和 2-次熵.

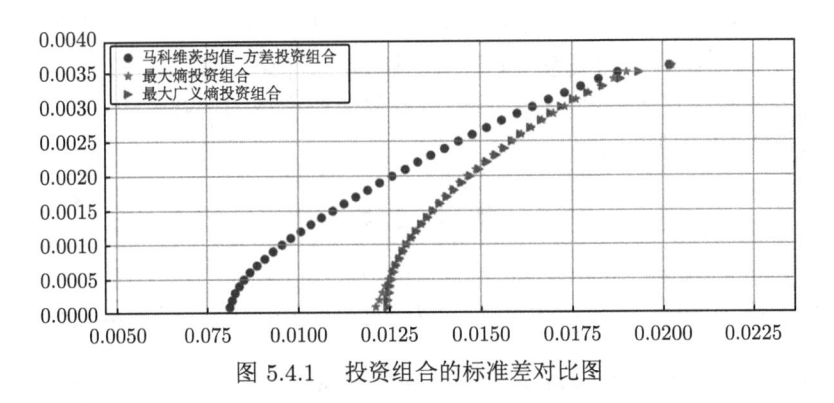

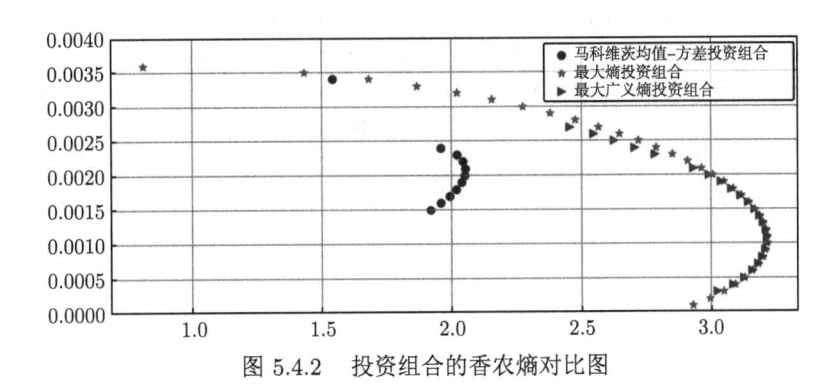

图 5.4.1 投资组合的标准差对比图

图 5.4.2 投资组合的香农熵对比图

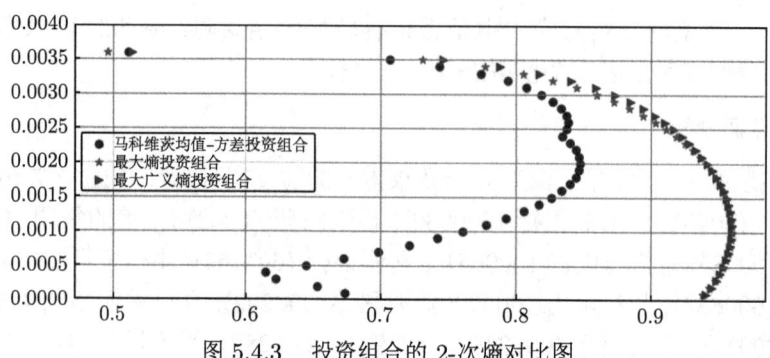

图 5.4.3　投资组合的 2-次熵对比图

由图 5.4.1 可得, 利用最大熵资产组合模型和最大广义熵投资组合模型得出的最优投资组合, 在传统的以标准差为风险的意义下, 风险与期望收益有类似的关系. 而且, 随着期望收益的不断增大, 三种模型下投资组合的风险之间的差距越来越小.

由图 5.4.2 和图 5.4.3 可得, 从香农熵和 2-次熵为风险的角度来看, 风险与期望收益率的关系, 与传统的标准差与期望收益率的关系正好相反, 风险与期望收益率也有近似二次函数的关系, 且香农熵和 2-次熵模型的有效投资前沿曲线总是相当接近, 在允许误差的范围内, 我们可以将两个模型的求解结果认为是近似的, 但 2-次熵模型更便于计算.

参 考 文 献

[1] 叶中行. 信息论基础 [M]. 3 版. 北京: 高等教育出版社, 2020.
[2] 王俊, 周煦, 叶中行. 投资组合分散风险能力的度量及应用 [J]. 宁夏大学学报, 2004, 25(2): 134-137.
[3] Chang T J, Meade N, Beasley J E, et al. Heuristics for cardinality constrained portfolio optimization[J]. Computers & Operations Research, 2000, 27: 1271-1302.
[4] Bradfield D J, Raubenheimer H. A note on portfolio selection with restrictions on leverage[J]. European J. Operation Research, 2001, 134: 243-248.
[5] Cramaa Y, Schyns M. Simulated annealing for complex portfolio selection problems[J]. European Journal of Operational Research, 2003, 150: 546-571.
[6] Gratcheva E M, Falk J E. Optimal deviations from an asset allocation[J]. Computers and Operations Research, 2003, 30: 1643-1659.

第 6 章 非正态假设

马科维茨模型的一个基本假设是资产收益服从联合正态分布,但是实际市场并不满足这个假设. 基于世界上几个主要成熟市场的实际数据的拟合结果表明,股票收益的实际分布具有"肥尾"现象. 在非正态假设下,均值–方差分析就不合理了,需要关注高阶矩的表现.

本章 6.1 节以我国股市为例,分析了沪深 300 指数的对数收益率,发现对数收益的分布具有"肥尾"现象,且服从幂指数衰减规律;6.2 节讨论有高阶矩约束的最优资产组合模型;6.3 节介绍具有肥尾的一些分布,特别是稳定分布;6.4 节讨论相关的最优资产组合模型.

6.1 股票指数收益的分布

6.1.1 股票指数收益率实证分析

我们选择沪深 300 指数从 2006 年 1 月 1 日至 2021 年 12 月 31 日的日数据. 令 S_t 为第 t 日的收盘价,并定义 $X_t = \ln S_t - \ln S_{t-1}$ 为第 t 日的收益,共计 $n = 3890$ 个数据. 图 6.1.1 和图 6.1.2 分别描述了 S_t 和 X_t 的波动情况.

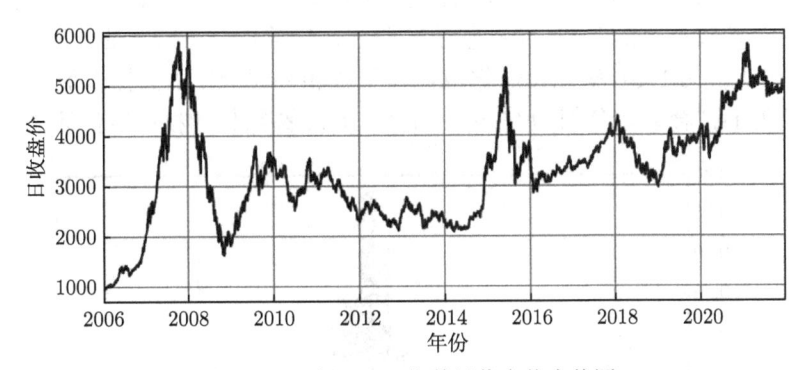

图 6.1.1　沪深 300 指数日收盘价走势图

计算收益率前四阶矩如下

均值: $\bar{X} = \dfrac{\sum\limits_{i=1}^{n} X_i}{n} = 0.04311$

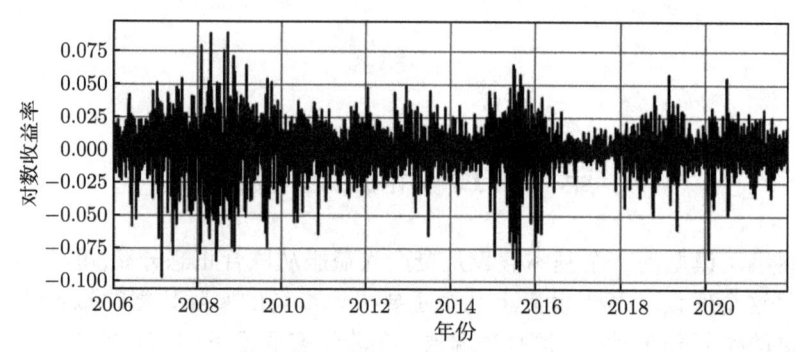

图 6.1.2　沪深 300 指数日对数收益率走势图

方差: $S^2 = \dfrac{\sum\limits_{i=1}^{n}(X_i - \bar{X})}{n-1} = 1.70256$

偏度: $C_s = \dfrac{n\dfrac{\sum\limits_{i=1}^{n}(X_i - \bar{X})^3}{S^3}}{(n-1)(n-2)} = -0.57305$

峰度: $C_k = \dfrac{(n^2 - 2n + 3)\dfrac{\sum\limits_{i=1}^{n}(X_i - \bar{X})^4}{S^4}}{(n-1)(n-2)(n-3)} = 3.94072$

从上面的结果易知日对数收益率并不服从正态分布, 观察日对数收益率的直方图 (见图 6.1.3) 也可以得出相同的结论. 因此我们将考虑使用几种非参数方法[2]来拟合日对数收益率的分布, 包括基于高斯核、指数核的核密度估计以及 k-近邻密度估计, 见图 6.1.4—图 6.1.6. 选取偏差平方和来评价模型的拟合效果, 这三种非参数模型的拟合误差分别为 25.9, 26.7 和 56.5, 高斯核的核密度估计法最优.

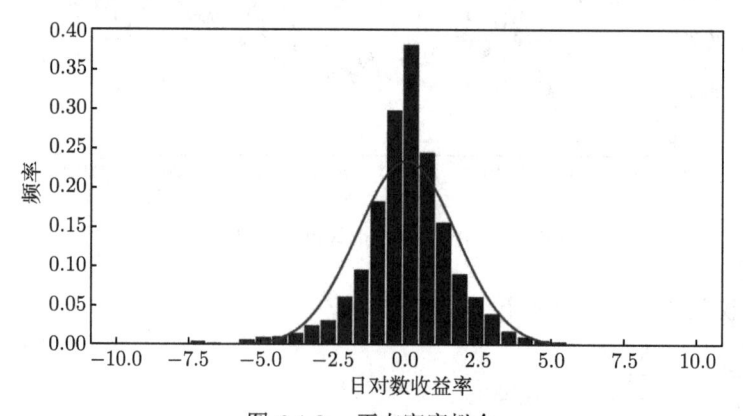

图 6.1.3　正态密度拟合

6.1 股票指数收益的分布

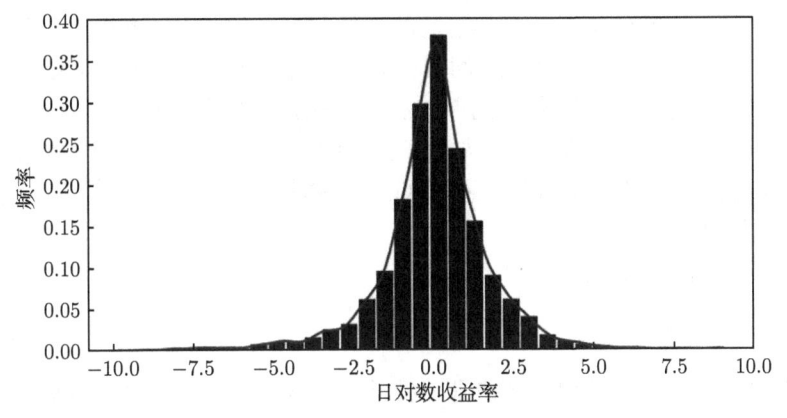

图 6.1.4 高斯核密度估计

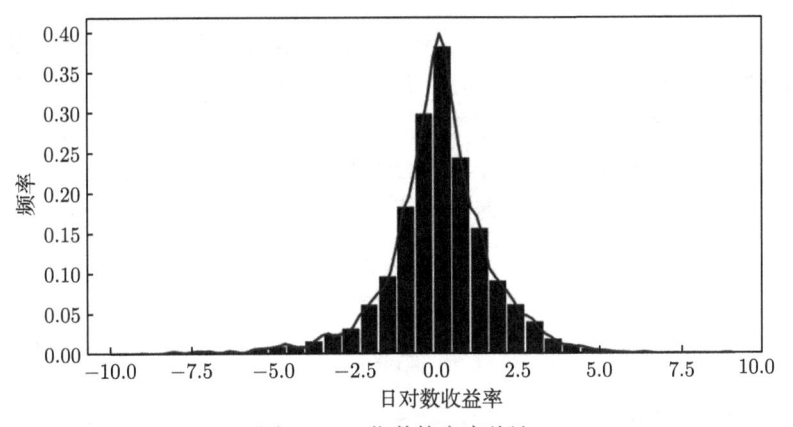

图 6.1.5 指数核密度估计

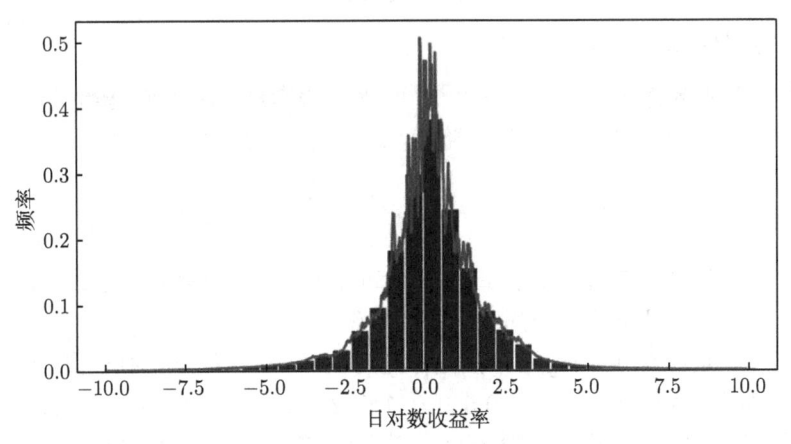

图 6.1.6 k-近邻密度估计

当然，核估计的效果好坏与其窗宽的选择有很大的关系. 事实上，我们在模拟分析过程中，选择了起始为 0.01，间隔也为 0.01 的 100 个窗宽来进行试验，从中选取了一个最理想的结果，其中高斯核和指数核密度估计的最优窗宽分别为 0.56 和 0.41. 而 k-近邻密度估计效果与 k 的选择有很大关系，因为样本数据有 3890 条，是一维大样本数据集，我们这里按照通常做法，选择 $k = [\sqrt{n}]$ ([ ] 为取整函数)，即 k 为 62.

6.1.2 股票日收益的幂律

1. 股票指数日收益分布密度尾部的幂律

在物理学和流体力学中，幂律是一种常见的现象[3,5,6]. 有意思的是，来自世界各大成熟的股票市场的金融数据中也发现了类似的现象. 这种现象在我国股票市场是否也存在呢?

为了寻找分布尾部衰减的速率，我们将尾部放大，发现其衰减速率比指数要慢，所以进一步尝试用幂函数来拟合，得到较好的效果，为求幂指数，用 $f(x) = |x|^{-\alpha}$ 来拟合日收益分布密度的尾部. 设 $(X_1, f_1), \cdots, (X_n, f_n)$ 为尾部的数据点，因为 $\ln f(x) = -\alpha \log |x|$，用最小二乘法得到当 $x > 3.9576$ 与 $x < -3.8714$ 时 (使用 $\mu \pm 3\sigma$ 得到上下阈值) α 的估计值为

$$\alpha^* = \frac{\sum\limits_{i=1}^{n}(\ln f_i)(\ln X_i)}{\sum\limits_{i=1}^{n}(\ln X_i)^2} \tag{1-1}$$

计算表明，负尾部的估计为 $f(x) = |x|^{-3.0721}$. 正尾部的估计为 $f(x) = |x|^{-3.0926}$. 这显示了收益的分布具有 "肥尾"，且其衰减服从幂律.

2. 一般化平均波动率的幂律

既然外汇汇率存在多维分形波动[10,14]，我们来考察沪深 300 指数是否也有类似性质. 令 X_t 表示前面所提到的日收益序列，并定义一般化平均波动率 $S^{(q)}(\tau)$ 如下

$$S^{(q)}(\tau) = \langle |X_{t+\tau} - X_t|^q \rangle \sim S^{(q)}(T) \left(\frac{\tau}{T}\right)^{\varsigma(q)} \tag{1-2}$$

其中 τ 为时间间隔，T 是系统的最大时间间隔 (即观察的数据点总数)，$\langle \cdot \rangle$ 为统计均值，$q > 0$，$\varsigma(q)$ 是不同时间间隔下的指数函数.

图 6.1.7 是一个 log-log 图，横坐标是时间间隔 τ，纵坐标代表 $S^{(q)}(\tau)$，五条曲线由下而上分别对应在 $q = 0.5, 1.0, 1.5, 2.0, 2.5$ 时的情况. $S^{(q)}(\tau)$ 和 τ 是近似对数线性相关的，其斜率为 $\varsigma(q) = \ln(S^{(q)}(T))/\ln(T)$. 例如: $\varsigma(1) = 1.0022$，$\varsigma(2) = 1.0195$.

6.2 有高阶矩约束的最优资产组合模型

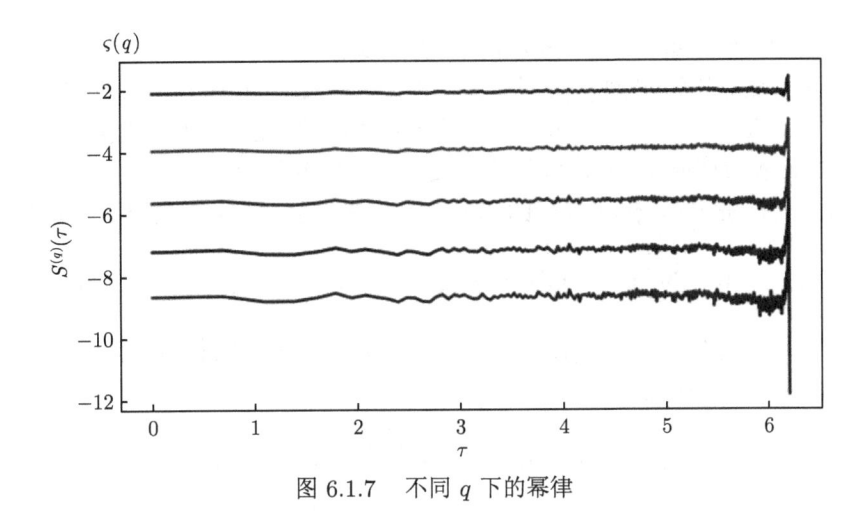

图 6.1.7 不同 q 下的幂律

当 q 较小时, $\varsigma(q)$ 是线性的; 当 q 变大时, $\varsigma(q)$ 不再是线性的. 线性部分的斜率就是 $\varsigma(1)$. 用多项式拟合 $\varsigma(q)$ 发现五次曲线的拟合效果相当好.

这就是我们发现的第二个幂律.

$$\varsigma(q) = 0.00008q^5 - 0.0011q^4 + 0.0063q^3 - 0.02q^2 + 0.0475q + 0.9694$$

参见图 6.1.8.

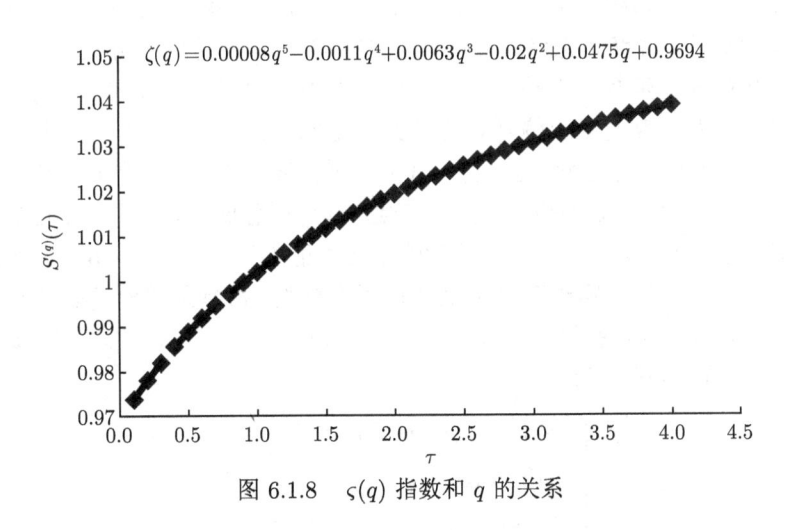

图 6.1.8 $\varsigma(q)$ 指数和 q 的关系

6.2 有高阶矩约束的最优资产组合模型

由于收益分布不服从正态分布, 故在最优资产组合选择时仅考虑均值和方差是不够的, 还要考虑高阶矩 (参阅 [4]). 这里假设资本市场无任何交易成本、税收,资产数量单位无限可分等, 且规定市场上允许卖空.

假设市场上仅有 N 种风险资产和一种无风险资产, 风险资产的收益率向量记为 $\boldsymbol{X}=(X_1,X_2,\cdots,X_N)'$, 其中 X_j 为第 j 种资产的收益率, 无风险资产的收益率为 r_f; 投资者投资此 N 种风险资产的资产组合向量记为 $\boldsymbol{w}=(w_1,w_2,\cdots,w_N)'$, 其中 w_j 为投资于第 j 种资产的比例, 且允许卖空, 投资无风险资产的比例为 w_{N+1} ($w_{N+1}\geqslant 0$), $\sum_{i=1}^{N+1}w_i = \boldsymbol{w}'\boldsymbol{1} + w_{N+1} = 1$ 其中 $\boldsymbol{1}=(1,\cdots,1)'$. $\boldsymbol{\mu}=E\boldsymbol{X}=(EX_1,EX_2,\cdots,EX_N)'=(\mu_1,\mu_2,\cdots,\mu_N)'$ 为风险资产的收益率向量的期望值, 资产组合的总收益率为

$$X_p = \boldsymbol{w}'\boldsymbol{X} + w_{N+1}r_f = \sum_{j=1}^{N}w_j X_j + w_{N+1}r_f$$

其期望为

$$EX_p = \boldsymbol{w}'\boldsymbol{r} + w_{N+1}r_f = \sum_{j=1}^{N}w_j\mu_j + w_{N+1}r_f$$

总收益 X_p 的方差为 $\boldsymbol{w}'\boldsymbol{\Sigma}\boldsymbol{w}$, 其中 $\boldsymbol{\Sigma}$ 为收益率向量 $\boldsymbol{X}$ 的方差-协方差矩阵, 在这个模型里方差 $\text{Var}(X_p)$ 用来表示资本市场上因价格波动带来的风险. 由于投资组合收益的非对称性和肥尾性, 我们要考虑偏度和峰度. 偏度 (即三阶中心矩) 描述分布的非对称性, 偏度为正值时相对于正态分布而言经验概率分布右偏, 若数值较大时反映在分布函数上就是在均值左侧的图像比较短促而厚实, 在均值右侧细长而狭窄. 绝大多数投资者偏好具有较大的正偏度的收益率. 峰度 (即四阶中心距) 描述了分布的尖峰程度, 是风险分散的程度, 同方差一样, 绝大多数投资者厌恶峰度. 而且许多实证表明投资者偏好奇数阶矩, 厌恶偶数阶矩. 所以在最优化组合中希望期望和偏度尽可能大, 方差和峰度尽可能小. 文献 [7] 中 5.2 节给出了一个有均值、方差和三阶矩约束的最优资产组合模型, 得到最优解的隐式表达式和三基金分离定理. 我们在这里讨论更一般的涉及一、二、三、四阶矩的多目标最优资产组合问题 (DP)(参阅 [1,2]):

$$\begin{cases} \text{Maximize} & E(X_p) \\ \text{Minimize} & E(X_p - E(X_p))^2 \\ \text{Maximize} & E(X_p - E(X_p))^3 \\ \text{Minimize} & E(X_p - E(X_p))^4 \\ \text{s.t.} & \sum_{i=1}^{N+1}w_i = 1 \end{cases} \quad (2\text{-}1)$$

6.2 有高阶矩约束的最优资产组合模型

当然这里可以建立很多的等价模型,如将这四个量中的任一个作为目标函数,其余的作为约束条件,或者将这四个量中的任意两个或多个作为目标函数,其余作为约束条件,例如:

模型一:

$$\text{Minimize} \quad \frac{1}{2}\text{Var}(X_p) + aE\left(X_p - E(X_p)\right)^4$$

$$\text{s.t.} \quad EX_p = \sum_{j=1}^{N} w_j X_j + w_{N+1} r_f \geqslant r_0$$

$$\sum_{j=1}^{N+1} w_j = \boldsymbol{w}'\boldsymbol{1} + w_{N+1} = 1$$

$$E(X_p - EX_p)^3 \geqslant \gamma; \; \gamma \geqslant 0$$

或者模型二:

$$\text{Maximize} \quad \left(EX_p + bE\left(\boldsymbol{x}_p - EX_p\right)^3\right)$$

$$\text{s.t.} \quad \text{Var}(X_p) = \boldsymbol{w}'\boldsymbol{\Sigma}\boldsymbol{w} = \sigma^2(X_p) \leqslant \beta$$

$$E(X_p - E(X_p))^4 \leqslant \theta$$

$$\sum_{j=1}^{N+1} w_j = \boldsymbol{w}'\boldsymbol{1} + w_{N+1} = 1; \; \beta \geqslant 0, \; \theta \geqslant 0$$

或者模型三:

$$\text{Maximize} \quad E(X_p - EX_p)^3$$

$$\text{s.t.} \quad \text{Var}(X_p) = \boldsymbol{w}'\boldsymbol{\Sigma}\boldsymbol{w} = \sigma^2(X_p) \leqslant \beta$$

$$EX_p = \sum_{j=1}^{N} w_j X_j + w_{N+1} r_f \geqslant r_0; \; r_0 \geqslant 0$$

$$E(X_p - E(X_p))^4 \leqslant \theta$$

$$\sum_{j=1}^{N+1} w_j = \boldsymbol{w}'\boldsymbol{1} + w_{N+1} = 1; \; \beta \geqslant 0, \; \theta \geqslant 0$$

其中 a, b, β, θ 均为非负数.

考虑到上面模型在求最优投资组合上是等价的,此处重点研究下面的模型. 为了使问题简化,假设不存在无风险资产的情形.

$$(\mathrm{P}_0)\begin{cases} \text{Minimize} & E(X_p - E(X_p))^2 - \alpha E(X_p - E(X_p))^3 \\ & +\beta E(X_p - E(X_p))^4, \quad \alpha \geqslant 0; \beta \geqslant 0 \\ \text{s.t.} & EX_p = \sum_{j=1}^{N} w_j r_j \geqslant r_0; \quad r_0 \geqslant 0 \\ & \sum_{j=1}^{N} w_j = \boldsymbol{w}'\boldsymbol{1} = 1 \end{cases} \tag{2-2}$$

附注 2.1 若 $\alpha = \beta = 0$, 则上述模型即为经典的马科维茨均值-方差模型.

附注 2.2 高阶矩反映了收益率分布的 "肥尾" 特征, 下章要讨论的 VaR 或 CVaR 也度量了分布的尾部风险大小, 二者有异曲同工之处. 事实上, 在文献 [10] 基于 Conish-Fisher 展开式的 CVaR 估计中, 就是利用了分布的三阶矩和四阶矩. 基于均值-方差-CVaR 模型和均值-方差-偏度-峰度模型的最优投资策略均分别有不少研究, 见 [8,12,14,16,17] 及它们文中的文献.

下面来说明非线性规划问题 (P_0) 存在最优解. 设资产 i 和资产 j 收益率的协方差为 $\sigma_{ij} = \mathrm{cov}(X_i, X_j), 1 \leqslant i,j \leqslant n$, $\boldsymbol{X} = (x_1, x_2, \cdots, x_N)'$ 对应的协方差矩阵记为 $\boldsymbol{\Sigma} = (\sigma_{ij})_{N \times N}$, $\boldsymbol{\Sigma}$ 为非退化的矩阵. 又记

$$\gamma_{ijk} = E[(X_i - r_i)(X_j - r_j)(X_k - r_k)]$$

$$\boldsymbol{\Sigma}_i = \begin{pmatrix} \gamma_{i11} & \cdots & \gamma_{i1N} \\ \vdots & & \vdots \\ \gamma_{iN1} & \cdots & \gamma_{iNN} \end{pmatrix}, \quad \boldsymbol{w}'\boldsymbol{\Sigma}_i\boldsymbol{w} = (w_1, \cdots, w_n)' \begin{pmatrix} \gamma_{i11} & \cdots & \gamma_{i1N} \\ \vdots & & \vdots \\ \gamma_{iN1} & \cdots & \gamma_{iNN} \end{pmatrix} \begin{pmatrix} w_1 \\ \vdots \\ w_N \end{pmatrix}$$

则

$$\begin{pmatrix} \boldsymbol{w}'\boldsymbol{\Sigma}_1\boldsymbol{w} \\ \boldsymbol{w}'\boldsymbol{\Sigma}_2\boldsymbol{w} \\ \vdots \\ \boldsymbol{w}'\boldsymbol{\Sigma}_N\boldsymbol{w} \end{pmatrix} := \boldsymbol{u} \text{ 是一列向量, 又设}$$

$$\theta_{ijkl} = E[(X_i - r_i)(X_j - r_j)(X_k - r_k)(X_l - r_l)], \quad \boldsymbol{\Sigma}_{ij} = \begin{pmatrix} \theta_{ij11} & \cdots & \theta_{ij1N} \\ \vdots & & \vdots \\ \theta_{ijN1} & \cdots & \theta_{ijNN} \end{pmatrix}$$

则 $(\boldsymbol{w}'\boldsymbol{\Sigma}_{ij}\boldsymbol{w})_{1 \leqslant i \leqslant N, 1 \leqslant j \leqslant N} := \boldsymbol{A}$ 仍是一个矩阵.

从而有 $E(\boldsymbol{X} - E(\boldsymbol{X}))^3 = \boldsymbol{w}'\boldsymbol{u}$, $E(\boldsymbol{X} - E(\boldsymbol{X}))^4 = \boldsymbol{w}'\boldsymbol{A}\boldsymbol{w}$. 又设

$$g(\boldsymbol{w}) = \frac{1}{2}\boldsymbol{w}'\boldsymbol{\Sigma}\boldsymbol{w} - \frac{\alpha}{2}\boldsymbol{w}'\boldsymbol{u} + \frac{\beta}{2}\boldsymbol{w}'\boldsymbol{A}\boldsymbol{w}$$

6.2 有高阶矩约束的最优资产组合模型

于是用上述符号可以把规划问题 (P_0) 表示为

$$(P_0') \begin{cases} \text{Minimize} & g(\boldsymbol{w}) \\ \text{s.t.} & \boldsymbol{w}'\boldsymbol{r} \geqslant r_0 \geqslant 0 \\ & \boldsymbol{w}'\boldsymbol{1} = 1, \quad j = 1, \cdots, N \end{cases} \quad (2\text{-}3)$$

设欧氏空间 R^{N-1} 的子集 $\mathbb{S} \triangleq \{\boldsymbol{w}|\, \boldsymbol{w}'\boldsymbol{r} \geqslant r_0 \geqslant 0; \boldsymbol{w}'\boldsymbol{1} = 1, j = 1, \cdots, N\}$, 显然 $\mathbb{S}$ 是闭凸集, 在空间 $\mathbb{S}$ 上目标函数是连续的, 由于定义在闭凸集上的连续函数必有最值. 可知在空间 $\mathbb{S}$ 上必有最小值点, 对应的解 $\boldsymbol{w}^* = (w_1^*, w_2^*, \cdots, w_N^*)'$ 即为最优资产组合.

令

$$L \equiv g(\boldsymbol{w}) + \lambda_1 (r_0 - \boldsymbol{w}'\boldsymbol{r}) + \lambda_2 (1 - \boldsymbol{w}'\boldsymbol{1})$$

由拉格朗日乘数法得到

$$\begin{cases} \dfrac{\partial L}{\partial \boldsymbol{w}} = \boldsymbol{\Sigma}\boldsymbol{w} - \dfrac{3\alpha}{2}\boldsymbol{u} + 2\beta \boldsymbol{A}\boldsymbol{w} - \lambda_1 \boldsymbol{r} - \lambda_2 \boldsymbol{1} = \boldsymbol{0} \\ \dfrac{\partial L}{\partial \lambda_1} = r_0 - \boldsymbol{w}'\boldsymbol{r} = 0 \\ \dfrac{\partial L}{\partial \lambda_2} = 1 - \boldsymbol{w}'\boldsymbol{1} = 0 \end{cases} \quad (2\text{-}4)$$

式子 $L_{\boldsymbol{w}} = \boldsymbol{0}$ 变形为 $\boldsymbol{\Sigma}\boldsymbol{w} = \dfrac{3\alpha}{2}(\boldsymbol{w}'\boldsymbol{\Sigma}_i \boldsymbol{w}) - 2\beta (\boldsymbol{w}'\boldsymbol{\Sigma}_{ij}\boldsymbol{w})\boldsymbol{w} + \lambda_1 \boldsymbol{r} + \lambda_2 \boldsymbol{1}$, 由于 $\boldsymbol{\Sigma}$ 为非退化的矩阵, 所以有

$$\boldsymbol{w} = \dfrac{3\alpha}{2}\boldsymbol{\Sigma}^{-1}(\boldsymbol{w}'\boldsymbol{\Sigma}_i \boldsymbol{w}) - 2\beta \boldsymbol{\Sigma}^{-1}(\boldsymbol{w}'\boldsymbol{\Sigma}_{ij}\boldsymbol{w})\boldsymbol{w} + \boldsymbol{\Sigma}^{-1}(\lambda_1 \boldsymbol{r} + \lambda_2 \boldsymbol{1}) \quad (2\text{-}5)$$

代入 $r_0 - \boldsymbol{w}'\boldsymbol{r} = 0$ 得

$$r_0 = \lambda_1 \boldsymbol{r}'\boldsymbol{\Sigma}^{-1}\boldsymbol{r} + \lambda_2 \boldsymbol{r}'\boldsymbol{\Sigma}^{-1}\boldsymbol{1} + \dfrac{3\alpha}{2}\boldsymbol{r}'\boldsymbol{\Sigma}^{-1}(\boldsymbol{w}'\boldsymbol{\Sigma}_i \boldsymbol{w}) - 2\beta \boldsymbol{r}'\boldsymbol{\Sigma}^{-1}(\boldsymbol{w}'\boldsymbol{\Sigma}_{ij}\boldsymbol{w})\boldsymbol{w} \quad (2\text{-}6)$$

代入 $1 - \boldsymbol{w}'\boldsymbol{1} = 0$ 得

$$1 = \lambda_1 \boldsymbol{1}'\boldsymbol{\Sigma}^{-1}\boldsymbol{r} + \lambda_2 \boldsymbol{1}'\boldsymbol{\Sigma}^{-1}\boldsymbol{1} + \dfrac{3\alpha}{2}\boldsymbol{1}'\boldsymbol{\Sigma}^{-1}(\boldsymbol{w}'\boldsymbol{\Sigma}_i \boldsymbol{w}) - 2\beta \boldsymbol{1}'\boldsymbol{\Sigma}^{-1}(\boldsymbol{w}'\boldsymbol{\Sigma}_{ij}\boldsymbol{w})\boldsymbol{w} \quad (2\text{-}7)$$

记 $a = \boldsymbol{1}'\boldsymbol{\Sigma}^{-1}\boldsymbol{1}$, $b = \boldsymbol{1}'\boldsymbol{\Sigma}^{-1}\boldsymbol{r}$, $c = \boldsymbol{r}'\boldsymbol{\Sigma}^{-1}\boldsymbol{r}$, $d = \boldsymbol{1}'\boldsymbol{\Sigma}^{-1}\boldsymbol{u}$,

$$e = \boldsymbol{r}'\boldsymbol{\Sigma}^{-1}\boldsymbol{u}, \quad k = \boldsymbol{1}'\boldsymbol{\Sigma}^{-1}\boldsymbol{A}, \quad l = \boldsymbol{r}'\boldsymbol{\Sigma}^{-1}\boldsymbol{A}\boldsymbol{w}$$

由 (2-6), (2-7) 解得

$$\lambda_1 = \frac{ar_0 - b - \frac{3}{2}\alpha(ae - bd) + 2\beta(al - bk)}{ac - b^2} \tag{2-8}$$

$$\lambda_2 = \frac{br_0 - c - \frac{3}{2}\alpha(be - dc) + 2\beta(bl - kc)}{b^2 - ac} \tag{2-9}$$

将 λ_1, λ_2 代入 (2-5) 可得最优投资组合 $\boldsymbol{w}^*$ 所满足的方程

$$\boldsymbol{w} = \frac{3\alpha}{2}\boldsymbol{\Sigma}^{-1}\boldsymbol{u} - 2\beta\boldsymbol{\Sigma}^{-1}\boldsymbol{A}\boldsymbol{w} + \frac{ar_0 - b - \frac{3}{2}\alpha(ae - bd) + 2\beta(al - bk)}{ac - b^2}\boldsymbol{\Sigma}^{-1}\boldsymbol{r}$$

$$+ \frac{br_0 - c - \frac{3}{2}\alpha(be - dc) + 2\beta(bl - kc)}{b^2 - ac}\boldsymbol{\Sigma}^{-1}\boldsymbol{1} \tag{2-10}$$

此式也即最优投资组合的隐式表达式.

此表达式也提供了一种求最优投资组合的方法——迭代法,

$$\boldsymbol{w}_k^* = f(\boldsymbol{w}_{k-1}^*) \tag{2-11}$$

我们以任一组合 (通常选均匀组合) 为 $\boldsymbol{w}_0^*$, 代入上式右边, 得 $\boldsymbol{w}_1^*$, 再把 $\boldsymbol{w}_1^*$ 代入右式, 得 $\boldsymbol{w}_2^*$, 以此类推, 若此方法收敛, 其极限即为最优解, 记为 $\boldsymbol{w}^*$. 但其收敛性还有待证明.

6.3 肥尾分布

前面讨论已经说明了收益分布实际上不是正态分布, 而是肥尾分布 (也称厚尾分布). 通常有肥尾的分布有以下几种.

定义 3.1 称 $\boldsymbol{X}$ 服从肥尾分布, 若

$$P(|\boldsymbol{X}| > x) \approx x^{-\alpha}L(x) \tag{3-1}$$

其中 $L(x)$ 满足 $\lim\limits_{x \to \infty} \dfrac{L(cx)}{L(x)} = 1$, 对所有的 $c > 0$ 都成立. 也可以写为

$$P(\boldsymbol{X} > x) \sim x^{-\alpha}, \quad P(\boldsymbol{X} < y) \sim x^{-\beta} \tag{3-2}$$

对多个指数的实证分析表明多数情况下 $3 < \alpha < 7$ (见 6.1.2 节).

6.3 肥尾分布

在第 1 章中我们已经介绍过几个重要的肥尾分布, 如 student t-分布、Lévy 分布和 logistic 分布, 下面介绍稳定分布 (参见 [11,12,16]). 稳定分布有四个等价定义, 前两个从稳定性的角度, 即稳定分布具有卷积不变性来定义; 第三个是从广义中心极限定理的角度来定义; 第四个是用稳定分布的特征函数的表达式来定义, 依次是以下的定义 3.2—定义 3.5.

定义 3.2 设 X_1, X_2 是与 X 独立同分布的随机变量, 如果对任意的正数 a 和 b, 存在一个正数 c 和实数 d, 使得 $aX_1 + bX_2$ 与 $cX + d$ 满足

$$aX_1 + bX_2 \stackrel{d}{=} cX + d \tag{3-3}$$

即两边有同样的分布, 那么我们说随机变量 X 服从稳定分布, 实数 d 称为中心常数, 如果 $d = 0$, 称 X 是严格稳定的.

定义 3.3 设 $X_1, X_2, \cdots, X_n$ 是与 X 独立同分布的随机变量, 如果对任意的正整数 $n \geqslant 2$, 存在一个正数 C_n 和实数 D_n, 使得

$$X_1 + X_2 \cdots + X_n \stackrel{d}{=} C_n X + D_n \tag{3-4}$$

即两边有同样的分布, 那么我们说随机变量 X 服从稳定分布, 实数 D_n 称为中心常数, 如果 $D_n = 0$, 称 X 是严格稳定的. 如果 X 和 $-X$ 同分布, 则称 X 是对称分布的.

定义 3.4 如果存在一列独立同分布随机变量 $X_1, X_2, \cdots, X_n$ 以及正数列 b_n 和实数列 a_n, 使得

$$\frac{1}{b_n} \sum_{i=1}^{n} X_i + a_n \stackrel{d}{\longrightarrow} X \tag{3-5}$$

其中 "$\stackrel{d}{\longrightarrow}$" 表示以分布收敛, 则称 X 是稳定分布随机变量.

定义 3.5 称随机变量 X 具有稳定分布, 如果存在参数 $0 < \alpha \leqslant 2, -1 \leqslant \beta \leqslant 1, \sigma > 0$ 和实数 μ, 使得 X 的特征函数有如下形式:

$$\Phi(t) = E(\exp(itX)) = \begin{cases} \exp\left\{-\sigma^\alpha |t|^\alpha \left(1 - i\beta \left(\operatorname{sign}(t)\right) \tan \frac{\pi\alpha}{2}\right) + i\mu t\right\}, & \alpha \neq 1 \\ \exp\left\{-\sigma |t| \left(1 + i\beta \frac{2}{\pi} \left(\operatorname{sign}(t)\right) \ln|t|\right) + i\mu t\right\}, & \alpha = 1 \end{cases} \tag{3-6}$$

其中 $\operatorname{sign}(t) = \begin{cases} +1, & t > 0, \\ 0, & t = 0, \\ -1, & t < 0 \end{cases}$ 是符号函数, 其中 i 为虚数单位.

n 维稳定分布特征函数

$$\Phi_x(\boldsymbol{\theta}) = \begin{cases} \exp\left\{\int_{s_n} |\boldsymbol{\theta}'\boldsymbol{s}| \left(1 - i\mathrm{sign}(\boldsymbol{\theta}'\boldsymbol{s})\tan\frac{\pi}{2}\alpha\Gamma(d\boldsymbol{s}) + i\boldsymbol{\theta}'\boldsymbol{\mu}\right)\right\}, & \alpha \neq 1 \\ \exp\left\{-\int_{s_n} |\boldsymbol{\theta}'\boldsymbol{s}| \left(1 + i\frac{2}{\pi}\mathrm{sign}(\boldsymbol{\theta}'\boldsymbol{s})\ln|\boldsymbol{\theta}'\boldsymbol{s}|\,\Gamma(d\boldsymbol{s}) + i\boldsymbol{\theta}'\boldsymbol{\mu}\right)\right\}, & \alpha = 1 \end{cases}$$
(3-7)

其中 s_n 为 n 维单位球, i 为虚数单位.

稳定分布又称莱维阿尔法–稳定分布或者分形分布 (fractal distribution), 莱维分布 (Lévy distribution)、正态分布 (normal distribution) 和柯西分布 (Cauchy distribution) 均是稳定分布的特例.

稳定分布的密度函数除几个特例外一般没有显式表达式, 只能通过逆转公式由特征函数表示. 我们记有参数 $\alpha, \beta, \sigma, \mu$ 的稳定分布为 $S(\alpha, \beta, \sigma, \mu)$. 其中 α 称为特征指数, 它是稳定分布中最为重要的参数, 用来度量分布的尖峰厚尾性, α 越小, 分布的尾部越厚, 峰度越大, 当 $\alpha = 2$ 时, 为正态分布; β 称为偏度系数, 它反映了分布的不对称程度 (即偏斜程度), 当 $\beta > 0$ 时, 意味着分布右偏, 即右尾更厚; 当 $\beta < 0$ 时, 意味着分布左偏, 即左尾更厚; 当 $\beta = 0$ 时, 为对称稳定分布; σ 和 μ 分别称为尺度参数和位置参数. 由于参数 α, β 决定了稳定分布的形态, 因此也称它们为形状参数.

以下是几个有显式密度函数的特例:

(1) 高斯分布 $S(2, 0, \sigma, \mu) = N(\mu, 2\sigma^2)$, 其密度函数为

$$f(x) = \frac{1}{2\sigma\sqrt{\pi}} \exp\left(\frac{-(x-\mu)^2}{4\sigma^2}\right) \tag{3-8}$$

(2) 柯西分布 $S(1, 0, \sigma, \mu)$, 其密度函数为

$$f(x) = \frac{\mu}{\pi\left((x-\sigma)^2 + \mu^2\right)} \tag{3-9}$$

特别地, 其分布函数为

$$F(x) = P(X \leqslant x) = \frac{1}{2} + \frac{1}{\pi}\arctan\left(\frac{x}{\mu}\right) \tag{3-10}$$

(3) 莱维分布 $S(1/2, 1, \sigma, \mu)$, 其密度函数为

$$f(x) = \sqrt{\frac{\sigma}{2\pi}} \cdot \frac{e^{-\frac{\sigma}{2(x-\mu)}}}{(x-\mu)^{\frac{3}{2}}} \quad (x \geqslant \mu) \tag{3-11}$$

图 6.3.1 是几种情况下稳定分布密度曲线示例图 (假设 $\mu = 0$, $\sigma = 1$).

$$X + a \sim S(\alpha, \beta, \sigma, \mu + a), \quad \frac{X - \mu}{\sigma} \sim S(\alpha, \beta, 1, 0)$$

6.3 肥尾分布

如果 $\alpha \neq 1$, 则
$$aX \sim S(\alpha, \text{sign}(a)\beta, |a|\sigma, a\mu)$$

如果 $\alpha = 1$, 则
$$aX \sim S\left(1, \text{sign}(a)\beta, |a|\sigma, a\mu - \frac{2}{\pi}(\ln|a|)\sigma\beta\right)$$

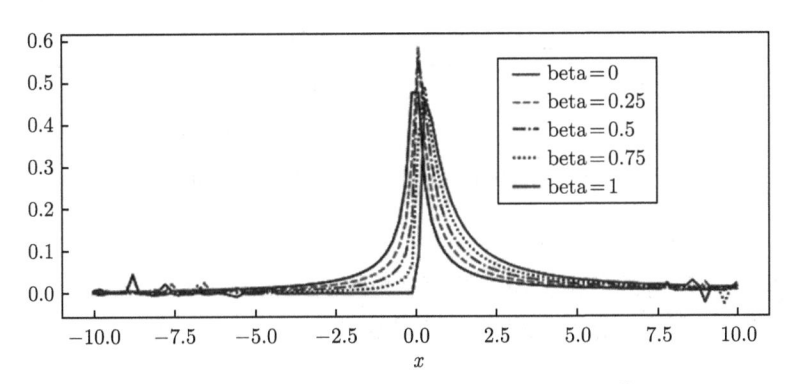

(a) 当 $\alpha = 0.5$, β 取不同值时稳定分布的密度函数

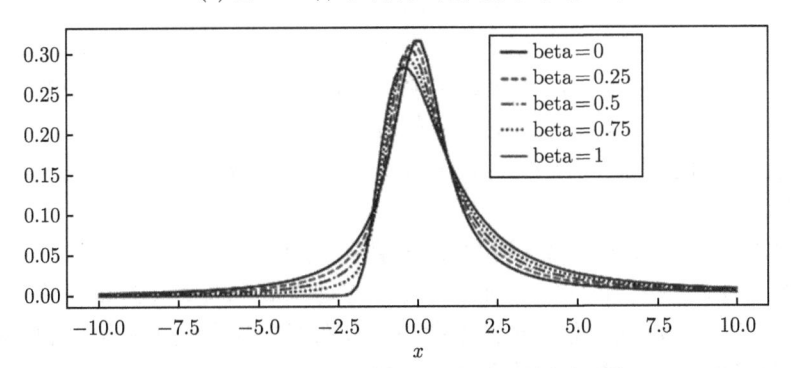

(b) 当 $\alpha = 1$, β 取不同值时稳定分布的密度函数

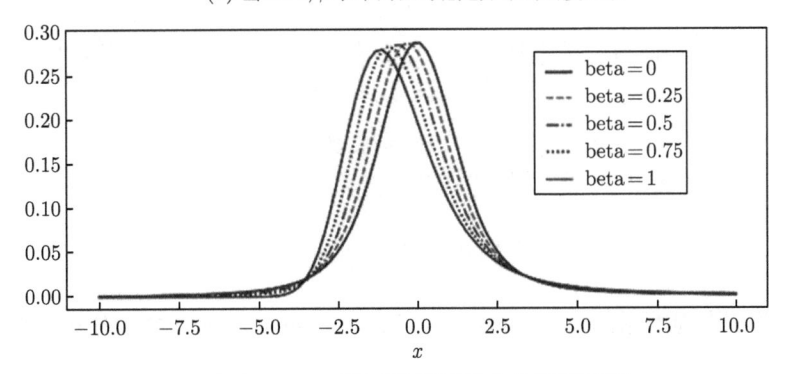

(c) 当 $\alpha = 1.5$, β 取不同值时稳定分布的密度函数

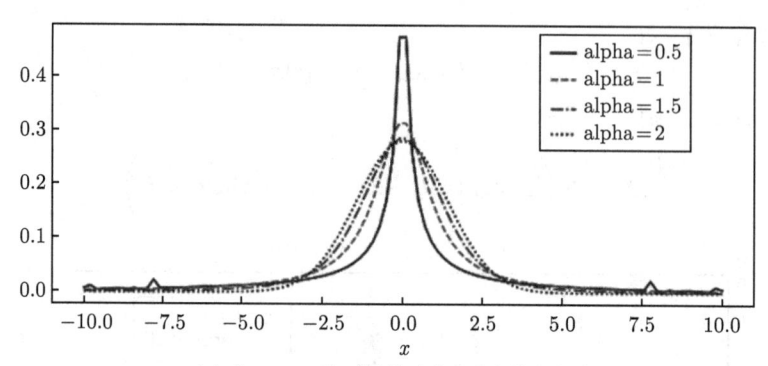

(d) 当 $\beta=0$, α 取不同值时稳定分布的密度函数

图 6.3.1　几个有显式密度函数的稳定分布

稳定分布常见的性质如下.

性质 3.6　所有的稳定分布函数都是单峰的.

性质 3.7　所有非退化的稳定分布是连续型的, 并且密度函数在每一点上都无限可微.

性质 3.8　设 $X \sim S(\alpha, \beta, \sigma, \mu)$, 则对常数 a,

性质 3.9　设 $X \sim S(\alpha, \beta, \sigma, \mu), 0 < \alpha < 2$, 则对任意 $0 < p < \alpha, E|X|^p < \infty$, 即有小于 α 阶的各阶矩. 如果 $p \geqslant \alpha$, 则 $E|X|^p = \infty$, 特别地二阶中心矩为无限大, 方差不存在. 当 $\alpha = 2$ 时为正态分布, 存在各阶矩.

稳定分布的参数估计有分位数法、特征函数法、极大似然估计法等, 我们不详细展开.

性质 3.10　当 $1 < \alpha \leqslant 2$ 时, 位置参数 μ 等于均值.

性质 3.11　由中心极限定理, 如果独立同分布随机变量的和收敛于一个分布, 则此分布一定是稳定分布族. 因此稳定分布对于独立随机变量的和存在一个吸引场, 且稳定分布关于 n 个卷积是稳定的, 即

$$F\left(\frac{x-c_1}{b_1}\right) * F\left(\frac{x-c_2}{b_2}\right) * \cdots * F\left(\frac{x-c_n}{b_n}\right) = F\left(\frac{x-c}{b}\right) \tag{3-12}$$

其中 $b_1, b_2, \cdots, b_n$ 是正数, $c_1, c_2, \cdots, c_n$ 是实数.

性质 3.12　如果 X 是一个稳定随机变量, 那么

$$\lim_{\lambda \to \infty} \lambda^\alpha P(X > \lambda) = c_\alpha (1 + \beta) \sigma^\alpha \tag{3-13}$$

这个尾部性质给出估计 α 的一个方法, 即在对数尺度下样本分布函数在尾部的斜率, 即

$$\ln P(X > \lambda) = \alpha(\ln \sigma - \ln \lambda) + \ln(c_\alpha(1 + \beta)) \tag{3-14}$$

另一个较好的估计量为

$$\overline{\alpha} = \frac{1}{\frac{1}{k}\sum_{j=1}^{k} \log x_{n+1-j,n} - \log x_{n-k,n}} \tag{3-15}$$

其中 $x_{j,n}$ 代表样本 $x_1, x_2, \cdots, x_n$ 的第 j 个顺序统计量.

性质 3.13 设 $X_i \sim S(\alpha, \beta_i, \sigma_i, \mu_i), i = 1, 2$, 则

$$X_1 + X_2 \sim S(\alpha, \beta, \sigma, \mu)$$

其中 $\beta = \dfrac{\beta_1 \sigma_1^\alpha + \beta_2 \sigma_2^\alpha}{\sigma_1^\alpha + \sigma_2^\alpha}, \sigma = (\sigma_1^\alpha + \sigma_2^\alpha)^{1/\alpha}, \mu = \mu_1 + \mu_2$.

6.4 基于稳定分布的最优资产组合

设有 N 种风险资产 (如证券), 它们的收益服从稳定分布, $X_i \sim S(\alpha, \beta_i, \sigma_i, \mu_i)$, $i = 1, 2, \cdots, N$, 则资产组合 $\boldsymbol{w} = (w_1, w_2, \cdots, w_N)$ 的总收益为 $\boldsymbol{w}'\boldsymbol{X} \sim S(\alpha, \beta_{\boldsymbol{w}}, \sigma_{\boldsymbol{w}}, \mu_{\boldsymbol{w}})$, 其中

$$\beta_{\boldsymbol{w}} = \frac{\sum\limits_{i=1}^{N} \beta_i |w_i|^\alpha \mathrm{sign}(w_i) \sigma_i^\alpha}{\sum\limits_{i=1}^{N} |w_i|^\alpha \sigma_i^\alpha} \tag{4-1}$$

$$\sigma_{\boldsymbol{w}}^\alpha = \sum_{i=1}^{n} |w_i|^\alpha \sigma_i^\alpha \tag{4-2}$$

$$\mu_{\boldsymbol{w}} = \sum_{i=1}^{N} w_i \mu_i \tag{4-3}$$

由实证分析表明, 特征指数 $\alpha > 1$, 则其中一阶矩 $\mu_{\boldsymbol{w}} = \sum\limits_{i=1}^{N} w_i \mu_i$ 存在, 可以作为资产组合的收益, 但方差不存在, 需要找到合适的新风险度量, 比如

(1) 绝对离差, 它的统计量为

$$|\boldsymbol{w}'\boldsymbol{X} - \boldsymbol{w}'\boldsymbol{\mu_w}| = \frac{1}{T}\sum_{t=1}^{T} \left| \sum_{j=1}^{N} w_j x_{jt} - \sum_{j=1}^{N} w_j \mu_{jt} \right| \tag{4-4}$$

其中 T 为样本容量, 但这个量关于组合变量 $\boldsymbol{w}$ 不易求解.

(2) 尺度参数

$$\sigma^{\alpha} = \sum_{i=1}^{N} |w_i|^{\alpha} \sigma_i^{\alpha} \tag{4-5}$$

但是需要满足三个条件:

(i) 所有证券的特征指数 α 都相等;

(ii) 所有证券的偏斜指数 β_i 都相等;

(iii) 所有证券的收益互相独立.

显然这后两条不能满足, 为避开这两个条件, 我们借助于 CAPM 单因子模型

$$X_i = a_i + b_i X_M + \varepsilon_i, \quad i = 1, 2, \cdots, N \tag{4-6}$$

其中 X_i 是第 i 种证券的收益率, X_M 是市场指数的收益率, b_i 是第 i 种证券对市场指数的敏感性, ε_i 是随机误差. 又设 X_M 与 ε_i 互相独立, ε_i 和 ε_j, $j \neq i$ 互相独立. 证券收益不服从正态分布, 可以用稳定分布来建模.

情形一: 各证券的特征指数相同 (记为 α).

假设市场指数收益服从稳定分布, $X_M \sim S(\alpha, \beta_M, \sigma_M, \mu_M), \varepsilon_i \sim S(\alpha, \beta_i, \sigma_i, 0), i = 1, 2, \cdots, N$, 那么资产组合 $\boldsymbol{w}$ 的总收益为 $\boldsymbol{w}'\boldsymbol{X} \sim S(\alpha, \beta_{\boldsymbol{w}}, \sigma_{\boldsymbol{w}}, \mu_{\boldsymbol{w}})$, 其中

$$\sigma_{\boldsymbol{w}} = \left[\sum_{i=1}^{N} b_i w_i\right]^{\alpha} \sigma_M^{\alpha} + \sum_{i=1}^{N} |w_i|^{\alpha} \cdot \sigma_i^{\alpha} \tag{4-7}$$

那么最优化问题可以表示为

$$\begin{aligned}
\underset{\boldsymbol{w}}{\text{Minimize}} \quad & \sigma_{\boldsymbol{w}} = \left[\sum_{i=1}^{N} b_i w_i\right]^{\alpha} \sigma_M^{\alpha} + \sum_{i=1}^{N} |w_i|^{\alpha} \cdot \sigma_i^{\alpha} \\
\text{s.t.} \quad & \boldsymbol{w}'\boldsymbol{\mu} = \sum_{i=1}^{N} w_i \mu_i = r_p \\
& \boldsymbol{w}'\boldsymbol{1} = \sum_{i=1}^{N} w_i = 1
\end{aligned}$$

存在无风险资产 (收益率为 r_f) 时, 约束条件改为

$$\boldsymbol{w}'\boldsymbol{\mu} + (1 - \boldsymbol{w}'\boldsymbol{1})r_f = r_p$$

情形二: 各证券的特征指数不同, 分别为 $\alpha_i, i = 1, 2, \cdots, N$, 特征指数越大的证券, 风险也越大. 这时 $X_M \sim S(\alpha, \beta_M, \sigma_M, \mu_M)$, $\varepsilon_i \sim S(\alpha_i, \beta_i, \sigma_i, 0)$, $i = 1$,

$2,\cdots,N$, 但这时稳定随机变量的线性组合不服从稳定分布, 不能用情形一的形式表出资产组合的风险和收益, 我们仍然用 $\mu = \sum_{i=1}^{N} w_i\mu_i$ 表示组合的收益.

那么资产组合 $\boldsymbol{w}$ 的总收益为 $\boldsymbol{w}'\boldsymbol{X} \sim S(\alpha, \beta_{\boldsymbol{w}}, \sigma_{\boldsymbol{w}}, \mu_{\boldsymbol{w}})$, 其中用以下的量近似定义组合的尺度参数

$$\overline{\sigma}_{\boldsymbol{w}} = \overline{\alpha}\left\{\frac{1}{\alpha_M}\left[\sum_{i=1}^{N} b_i w_i\right]^{\alpha_M} \sigma_M^{\alpha_M} + \sum_{i=1}^{N}\frac{1}{\alpha_i}|w_i|^{\alpha_i}\cdot\sigma_i^{\alpha_i}\right\} \tag{4-8}$$

其中

$$\overline{\alpha} = \frac{\alpha_1 + \alpha_2 + \cdots + \alpha_N + \alpha_M}{N+1} \tag{4-9}$$

这时优化问题变为

$$\begin{aligned}\text{Minimize}\quad & \overline{\sigma}_{\boldsymbol{w}} = \overline{\alpha}\left\{\frac{1}{\alpha_M}\left[\sum_{i=1}^{N} b_i w_i\right]^{\alpha_M} \sigma_M^{\alpha_M} + \sum_{i=1}^{N}\frac{1}{\alpha_i}|w_i|^{\alpha_i}\cdot\sigma_i^{\alpha_i}\right\}\\ \text{s.t.}\quad & \boldsymbol{w}'\boldsymbol{\mu} = \sum_{i=1}^{N} w_i\mu_i = r_p\\ & \boldsymbol{w}'\boldsymbol{1} = \sum_{i=1}^{N} w_i = 1\end{aligned}$$

存在无风险资产 (收益率为 r_f) 时, 约束条件改为

$$\boldsymbol{w}'\boldsymbol{\mu} + (1 - \boldsymbol{w}'\boldsymbol{1})r_f = r_p$$

特别地当 $\alpha_1 = \alpha_2 = \cdots = \alpha_N = \alpha$ 时就归结为情形一.

参 考 文 献

[1] 陈志娟, 叶中行. 有交易费用的有高阶矩约束的最优投资组合问题 [J]. 上海交通大学学报, 2008, 42(3): 500-503.
[2] 陈志娟, 叶中行. 有高阶矩约束的最优投资组合模型及其近似线性规划解法 [J]. 工程数学学报, 2008, 25(6): 1005-1012.
[3] 叶中行, 姚奕, 陈珊敏, 等. 股票价格和收益变化中的幂律 [J]. 系统仿真学报, 2002, 14(10): 1395-1399.
[4] 叶中行, 林建忠. 数理金融–资产定价与金融决策理论 [M]. 2 版. 北京: 科学出版社, 2010.
[5] 叶中行, 杨利平. 上证指数的混沌特性分析 [J]. 上海交通大学学报, 1998, 32(3): 129-132.
[6] 叶中行, 曹奕剑. Hurst 指数在股票市场有效性分析中的应用 [J]. 系统工程, 2001, 19(3): 21-24.

[7] 叶中行、卫淑芝、王安娇. 数理金融基础 [M]. 2 版. 北京: 高等教育出版社, 2022.

[8] 许启发, 蒋翠侠. R 软件及其在金融定量分析中的应用 [M]. 北京: 清华大学出版社, 2015.

[9] Cao Z, Harris R D F, Shen J. Hedging and Value at Risk: A semi-parametric approach[J]. Journal of Futures Markets, 2010, 30(8): 780-794.

[10] Mittnik S, Rachev S. Stable Models in Finance[M]. New York: Wiley, 2000.

[11] Rachev S, Han S. Portfolio management with stable distribution[J]. Math. Mech. Oper. Res., 2000, 51: 341-352.

[12] Roman D, Darby-Dowman K, Mitra G. Mean-risk models using two risk measures: A multi-objective approach[J]. Quantitative Finance, 2007, 7: 443-458.

[13] Schmitt F, et al. Multifractal fluctuations in finance[J]. International Journal of Theoretical and Applied Finance, 2000, 3(3): 361-364.

[14] Shi Y, Zhao X, Jiang F, et al. Portfolio selection strategy for mean-variance-CVaR model under high-dimensional scenarios[J]. Mathematical Problems in Engineering, 2020, Article ID 2767231.

[15] Stanley H E, et al. Econophysics: What can physicists contribute to economics[J]. International Journal of Theoretical and Applied finance, 2000, 3(3): 335-346.

[16] Zhao X, Shi Y. Asset allocation and reinsurance policy for a mean-variance-CVaR insurer in continuous-time[J]. 应用概率统计, 2020, 36(5): 536-550.

[17] 赵霞, 时雨, 欧阳资生. 基于尾部风险差异性态度的多目标投资组合策略 [J]. 系统科学与数学, 2022, 42(5): 1129-1144.

第 7 章 其他风险度量下的模型

1994 年 7 月 26 日, 国际证券事务委员会及巴塞尔委员会发表了一份联合报告, 对金融市场涉及的主要风险做分类如下: ①市场风险; ②信用风险; ③流动性风险; ④交割风险; ⑤操作风险; ⑥系统风险; ⑦法律风险; ⑧道德风险.

本书涉及的主要是可以量化的市场风险, 指所持有的金融资产和负债等随着市场因子 (市场价格、利率、汇率、股票、债券行情等) 的变化带来的未来损益变化的不确定性.

回忆经典的马科维茨均值–方差模型中, 将投资组合总收益的方差定义为风险, 这种风险的度量方法使用方便, 但有它的不合理之处, 例如, 当回报率很大 (一直高于要求的回报率) 时, 投资者一般不在意方差的大小. 在均值上方的波动是投资者所喜欢的, 不应算作风险. 因此就有了下半方差或更一般的下半矩. 此外在第 6 章我们讨论了在非正态分布条件下, 方差可能不存在, 为此我们引入其他的风险度量, 最常用的有风险价值, 以及与之相关的条件风险价值等, 这些风险度量满足风险度量应满足的几条性质, 这几条性质的公理化就得到一致风险度量或稍弱的凸风险度量. 这些是近年来关于风险度量的十分活跃的研究方向, 我国学者也做出了重要贡献 (比如 [5]).

本章首先介绍与各阶矩有关的矩风险度量, 然后详细讨论在险价值的定义及各种常用的计算方法, 接着引出与之相关的条件风险价值、尾部期望损失等风险度量, 在讨论这些度量的性质后介绍一致风险度量和凸风险度量, 最后讨论基于这些风险度量的最优资产组合问题, 特别说明在正态假设下它们的等价性. 需要指出的是本章介绍的一批新的风险度量和基于这些度量的最优资产组合模型, 限于篇幅, 我们只能详细讨论少数几个模型, 而把更多的模型留给读者, 其中不乏值得继续深入研究的模型.

7.1 矩风险度量

这一节先介绍最简单但是常用的矩风险度量 (参阅 [6,7]), 并简要地讨论它们的性质和利弊.

7.1.1 单变量情形

设 X 表示某种风险资产的回报 (或收益), 它是随机变量.

1. 方差和标准差

X 的方差定义为

$$\sigma^2 = \text{Var}(X) = E\left[(X - EX)^2\right] = E(X^2) - [E(X)]^2$$

标准差定义为

$$\sigma(X) = \sqrt{\text{Var}(X)}$$

标准差满足以下性质:
(1) $\sigma(X + \gamma r) = \sigma(X) \neq \sigma(X) - \gamma$;
(2) (正齐性) 对于任意 $\beta \geqslant 0, \sigma(\beta X) = \beta \sigma(X)$;
(3) $\sigma(\sum \varpi_i X_i) \leqslant \sum \varpi_i \sigma(X_i)$ 其中 ϖ_i 为正实数;
(4) 若 $X \leqslant Y$ a.s. 但是 $\sigma(X)$ 不一定小于 $\sigma(Y)$.

可以看出标准差不满足平移不变性和单调性.

类似地很容易可以看出方差 $\sigma^2(\beta X) = \beta^2 \sigma^2(X)$, 不满足正齐性.

2. 绝对离差 (absolute deviation)

$$A(X) = E|X - EX| \tag{1-1}$$

3. 半绝对离差 (semi-absolute deviation)

$$\text{SA}(X) = E[X - EX]^- \tag{1-2}$$

其中 $(z - \mu)^- = \begin{cases} 0, & z \geqslant \mu, \\ \mu - z, & z < \mu. \end{cases}$

4. 下半矩 (downside lower partial moments)

$$\text{LPM}_m = \int_{-\infty}^{\tau} (\tau - x)^m \, dF(x) \tag{1-3}$$

附注 1.1 当 $m = 2$ 且 $\tau = EX$ 时, 即下半方差.

7.1.2 资产组合情形

对资产组合 $\boldsymbol{w}$, 设 $\boldsymbol{X}$ 表示 N 种风险资产的回报 (或收益) 向量, 则
(1) 方差为 $\text{Var}(\boldsymbol{w}'\boldsymbol{X}) = \boldsymbol{w}'\boldsymbol{\Sigma}\boldsymbol{w} \triangleq \sigma^2(\boldsymbol{w})$, 或标准差为 $\sigma = \sqrt{\boldsymbol{w}'\boldsymbol{\Sigma}\boldsymbol{w}}$.
(2) 绝对离差

$$A(\boldsymbol{w}) = E|\boldsymbol{w}'\boldsymbol{X} - E(\boldsymbol{w}'\boldsymbol{X})| \tag{1-4}$$

(3) 半绝对离差
$$\mathrm{SA}(\boldsymbol{w}) = E[\boldsymbol{w}'\boldsymbol{X} - E(\boldsymbol{w}'\boldsymbol{X})]^{-} \tag{1-5}$$

(4) 下半矩
$$\mathrm{LPM}_m(\tau, \boldsymbol{w}) = \int_{-\infty}^{\tau} (\tau - \boldsymbol{w}'\boldsymbol{x})^m dF(\boldsymbol{x}) \tag{1-6}$$

与下半矩有关的最优资产组合模型有

$$\begin{aligned} &\text{Minimize} \quad \mathrm{LPM}_2(\tau, \boldsymbol{w}) \\ &\text{s.t.} \quad E(\boldsymbol{w}'\boldsymbol{X}) \geqslant r_p \\ &\quad \sum_{i=1}^{N} w_i = 1 \end{aligned}$$

附注 1.2 以上风险的应用取决于资产收益的分布,如果是对称分布则基于均值-下半方差的有效前沿和基于均值-方差的有效前沿是一致的.只有当资产收益的分布是非对称时,则基于均值-下半方差的有效前沿在低风险时表现好于基于均值-方差的有效前沿组合.

7.2 在险价值

7.2.1 单变量的分位数和在险价值

在险价值 (Value at Risk, VaR) 是由 Jorison[25] 首先提出的,直观地讲,VaR 是给定时间段 (可以是一天、一周、一个月、一个季度等) 内,给定置信水平 (可以是 90%, 95%, 99%, 99.9% 等) 下投资组合的最大期望损失. 自那以后, 关于 VaR 的研究层出不穷, 不同的文献中对 VaR 的定义也有不同, 本节是按照惯例将 VaR 值取为正值前提下定义了 VaR 以及相关的风险度量, 以方便读者阅读. 在险价值是基于分位数定义的, 因此先回忆分位数的定义.

定义 2.1 (分位数) 给定 $\alpha \in [0,1]$, 设随机变量 X 有分布函数 $F_X(x)$ 或概率密度函数 $f_X(x)$, 则 X 分布的 α 分位数定义为

$$X_\alpha = \sup\{x | P(X \leqslant x) = \alpha\} = \inf\{x | P(X > x) = 1 - \alpha\}$$

显然有

$$P(X < X_\alpha) = \int_{-\infty}^{X_\alpha} dF_X(x) = \int_{-\infty}^{X_\alpha} f_X(x) dx = \alpha$$

分位数的等价条件，设实数 X_α 称为具有概率分布 P 的随机变量 X 的 α-分位数，则以下几个等价条件成立：

(1) $P(X \leqslant X_\alpha) \geqslant \alpha \geqslant P(X < X_\alpha)$;

(2) $P(X \leqslant X_\alpha) \geqslant \alpha$, 并且 $P(X \geqslant X_\alpha) \geqslant 1 - \alpha$;

(3) $F_X(X_\alpha) \geqslant \alpha$, 并且 $F_X(X_\alpha^-) \leqslant \alpha$,

其中 $F_X(X_\alpha^-) = \lim\limits_{\substack{x \to X_\alpha \\ x > X_\alpha}} F_X(x)$, $F_X(x)$ 是 X 的分布函数.

定义 2.2 (风险价值, 也称在险价值, 简称在险值) 设一个金融资产的初始头寸为 z_0, 经过 T 时间变为 Z_T, 则称满足

$$P(Z_T(z_0) \leqslant -\text{VaR}(z)) = \alpha$$

的函数 $\text{VaR}(z)$ 为该头寸在未来持有期 T 内置信度为 $1 - \alpha$ 的**在险值**, 又称**绝对 VaR** (这里按照惯例取 $\text{VaR}(z) > 0$). 有时为了强调对 α 的依赖, 也记 $\text{VaR}(z) = X_\alpha$. 比如 $\alpha = 5\%$, 则 $\text{VaR}(z)$ 是在置信度 95% 下, 该头寸在尾部 5% 概率的最大损失.

定义 2.3 (相对 VaR) 指相对于期望收益值 μ 的最大可能损失. 相对 $\text{VaR}(z) = -X_\alpha X_0 + \mu X_0$.

定义 2.4 更一般地, 相对于任一给定的基准, $Z^* \in R$. Z_T 关于 Z^* 的在置信水平 $1 - \beta$ 下的 VaR 为 $V(Z, Z^*, \beta) = \inf\{\hat{v} \in R | P(Z_T \leqslant Z^* - \hat{v}) = \beta\}$.

VaR 满足以下性质:

(1) $\text{VaR}_\alpha(X + \gamma) = \text{VaR}_\alpha(X) + \gamma$;

(2) 对于任意 $\beta \geqslant 0, \text{VaR}_\alpha(\beta X) = \beta \text{VaR}_\alpha(X)$;

(3) 若 $X \leqslant Y$, 则 $\text{VaR}_\alpha(X) \leqslant \text{VaR}_\alpha(Y)$;

(4) 只有在正态分布场合下,

$$\text{VaR}_\alpha\left(\sum \varpi_i X_i\right) \leqslant \sum \varpi_i \text{VaR}_\alpha(X_i)$$

其中 ϖ_i 为正实数.

7.2.2 资产组合的 VaR

设 $\boldsymbol{X} = (X_1, \cdots, X_N)'$ 为 N 个风险资产的回报向量, 服从联合分布 $F(\boldsymbol{x})$, $E\boldsymbol{X} = \boldsymbol{\mu}$, 投资组合为 $\boldsymbol{w} = (w_1, \cdots, w_N)'$, 则总回报为 $Z = \boldsymbol{w}'\boldsymbol{X}, EZ = \boldsymbol{w}'\boldsymbol{\mu}$, $\text{Var} Z = \boldsymbol{w}'\boldsymbol{\Sigma}\boldsymbol{w}$. 设 z_α 是在置信度 $1-\alpha$ 下满足 $P(Z \leqslant -z_\alpha) = \int_{-\infty}^{-z_\alpha} (\boldsymbol{w}'\boldsymbol{x}) dF(\boldsymbol{x}) = \alpha$. 那么定义资产组合的

$$\text{绝对 VaR}(\boldsymbol{w}) = z_\alpha(\boldsymbol{w}'\boldsymbol{X})$$

7.2 在险价值

相对于期望收益的

$$\text{相对 VaR}_\alpha^{(1)}(\boldsymbol{w}) = E(\boldsymbol{w}'\boldsymbol{X}) - z_\alpha(\boldsymbol{w}'\boldsymbol{X})$$

相对无风险利率 r_f 的

$$\text{相对 VaR}_\alpha^{(2)}(z) = r_f - z_\alpha(\boldsymbol{w}'\boldsymbol{X})$$

相对一般基准 r_0 的

$$\text{相对 VaR}_\alpha^{(0)}(z) = r_0 - z_\alpha(\boldsymbol{w}'\boldsymbol{X})$$

我们还可以类似于夏普比率定义相对于 VaR 的单位风险的收益.

相对于平均收益的收益–单位 VaR 比

$$S^{(1)}(z) = \frac{E(\boldsymbol{w}'\boldsymbol{X}) - r_f}{\text{VaR}_\alpha^{(1)}(z)}$$

相对于无风险收益 r_f 的超额收益–单位 VaR 比

$$S^{(2)}(z) = \frac{E(\boldsymbol{w}'\boldsymbol{X}) - r_f}{\text{VaR}_\alpha^{(2)}(z)}$$

与 VaR 有关的最优资产组合模型有

MVaR(I):
$$\begin{aligned} &\text{Minimize} \quad \text{VaR}_\alpha^{(i)}(z), \quad i = 0, 1, 2 \\ &\text{s.t.} \quad E(\boldsymbol{w}'\boldsymbol{X}) \geqslant r_p \\ &\quad \sum_{i=1}^N w_i = 1 \end{aligned}$$

MVaR(II):
$$\begin{aligned} &\text{Maximize} \quad S^{(i)}(z), \quad i = 1, 2 \\ &\text{s.t} \quad E(\boldsymbol{w}'\boldsymbol{X}) \geqslant r_p \\ &\quad \sum_{i=1}^N w_i = 1 \end{aligned}$$

7.2.3 VaR 的计算

1. 方差–协方差法

只适合正态分布假设下 VaR 的计算, 因为正态分布由均值和方差唯一确定.

计算方法一: 设单资产收益为随机变量 $X \sim N(\mu, \sigma^2)$, 则置信水平为 $1-\alpha$ 的分位数值 X_α 定义为

$$P(X < X_\alpha) = P\left(\frac{X-\mu}{\sigma} < \frac{X_\alpha - \mu}{\sigma}\right) = \int_{-\infty}^{r_\alpha} f(x)dx = \alpha$$

因为 $\frac{X-\mu}{\sigma} \sim N(0,1)$, 记 r_α 为标准正态分布下在置信水平为 $1-\alpha$ 下的分位数点, 则

$$\Phi\left(\frac{X_\alpha - \mu}{\sigma}\right) = \alpha$$

$$\frac{X_\alpha - \mu}{\sigma} = \Phi^{-1}(\alpha) \triangleq r_\alpha$$

其中 $\Phi(\cdot)$ 是标准正态分布的分布函数, $\Phi^{-1}(\cdot)$ 是它的反函数.

如果当前头寸为 W, 则

$$\text{绝对 VaR} = -X_\alpha W = -\sigma r_\alpha W - \mu W$$
$$\text{相对 VaR} = -\sigma r_\alpha W$$

附注 2.1 按照惯例通常取 VaR 为正值, 且标准正态分布的分布函数表只对正值可以查表, 于是我们把上面的公式修正如下.

计算方法二: (按照惯例, 此处的 $\text{VaR}_\alpha(X)$ 取正值)

$$\alpha = P(X < -\text{VaR}_\alpha(X)) \stackrel{*}{=} P(X > \text{VaR}_\alpha(X)) = 1 - P(X \leqslant \text{VaR}_\alpha(X))$$

$$= 1 - P\left(\frac{X-\mu}{\sigma} \leqslant \frac{\text{VaR}_\alpha(X) - \mu}{\sigma}\right) = 1 - \Phi\left(\frac{\text{VaR}_\alpha(X) - \mu}{\sigma}\right)$$

其中 $\stackrel{*}{=}$ 成立是因为标准正态分布的对称性, 因为 $\frac{X-\mu}{\sigma} \sim N(0,1)$, 记 r_α 为在标准正态分布下置信水平为 $1-\alpha$ 的分位数点, 则

$$\Phi\left(\frac{\text{VaR}_\alpha(X) - \mu}{\sigma}\right) = 1 - \alpha$$

$$\frac{\text{VaR}_\alpha(X) - \mu}{\sigma} = \Phi^{-1}(1-\alpha)$$

7.2 在险价值

其中 $\Phi(\cdot)$ 是标准正态分布的分布函数, $\Phi^{-1}(\cdot)$ 是它的反函数. 从而,

$$\text{VaR}_\alpha(X) = \sigma\Phi^{-1}(1-\alpha) + \mu$$

通常 $1-\alpha$ 取 95%, 99% 等, 或说 α 取 5%, 1% 等.

例 2.5 当 $1-\alpha = 0.95$ 时, 查表得

$$\frac{\text{VaR}_\alpha(X) - \mu}{\sigma} = -1.65, \quad \text{所以 } \text{VaR}_\alpha(X) = \mu - 1.65\sigma$$

正态假设下资产组合 VaR 的计算如下.

(1) 两个资产的情形.

设有两个资产, 它们的收益率分布分别为 X_1, X_2, 均值分别为 $E(X_1) = \mu_1$, $E(X_2) = \mu_2$, 方差分别为 $\text{Var}(X_1) = \sigma_1^2, \text{Var}(X_2) = \sigma_2^2$, 协方差为 $\text{cov}(X_1, X_2) = \sigma_{12} = \sigma_1\sigma_2\rho_{12}$, 其中 ρ_{12} 是相关系数. 资产组合为 (w_1, w_2), 总头寸为 W. 则组合的总收益为 $Z = w_1X_1 + w_2X_2$, 均值为 $EZ = w_1\mu_1 + w_2\mu_2$, 方差为 $\sigma_Z^2 = w_1^2\sigma_1^2 + w_2^2\sigma_2^2 + 2w_1w_2\rho_{12}\sigma_1\sigma_2$.

那么组合在置信度 $1-\alpha$ 下的在险价值为

$$\text{VaR}_w = -R_\alpha\sigma_Z W = -R_\alpha\left[w_1^2\sigma_1^2 + w_2^2\sigma_2^2 + 2w_1w_2\rho_{12}\sigma_1\sigma_2\right]^{1/2}W$$

$$= \left[(-R_\alpha)^2 w_1^2\sigma_1^2 W^2 + (-R_\alpha)^2 w_2^2\sigma_2^2 W^2 + 2(-R_\alpha)^2 w_1w_2\rho_{12}\sigma_1\sigma_2 W^2\right]^{1/2}$$

$$= \left[\text{VaR}_1^2 + \text{VaR}_2^2 + 2\rho_{12}\text{VaR}_1\text{VaR}_2\right]^{1/2}$$

下面分析相关系数 ρ_{12} 的影响.

(a) 当 $\rho_{12} = 1$ 时, $\text{VaR}_w = \text{VaR}_1 + \text{VaR}_2$ 达到最大.

(b) 当 $\rho_{12} = 0$ 时, $\text{VaR}_w = \left[\text{VaR}_1^2 + \text{VaR}_2^2\right]^{1/2} < \text{VaR}_1 + \text{VaR}_2$.

(c) 当 $\rho_{12} = -1$ 时, $\text{VaR}_w = |\text{VaR}_1 - \text{VaR}_2|$, 互相可以抵消, 特别地当 $w_1 = w_2$ 时, $\text{VaR}_w = 0$, 风险完全对冲了.

由上述分析可知: 两资产的相关性对组合的 VaR 是有影响的.

(2) 多资产的情形.

设 N 个资产收益 $X \sim N(\boldsymbol{\mu}, \boldsymbol{\Sigma})$, 那么资产组合的总收益 $\boldsymbol{w}'X \sim N(\boldsymbol{w}'\boldsymbol{\mu}, \boldsymbol{w}'\boldsymbol{\Sigma}\boldsymbol{w})$, 为计算组合的在险价值, 我们把协方差矩阵分解为

$$\boldsymbol{\Sigma} = \begin{pmatrix} \sigma_1^2 & \sigma_{12} & \cdots & \sigma_{1N} \\ \sigma_{21} & \sigma_2^2 & \cdots & \sigma_{2N} \\ \vdots & \vdots & & \vdots \\ \sigma_{N1} & \sigma_{N2} & \cdots & \sigma_N^2 \end{pmatrix}$$

$$= \begin{pmatrix} \sigma_1 & 0 & \cdots & 0 \\ 0 & \sigma_2 & \cdots & 0 \\ \vdots & \vdots & & \vdots \\ 0 & 0 & \cdots & \sigma_N \end{pmatrix} \begin{pmatrix} 1 & \rho_{12} & \cdots & \rho_{1N} \\ \rho_{21} & 1 & \cdots & \rho_{2N} \\ \vdots & \vdots & & \vdots \\ \rho_{N1} & \rho_{N2} & \cdots & 1 \end{pmatrix} \begin{pmatrix} \sigma_1 & 0 & \cdots & 0 \\ 0 & \sigma_2 & \cdots & 0 \\ \vdots & \vdots & & \vdots \\ 0 & 0 & \cdots & \sigma_N \end{pmatrix}$$

$$\triangleq GLG$$

其中 $G = \begin{pmatrix} \sigma_1 & 0 & \cdots & 0 \\ 0 & \sigma_2 & \cdots & 0 \\ \vdots & \vdots & & \vdots \\ 0 & 0 & \cdots & \sigma_N \end{pmatrix}, L = \begin{pmatrix} 1 & \rho_{12} & \cdots & \rho_{1N} \\ \rho_{21} & 1 & \cdots & \rho_{2N} \\ \vdots & \vdots & & \vdots \\ \rho_{N1} & \rho_{N2} & \cdots & 1 \end{pmatrix}$, G 为对角线元素为各资产标准差的对角矩阵, L 为相关系数矩阵.

设 N 个资产的 VaR 向量为

$$\mathbf{VaR} = (\mathrm{VaR}_1, \mathrm{VaR}_2, \cdots, \mathrm{VaR}_N)$$

其中

$$\mathrm{VaR}_i = -\sigma_i r_\alpha W, \quad i = 1, 2, \cdots, N$$

则组合的方差

$$\sigma_w^2 = w' \Sigma w = w' GLG w$$

组合的风险价值等于

$$\mathrm{VaR}_w = -\sigma_w r_\alpha W = -r_\alpha \left[w' GLG w \right]^{\frac{1}{2}} W$$

$$= \sqrt{[-r_\alpha w_1 \sigma_1 W, -r_\alpha w_2 \sigma_2 W, \cdots, -r_\alpha w_N \sigma_N W]'}$$

$$\times \sqrt{F \left[-r_\alpha w_1 \sigma_1 W, -r_\alpha w_2 \sigma_2 W, \cdots, -r_\alpha w_N \sigma_N W \right]}$$

$$= \sqrt{[\mathrm{VaR}_1, \mathrm{VaR}_2, \cdots, \mathrm{VaR}_N]' F [\mathrm{VaR}_1, \mathrm{VaR}_2, \cdots, \mathrm{VaR}_N]}$$

$$= \sqrt{(\mathbf{VaR})' F (\mathbf{VaR})}$$

其中 $w_i W$ 是投资在第 i 种资产上的头寸.

附注 2.2 关于方差-协方差方法的适用性, 方差-协方差法的优点是简单易行, 但只适合基础资产收益服从联合正态分布, 且所讨论的金融资产是基础资产

7.2 在险价值

的线性组合. 如果要应用于那些价值是基础资产的非线性函数的金融产品, 或者基础资产不服从非正态分布时, 就不能直接用上述方法. 对于非线性情形, 可以用一阶线性近似或线性逼近的方法. 对于非正态情形, 可以在方差、协方差之外再增加一些参数以便更好地拟合肥尾现象, 此处不作详细讨论.

附注 2.3 不同置信水平的互相转换.

即能否从已经计算得到的某置信水平下的 VaR, 转换为另一置信水平下的 VaR 呢? 答案是可以的. 因为

$$\text{VaR}_\alpha = -\sigma r_\alpha W$$

例如取 $1-\alpha = 95\%$ 时, $r_\alpha = -1.65$, 代入上式后计算得

$$\sigma = \frac{\text{VaR}_{0.95}}{1.65\, W}$$

那么

$$\text{VaR}_{0.99} = 2.33\sigma W = \frac{2.33}{1.65}\text{VaR}_{0.95}$$

附注 2.4 不同长度持有期的转换.

例 2.6 每个月以 20 个交易日记, 则月平均收益

$$\mu_{\text{month}} = 20\mu_{\text{day}}, \quad \sigma^2_{\text{month}} = 20\sigma^2_{\text{day}}, \quad \sigma_{\text{month}} = \sqrt{20}\sigma_{\text{day}}$$

于是

$$\text{VaR}_{\text{month}} = -r_\alpha\sqrt{20}\sigma_{\text{day}}W$$

解得

$$\sigma_{\text{day}} = \frac{\text{VaR}_{\text{month}}}{-r_\alpha\sqrt{20}W}$$

由此得

$$\text{VaR}_{\text{day}} = -r_\alpha\sigma_{\text{day}}W = \frac{\text{VaR}_{\text{month}}(-r_\alpha)W}{-r_\alpha\sqrt{20}W} = \frac{\text{VaR}_{\text{month}}}{\sqrt{20}}$$

一般地, 持有期长为 t 天的 $\text{VaR}_t = -r_\alpha\sqrt{t}\sigma_{\text{day}}W$, 解得

$$\sigma_{\text{day}} = \frac{\text{VaR}_t}{-r_\alpha\sqrt{t}W}$$

则持有期长为 s 天的

$$\text{VaR}_s = -r_\alpha\sqrt{s}\sigma_{\text{day}}W = \sqrt{\frac{s}{t}}\text{VaR}_t$$

2. 历史法

历史法又分简单历史法和历史模拟法.

(1) 简单历史法不需要对资产收益的分布作任何假定, 而是从实际历史数据进行排序, 然后找出相应设定的置信水平的分位数点, 就是要求的 VaR 值. 例如, 要算 $P(Z \leqslant z_0) = 5\%$, 假设有 n 个观测值: $z_1, z_2, \cdots, z_n$, 对它们进行重排, 从小到大依次为 $z_{(1)} \leqslant z_{(2)} \leqslant z_{(3)} \leqslant \cdots \leqslant z_{(n)}$, 则 z_α 排在从小到大第 5% 位置的数值.

(2) 历史模拟法适用于多个变量的计算, 首先从各资产或风险因素的历史数据构造一个未来可能损失的分布, 然后再从这个分布出发计算组合的 VaR. 设 $x_1, x_2, \cdots, x_n$ 为观测到的向量值, w 是资产组合, 计算

$$\begin{aligned} x_1 &= (x_{11}, \cdots, x_{1N}), & w'x_1 &= z_1 \\ &\vdots & \vdots& \\ x_n &= (x_{n1}, \cdots, x_{nN}), & w'x_n &= z_n \end{aligned}$$

然后对 z_i 序列排序, 再选取相应的分位数点即可.

历史模拟法的优点是不依赖于分布, 用历史数据来预测未来, 缺点是需要较长的样本空间, 并且对所有数据赋以相同的权重, 当数据的分布特征随时间变化时就会产生误差.

附注 2.5 历史法的优缺点.

历史法的优点是简单易行, 不依赖于分布, 避免了模型误差, 适合任何头寸的计算, 无须计算方差–协方差. 缺点在于完全依赖于所用的数据集, 且历史数据的长短对结果有影响, 过短: 信息可能不够充分; 过长: 隐含在数据下的分布可能有变化. 此外对数据的等权重处理也不尽合理, 改进的方法是对较近的数据给予较大的权重, 对相距较远的数据给予较小的权重. 还有一个缺点是无法模拟过去没出现过但未来可能出现的事件.

3. 蒙特卡罗 (Monte Carlo) 模拟法

该方法和历史模拟法不同的是, 它不是利用资产或市场因素的历史数据, 而是通过描述资产或市场因素变化规律的概率或随机过程模型, 然后反复进行抽样模拟试验, 最终获得变量真实分布的估计, 如果已知分布形式, 则估计参数. 利用这些分布和参数随机生成各种情景, 对每个场景的组合表现进行计算, 经过大量模拟后得到经验分布, 然后根据这个分布来计算组合的 VaR. 该方法效果好坏的关键在于能否正确估计变量的分布, 因此存在模型风险. 并且模拟次数要充分大以保证精度, 但是计算成本高、速度慢.

附注 2.6 还有其他计算 VaR 的方法, 比如应用极值理论的方法, 可参见 [4].

7.2.4 VaR 的应用

VaR 方法主要有三方面的应用, 可以作为金融头寸的一种风险度量, 也可能被金融实务界用于资本充足率的度量和风险管理, 可以用它做压力测试, 第三可以用作量化的业绩评价. VaR 被学术界、金融交易机构、金融监管机构等广泛应用.

从学术上讲, VaR 有一个重要的不足是它不满足金融风险度量应满足的一些性质, 因此有不合理性, 对它的改进引入了基于 VaR 的一些新的风险度量, 更一般的一致风险度量和凸风险度量, 我们在下面详细讨论之.

7.3 与 VaR 有关的其他风险度量

定义 3.1 三个基于 **VaR** 的风险度量.

(1) **最坏情形条件期望** (worst conditional expectation, WCE)

$$\mathrm{WCE}_\alpha(X) = -\min\{E(X(A)|P(A) \geqslant \alpha)\}$$

(2) **尾部条件期望** (tail conditional expectation, TCE)

$$\mathrm{TCE}(X) = -E\{X|X \leqslant -\mathrm{VaR}_\alpha(X)\}$$
$$= -\frac{E\{XI_{\{X \leqslant -\mathrm{VaR}_\alpha(X)\}}\}}{P(X \leqslant -\mathrm{VaR}_\alpha(X))}$$

TCE 表示越过 VaR 值的平均损失.

(3) **条件风险价值** (conditional VaR, CVaR), 记为 $\mathrm{CVaR}_\alpha(X)$, 定义为损失超过 $\mathrm{VaR}_\alpha(X)$ 部分的期望值, 即

$$\mathrm{CVaR}_\alpha(X) \triangleq \frac{1}{\alpha} \int_{-\infty}^{-\mathrm{VaR}_\alpha(X)} -xf(x)dx$$

在正态假设下, 由正态分布的对称性, 可把 $\mathrm{CVaR}_\alpha(X)$ 表示成

$$\mathrm{CVaR}_\alpha(X) \triangleq \frac{1}{\alpha} \int_{\mathrm{VaR}_\alpha(X)}^{+\infty} xf(x)dx$$

WCE 和 CVaR 满足以下要讨论的一致风险度量 (coherent risk measures). 而 TCE 和方差不是一致风险度量.

定义 3.2 期望损失 (expected shortfall, ES):

$$\mathrm{ES}(z) = -\frac{1}{\alpha}(E[zI_{(z \leqslant z_\alpha)}] - z_\alpha(P(z \leqslant z_\alpha) - \alpha))$$

若 Z 服从连续分布, $P(z \leqslant z_\alpha) = \alpha$, 则 $\text{ES}(z) = \text{TCE}(z)$,

$$\text{ES}(z) = -\frac{1}{\alpha}(E[zI_{z \leqslant z_\alpha}] - z_\alpha(P(z \leqslant z_\alpha) - \alpha))$$

$$= \frac{P(z \leqslant z_\alpha)}{\alpha}\text{TCE} + \frac{z_\alpha}{\alpha}P(z \leqslant z_\alpha) - z_\alpha$$

记

$$\gamma = \frac{P(z \leqslant z_\alpha)}{\alpha} = \gamma\text{TCE}(z) - (\gamma - 1)\text{VaR}(z)$$

其中 $\gamma = \frac{P(Z \leqslant z_\alpha)}{\alpha} \leqslant 1$, 当 $\gamma = 1$ 时, $\text{ES}(Z) = \text{TCE}(Z)$.

附注 3.1 对于正态分布的资产收益来说, 大部分风险度量在本质上是一致的, 只是相互之间仅差常数倍. 如:

$\text{LPM}s(1, \tau)$, 当 $\tau = \mu = E(X)$ 时, $\text{LPM}s(1, \mu) = \frac{1}{\sqrt{2\pi}}\sigma$;

$\text{VaR} = -\alpha\sigma W$, 其中 σ 为方差, α 为所选置信度, W 为初始财富;

$\text{TCE} = c\sigma + d$, 其中 c 和 d 是常数.

我们来看看和 VaR 有关的优化模型之间的关系.

(p_1) Minimize $\text{VaR}_\beta^{(i)}(\boldsymbol{w}'\boldsymbol{x})$, $i = 1, 2$

s.t. $E(\boldsymbol{w}'\boldsymbol{x}) \geqslant r_p$, $\sum_{i=1}^{N} w_i = 1$

(p_2) Minimize $\dfrac{E(\boldsymbol{w}'\boldsymbol{x}) - r_f}{\text{VaR}_\alpha^{(1)}(\boldsymbol{w}'\boldsymbol{x})}$

s.t. $E(\boldsymbol{w}'\boldsymbol{x}) \geqslant r_p$, $\sum_{i=1}^{N} w_i = 1$

(p_0) Minimize $\dfrac{1}{2}\boldsymbol{w}'\boldsymbol{\Sigma}\boldsymbol{w}$

s.t. $E(\boldsymbol{w}'\boldsymbol{x}) \geqslant r_p$, $\sum_{i=1}^{N} w_i = 1$

$P(\boldsymbol{w}'\boldsymbol{x} < -\text{VaR}) \leqslant \alpha$

在正态分布下

$$P(\boldsymbol{w}'\boldsymbol{x} < -\text{VaR}) = P\left(\frac{\boldsymbol{w}'\boldsymbol{x} - \boldsymbol{w}'\boldsymbol{\mu}}{\sigma} < \frac{-\text{VaR} - \boldsymbol{w}'\boldsymbol{\mu}}{\sigma}\right) < \alpha$$

即
$$\Phi\left(\frac{-\text{VaR} - \boldsymbol{w}'\boldsymbol{\mu}}{\sigma}\right) = \alpha$$

于是
$$\frac{-\text{VaR} - \boldsymbol{w}'\boldsymbol{\mu}}{\sigma} = \Phi^{-1}(\alpha) \Leftrightarrow -\text{VaR} - \boldsymbol{w}'\boldsymbol{\mu} = \sigma\Phi^{-1}(\alpha)$$

所以
$$r_p = -\sigma\Phi^{-1}(\alpha) - \text{VaR}$$

7.4 一致风险度量和凸风险度量

一致风险度量 (coherent risk measure) 是由 Artzner 和 Delbaen 等首先提出的[12,20,21], 定义如下.

设 Ω 为所有事件的集合. 记一个金融头寸

$$X(w): \Omega \to R$$

χ 为所有头寸的集合, 定义映射

$$\rho(x): \chi \to R$$

定义 4.1 一个映射 $\rho: \chi \to R$ 称为一致风险度量, 如果满足对所有 $X, Y \in \chi$,
(1) 单调性: 若 $X \leqslant Y$, 则 $\rho(X) \leqslant \rho(Y)$;
(2) 平移不变性: 若对 $m \in R$ 有

$$\rho(X + m) = \rho(X) + m$$

即增加的 m 投资于无风险部分, 等价于 $\rho(X - \rho(X)) = 0$, 可得 $\rho(m) = \rho(0) - m$, 即交了保证金后风险为 0;
(3) 正齐性: 对 $\lambda \geqslant 0$, 有 $\rho(\lambda X) = \lambda \rho(X)$;
(4) 半可加性: $\rho(X + Y) \leqslant \rho(Y) + \rho(Y)$.

引理 4.2 任一个一致风险的货币度量 ρ 是关于上确界范数 $\|\cdot\|$ 为 Lipschitz 连续的, 即 $|\rho(X) - \rho(Y)| < \|X - Y\|$.

证明 因为 $X \leqslant Y + \|X - Y\|$, 所以 $\rho(Y) - \|X - Y\| \leqslant \rho(X)$. X 与 Y 交换: $\rho(X) - \|X - Y\| \leqslant \rho(Y)$, 所以 $|\rho(X) - \rho(Y)| < \|X - Y\|$.

由于这四条公理的合理性, 因此一致风险度量被学术界和实务界广泛接受. 但是真正满足这四条性质的风险度量却不多见, 常用的方差、标准差、下半矩、

VaR 等都违反其中一或两条性质, 因此都不是一致风险度量. Föllmer 等[22] 提出了相对弱一点的凸风险度量 (convex risk measure), 较之一致风险度量更易被实务界应用.

定义 4.3 一个货币风险度量 $\rho : \chi \to R$ 称为凸风险度量, 若满足平移不变性、单调性和凸性:

$$\rho(\lambda X + (1-\lambda)Y) \leqslant \lambda \rho(X) + (1-\lambda)\rho(Y)$$

一个凸风险度量称为一致风险度量, 若它还满足正齐性, 容易验证: 当风险测度满足正齐性时,

$$凸性 \Leftrightarrow \rho(X+Y) \leqslant \rho(X) + \rho(Y)$$

Delbaen[21] 将一致风险度量的公理化定义推广到一般的概率空间上. 映射 $\rho : L^\infty(\Omega, F, P) \to R$ 称为一致风险度量, 如果满足以上四条性质.

另外 Delbaen[20] 将一致风险度量由 L^∞ 推广到 L^0, 同样满足以上四条性质. 他还构造出以最大期望表示的一致风险度量.

定义 4.4 给定概率测度的闭凸集 P_σ, 且关于 P 绝对连续, 若以下等价条件之一成立:

(1) 对于每一个 $X \in L^0, \rho(X) > +\infty$;

(2) 对每一个 $f \in L^0_+, \varphi(f) = \lim_n \inf_{Q \in P_\sigma} E_Q[f \wedge n] < +\infty$, 其中 $\varphi = -\rho(X)$;

(3) 存在 $\gamma > 0$, 对每一个 $A > 0,$ 满足 $P(A) \leqslant \gamma,$ 则 $\inf_{q \in P_\sigma} q(A) = 0$. 则定义

$\rho P_\sigma(X) \triangleq \rho(X) = \lim_n \sup_{Q \in P_\sigma} E_Q[-(X \wedge n)]$ 为一致风险度量.

我们在一致风险度量方面做的一系列工作, 可以参阅 [1-3,19].

附注 4.1 对一致风险度量还有争论, 因为

(1) 并不是所有现在常用的风险度量都满足这几条公理, 如标准差不满足平移不变性和单调性, 一般情况下 VaR 不满足次可加性, CVaR 满足这四条公理.

(2) 并非一致风险测度就能度量一切风险, 如带灾变性的金融危机之类的突发风险就不能度量, 因此仅仅用一个量来度量风险是不够的.

(3) 对风险的度量应考虑投资者主观对风险的承受能力.

7.5 均值-CVaR 最优资产组合

7.5.1 CVaR 性质

回忆 CVaR 定义

$$\mathrm{CVaR}_\alpha(X) \triangleq \frac{1}{\alpha} \int_{-\infty}^{-\mathrm{VaR}_\alpha(X)} -xf(x)dx$$

命题 5.1 以上定义的 $\text{CVaR}_\alpha(X)$ 为一致风险测度.

7.5.2 CVaR 与 VaR 的关系

由 $\text{CVaR}_\alpha(X)$ 的定义可知, 在计算 $\text{CVaR}_\alpha(X)$ 之前必须先求出 $\text{VaR}_\alpha(X)$ 的值, 这在求解时很不方便. Rockafellar 和 Uryasev[33,34] 通过一个特殊的函数将 CVaR 和 VaR 两者有效地联系起来. 该函数用下式表示

$$F_\alpha(X, a) \triangleq a + \frac{1}{\alpha} \int_x [x-a]^+ f(x) dx$$

其中 $[t]^+ = \max\{t, 0\}$. 由于 $F_\alpha(X, a)$ 是关于 a 的连续可微的凸函数, 他们证明了 CVaR 的计算可由最小化 $F_\alpha(X, a)$ 得到

$$\text{CVaR}_\alpha(X) = \underset{a \in R}{\text{Minimize}}\, F_\alpha(X, a)$$

再令 $A_\alpha(X) = \underset{a \in R}{\arg\min}\, F_\alpha(X, a)$, 由于 $A_\alpha(X)$ 是一个非空、非闭的有界集 (也许会退化为一个单点), 我们可以得到置信水平 $1-\alpha$ 下的 VaR 为

$$\text{VaR}_\alpha(X) = A_\alpha(X) \text{ 的左端点}$$

上式表示 $A_\alpha(X)$ 的下确界即是置信水平 $1-\alpha$ 的 VaR 值. 特别地, 我们总能得到如下等式:

$$\text{VaR}_\alpha(X) \in \underset{a \in R}{\arg\min}\, F_\alpha(X, a)$$

$$\text{CVaR}_\alpha(X) = F_\alpha(X, \text{VaR}_\alpha(X))$$

上述结果具有明显的理论价值. 首先, 连续可微的凸函数特别适合于求解线性最小化问题. 因此, 以 $F_\alpha(X, a)$ 作为优化目标可以做到局部最优解即为全局最优解; 其次, 我们可在置信水平 $1-\alpha$ 的 VaR 未知的时候直接求出置信水平 $1-\alpha$ 的 CVaR, 从而避免了 VaR 的一般的复杂求解过程, 而且使置信水平 $1-\alpha$ 的 VaR 作为一个保留了其优点的副产品得出其解.

附注 5.1 除了可以根据定义求 CVaR 值, 上面 7.5.2 节实际上给出了一种 CVaR 计算的方法, 我们简称其为 Rockafellar-Uryasev 近似法, 目前其在文献中应用较广[8,30,35]. 其他方法还有分位数回归法、非参数核估计法[36]、Conish-Fisher 展开逼近法[17]. 文献 [37] 和 [38] 分别验证了分位数回归方法在估计 CVaR 的计算速度和最优投资策略的选择上相对 Rockafellar-Uryasev 近似法具有良好的表现, 非参数核估计法在优化问题中的实现较为复杂, 且计算量较大, 而 Conish-Fisher 展开逼近法更适用于样本量较大的情景.

7.5.3 均值-CVaR 最优资产组合模型

1. 一般情形下的均值-CVaR 模型

我们假设 N 种风险资产组成的投资组合中, 各风险资产的投资比例为

$$\boldsymbol{w} = (w_1, \cdots, w_N)', \quad \text{其中} \sum_{i=1}^{N} w_i = 1 \quad \text{且} \quad w_i \geqslant 0, i = 1, \cdots, N$$

X_i 表示各风险资产的收益率, 则投资组合的收益为 $\boldsymbol{w}'\boldsymbol{X}$, 均值为

$$E(\boldsymbol{w}'\boldsymbol{X}) = \boldsymbol{w}'\boldsymbol{\mu}$$

设 r_p 为要求的最低回报率, 我们的目标就是最小化资产组合的损失 $\text{CVaR}_\alpha(\boldsymbol{w}'\boldsymbol{X})$, 因此, 类似经典的均值–方差模型, 可以得到均值-CVaR 模型如下 (假设不允许卖空):

(1) $\qquad$ Minimize $\quad \text{CVaR}_\alpha(\boldsymbol{w}'\boldsymbol{X})$
$\qquad\qquad$ s.t. $\qquad \boldsymbol{w}'\boldsymbol{\mu} \geqslant r_p, \quad \boldsymbol{w}'\boldsymbol{1} = 1, \quad \boldsymbol{w} \geqslant \boldsymbol{0}$

还可考虑如下三个关于 $\boldsymbol{w}'\boldsymbol{X}$ 的优化问题:

(2) $\qquad$ Minimize $\quad \text{VaR}_\alpha(\boldsymbol{w}'\boldsymbol{X})$
$\qquad\qquad$ s.t. $\qquad \boldsymbol{w}'\boldsymbol{\mu} \geqslant r_p, \quad \boldsymbol{w}'\boldsymbol{1} = 1, \quad \boldsymbol{w} \geqslant \boldsymbol{0}$

(3) $\qquad$ Minimize $\quad \sigma^2(\boldsymbol{w}'\boldsymbol{X})$
$\qquad\qquad$ s.t. $\qquad \boldsymbol{w}'\boldsymbol{\mu} \geqslant r_p, \quad \boldsymbol{w}'\boldsymbol{1} = 1, \quad \boldsymbol{w} \geqslant \boldsymbol{0}$

问题 (2) 是基于 VaR 的组合优化, 它是一个非凸规划问题, 存在多个局部最小点, 其解不易得; 与之比较, 问题 (1) 可以另写成如下关于 x 和 α 的线性优化形式:

(4) $\qquad$ Minimize $\quad a + \dfrac{1}{\alpha} E[Z]$
$\qquad\qquad$ s.t. $\qquad Z \geqslant \boldsymbol{w}'\boldsymbol{\mu} - a, \quad \boldsymbol{w}'\boldsymbol{1} = 1, \quad Z > 0, \quad \boldsymbol{w} \geqslant \boldsymbol{0}$

从以上的模型结构我们可以清楚地看出, 若该 CVaR 优化问题有解, 则其解必定是一个元素的集合或一凸多面体, 即所有的局部最小点必为全局最小点. 进一步, 若用样本均值逼近总体均值, 则该凸规划问题可转化为线性规划问题, 计算会更加简便. 问题 (3) 为经典的马科维茨均值–方差组合优化模型, 为一个二次凸规划优化问题, 容易求解. 并且, 当各风险资产收益率服从联合正态分布, 且当置信水平 $1 - \alpha \geqslant 0$ 时, 以上三个优化问题两两等价, 即存在同一个最优组合 $\boldsymbol{w}$, 使得组合的 3 种风险 $\text{CVaR}_\alpha(\boldsymbol{w}'\boldsymbol{X}), \text{VaR}_\alpha(\boldsymbol{w}'\boldsymbol{X})$ 和 $\sigma^2(\boldsymbol{w}'\boldsymbol{X})$ 同时达到最小.

7.5 均值-CVaR 最优资产组合

在利用 CVaR 作为风险度量工具进行投资组合优化时, 由于收益随机向量 $\boldsymbol{X}$ 的分布一般是未知的, 所以在一般情形下我们利用情景分析法, 即根据市场因子的历史变化情况, 加上最新掌握的信息, 对其未来的变化做出估计.

在实际的组合优化中, 假设向量 $\boldsymbol{x}^i, i=1,\cdots,n$ 是观测到的收益向量值. 引入函数 $M_{[k:n]}(u^1,\cdots,u^n)$ 表示在 $u^1,\cdots,u^n$ 中第 k 大值, 因此 $M_{[1:n]}$ 表示最小值, $M_{[n:n]}$ 表示最大值. 在离散分布条件下计算 VaR 和 CVaR, 分别得到

$$\mathrm{VaR}_\alpha(\boldsymbol{w}'\boldsymbol{X}) = M_{[[\beta n]:n]}(-\boldsymbol{w}'\boldsymbol{x}^1,\cdots,-\boldsymbol{w}'\boldsymbol{x}^n)$$

$$\mathrm{CVaR}_\alpha(\boldsymbol{w}'\boldsymbol{X}) = \frac{1}{n}\sum_{|-\boldsymbol{w}'\boldsymbol{x}^i\geqslant\mathrm{VaR}_\alpha(\boldsymbol{w}'\boldsymbol{X})|} -\boldsymbol{w}'\boldsymbol{x}^i$$

在此基础上, 求离散形式的 CVaR 组合优化问题就是一个线性规划过程, 它可以用如下关于 x,α,z 的线性优化过程解决:

$$\begin{aligned}
\text{Minimize} \quad & a+\frac{1}{\alpha n}\sum_{i=1}^n z^i \\
\text{s.t.} \quad & z^i \geqslant -\boldsymbol{w}'\boldsymbol{y}\boldsymbol{x}^i - a \\
& \frac{1}{n}\boldsymbol{x}'\sum_{i=1}^n \boldsymbol{x}^i \geqslant r_p \\
& \mathbf{1}'\boldsymbol{w} = 1 \\
& z^i \geqslant 0, \quad \boldsymbol{w} \geqslant \boldsymbol{0}
\end{aligned}$$

2. 正态情形下的均值-CVaR 模型

在特殊的情况下, 我们假设收益率向量 $\boldsymbol{X}$ 的分布已知, 且服从联合正态分布, 即 $\boldsymbol{X} \sim N(\boldsymbol{\mu}, \boldsymbol{\Sigma})$, 其中 $\boldsymbol{\mu} = (\mu_1, \mu_2, \cdots, \mu_N)'$ 是 N 种风险资产的期望收益率向量, $\boldsymbol{\Sigma}$ 为收益率的协方差矩阵, $\boldsymbol{w} = (w_1, w_2, \cdots, w_N)'$ 是在风险资产上的投资比例向量, 且 $\mathbf{1}'\boldsymbol{w} = 1, \mathbf{1} = (1,1,\cdots,1)'$.

N 种风险资产的组合期望收益为

$$E(\boldsymbol{w}'\boldsymbol{X}) = \boldsymbol{w}'\boldsymbol{\mu}$$

损失为负收益, 则

$$f(\boldsymbol{w},\boldsymbol{X}) = -[w_1\mu_1 + w_2\mu_2 + \cdots + w_N\mu_N] = -\boldsymbol{w}'\boldsymbol{\mu}$$

均值-CVaR 模型为

$$\text{Minimize} \quad \text{CVaR}_\alpha(\boldsymbol{w}'\boldsymbol{X})$$
$$\text{s.t.} \quad \boldsymbol{w}'\boldsymbol{\mu} \geqslant r_p, \quad \boldsymbol{w}'\boldsymbol{1} = 1, \quad \boldsymbol{w} \geqslant \boldsymbol{0}$$

其中, r_p 是投资者要求的最低回报率.

因为 $\boldsymbol{X}$ 服从联合正态分布, 根据 VaR 的定义, 可知

$$\text{VaR}_\alpha(\boldsymbol{w}'\boldsymbol{X}) = -\boldsymbol{w}'\boldsymbol{\mu} + b_1(\alpha)\sigma(\boldsymbol{w}'\boldsymbol{X})$$

其中 $b_1(\alpha) = \sqrt{2}\text{erf}^{-1}[2(1-\alpha)-1] = \Phi^{-1}(1-\alpha), \text{erf}(z) = \dfrac{2}{\sqrt{\pi}}\int_0^z e^{-t^2}dt, \Phi(\cdot)$ 是标准正态分布的分布函数.

$$\begin{aligned}
\text{CVaR}_\alpha(\boldsymbol{w}'\boldsymbol{X}) &= \frac{1}{\alpha}\int_{\boldsymbol{w}'\boldsymbol{x}\geqslant \text{VaR}_\alpha(\boldsymbol{w}'\boldsymbol{X})}(\boldsymbol{w}'\boldsymbol{x})f(\boldsymbol{x})d\boldsymbol{x} \\
&= \frac{1}{\alpha}\int_{\text{VaR}_\alpha(\boldsymbol{w}'\boldsymbol{X})}^{+\infty}\frac{1}{\sqrt{2\pi}\sigma}\exp\left[-\frac{t-\boldsymbol{w}'\boldsymbol{\mu}}{\boldsymbol{w}'\boldsymbol{\Sigma}\boldsymbol{w}}\right]dt \\
&= -\boldsymbol{w}'\boldsymbol{\mu} + b_2(\alpha)\sqrt{\boldsymbol{w}'\boldsymbol{\Sigma}\boldsymbol{w}}
\end{aligned}$$

其中

$$\sigma = \sigma(\boldsymbol{w}'\boldsymbol{X}) = \sqrt{\boldsymbol{w}'\boldsymbol{\Sigma}\boldsymbol{w}}$$
$$b_2(\alpha) = \left(\sqrt{2\pi}\exp\{\text{erf}^{-1}[2(1-\alpha)-1]\}^2\alpha\right)^{-1}$$

于是, 均值-CVaR 模型等价于下列模型:

$$\text{Minimize} \quad b_2(\alpha)\sigma(\boldsymbol{w}'\boldsymbol{X}) - \boldsymbol{w}'\boldsymbol{\mu}$$
$$\text{s.t.} \quad \boldsymbol{w}'\boldsymbol{\mu} \geqslant r_p, \quad \boldsymbol{w}'\boldsymbol{1} = 1, \quad \boldsymbol{w} \geqslant \boldsymbol{0}$$

类似经典的马科维茨均值方差组合优化模型的方法, 记 $A = \boldsymbol{\mu}'\boldsymbol{\Sigma}^{-1}\boldsymbol{\mu}, B = \boldsymbol{\mu}'\boldsymbol{\Sigma}^{-1}\boldsymbol{1}$, $C = \boldsymbol{1}'\boldsymbol{\Sigma}^{-1}\boldsymbol{1}, \delta = AC - B^2, \boldsymbol{1} = (1,1,\cdots,1)'$. 我们可以得到以下结果.

定理 5.2 组合 $\boldsymbol{w}$ 属于均值-CVaR 有效前沿 $\Leftrightarrow$ 组合 $\boldsymbol{w}$ 属于均值–方差有效前沿, 且有效前沿方程如下

$$\frac{[(\text{CVaR} + r_p)/b_1]^2}{1/C} - \frac{[r_p - B/C]^2}{(\delta/C)^2} = 1$$

定理 5.3 在风险资产的投资收益率服从联合正态分布下, 以上模型在置信水平 $1-\alpha$ 下有解 $\Leftrightarrow 1-\alpha > \Phi(W)$, 其中 $W = \sqrt{2}\cdot\sqrt{\ln\left(\sqrt{\dfrac{C}{\delta}}\cdot\dfrac{1}{\sqrt{2\pi}\alpha}\right)}$.

定理 5.4 如果 $1-\alpha > \Phi(W)$, 则基于 CVaR 的投资组合优化模型的投资比例向量为

$$w = G + H\left[\frac{B}{C} + \sqrt{\frac{\delta}{C}\left(\frac{b_2^2(\alpha)}{Cb_2^2(\alpha)-\delta} - \frac{1}{C}\right)}\right]$$

及 CVaR 最小值为

$$b_2(\alpha)\sqrt{\frac{b_2^2(\alpha)}{Cb_2^2(\alpha)-\delta}} - \left[\frac{B}{C} + \sqrt{\frac{\delta}{C}\left(\frac{b_2^2(\alpha)}{Cb_2^2(\alpha)-\delta} - \frac{1}{C}\right)}\right]$$

其中 $G = \frac{1}{\delta}(A\Sigma^{-1}\mathbf{1} - B\Sigma^{-1}\mu), H = \frac{1}{\delta}(C\Sigma^{-1}\mu - B\Sigma^{-1}\mathbf{1})$.

读者可以自行推导之.

7.6 最坏情形 CVaR (WCVaR) 及稳健资产组合

7.6.1 最坏情形 CVaR 的定义

在上面讨论中, 我们假设收益率向量 X 的分布完全已知, 在本节中, 假设 X 的分布部分已知, 且其密度函数 $f(\cdot)$ 属于某一个特定的分布集合 $\mathbb{P}$, 即 $f(\cdot) \in \mathbb{P}$. 本部分参考 [9,13,14] 及其文后的文献.

定义 6.1 给定资产组合向量 w, 对于 $\mathbb{P}$ 而言, 最坏情形 CVaR (worst-case CVaR, WCVaR) 定义为

$$\text{WCVaR}_\alpha(w'X) \triangleq \sup_{f(\cdot)\in\mathbb{P}} \text{CVaR}_\alpha(w'X)$$

我们知道 CVaR 的优点在于它是一致风险度量, 那么 WCVaR 呢? 可以证明: WCVaR 仍然是一致风险度量.

设 Y 是定义在某个概率空间 $(\Omega, \mathbb{F}, \mathbb{P})$ 上的随机损失, 其中 $\mathbb{P}$ 为既定的概率测度集合. 定义 $\rho(\cdot): \Omega \to R$ 为一致风险度量, 定义最坏情形风险度量 ρ_w:

$$\rho_w(Y) \triangleq \sup_{p(\cdot)\in\mathbb{P}} \rho(Y)$$

命题 6.2 如果由概率测度 $\mathbb{P}$ 引出的 ρ 是一致风险度量, 则 ρ_w 也仍然是一致风险度量.

证明 (1) 次可加性

$$\rho_w(X+Y) = \sup_{p\in\mathbb{P}} \rho(X+Y) \leqslant \sup_{p\in\mathbb{P}}[\rho(X)+\rho(Y)]$$

$$\leqslant \sup_{p\in\mathbb{P}} \rho(X) + \sup_{p\in\mathbb{P}} \rho(Y) = \rho_{\boldsymbol{w}}(X) + \rho_{\boldsymbol{w}}(Y)$$

(2) 正齐次性

$$\rho_{\boldsymbol{w}}(\lambda X) = \sup_{p\in\mathbb{P}} \rho(\lambda X) = \sup_{p\in\mathbb{P}} \lambda \rho(X)$$

$$= \lambda \sup_{p\in\mathbb{P}} \rho(X) = \lambda \rho_{\boldsymbol{w}}(X), \quad \forall \lambda \in \mathbb{R}^+$$

(3) 单调性: 如果 $X \leqslant Y$, 则

$$\rho_{\boldsymbol{w}}(X) = \sup_{p\in\mathbb{P}} \rho(X) \leqslant \sup_{p\in\mathbb{P}} \rho(Y) = \rho_{\boldsymbol{w}}(Y)$$

(4) 平移不变性: 对于常数 m, 有

$$\rho_{\boldsymbol{w}}(X+m) = \sup_{p\in\mathbb{P}} \rho(X+m) = \sup_{p\in\mathbb{P}} [\rho(X)+m]$$

$$= \sup_{p\in\mathbb{P}} \rho(X) + m = \rho_{\boldsymbol{w}}(X) + m$$

证毕.

7.6.2 混合分布下的 min-max 模型

作为最坏情形下的 CVaR 的一个应用, 考虑混合分布的情形. 设总体 X_1 具有分布函数 $F_1(X)$, 总体 X_2 具有分布函数 $F_2(X)$, 若总体 X 具有分布函数 $F(X) = \lambda F_1(X) + (1-\lambda)F_2(X)$, 则称总体 X 是总体 X_1 与总体 X_2 的混合, 即总体 X 的数据以概率 α 来自总体 X_1, 以概率 $1-\alpha$ 来自总体 X_2. 一种特殊的情况是: $F_1(X)$ 和 $F_2(X)$ 具有相同的形式 (已知), 但含有不同的参数, 即 $F_1(X) = F(x,\theta_1)$, $F_2(X) = F(x,\theta_2)$.

假设收益率向量 $\boldsymbol{X}$ 的分布部分已知, 且集合 P_M 为由所有预计的可能分布的混合分布组成, 即称 $p(\cdot)$ 服从混合分布, 即

$$p(\cdot) \in P_M \triangleq \left\{ \sum_{i=1}^{l} \lambda_i p^i(\cdot) : \sum_{i=1}^{l} \lambda_i = 1, \lambda_i \geqslant 0, i=1,\cdots,l \right\}$$

其中 $p^i(\cdot)$ 表示第 i 个可能的分布, l 表示可能分布的个数.

考虑混合分布下的稳健投资组合问题.

先给出一个重要引理.

7.6 最坏情形 CVaR (WCVaR) 及稳健资产组合

引理 6.3 假设 X 和 Y 分别为 $\mathbb{R}^n$ 和 $\mathbb{R}^m$ 上的非空紧集, 函数 $\phi(x,y)$ 是 X 上的凸函数、Y 上的凹函数, 即

对于所有 $x_1, x_2 \in X$, $\alpha \in [0,1]$, 存在 $x_3 \in X$ 使得

$$\varphi(x_3, \cdot) \leqslant \alpha \varphi(x_1, \cdot) + (1-\alpha) \varphi(x_2, \cdot)$$

对于所有 $y_1, y_2 \in Y$, $\beta \in [0,1]$, 存在 $y_3 \in Y$ 使得

$$\varphi(\cdot, y_3) \geqslant \beta \varphi(\cdot, y_1) + (1-\beta) \varphi(\cdot, y_2)$$

则我们有

$$\min_{x \in X} \max_{y \in Y} \phi(x,y) = \max_{y \in Y} \min_{x \in X} \phi(x,y)$$

引理细节详见 [15] 第 6 章.

我们以混合正态分布为例给出 CVaR 下的稳健最优资产组合.

假设收益率向量 $\boldsymbol{X}$ 的分布部分已知, 且服从混合正态分布, 即 $\boldsymbol{X}$ 的密度函数 $f(x)$ 满足

$$f(y) \in F_M \triangleq \left\{ \sum_{i=1}^{l} \lambda_i f^i(y) : \sum_{i=1}^{l} \lambda_i = 1, \lambda_i \geqslant 0, i=1,\cdots,l \right\}$$

其中 $f^i(x)$ 表示第 i 个可能的正态分布, 服从 $N(\boldsymbol{\mu}^i, \boldsymbol{\Sigma}^i)$, l 表示可能正态分布的个数. $\boldsymbol{\mu}^i = (\mu_1^i, \mu_2^i, \cdots, \mu_n^i)'$ 是 n 种风险资产的第 i 个可能期望收益率向量, $\boldsymbol{\Sigma}^i$ 为收益率第 i 个可能的协方差矩阵. 令

$$\varLambda = \left\{ \lambda = (\lambda_1, \cdots, \lambda_l) : \sum_{i=1}^{l} \lambda_i = 1, \lambda_i \geqslant 0, i=1,\cdots,l \right\}$$

$$\text{CVaR}_\alpha^i(\boldsymbol{w}'\boldsymbol{X}) = \frac{1}{\alpha} \int_{\boldsymbol{w}'\boldsymbol{x} \geqslant \text{VaR}_\alpha(\boldsymbol{w}'\boldsymbol{x})} (\boldsymbol{w}'\boldsymbol{x}) f^i(\boldsymbol{x}) d\boldsymbol{x}$$

定理 6.4 对每个 $\boldsymbol{X}$, 对于 F_M 而言, 混合正态分布下的最坏情形 CVaR 可由下式得到

$$\text{WCVaR}_\alpha(\boldsymbol{w}'\boldsymbol{X}) = \underset{\lambda \in \varLambda}{\text{Maximize}} \sum_{i=1}^{l} \lambda_i \text{CVaR}_\alpha^i(\boldsymbol{w}'\boldsymbol{X}) = \underset{i \in L}{\text{Maximize}}\, \text{CVaR}_\alpha^i(\boldsymbol{w}'\boldsymbol{X})$$

其中 $L \triangleq \{1, 2, \cdots, l\}$.

证明 略.

最小化 WCVaR 等价于:

$$\min_{\boldsymbol{X}} \max_{\lambda \in \Lambda} \sum_{i=1}^{l} \lambda_i \mathrm{CVaR}_\alpha^i(\boldsymbol{w}'\boldsymbol{X})$$

混合正态分布下的 CVaR 稳健投资组合模型 (I) 为

$$\min_{\boldsymbol{X}} \max_{\lambda \in \Lambda} \sum_{i=1}^{l} \lambda_i \mathrm{CVaR}_\alpha^i(\boldsymbol{w}'\boldsymbol{X})$$

$$\text{s.t.} \quad \boldsymbol{1}'\boldsymbol{x} = 1, \quad E(\boldsymbol{w}'\boldsymbol{X}) \geqslant r_p$$

又因为在正态分布下, 有

$$\mathrm{CVaR}_\alpha^i(\boldsymbol{w}'\boldsymbol{X}) = -E^i(\boldsymbol{w}'\boldsymbol{X}) + b_2(\alpha)\sigma^i(\boldsymbol{w}'\boldsymbol{X})$$

其中

$$b_2(\alpha) = \left(\sqrt{2\pi}\exp\{\mathrm{erf}^{-1}[2(1-\alpha)-1]\}^2 \alpha\right)^{-1}$$

且约束条件 $E(\boldsymbol{w}'\boldsymbol{X}) \geqslant r_p$ 可以化为

$$\sum_{i=1}^{l} \lambda_i E_{p^i}(\boldsymbol{x}'\boldsymbol{y}) \geqslant \bar{r}, \quad \forall \lambda \in \Lambda$$

则原问题化为了一个 Minimax 问题, 得到模型 (II):

$$\min_{\boldsymbol{x}} \max_{\lambda \in \Lambda} -\sum_{i=1}^{l} \lambda_i \mu^i(\boldsymbol{x}) + b_2(\beta)\sum_{i=1}^{l} \lambda_i \sigma^i(\boldsymbol{x})$$
$$\text{s.t.} \quad \boldsymbol{1}'\boldsymbol{x} = 1$$
$$\boldsymbol{x}'\sum_{i=1}^{l} \lambda_i \boldsymbol{\mu}^i \geqslant \bar{r}, \quad \forall \lambda \in \Lambda$$

可以用求解 Minimax 优化问题的算法求解.

附注 6.1 CVaR 还可以和其他优化指标结合形成新的优化组合模型, 比如将风险测度 CVaR 作为风险约束加入到 Omega 最优资产组合中, 构建 Omega-CVaR 优化模型, 在牺牲一定的收益率的情况下能实现良好的风险控制, 适当调整目标风险值会减少组合策略的收益, 表明风险约束能抑制 Omega 比率的收益效应, 弥补了 Omega 原始模型在风险控制上的缺失.

附注 6.2 VaR 和 CVaR 均为基于分位数类的风险测度 (quantile-based risk measure), 其他还有谱风险测度 (spectral risk measure)、扭曲风险测度 (distorted risk measure)、credible VaR、Expectile VaR、CVaR、GVaR 等, 参见文献 [16,18, 23,26,32] 等.

附注 6.3 在基于夏普比率的投资组合优化中, 可以用 VaR、CVaR、谱风险测度等替换标准差, 构建新的风险调整资本回报率 (risk-adjusted return on capital, RAROC), 参见文献 [11,31] 等.

附注 6.4 既然不同的风险测度可以度量资产组合不同的风险特征, 所以在最优投资策略选择时, 可以同时考虑多个风险测度, 比如均值-绝对离差-偏度模型、均值-方差-偏度模型、均值-方差-CVaR 模型、均值-方差-偏度-峰度模型等等, 参见文献 [8,10,24,27-29,37] 等.

7.7 实证分析

选取沪深 300 指数中 10 只成分股 (表 7.7.1) 2019 年 1 月 2 日至 2022 年 7 月 21 日的日对数收益率数据, 进行 CVaR 和 WCVaR 的测算及资产组合优化分析, 并利用 2022 年 7 月 21 日至 2022 年 8 月 20 日的数据进行最优资产组合的外样本回测评价.

表 7.7.1 样本股列表

股票序号	1	2	3	4	5
股票名称	平安银行	万科 A	中兴通讯	中国长城	华侨城 A
股票序号	6	7	8	9	10
股票名称	TCL 科技	中联重科	申万宏源	东方盛虹	美的集团

7.7.1 股票收益率分布检验

首先对 10 只股票的收益率曲线进行正态分布检验和 t 分布的检验, 由表 7.7.2 可知: 各股票收益率序列在 5% 的置信水平下均拒绝了正态分布的假设, 而接受了 t 分布假设, 因此可以认为 10 只股票对数收益率均服从 t 分布.

表 7.7.2 收益率序列分布检验表 (检验水平为 0.05)

股票序号	1	2	3	4	5
正态检验 p 值	0.0000	0.0000	0.0000	0.0000	0.0000
t 检验 p 值	0.0966	0.4890	0.1701	0.0631	0.1414
股票序号	6	7	8	9	10
正态检验 p 值	0.0000	0.0000	0.0000	0.0000	0.0000
t 检验 p 值	0.0201	0.1514	0.0877	0.0734	0.1353

7.7.2 CVaR 和 WCVaR 的计算

首先计算每只股票的 VaR_α 值; 其次根据 $\text{CVaR}_\alpha(X) = \dfrac{1}{\alpha}\displaystyle\int_{\text{VaR}_\alpha(x)}^{+\infty} xf(x)dx$ 计算对应的 CVaR_α 值; 最后, 根据 $\text{WCVaR}_\alpha(X) = \max\limits_{i\in L}\text{CVaR}_\alpha^i(X)$ 计算每只股票的 WCVaR 值, 其中 L 为收益率序列可能服从的 t 分布集合. 这里取 $\alpha = 0.05$, 计算结果见表 7.7.3.

表 7.7.3　10 只股票的风险测度 ($\alpha = 0.05$)

股票序号	1	2	3	4	5
VaR	0.0391	0.0376	0.0457	0.0586	0.0384
CVaR	0.0398	0.0411	0.0552	0.0641	0.0432
WCVaR	0.0675	0.0698	0.0915	0.1061	0.0724
股票序号	6	7	8	9	10
VaR	0.0523	0.0402	0.0307	0.0592	0.0374
CVaR	0.0538	0.0545	0.0426	0.0852	0.0422
WCVaR	0.1019	0.0936	0.0725	0.0980	0.0764

由表 7.7.3 可见: 对于每只股票而言, VaR, CVaR 和 WCVaR 值的大小依次递增, 即 $\text{VaR}_\alpha < \text{CVaR}_\alpha < \text{WCVaR}_\alpha$, 这与本章定义 3.1 和定义 6.1 的含义相一致.

7.7.3 均值–方差、均值-VaR、均值-CVaR 和均值-WCVaR 优化计算

1. 优化模型

(1) 均值–方差优化模型:

$$\begin{aligned}
\text{Minimize} \quad & \sigma^2(\boldsymbol{w}'\boldsymbol{x}) \\
\text{s.t.} \quad & \boldsymbol{w}'\boldsymbol{\mu} \geqslant r_p \\
& \boldsymbol{w}'\boldsymbol{1} = 1 \\
& \boldsymbol{w} \geqslant 0
\end{aligned}$$

(2) 均值-VaR 优化模型:

$$\begin{aligned}
\text{Minimize} \quad & \text{VaR}_\alpha(\boldsymbol{w}'\boldsymbol{x}) \\
\text{s.t.} \quad & \boldsymbol{w}'\boldsymbol{\mu} \geqslant r_p \\
& \boldsymbol{w}'\boldsymbol{1} = 1 \\
& \boldsymbol{w} \geqslant 0
\end{aligned}$$

7.7 实证分析

(3) 均值-CVaR 优化模型:

$$\begin{aligned} \text{Minimize} \quad & \text{CVaR}_\alpha(\boldsymbol{w}'\boldsymbol{x}) \\ \text{s.t.} \quad & \boldsymbol{w}'\boldsymbol{\mu} \geqslant r_p \\ & \boldsymbol{w}'\boldsymbol{1} = 1 \\ & \boldsymbol{w} \geqslant \boldsymbol{0} \end{aligned}$$

(4) 均值-WCVaR 优化模型:

$$\begin{aligned} \text{Minimize} \quad & \text{WCVaR}_\alpha(\boldsymbol{w}'\boldsymbol{x}) \\ \text{s.t.} \quad & \boldsymbol{w}'\boldsymbol{\mu} \geqslant r_p \\ & \boldsymbol{w}'\boldsymbol{1} = 1 \\ & \boldsymbol{w} \geqslant \boldsymbol{0} \end{aligned}$$

2. 最优投资策略

基于上述 10 只股票, 计算这 10 只股票的平均收益率 (约为 0.0005) 作为优化模型中期望收益率下限 r_p (即均值约束条件), 假设 $\alpha = 0.05$, 求解各优化模型的最优解, 结果见表 7.7.4.

表 7.7.4 不同模型下的投资组合权重表 ($\alpha = 0.05$)

股票序号	1	2	3	4	5
均值–方差	1.32E-06	4.76E-07	2.38E-07	1.34E-07	5.65E-07
均值-VaR	2.42E-09	9.09E-10	8.01E-10	5.48E-10	1.38E-09
均值-CVaR	**5.19E-01**	4.83E-08	4.00E-08	4.71E-08	6.81E-08
均值-WCVaR	**9.22E-01**	1.46E-08	1.30E-08	1.62E-08	2.19E-08

股票序号	6	7	8	9	10
均值–方差	2.13E-07	7.64E-07	**1.52E-01**	2.03E-07	**8.48E-01**
均值-VaR	7.28E-10	**5.67E-01**	**4.33E-01**	7.80E-10	8.02E-08
均值-CVaR	8.69E-08	1.04E-07	6.89E-08	2.75E-08	**4.81E-01**
均值-WCVaR	1.55E-08	3.06E-08	2.10E-08	**7.83E-02**	1.12E-07

由表 7.7.4 可以发现: 不同模型下的重仓股各有不同, 主要投资到 1 或 2 只股票上, 重仓股票加黑显示, 如均值–方差模型下, 重仓第 8 和第 10 只股票.

3. 投资组合外样本表现评价

进一步对上述已经得到的最优投资权重进行外样本分析. 将这 10 只股票 2022 年 7 月 21 日至 2022 年 8 月 20 日的交易数据作为外样本进行回测. 选取投资组合外样本平均收益 (即投资组合均值)、标准差、夏普比率、VaR、CVaR、WCVaR、Omega 比率作为衡量投资组合外样本表现的评价指标.

夏普比率 $= \dfrac{\mu_p - r_f}{\sigma_p}$，它的数值越高表示资产组合所承受的风险能够获得的回报越高，我们取 $r_f = 0$. Omega 比率计算公式如下

$$\text{Omega比率} = \dfrac{E(R-\varepsilon)^+}{E(\varepsilon-R)^-}$$

其中，R 代表投资组合外样本收益率，ε 为给定的阈值，此处取 $\varepsilon = 0$. 投资回报低于这一阈值记为损失，高于这一阈值记为收益.

由表 7.7.5 可见：从风险角度来看，均值–方差、均值-VaR、均值-CVaR 及均值-WCVaR 下投资策略的对应的外样本的方差、VaR、CVaR 和 WCVaR 也是相对较小的，这与我们的优化目的相一致. 但是从外样本收益角度看，均值-WCVaR 下投资策略的外样本期望收益、夏普比率及 Omega 比率都是最优的. 整体而言，在本数据集下，基于均值-WCVaR 模型获得的投资策略具有相对较优的外样本表现.

表 7.7.5 外样本回测表现

指标	均值	标准差	夏普比率	Omega 比率	VaR	CVaR	WCVaR
均值–方差	−0.0014	**0.0092**	−0.1522	0.8415	0.0363	0.0021	0.0038
均值-VaR	0.0000	0.0116	0.0037	0.7585	**0.0361**	0.0025	0.0042
均值-CVaR	−0.0014	0.0144	−0.0956	0.8627	0.0386	**0.0020**	0.0036
均值-WCVaR	**0.0004**	0.0167	**0.0236**	**1.4390**	0.0413	0.0021	**0.0035**

参 考 文 献

[1] 陈文才, 叶中行. $L^p(\Omega)$ 空间上的 Coherent 风险度量 [J]. 应用数学学报, 2004, 27(4): 1-7.
[2] 陈文才, 叶中行. 股票市场模型和不变价格流 [J]. 应用数学, 2004, 17(3): 333-337.
[3] 陈文才, 叶中行. F_τ-动态 coherent 风险度量 [J]. 数学物理学报, 2007, 27(5): 830-838.
[4] 李贺, 叶中行. 极值理论和 VaR 计算 [J]. 宁夏大学学报, 2007, 28(2): 124-127.
[5] 严加安, 彭实戈, 方诗赞, 等. 随机分析选讲 [M]. 北京: 科学出版社, 1997.
[6] 叶中行, 林建忠. 数理金融–资产定价与金融决策理论 [M]. 2 版. 北京: 科学出版社, 2010.
[7] 叶中行, 卫淑芝, 王安娇. 数理金融基础 [M]. 2 版. 北京: 高等教育出版社, 2022.
[8] 赵霞, 时雨, 欧阳资生. 基于尾部风险差异性态度的多目标投资组合策略 [J]. 系统科学与数学, 2022, 42(5): 1129-1144.
[9] 唐湘晋, 李楚霖. 期望亏空、最坏条件期望和尾部条件期望的等价定理 [J]. 工程数学学报, 2003, 20(6): 55-58.
[10] 杨雅婕. 多种网络结构下带有 CVaR 的多目标投资组合研究 [D]. 上海对外经贸大学硕士学位论文, 2021.
[11] 王丽珍, 李静. 政策约束下基于风险调整报酬率的保险投资策略研究 [J]. 中国管理科学, 2012, 20(1): 16-22.
[12] Acerbi C, Tasche D. On the coherence of expected shortfall[J]. Journal of Banking and Finance, 2002, 26(7): 1487-1503.

[13] Bertsimas D, Lauprete G T, Samarov A. Shortfall as a risk measure: Properties, optimization and applications[J]. J. Economic Dynamic and Control, 2004, 28: 1353-1381.

[14] Artzner P, Delbaen F, Eber J M, et al. Coherent multiperiod risk adjusted values and bellman's principle[J]. Annals of Operations Research, 2007, 152: 5-22.

[15] Bazara M S, Sherali H D, Shetty C M. Nonlinear Programming: Theory and Algorithms [M]. 3rd ed. New Jersey: John Wiley & Sons, Inc., Publication, 2006.

[16] Cai J, Wang Y, Mao T. Tail subadditivity of distortion risk measures and multivariate tail distortion risk measures[J]. Insurance: Mathematics and Economics, 2017, 75: 105-116.

[17] Cao Z, Harris R D. Hedging and value at risk: A semi-parametric approach[J]. Journal of Futures Markets, 2010, 30(8): 780-794.

[18] Carlo A. Spectral measures of risk: A coherent representation of subjective risk aversion[J]. Journal of Banking and Finance, 2002, 26(7): 1505-1518.

[19] Chen W, Xiong D, Ye Z. Information and dynamic coherent risk measures[J]. Indian Journal of Pure and Applied Mathematics, 2007, 38(2): 79-96.

[20] Delbaen F. Coherent Risk Measures[M]. Pisa: Lecture Notes, 2001.

[21] Delbaen F. Coherent risk measures on general probability spaces[J]. Essays in Honour of Dieter Sondermann, Springer-Verlag, 2002.

[22] Föllmer H, Schied A. Convex measures of risk and trading constraints[J]. Finance and Stochastics, 2002, 4: 429-447.

[23] Georgios P. Credible risk measures with applications in actuarial sciences and finance[J]. Insurance: Mathematics and Economics, 2016, 70: 373-386.

[24] Jondeau E, Rockinger M. Optimal portfolio allocation under higher moments[J]. European Financial Management, 2006, 12(1): 29-55.

[25] Jorison P. Value at Risk: The New Benchmark for Managing Financial Risk[M]. 3rd ed. New York: Mcgraw-Hill, 2000.

[26] Dowd K, Blake D. After VaR: The theory, estimation, and insurance application of quantile-based risk measures[J]. The Journal of Risk and Insurance, 2006, 73(2): 193-229.

[27] Konno H, Yamazaki H. Mean-absolute deviation portfolio optimization model and its applications to tokyo stock market[J]. Management Science, 1991, 37(5): 519-531.

[28] Konno H, Shirakawa H, Yamazaki H. A mean-absolute deviation-skewness portfolio optimization model[J]. Annals of Operations Research, 1993, 45(1): 205-220.

[29] Konno H, Suzuki K. A mean-variance-skewness portfolio optimization model[J]. Journal of the Operations Research Society of Japan, 1995, 38(2): 173-187.

[30] Lim A E B, Shanthikumar J, Vahn G Y. Conditional value-at-risk in portfolio optimization: Coherent but fragile[J]. Operations Research Letters, 2011, 39: 163-171.

[31] Milne A, Onorato M. Risk-adjusted measures of value creation in financial institutions[J]. European Financial Management, 2012, 18(4): 578-601.

[32] Peng S, Yang S, Yao J. Improving value-at-risk prediction under model certainty[J]. Journal of Financial Econometrics, 2021: 1-32.

[33] Rockafellar R T, Uryasev S. Optimization of conditional value-at-risk[J]. The Journal of Risk, 2000, 2: 21-41.

[34] Rockafellar R T, Uryasev S. Conditional value-at-risk for general loss distributions[J]. Journal of Banking and Finance, 2002, 26: 1443-1471.

[35] Roman D, Darby-Dowman K, Mitra G. Mean-risk models using two risk measures: A multi-objective approach[J]. Quantitative Finance, 2007, 7: 443-458.

[36] Scaillet O. Nonparametric estimation and sensitivity analysis of expected shortfall[J]. Mathematical Finance, 2004, 14(1): 115-129.

[37] Shi Y, Zhao X, Jiang F, et al. Portfolio selection strategy for mean-variance-CVaR model under high-dimensional scenarios[J]. Mathematical Problems in Engineering, 2020, Article ID 2767231, https://doi.org/10.1155/2020/2767231.

[38] Xu Q F, Zhou Y Y, Jiang C X, et al. A large CVaR-based portfolio selection model with weight constraints[J]. Economic Modelling, 2016, 59: 436-477.

第 8 章 期望效用最大化资产组合模型

在前几章中,我们着重讨论了投资收益和风险,并分析了以它们为目标或约束的最优资产组合模型,但实际上人们对投资的目标并不限于收益最大化和风险最小化,可以有其他各种目标. 比如马科维茨的模型和其他推广模型都是以币值 (收益率本质上也是币值) 来衡量投资效益的,但是人们对于财富的满意程度并非和财富的币值呈线性关系,而是和投资者对财富效用的态度有关,根据投资者的偏好、厌恶风险、风险中性和风险喜好者的投资决策是不同的,因此期望效益最大化是比均值–方差分析更一般的投资决策的目标.

在本章我们首先给出一个不同于均值–方差的最优增长模型,作为效用最优化的一个特例,然后讨论效用理论和效用函数,分析期望效用最大化和高阶近似,最后导出包含高阶矩的组合优化模型.

8.1 最优增长模型

在从单周期模型过渡到多时段模型时,有时用各时段收益的几何平均代替算术平均是另一个可选的优化目标,也即使得增长率最大化,先来看一个例子.

例 1.1 赌徒的困惑和凯利准则.

设赌徒有初始赌本 η_0 元, 第 i 次参与赌博下的赌注为 b_i, 每次赢的概率为 p, 输的概率为 $q, p+q=1, p>\frac{1}{2}>q$, 我们设 $\{\xi_i\}$ 为一列随机变量, 它们的取值为

$$\xi_i = \begin{cases} 1, & \text{如果第 } i \text{ 次赌徒赢} \\ -1, & \text{如果第 } i \text{ 次赌徒输} \end{cases}$$

则 $\{\xi_i\}$ 为一列独立同分布随机变量,它们的共同的概率分布为

$$P(\xi_i = 1) = p, \quad P(\xi_i = -1) = q = 1-p, \quad E(\xi) = p-q$$

赌徒赌一次后所剩赌资为

$$\eta_1 = \eta_0 + \xi_1 b_1$$

注意因为 ξ_1 是随机变量,所以 η_1 也是随机变量,赌 n 次以后所剩赌资

$$\eta_n = \eta_0 + \sum_{i=1}^{n} \xi_i b_i$$

也是随机变量, 其数学期望为

$$E[\eta_n] = \eta_0 + E\left(\sum_{i=1}^{n} \xi_i b_i\right)$$

$$= \eta_0 + \sum_{i=1}^{n} b_i E[\xi_i]$$

$$= \eta_0 + (p-q)\sum_{i=1}^{n} b_i \tag{1-1}$$

我们问赌徒每次下多少赌注才能使他拥有的赌注的数学期望尽可能大, 即

$$\text{Maximize} \quad E[\eta_n]$$

结论: 必须让 b_i 尽可能大, 也就是说每次都应倾其所有, 投入赌注. 但同时我们也应看到, 在 n 次赌博中至少输一次的概率为 $1-p^n$, 因此无论 p 多么接近于 1, n 充分大后, 他必将把赌本输光.

如果换一个目标, 赌徒每次下多少赌注, 才能使自己输光的风险最小?

结论: 由 (1-1) 式易知, 必须让 b_i 尽可能地少, 少到赌场规定的下限, 但这样他可能赢的钱也少得可怜. 由此可见不同的目标, 其最优策略是互相矛盾的.

以下是凯利提出的另一种优化策略, 假设赌徒每次用所拥有赌资的固定比例 f 作赌注, 即 $b_i = f\eta_{i-1}$, 则

$$\eta_1 = \eta_0 + \xi_1 b_1 = \eta_0 + \xi_1 f \eta_0 = \eta_0(1 + f\xi_1)$$
$$\eta_n = \eta_0 \prod_{i=1}^{n}(1 + f\xi_i)$$

如果目标是使 $E[\eta_n]$ 达到最大, 结论是 $f=1$, 即每次都倾其所有, 投入赌注, 与上述结论相同. 但如果把目标改为使赌资平均增长率的数学期望最大, 即要使 $E\left[\dfrac{1}{n}\ln\left(\dfrac{\eta_n}{\eta_1}\right)\right]$ 达到最大, 为解该问题, 考察

$$E\left[\frac{1}{n}\ln\left(\frac{\eta_n}{\eta_0}\right)\right] = E\left[\frac{1}{n}\ln\left(\frac{\eta_0 \prod_{i=1}^{n}(1+f\xi_i)}{\eta_0}\right)\right]$$

$$= E\left[\frac{1}{n} \cdot \sum_{i=1}^{n} \ln(1+f\xi_i)\right]$$

$$= \frac{1}{n} \sum_{i=1}^{n} E[\ln(1+f\xi_i)]$$

$$= p\ln(1+f) + q\ln(1-f)$$

为求其最大值, 计算导数

$$\frac{dL}{df} = 0, \quad 即 \quad p\frac{1}{1+f} - q\frac{1}{1-f} = 0$$

注意到 $p+q=1$, 可得 $f=p-q$, 即每次以赌资的固定比例 $p-q$ 作赌注. 这个准则称为凯利准则. 由这个准则导出了一个有趣的对数最优资产组合模型, 我们将在 8.4 节中讨论.

8.2 效用理论

效用是微观经济学中的一个基本概念, 在维多利亚女王时代, 哲学家和经济学家把 "效用" 看作一个人的整体福利的指数, 看作个人快乐的数字度量. 有了效用的概念, 自然就可以认为消费者进行消费的选择是为了实现他们的效用最大化, 即要使他们获得最大的快乐. 然而古典经济学家实际上从来没有阐述过如何去度量效用, 以及除了要实现效用最大化以外, 效用的概念是否还有其他独立意义.

由于存在这些概念上的问题, 经济学家放弃了把效用当作快乐度量的旧式观点, 建立了在消费者偏好基础上阐述消费者行为的理论. 在这个理论中, 用 "消费者偏好" 的概念对消费者选择行为进行了基本描述, 而效用则是描述偏好的一种方式 (以下论述参考 [1]).

考虑一个面临决策问题的个体, 根据其决策问题的性质, 有时称此个体为投资者, 有时称之为消费者, 该个体面对一个可供选择的商品对象所组成的集合, 称该集合为商品选择集, 记为 B, 在该集合中, 个体必须选择其所偏好的商品 (元素). 例如: 假设商品选择集合 χ 由一个苹果 (记为 x_1)、一个桃子 (记为 x_2)、一个柑橘 (记为 x_3), 以及这三种水果的所有形如

$$x = \sum_{i=1}^{3} w_i x_i \quad \left(\sum_{i=1}^{3} w_i = 1, w_i \geqslant 0, 1 \leqslant i \leqslant 3\right)$$

的线性组合组成, 个体面临的选择问题是: 他 (或她) 偏好集合 χ 中的哪一个元素? 例如他可以选择半个苹果和半个柑橘的组合.

为了更一般地考虑个体对商品选择集合 χ 的选择偏好,假定 χ 是 n 维欧几里得空间的一个凸子集,对每一个个体装配了一个选择偏好的序关系,记为 $\succcurlyeq$,对任意的 $x,y \in \chi, x \succcurlyeq y$ 意味着或者 x 比 y 更受偏好,或者 x 与 y 是偏好无差异的.

以下我们定义偏好的序关系以及它们满足的公理.

定义 2.1 (偏好的序) 设 χ 为一个集合 (商品),在 χ 上定义一个偏序 ($\succcurlyeq$),满足以下公理:

A1 完备性: 对于任意的 $x,y \in \chi$,必有 $x \succcurlyeq y$ 或 $y \succcurlyeq x$.

A2 自反性: 对于任意的 $x \in \chi$,有 $x \succcurlyeq x$.

A3 传递性: 对于任意的 $x,y \in \chi$,如 $x \succcurlyeq y, y \succcurlyeq z$,那么 $x \succcurlyeq z$.

定义 2.2 假定 $x,y \in \chi$,且 χ 装备了满足公理 A1—A3 的偏好序 $\succcurlyeq$,称 x 和 y 是偏好无差异的,如果 $x \succcurlyeq y$ 且 $y \succcurlyeq x$ (有时也称 x 和 y 等价),记为 $x \sim y$. 称 x 严格偏好于 y,如果 $x \succcurlyeq y$ 且 $x \sim y$ 不成立,记为 $x \succ y$.

例 2.3 (字典序) 设选择集 $B = \{(x,y) : x \in [0,\infty), y \in [0,\infty)\}$,定义选择偏好关系如下: 假定 $(x_1,y_1),(x_2,y_2) \in B$,那么 $(x_1,y_1) \succcurlyeq (x_2,y_2)$ 当且仅当 $(x_1 > x_2)$ 或 $(x_1 = x_2$ 且 $y_1 \geqslant y_2)$.

定义 2.4 (效用函数) 定义效用函数 $r: \chi \to R$ 满足

$$r(x) > r(y) \Leftrightarrow x \succ y$$
$$r(x) = r(y) \Leftrightarrow x \sim y$$

对满足公理 A1—A3 的偏好关系的任意集合 χ,是否就一定存在这样的效用函数呢? 遗憾的是著名经济学家 Debreu 举出一个反例,即装备了字典序的商品选择线性凸集并不存在这样的效用函数. 因此为了获得这样的效用函数,还必须加上几个公理.

A4 序保持性: 对于任意的 $x,y \in \chi$,如 $x \succcurlyeq y$,且对任意 $\alpha,\beta \in [0,1]$,则

$$\alpha x + (1-\alpha)y \succcurlyeq \beta x + (1-\beta)y \Leftrightarrow \alpha > \beta$$

A5 中值性: 对任 $x,y,z \in \chi$,如 $x \succcurlyeq y \succcurlyeq z$,必有 $\alpha \in (0,1)$,使

$$\alpha x + (1-\alpha)z \sim y \text{ 且 } \alpha \text{ 唯一, 除非 } x \sim z$$

A6 有界性: 存在 $x^*, z^* \in \chi$,使得 $\forall y \in \chi$,有 $x^* \succcurlyeq y \succcurlyeq z^*$.

读者可以自行证明字典序满足公理 A1—A4 但不满足公理 A5.

定理 2.5 (效用函数存在性定理) 定义在一个商品选择闭凸集 χ 上的任何偏序 $\succcurlyeq$,如满足公理 A1—A6,则必存在一个效用函数 $r: \chi \to R$,使得

$$r(x) \geqslant r(y) \Leftrightarrow x \succcurlyeq y$$
$$r(x) = r(y) \Leftrightarrow x \sim y$$

证明思路 (详细参阅 [1] 第一章附录) 如下.

由公理 A6 的有界性: 存在 $x^*, z^* \in \chi$, 使得 $\forall y \in \chi$, 有 $x^* \succcurlyeq y \succcurlyeq z^*$. 定义 $r(x^*) = 1, r(z^*) = 0$. 对 $x^* \succcurlyeq y \succcurlyeq z^*$, 由公理 A5, 必有 $\alpha \in (0,1)$, 使 $\alpha x + (1-\alpha)z \sim y$ 且 α 唯一, 则定义 $r(y) = \alpha$. 然后证明这样定义的 $r(x)$ 是符合要求的.

性质 2.6 如 $r(x)$ 是 $\chi \to R$ 的一个效用函数, $\theta(\cdot)$ 是单调增加函数, 则 $\Phi(x) = \theta(r(x))$ 也是效用函数. 其逆也成立.

所以在不考虑严格单调增加正值变换下, 效用函数是唯一的, 这样的效用函数称为序数效用函数.

定义 2.7 (无差异曲面) 设 χ 是一个装备了偏序 $\succcurlyeq$ 的商品选择闭凸集, 定义 χ 的子集 $\{x \in \chi | x \sim x^0\}$ 或 $\{x \in \chi | r(x) = r(x^0)\}$ 为无差异曲面.

定义 2.8 (偏好独立性) 设 χ 是一个装备了偏序 $\succcurlyeq$ 的商品选择闭凸集, 对任意 $x \in \chi$, 它可以表示成两个部分 $x = (y, z)$, 如果满足:

(1) 对任 y_1, y_2, 由 $(y_1, z_0) \succcurlyeq (y_2, z_0) \Rightarrow (y_1, z) \succcurlyeq (y_2, z)$, $\forall z$ 成立;

(2) 对任 z_1, z_2, 由 $(y_0, z_1) \succcurlyeq (y_0, z_2) \Rightarrow (y, z_1) \succcurlyeq (y, z_2)$, $\forall y$ 成立.

则称上述偏序关系 $\succcurlyeq$ 满足偏好独立性.

命题 2.9 具有偏好独立性的效用函数必有如下形式:

$$r(x) = \theta(a(y) + b(z))$$

其中 $a(y), b(z)$ 是效用函数, $\theta(\cdot)$ 是单调增加函数.

例 2.10 效用函数的两个例子

设 $x = (x_1, x_2, \cdots, x_n)$,

(1) 效用函数之一: $r(x) = \sum_{i=1}^{n} v_i(x_i)$, 其中 $v_i(x_i)$ 是效用函数.

(2) 效用函数之二 (柯布–道格拉斯效用函数): $\Phi(x) = \prod_{i=1}^{n} x_i^{a_i}$.

A7 连续性公理.

对任 $x \in \chi$, 其紧接前元素 $\{y : y \succcurlyeq x\}$ 和紧接后元素 $\{z : x \succcurlyeq z\}$ 都是开集.

8.3 效 用 函 数

8.3.1 基数效用函数

以上我们只考虑了对商品选择集中元素的选择是确定性的情形, 本节考虑不确定的情形, 即选择集中不仅包括已知商品的线性组合, 也包括它们出现的概率.

设 x 和 y 是选择集中两个元素,且它们出现的概率分别为 π 和 $1-\pi$,其中 $0 \leqslant \pi \leqslant 1$,我们将这样的 $\chi = \{(x,y),(\pi,1-\pi), 0 \leqslant \pi \leqslant 1\}$ 称为机遇集,也称彩票 (lottery)。

考虑下面更复杂的例子.

例 3.1 考虑 χ 为跑马彩票有 n 个元素 $(x_1,\cdots,x_n)$,其中 x_i 表示第 i 匹马赢,以及出现结果 $(x_1,\cdots,x_n)$ 的概率分布 $(\pi_1,\cdots,\pi_n)$. 则可以把选择集 χ 看作所有输出 $(x_1,\cdots,x_n)$ 的概率分布律组成的集合,即

$$\chi = \left\{\pi = (\pi_1,\cdots,\pi_n) : 使得 \pi(x_i) \geqslant 0, 且 \sum_{i=1}^{n} \pi(x_i) = 1\right\}$$

对这种更一般的选择集,定义强独立性公理如下:在 χ 上的一个偏序,满足公理 A1—A3 及下面的公理 A8.

A8 强独立性公理.

设 $L_1 = \{(x_1,\cdots,x_v,\cdots,x_n),\pi\}$, $L_2 = \{(x_1,\cdots,z,\cdots,x_n),\pi\}$,如果 $x_v \sim z$,则 $L_1 \sim L_2$.

如果 z 是另一种机遇 $z = \{(x_1^v, x_2^v, \cdots, x_m^v), \pi^v = (\pi_1^v, \cdots, \pi_m^v)\}$,那么

$$L_1 \sim L_2 = \{(x_1, \cdots, x_{v-1}, x_1^v, \cdots, x_m^v, x_{v+1}, \cdots, x_n),$$
$$(\pi_1, \cdots, \pi_{v-1}, \pi_v \pi_1^v, \cdots, \pi_v \pi_m^v, \cdots, \pi_n)\}$$

定理 3.2 在公理 A1—A8 下,存在一个效用函数 $\psi(x)$,及定义在 χ 上的一个主观概率分布 π,使决策者按期望效用最大化行动,即最大化

$$\sum_{i=1}^{n} \pi_i \psi(x_i) \triangleq E_\pi(\psi(x)) := Q(\pi(x)) = \int \psi(x)\pi(x)dx \tag{3-1}$$

我们称这个 $\psi(\cdot)$ 为基数效用函数 (cardinality utility function),也称为 Von Neumann-Morqenstern 效用函数,简记 V-N-M 效用函数,而称 $Q(\pi(x))$ 为序数效用函数.

(3-1) 式给出了基数效用函数和序数效用函数的关系. 要注意的是,对序数效用函数,前面讲过它的单增复合函数仍是序数效用函数,但对基数效用函数则不一定. 事实上,如果 $\theta(\cdot)$ 是单增函数,由 $\psi(x) \to \theta[E_\pi(\psi(x))]$,其偏序可能改变.

8.3.2 风险厌恶效用函数

定义 3.3 (风险厌恶 (risk aversion) 效用函数) 设 $U(\cdot)$ 是 V-N-M 效用函数. 对状态独立的效用,称它在财富 ω 上是厌恶风险的,如果 $U(\omega) > E[U(\omega + \tilde{\varepsilon})]$. 其中对所有可能的机遇 $\tilde{\varepsilon}$ 有 $E\tilde{\varepsilon} = 0, \text{Var}(\tilde{\varepsilon}) > 0$.

若对所有 ω 都成立,称 $U(\cdot)$ 是总体厌恶风险的.

8.3 效用函数

定理 3.4 一个决策者是厌恶风险的, 当且仅当他的财富的 V-N-M 效用函数在相应的财富水平上是严格凹的.

证明 充分性: 设 $\tilde{\varepsilon}$ 满足 $E(\tilde{\varepsilon}) = 0$, 已知 $U(w)$ 是凹的, 则

$$E[U(w+\tilde{\varepsilon})] < U[E(w+\tilde{\varepsilon})] = U(Ew + E\tilde{\varepsilon}) = U(w)$$

必要性: 若 $U(\cdot)$ 是厌恶风险的, 考虑一个简单的机遇

ξ	λa	$-(1-\lambda)a$
p	$1-\lambda$	λ

$$E\tilde{\varepsilon} = (1-\lambda)\lambda a - \lambda(1-\lambda)a = 0$$

$$U(w) > E[U(w+\tilde{\varepsilon})] = \lambda U[w - (1-\lambda)\alpha] + (1-\lambda)U(w + \lambda a), \quad \forall \lambda, \alpha \quad (3\text{-}2)$$

记

$$w - (1-\lambda)a = w_1, \quad w + \lambda a = w_2$$

易验证:

$$\lambda[w - (1-\lambda)a] + (1-\lambda)(w + \lambda a) = \lambda w_1 + (1-\lambda)w_2 = w$$

(3-2) 式正是 $U(\cdot)$ 的凹性.

例 3.5 几个常见的风险厌恶效用函数.

(1) 双曲绝对风险厌恶 (hyperbolic absolute risk aversion, HARA) 函数类

$$U(x) = \frac{1-r}{r}\left(\frac{ax}{1-r} + b\right)^r, \quad b > 0, \quad a, b, x \text{ 为常数}$$

(2) 负指数效用函数
$$U(x) = -e^{-\alpha x}$$

(3) 幂效用函数
$$U(x) = \frac{1}{r}x^r \quad (0 < r < 1)$$

(4) 对数效用函数
$$U(x) = \ln x$$

(5) 二次效用函数和均值-方差效用函数.
考虑一个二次效用函数

$$U(x) = x - bx^2, \quad b > 0$$

考虑财富 x 的方差

$$\sigma^2 = E[(x - Ex)^2] = E(x^2) - [E(x)]^2$$

则二次效用函数的期望效用可表示为

$$E[U(x)] = E(x) - bE(x^2) = E(x) - b\{\sigma^2 + [E(x)]^2\}$$

即一个二次效用的期望效用可以表示为均值–方差效用函数.

一般地, 如果存在一个二元函数 $V(y, z)$ 满足 $E[U(X)] = V(E(X), \text{Var}(X))$, 且

$$\frac{\partial V}{\partial y} > 0, \quad \frac{\partial V}{\partial z} < 0$$

则称 $U(\cdot)$ 为均值–方差效用函数.

只有两种情况下效用函数可表示为均值–方差模型.

(1) $E[U(X)]$ 泰勒展开式中 $E(X - EX)^j = 0, j \geqslant 3$.

(2) $E(X - EX)^j (j \geqslant 3)$ 都可以表示成 $E(X)$ 和 $\text{Var}(X)$ 的函数.

可以证明当资产收益服从联合正态分布时, 奇数阶中心距为 0 且偶数阶中心距为 $\text{Var}(X)$ 的函数. 此时效用函数是均值–方差效用.

8.3.3 风险厌恶程度的比较

投资者选择什么样的效用函数取决于他对风险的态度, 我们先来看一个公平赌博的例子.

例 3.6 公平赌博.

假设投资人有 1 元资金, 他可以选择参加一个公平赌博, 该赌博有 1/2 概率可以赢得 2 元, 有 1/2 概率输掉赌本, 得 0 元. 或者他可以选择不投资, 即以概率 1 仍持有 1 元. 如果投资人比较保守, 厌恶风险, 则可选择不投资. 如表 8.3.1 所示.

表 8.3.1 公平赌博

选择 1 结果	投资 概率	选择 2 结果	不投资 概率
2	1/2	1	1
0	1/2		

如果他比较激进, 偏好风险, 则可选择参加赌博. 我们如何来度量一个效用函数是厌恶风险、风险中性还是偏好风险呢? 可能有以下三种情形. 设 $U(w)$ 是一个效用函数.

8.3 效用函数

情形一: 风险厌恶效用, 这时

$$U(1) > \frac{1}{2}U(2) + \frac{1}{2}U(0)$$

两边乘以 2 再移项得

$$U(1) - U(2) > U(0) - U(1)$$

这说明从 0 到 1 的效用变化要大于从 1 到 2 的效用变化, 还说明 $U(W)$ 的二阶导数小于 0.

情形二: 风险中性效用, 这时

$$U(1) = \frac{1}{2}U(2) + \frac{1}{2}U(0)$$

两边乘以 2 再移项得

$$U(1) - U(2) = U(0) - U(1)$$

这说明从 0 到 1 的效用变化和从 1 到 2 的效用变化相同, 也说明 $U(W)$ 的二阶导数等于 0.

情形三: 风险偏好效用, 这时

$$\frac{1}{2}U(2) + \frac{1}{2}U(0) > U(1)$$

两边乘以 2 再移项得

$$U(2) - U(1) > U(1) - U(0)$$

这说明从 0 到 1 的效用变化要小于从 1 到 2 的效用变化, 也说明 $U(W)$ 的二阶导数大于 0. 综上可得表 8.3.2.

表 8.3.2

条件	定义	结果
风险厌恶	拒绝公平赌博	$U''(0) < 0$
风险中性	等概地选择公平赌博或不投资	$U''(0) = 0$
风险偏好	选择公平赌博	$U''(0) > 0$

这三种效用函数的图形如图 8.3.1 所示. 它们的无差别曲线形状见图 8.3.2.

效用函数的另一个性质是可以用来度量投资者的财富变化时对效用态度的变化. 比如假设投资者有 10000 元财富, 他可以拿出 5000 元投资风险资产, 如果他的财富增加到 20000 元, 他意向拿出多少来投资风险资产呢? 他可能拿出多于 5000 元、等于 5000 元或少于 5000 元投资于风险资产, 如果随着财富的增长他愿意拿出更多的资金投资于风险资产,表示他有降低绝对风险厌恶的倾向. 如果随着财富的增长, 他不改变投资于风险资产的数额, 显示出他的常值风险厌恶的倾向. 如果随着财富的增长他减少对风险资产的投资, 说明他增加了绝对风险厌恶. 为此我们可以定义以下的绝对风险厌恶的度量.

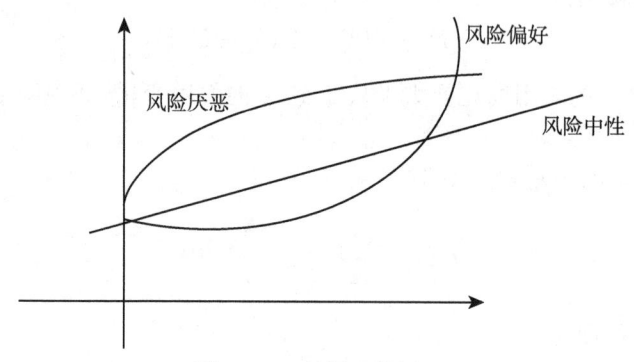

图 8.3.1 效用函数图形

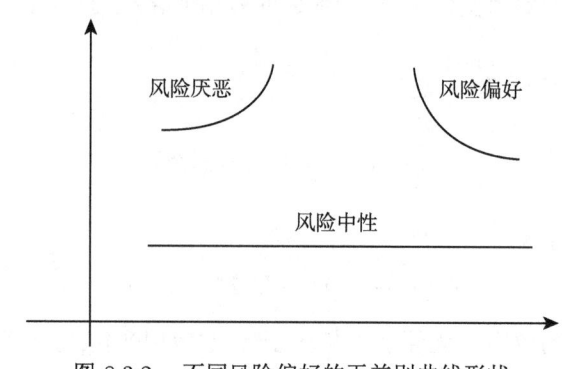

图 8.3.2 不同风险偏好的无差别曲线形状

定义 3.7 绝对风险厌恶函数

$$A(w) = \frac{-U''(w)}{U'(w)} \tag{3-3}$$

那么它的导数 $A'(w)$ 就表示随财富的变化绝对风险厌恶程度变化的速率.

定义 3.8 风险容忍 (risk tolerance) 函数

$$T(w) = \frac{1}{A(w)} \tag{3-4}$$

表 8.3.3 显示了几种情况.

8.3 效用函数

表 8.3.3 绝对风险厌恶比较表

条件	定义	$A'(w)$	例
增加绝对风险厌恶	财富增加,但减少对风险资产的投资	$A'(w) > 0$	$w - bw^2, b > 0$
常值绝对风险厌恶	财富增加,但对风险资产的投资额不变	$A'(w) = 0$	$-e^{-cw}$
减少绝对风险厌恶	财富增加,增加对风险资产的投资	$A'(w) < 0$	$\ln w$

附注 3.1 从绝对风险厌恶函数 $A(w)$ 出发可以计算出效用函数,事实上注意到

$$A(w) = -\frac{U''(w)}{U'(w)} = \frac{-d[\ln U'(w)]}{dw}$$

$$-A(w)dw = d[\ln U'(w)]$$

两边积分:

$$e^{\int_0^w -A(x)dx} = U'(w) = \frac{d(U(w))}{dw}$$

再积分:

$$\int_0^w e^{\int_0^x A(u)du} dx = a + bU(w)$$

定义 3.9 相对风险厌恶函数

$$R(w) = \frac{-wU''(w)}{U'(w)} = wA(w) \tag{3-5}$$

相对风险厌恶的度量是对于单位财富的风险厌恶程度.
表 8.3.4 显示了几种情况.

表 8.3.4 相对风险厌恶比较表

条件	定义	$R'(w)$	例
增加相对风险厌恶	财富增加时对风险资产的投资比例下降	$R'(w) > 0$	$w - bw^2 (b > 0)$
常值相对风险厌恶	财富增加,但对风险资产的投资比例不变	$R'(w) = 0$	$\ln w$
减少相对风险厌恶	财富增加,增加对风险资产的投资比例	$R'(w) < 0$	$-e^{-2w-1/2}$

下面我们给出两个例子.

例 3.10 二次效用函数

$$U(w) = w - bw^2 \quad (b > 0)$$

$$U'(w) = 1 - 2bw$$

$$U''(w) = -2b < 0$$

$$A(w) = \frac{-U''(w)}{U'(w)} = \frac{2b}{1-2bw}$$

$$A'(w) = \frac{4b^2}{(1-2bw)^2} > 0$$

$$R(w) = wA(w) = \frac{2bw}{1-2bw}$$

$$R'(w) = \frac{2b}{(1-2bw)^2} > 0$$

例 3.11 对数效用函数

$$U(w) = \ln w$$

$$U'(w) = 1/w$$

$$U''(w) = -\frac{1}{w^2} < 0$$

$$A(w) = \frac{-U''(w)}{U'(w)} = \frac{1}{w}$$

$$A'(w) = -\frac{1}{w^2} < 0$$

$$R(w) = \frac{-w(-w^{-2})}{w^{-1}} = 1$$

$$R'(w) = 0$$

定理 3.12 设 $U_k(\cdot)$ 和 $U_j(\cdot)$ 是投资者 k,j 的效用函数, 其对应的绝对风险厌恶函数分别为 $A_k(\cdot)$ 和 $A_j(\cdot)$.

以下四个条件等价:

(1) $A_k(w) > A_j(w)$, 对任 w 成立.

(2) 存在函数满足 $G' > 0, G'' < 0$, 使

$$U_k(w) = G(u_j(w))$$

(3) 它们对应的保险费 $\pi_k > \pi_j$ 对所有的 w 和 $\tilde{\varepsilon}$.

(4) $U_k\left[U_j^{-1}(w)\right]$ 是凹函数.

附注 3.2 (i) 效用可以在某个方向上是无界的, 对这种效用, 可以构造一个机遇使它有任意大的期望效用和一个任意小的概率得到正回报.

(ii) 如果对公平赌博不感兴趣, 则必有凹效用函数, 不会同时进行赌博和交保险费.

(iii) 如果对机遇的偏好和初始财富无关, 效用函数必为线性或指数函数. 如果对成比例的赌博的偏好与初始财富无关时, 则效用函数为对数或幂函数.

8.3.4 风险厌恶函数的一个应用: 保险费 (风险溢价)

设投资者拥有财富 w 和一个代表公平博弈的证券 $\tilde{\varepsilon}$, 假设和 $w+\tilde{\varepsilon}$ 使效用无差别的一个财富水平为 w_c, 即

$$E[U(w+\tilde{\varepsilon})] = U(w_c) \tag{3-6}$$

那么投资者为避免投资风险所愿意支付的最大风险溢价或称保险费为 $w - w_c$, 我们记它为

$$\pi_c = w - w_c$$

问题是如何计算 π_c? 由 (3-6) 得

$$E[U(w+\tilde{\varepsilon})] = U(w - \pi_c)$$

两边作 Taylor 展开

$$左 = E[U(w) + \tilde{\varepsilon}U'(w) + \frac{1}{2}\tilde{\varepsilon}^2 U''(w) + \frac{1}{6}\tilde{\varepsilon}^3 U'''(w + \alpha\tilde{\varepsilon})]$$

$$= U(w) + 0 + \frac{1}{2}\mathrm{Var}(\tilde{\varepsilon})U''(w) + \frac{1}{6}E\tilde{\varepsilon}^3 U'''(w + \alpha\tilde{\varepsilon})$$

$$右 = U(w) - \pi_c U'(w) + \frac{1}{2}\pi_c^2 U''(w - \beta\pi_c)$$

近似可得

$$\frac{1}{2}\mathrm{Var}(\tilde{\varepsilon})U''(w) = -\pi_c U'(w)$$

所以

$$\pi_c = -\frac{1}{2}\left[\frac{U''(w)}{U'(w)}\right]\mathrm{Var}(\tilde{\varepsilon})$$

记 $A(\omega) \triangleq -\dfrac{U''(w)}{U'(w)} = \dfrac{-d[\ln U'(w)]}{dw}$ 即为绝对风险厌恶函数.

因为 $\mathrm{Var}(\tilde{\varepsilon})$ 是常数, 所以绝对风险厌恶函数确实度量了风险厌恶的程度.

那么相对风险厌恶函数是否有类似的意义呢? 投资者愿意支付的保险金比例为

$$\pi = \frac{w - w_c}{w}$$

则 $w_c = w(1-\pi)$. 我们将上面的 $\tilde{\varepsilon}$ 重新理解为单位投资的产出, 即 $E(\tilde{\varepsilon}) = 1$, 那么如果投资 $\tilde{\varepsilon}$ 元, 得到的回报为 $w\tilde{\varepsilon}$, 将 $w\tilde{\varepsilon}$ 的效用做泰勒展开

$$U(w\tilde{\varepsilon}) = U(w) + U'(w)E(w\tilde{\varepsilon} - w) + \frac{U''(w)}{2}E(w\tilde{\varepsilon} - w)^2 + \cdots$$

两边取期望得

$$E[U(w\tilde{\varepsilon})] = U(w) + 0 + \frac{U''(w)}{2}w^2 \text{Var}(\tilde{\varepsilon})$$

$$U(w_c) = U[w(1-\pi)] = U(w) + U'(w)[w(1-\pi) - w] + \cdots$$

舍去高阶项得

$$U(w_c) = U[w(1-\pi)] = U(w) + U'(w)(-\pi w)$$

因为

$$E[U(w\tilde{\varepsilon})] = U(w_c)$$

即

$$U(w) + \frac{U''(w)}{2}w^2 \text{Var}(\tilde{\varepsilon}) = U(w) + U'(w)(-\pi w)$$

就得

$$\pi = -\frac{\text{Var}(\tilde{\varepsilon})}{2}\frac{wU''(w)}{U'(w)}$$

其中 $R(w) = -\dfrac{wU''(w)}{U'(w)}$ 就是相对风险厌恶函数.

8.4 期望效用最大化模型

先回忆以下高阶中心矩的定义

$$\mu_2(Z) = \sigma^2(Z) = E[\{Z - E(Z)\}^2] \tag{4-1}$$

$$\mu_3(Z) = \gamma^3(Z) = E[\{Z - E(Z)\}^3] \tag{4-2}$$

$$\mu_4(Z) = \theta^4(Z) = E[\{Z - E(Z)\}^4] \tag{4-3}$$

设投资者的初始投资为 1, 投资组合为 $\boldsymbol{w} = (w_1, w_2, \cdots, w_n, w_{n+1})$, 其中 w_1, $w_2, \cdots, w_n$ 是投资于 n 种风险资产的比例, $w_{n+1} = 1 - (w_1 + w_2 + \cdots + w_n)$ 是投资于有固定收益 r_f 的无风险资产, n 种风险资产的收益向量为 $\boldsymbol{X} = (X_1, X_2, \cdots, X_n)'$, 则期末资产为

$$W = w_{n+1}(1 + r_f) + \sum_{i=1}^{n} w_i(1 + X_i) = 1 + X_p$$

其中资产组合的收益为 $X_p = w_{n+1}r_f + \sum\limits_{i=1}^{n} w_i X_i$, 这样定义各资产相对于组合的各种矩风险度量为 $\beta_{ip}, \gamma_{ip}, \theta_{ip}$, 分别称为 beta、系统偏度 (systematic skewness)、

8.4 期望效用最大化模型

系统峰度 (systematic kurtosis), 表示如下

$$\beta_{ip} = \frac{E[\{X_i - E(X_i)\}\{X_p - E(X_p)\}]}{E[\{X_p - E(X_p)\}^2]} \tag{4-4}$$

$$\gamma_{ip} = \frac{E[\{X_i - E(X_i)\}\{X_p - E(X_p)\}^2]}{E[\{X_p - E(X_p)\}^3]} \tag{4-5}$$

$$\theta_{ip} = \frac{E[\{X_i - E(X_i)\}\{X_p - E(X_p)\}^3]}{E[\{X_p - E(X_p)\}^4]} \tag{4-6}$$

则 $\mu_2(W) = \sigma^2(W) = \sum_{i=1}^{n} w_i \beta_{ip} \sigma^2(X_p)$, $\mu_3(W) = \gamma^3(W) = \sum_{i=1}^{n} w_i \gamma_{ip} \gamma^3(X_p)$, $\mu_4(W) = \theta^4(W) = \sum_{i=1}^{n} w_i \theta_{ip} \theta^4(X_p)$.

投资者最大化其收益的期望效用, 如果效用函数具有直到四阶导数, 于是投资组合问题可以近似地叙述为

Maximize $\quad E[U(W)] = f(E(W), \sigma^2(W), \gamma^3(W), \theta^4(W))$

s.t. $\quad w_{n+1} + \sum_{j=1}^{n} w_j = 1$

由拉格朗日乘数法得

$$L = E[U(W)] - \lambda \left(w_{n+1} + \sum_{j=1}^{n} w_j - 1 \right)$$

从而有

$$\frac{\partial L}{\partial w_{n+1}} = \frac{\partial E[U(W)]}{\partial E(W)}(1 + r_f) - \lambda = 0 \ (\text{注: 这里以 } E(W) \text{ 为中间函数}) \tag{4-7}$$

再利用

$$\begin{aligned} \frac{\partial E(W)}{\partial w_i} &= 1 + E(X_i) \\ \frac{\partial \sigma^2(W)}{\partial w_i} &= \beta_{ip} \sigma^2(X_p) \\ \frac{\partial \gamma^3(W)}{\partial w_i} &= \gamma_{ip} \gamma^3(X_p) \\ \frac{\partial \theta^4(W)}{\partial w_i} &= \theta_{ip} \theta^4(X_p) \end{aligned} \tag{4-8}$$

得

$$\frac{\partial L}{\partial w_i} = \frac{\partial E[U(W)]}{\partial E(W)}(1+E(X_i)) + \frac{\partial E[U(W)]}{\partial \sigma^2(W)}\beta_{ip}\sigma^2(X_p)$$
$$+ \frac{\partial E[U(W)]}{\partial \gamma^3(W)}\gamma_{ip}\gamma^3(X_p) + \frac{\partial E[U(W)]}{\partial \theta^4(W)}\theta_{ip}\theta^4(X_p) - \lambda = 0 \qquad (4\text{-}9)$$

由 (4-7) 和 (4-8) 重新组合得

$$E(X_i) - r_f = -\frac{\frac{\partial E[U(W)]}{\partial \sigma^2(W)}}{\frac{\partial E[U(W)]}{\partial E(W)}}\beta_{ip}\sigma^2(X_p) - \frac{\frac{\partial E[U(W)]}{\partial \gamma^3(W)}}{\frac{\partial E[U(W)]}{\partial E(W)}}\gamma_{ip}\gamma^3(X_p)$$
$$- \frac{\frac{\partial E[U(W)]}{\partial \theta^4(W)}}{\frac{\partial E[U(W)]}{\partial E(W)}}\theta_{ip}\theta^4(X_p) \qquad (4\text{-}10)$$

为简化 (4-10) 右边的表达式, 考虑到由于投资者的期望效用曲线在最大值处为常数, 从而 $E[U(W)]$ 的全微分等于零. 我们考虑满足如下三个表达式的情形:

$$dE[U(W)] = \frac{\partial E[U(W)]}{\partial E(W)}dE(W) + \frac{\partial E[U(W)]}{\partial \sigma^2(W)}d\sigma^2(W) = 0 \qquad (4\text{-}11)$$

$$dE[U(W)] = \frac{\partial E[U(W)]}{\partial E(W)}dE(W) + \frac{\partial E[U(W)]}{\partial \gamma^3(W)}d\gamma^3(W) = 0 \qquad (4\text{-}12)$$

$$dE[U(W)] = \frac{\partial E[U(W)]}{\partial E(W)}dE(W) + \frac{\partial E[U(W)]}{\partial \theta^4(W)}d\theta^4(W) = 0 \qquad (4\text{-}13)$$

将这三个式子变形代入 (4-10) 得

$$E(X_i) - r_f = \left[\frac{dE(W)}{d\sigma^2(W)}\right]\beta_{ip}\sigma^2(X_p) + \left[\frac{dE(W)}{d\gamma^3(W)}\right]\gamma_{ip}\gamma^3(X_p)$$
$$+ \left[\frac{dE(W)}{d\theta^4(W)}\right]\theta_{ip}\theta^4(X_p) \qquad (4\text{-}14)$$

为了把个别的均衡模型转化为市场均衡模型, 我们需要投资组合的两基金分离定理. 在这个定理下, 所有的投资者用两种基金: 无风险资产和市场投资组合来最大化他们的期望效用. 两基金分离定理的条件是所有的投资者都是风险厌恶的, 且

8.4 期望效用最大化模型

有相同的谨慎系数. 在这种情况下投资者的最优投资组合成分等价于市场投资组合的成分. 因此 (4-14) 变为

$$E(X_i) - r_f = \left[\frac{dE(W)}{d\sigma^2(W)}\right]\beta_{im}\sigma^2(r_m) + \left[\frac{dE(W)}{d\gamma^3(W)}\right]\gamma_{im}\gamma^3(r_m)$$
$$+ \left[\frac{dE(W)}{d\theta^4(W)}\right]\theta_{im}\theta^4(r_m) \tag{4-15}$$

这里 r_m 代表市场组合的收益率.

我们把 (4-15) 应用于市场组合, 由于当 i 为市场组合时, $\beta_{im} = \gamma_{im} = \theta_{im} = 1$. 就得到下面的方程:

$$E(r_m) - r_f = \left[\frac{dE(W)}{d\sigma^2(W)}\right]\sigma^2(r_m) + \left[\frac{dE(W)}{d\gamma^3(W)}\right]\gamma^3(r_m)$$
$$+ \left[\frac{dE(W)}{d\theta^4(W)}\right]\theta^4(r_m) \tag{4-16}$$

由 (4-15) 和 (4-16) 两个方程式, 我们得到下面的方程式:

$$E(X_i) - r_f = (b_1\beta_{im} + b_2\gamma_{im} + b_3\theta_{im})(E(r_m) - r_f) \tag{4-17}$$

其中

$$b_1 = \frac{\sigma^2(r_m)}{\sigma^2(r_m) + k_1\gamma^3(r_m) + k_2\theta^4(r_m)}$$

$$b_2 = \frac{k_1\gamma^3(r_m)}{\sigma^2(r_m) + k_1\gamma^3(r_m) + k_2\theta^4(r_m)}$$

$$b_3 = \frac{k_2\theta^4(r_m)}{\sigma^2(r_m) + k_1\gamma^3(r_m) + k_2\theta^4(r_m)}$$

$$k_1 = \frac{dE(W)/d\gamma^3(W)}{dE(W)/d\sigma^2(W)}, \quad k_2 = \frac{dE(W)/d\theta^4(W)}{dE(W)/d\sigma^2(W)}$$

从方程式 (4-17), 我们来进一步研究边际替代率. 投资者的期末资产效用函数可以通过 $E(W)$ 的泰勒级数来近似:

$$E[U(W)] \approx U(E(W)) + \frac{U''(E(W))}{2!}\sigma^2(W)$$
$$+ \frac{U^3(E(W))}{3!}\gamma^3(W) + \frac{U^4(E(W))}{4!}\theta^4(W) \tag{4-18}$$

投资者的不满足和单减的边际效用条件分别需要 $U'(E(W)) > 0$ 和 $U''(E(W)) < 0$. 并且非增的绝对风险厌恶的充分条件是 $U^{(3)}(E(W)) > 0$, 对于四阶矩的偏好 $U^{(4)}(E(W)) < 0$. 因此, 应用这些条件, 对 (4-18) 关于 $E(W), \sigma^2(W), \gamma^3(W), \theta^4(W)$ 进行微分得到

$$\frac{\partial E[U(W)]}{\partial E(W)} \approx U'(E(W)) > 0$$

$$\frac{\partial E[U(W)]}{\partial \sigma^2(W)} \approx \frac{U''(E(W))}{2!} < 0$$

$$\frac{\partial E[U(W)]}{\partial \gamma^3(W)} \approx \frac{U^{(3)}(E(W))}{3!} > 0$$

$$\frac{\partial E[U(W)]}{\partial \theta^4(W)} \approx \frac{U^{(4)}(E(W))}{4!} < 0$$

由 (4-11)—(4-13) 得边际替代表示为

$$k_1 = \frac{d(W)/d\gamma^3(W)}{dE(W)/d\sigma^2(W)} \text{ 和 } k_2 = \frac{dE(W)/d\theta^4(W)}{dE(W)/d\sigma^2(W)}, \text{ 并且 } k_1 < 0, k_2 > 0$$

负的 k_1 解释为理性的投资者偏好正的偏度和减少风险. 另一方面, 由于投资者不喜欢方差和峰度所度量的离散性, k_2 是正的. $U^{(4)}(E(W)) < 0$ 可以用和 $U''(E(W)) < 0$ 相同的方式解释. 即在上面的意义上, 投资者不喜欢偏离给定的资产期望收益. 因此, 在某种意义上, 当方差不能解释问题时, 峰度可以成为另一个风险测度.

由上面的分析, 我们得到多目标最优投资组合问题可以叙述为

$$\begin{cases} \text{Maximize} & E(X_p) \\ \text{Minimize} & E(X_p - E(X_p))^2 \\ \text{Maximize} & E(X_p - E(X_p))^3 \\ \text{Minimize} & E(X_p - E(X_p))^4 \\ \text{s.t.} & \sum_{i=1}^{n+1} w_i = 1, w_i \geqslant 0 \end{cases}$$

为了使问题简化, 下面考虑不再存在无风险资产的投资组合. 可以考虑有高阶矩的最优资产组合问题:

8.4 期望效用最大化模型

$$(\mathrm{P}_0)\begin{cases} \text{Minimize } E\left(X_p - E\left(X_p\right)\right)^2 - \alpha E\left(X_p - E\left(X_p\right)\right)^3 + \beta E\left(X_p - E\left(X_p\right)\right)^4, \\ \qquad\qquad \alpha \geqslant 0; \beta \geqslant 0 \\ EX_p = \sum_{j=1}^{n} w_j r_j \geqslant r_0; \quad r_0 \geqslant 0 \\ \sum_{j=1}^{n} w_j = \boldsymbol{w}'\boldsymbol{1} = 1; \quad w_j \geqslant 0 \end{cases}$$

这就是 6.2 节讨论过的模型. 表 8.4.1 显示了常见的风险厌恶效用函数的一阶和三阶导数为正, 二阶和四阶导数为负.

表 8.4.1 常见风险厌恶效用函数和各阶导数

效用函数 $U(x)$	一阶导数 $U'(x)$	二阶导数 $U''(x)$	三阶导数 $U^{(3)}(x)$	四阶导数 $U^{(4)}(x)$
$-e^{-\alpha x}$	$\alpha e^{-\alpha x} > 0$	$-\alpha^2 e^{-\alpha x} < 0$	$\alpha^3 e^{-\alpha x} > 0$	$-\alpha^4 e^{-\alpha x} < 0$
$\frac{1}{r}x^r, 0 < r < 1$	$x^{r-1} > 0$	$(r-1)x^{r-2} < 0$	$(r-1)(r-2)x^{r-3} > 0$	$(r-1)(r-2) \times (r-3)x^{r-4} > 0$
$\ln x$	$\frac{1}{x} > 0$	$-\frac{1}{x^2} < 0$	$\frac{2}{x^3} > 0$	$\frac{6}{x^4} < 0$
$x - bx^2 (b > 0)$	$1 - 2bx > 0$ ($x < 1/2b$)	$-2b < 0$	0	0

附注 4.1 在 (4-10) 式之后, 如果直接利用 $E[U(w)]$ 的全微分等于零, 即

$$dE[U(W)] = \frac{\partial E[U(W)]}{\partial E(W)}dE(W) + \frac{\partial E[U(W)]}{\partial \sigma^2(W)}d\sigma^2(W)$$
$$+ \frac{\partial E[U(W)]}{\partial \gamma^3(W)}d\gamma^3(W) + \frac{\partial E[U(W)]}{\partial \theta^4(W)}d\theta^4(W) = 0$$

计算出 $\frac{\partial E[U(W)]}{\partial E(W)}$, 代入 (4-10) 可得

$$E(X_i) - r_f = -\frac{\frac{\partial E[U(W)]}{\partial \sigma^2(W)}}{A}\beta_{ip}\sigma^2(X_p) - \frac{\frac{\partial E[U(W)]}{\partial \gamma^3(W)}}{A}\gamma_{ip}\gamma^3(X_p)$$
$$-\frac{\frac{\partial E[U(W)]}{\partial \theta^4(W)}}{A}\theta_{ip}\theta^4(X_p)$$

其中

$$A = \frac{\partial EU(W)}{\partial \sigma^2(W)} \cdot \frac{d\sigma^2(W)}{dE(W)} + \frac{\partial EU(W)}{\partial \gamma^3(W)} \cdot \frac{d\gamma^3(W)}{dE(W)} + \frac{\partial EU(W)}{\partial \theta^4(W)} \cdot \frac{d\theta^4(W)}{dE(W)}$$

比 (4-14) 的形式更为复杂.

附注 4.2 有研究表明均值–方差最优化组合在大多数情形下和期望效用最大化组合是一致的, 特别是在正态分布假设或二次效用情形下.

附注 4.3 期望效用最大化的一个局限在于计算的可行性, 因为有的效用函数是非线性的, 因此优化问题变成非线性规划问题, 求解过程比二次规划和线性规划更为复杂. 对非病态的非线性效用通常可以用线性逼近或二次效用来近似 (所谓病态函数通常是指当自变量有小的扰动时, 函数值变化很大的函数).

附注 4.4 在实际应用期望效用最大化模型时选择什么样的效用是个问题, 有些效用函数十分相似, 或者只相差一、二个参数, 但是却代表了不同的投资理念和对风险的态度, 这时, 对效用函数估计的一个小误差可能导致结果的大偏差, 在实际应用中必须认真对待.

附注 4.5 效用函数刻画了决策者的风险偏好, 期望效用理论作为经济学中风险和不确定性决策问题的基础, 在最优投资–再保险策略研究中也得到很多关注. 一般以保险公司 (再保险公司) 终端财富的期望效用最大化作为优化目标, 在效用函数的选择上, 指数效用函数最为常用, 其次是幂效用、对数效用函数及 S 型效用函数等, 这方面文献较为丰富, 感兴趣读者可以参见文献 [4,5,8-10].

附注 4.6 在经济学中效用函数的定义通常与所研究的问题有关, 比如在消费理论中效用函数通常是商品价格、商品数量和消费者的预算的函数. 而在人口结构问题中需要把养育后代作为经济人效用的一部分, 如考虑养育孩子的成本、养孩防老和社会保障、对闲暇程度的追求等, 在孩子质量和数量之间做权衡.

参 考 文 献

[1] 叶中行, 林建忠. 数理金融: 资产定价与金融决策理论 [M]. 2 版. 北京: 科学出版社, 2010.

[2] 熊德文, 叶中行. 具边信息的最优效用及其影响 [J]. 应用概率统计, 2007, 23(1): 84-90.

[3] 熊德文, 叶中行. 边信息的效用优化及其影响 [J]. 应用数学, 2004, 17(1): 1-6.

[4] 孙庆雅, 荣喜民, 赵慧. S 型效用下比例再保险的最优投资策略 [J]. 系统工程理论与实践, 2020, 40(2): 284-297.

[5] Chen Z, Yang P. Robust optimal reinsurance-investment strategy with price jumps and correlated claims[J]. Insurance: Mathematics and Economics, 2020, 92: 27-46.

[6] Cover M C, Thomas J A. Elements of Information Theory[M]. New York: John Wiley & Sons, Ins., 1991.

[7] Xiong D, Ye Z. Optimal utility with some additional information[J]. Stochastic Analysis and Applications, 2005, 23(6): 1113-1140.

[8] Xue X, Wei P, Weng C. Derivatives trading for insurers[J]. Insurance: Mathematics and Economics, 2019, 84: 40-53.

[9] Zhao Q, Jin Z, Wei J. Optimal investment and dividend payment strategies with debt management and reinsurance[J]. Journal of Industrial & Management Optimization,

2018, 14(4): 13-23.

[10] Zhao X, Li M, Si Q. Optimal investment-reinsurance strategy with derivatives trading under the joint interests of an insurer and a reinsurer[J]. Electronic Research Archive, 2022, 30(12): 4619-4634.

第 9 章 多时段连续投资模型

在前几章我们着重讨论了单周期最优资产组合问题 (参见 [7]), 在各种不同的优化目标和约束条件下, 建立了多种优化模型, 在实务中某些投资基金对未来固定时间点都有支付的流动性要求, 因此投资者通常是连续投资的, 定时或不定时地根据市场的变化调整自己的投资策略, 即调整资产组合的构成, 这就需要建立多周期连续投资模型 (参见 [3,6,9]). 本章首先继续均值–方差模型的讨论, 在均值–方差最优化的框架下建立多周期优化模型. 其次在增长率最大化的目标下继续第 8 章中 log-最优组合问题的讨论, 证明了各种市场条件下的极限定理. 再者, 如果投资者事先对市场证券收益的分布并不清楚, 如何在连续投资中根据实际市场的变化不断调整投资策略, 使之最终能达到符合市场分布的最优效果, 此即所谓通用资产组合问题, 我们在最后一节讨论.

9.1 有限时段均值–方差最优资产组合模型

将单周期均值–方差分析推广到多时段模型, 需要利用动态规划准则, 但是方差本身并不适合动态规划, 因此需要将问题适当变化一下, 使得模型能应用动态规划求解, 然后再回到均值–方差模型上去. 本节的内容基于参考文献 [3].

9.1.1 动态规划模型的设定

我们考虑 T 期资本市场, 其中有 $(N+1)$ 种风险证券, 其中 N 种是风险证券, 第 $N+1$ 种是无风险证券. 市场的不确定性由带滤波信息流 $\mathcal{F} = \{F_t\}_{t=0}^{T}$ 的概率空间 $(\Omega, \mathcal{F}, \mathbb{P})$ 表示, 其中 F_0 是平凡的, $\mathcal{F}_T = \mathcal{F}$.

风险证券在时间段 t 处的回报为随机向量

$$e_t = (e_t^0, e_t^1, \cdots, e_t^N)', \quad \text{其中} \quad t = 1, 2, \cdots, T$$

e_t^i 可以理解为第 t 个周期和第 $(t-1)$ 个周期之间的第 i 种证券价格之比值, 假定 $e_t, t = 1, 2, \cdots, T$ 在统计上互相独立, 并且在不失一般性的情况下, 带滤波信息流 $\{\mathcal{F}_t\}_{t=0}^{T}$ 由过程 $\{e_t\}$ 生成. 我们设投资者在时间为 0 时的初始财富 $x_0 > 0$ 且初始负债 $l_0 > 0$. 对于 $t = 1, 2, \cdots, T$, 这种负债在时间段 t 时为 q_t, 它是 $(\Omega, \mathcal{F}, \mathbb{P})$ 上定义的函数. 我们假设 q_t 与 t 时刻以前的状态无关 (是 F_t 可测的, 并且与 F_{t-1} 无关). 投资者在每个 t 时刻动态地调整其资产组合. 设 x_t 和 l_t 分别是

9.1 有限时段均值-方差最优资产组合模型

第 t 期投资者的财富和负债的价值. 设 $\boldsymbol{\omega}_t = (\omega_t^0, \omega_t^1, \cdots, \omega_t^N)'$ 是第 t 期的投资组合, $(\omega_t^1, \cdots, \omega_t^N)$ 是投资于 N 个风险资产的金额, 投资于无风险资产的金额等于 $\omega_t^0 = x_t - \sum_{i=1}^{N} \omega_t^i$. 称 $\boldsymbol{\omega} = \{\boldsymbol{\omega}_t\}_{t=1}^{T}$ 为动态交易策略, 或动态资产组合. 记 $x_{t+1} = x_t e_{t+1}^0 + \boldsymbol{\omega}_t' \boldsymbol{Z}_{t+1}$, 其中 $\boldsymbol{Z}_t$ 是超回报向量 $((e_t^1 - e_t^0), (e_t^2 - e_t^0), \cdots, (e_t^n - e_t^0))$; 它的动态债务是 $l_{t+1} = l_t q_t$. 它最后的盈余被定义为 $S_T := x_T - l_T$. 投资者试图选择一种动态的投资组合策略, 以最大限度地降低其最终盈余的风险, 而其最终盈余的预期价值不小于预先选择的水平. 这个问题可以描述为以下的优化问题

$$\begin{aligned}
(\text{P1}): \quad & \text{Minimize} \quad \text{Var}(S_T) \\
& \text{s.t.} \quad E(S_T) \geqslant \varepsilon \\
& \quad x_{t+1} = x_t e_{t+1}^0 + \boldsymbol{\omega}_t' \boldsymbol{Z}_{t+1}, \quad l_{t+1} = l_t q_t, \\
& \quad t = 0, 1, \cdots, T-1
\end{aligned}$$

等价地我们定义优化问题 (P2, θ) 和 (P3, β, θ) 如下, 其中 $\theta \in (0, \infty)$.

$$\begin{aligned}
(\text{P2}, \theta): \quad & \text{Maximize} \quad E(S_T) - \theta \text{Var}(S_T) \\
& \text{s.t.} \quad x_{t+1} = x_t e_{t+1}^0 + \boldsymbol{\omega}_t' \boldsymbol{Z}_{t+1}, \quad l_{t+1} = l_t q_t \\
& \quad t = 0, 1, \cdots, T-1
\end{aligned}$$

$$\begin{aligned}
(\text{P3}, \beta, \theta): \quad & \text{Maximize} \quad E(\beta S_T - \theta S_T^2) \\
& \text{s.t.} \quad x_{t+1} = x_t e_{t+1}^0 + \boldsymbol{\omega}_t' \boldsymbol{Z}_{t+1}, \quad l_{t+1} = l_t q_t \\
& \quad t = 0, 1, \cdots, T-1
\end{aligned}$$

一个动态投资组合 $\boldsymbol{\omega}^*$ 是有效的, 如果不存在其他投资组合策略 $\boldsymbol{\omega}$ 使得 $E[S_T(\boldsymbol{\omega})] \geqslant E[S_T(\boldsymbol{\omega}^*)]$ 且 $\text{Var}[S_T(\boldsymbol{\omega})] \leqslant \text{Var}[S_T(\boldsymbol{\omega}^*)]$, 其中至少有一个不等式是严格的. 众所周知, 在生成有效的动态投资组合时, 问题 (P2, θ) 等价于问题 (P1). 事实上, 如果 $\boldsymbol{\omega}^*$ 是 (P2, θ) 的解, 则 $\boldsymbol{\omega}^*$ 也是 (P1) 的解, 其中 $\varepsilon = E[S_T(\boldsymbol{\omega}^*)]$. 将定义 $\Pi(\text{P2}, \theta)$ 为问题 (P2, θ) 的最优解的集合, 将 $\Pi(\text{P3}, \beta, \theta)$ 定义为问题 (P3, β, θ) 的最优解. 定义

$$d(\boldsymbol{\omega}, \theta) = 1 + 2\theta E[S_T(\boldsymbol{\omega})]$$

那么 (P2, θ) 的解可以嵌入 (P3, β, θ) 的解集. 我们有

性质 1.1 对于任何 $\boldsymbol{\omega}^* \in \Pi(\text{P2}, \theta)$, 必有 $\boldsymbol{\omega}^* \in \Pi(\text{P3}, \beta, \theta)$, 其中 $\beta = d(\boldsymbol{\omega}^*, \theta)$; 反之, 如果 $\boldsymbol{\omega}^* \in \Pi(\text{P3}, \beta^*, \theta)$, 那么 $\boldsymbol{\omega}^* \in \Pi(\text{P2}, \theta)$ 的必要条件是 $\beta^* = 1 + 2\theta E[S_T(\boldsymbol{\omega}^*)]$.

证明 略.

现在我们用 $E(e_t e_t') \triangleq (E(e_t^i e_t^j))$ 表示回报向量 e_t 的二阶交叉矩矩阵, $\Sigma_t \triangleq (E(Z_t^i Z_t^j))$ 表示超额回报 Z_t 的二阶交叉矩矩阵. 请注意, $E(e_t e_t')$ 的阶数是 $(N+1) \times (N+1)$, Σ_t 是 $N \times N$ 矩阵. 如 [6] 所示, 很容易验证如果 $(N+1)$ 阶矩阵 $E(e_t e_t')$ 是正定的, 那么 N 阶矩阵 Σ_t 也是正定的, 并且下面的方程成立

$$E\left((e_t^0)^2\right) - E\left(e_t^0 Z_t'\right) \Sigma_t^{-1} E\left(e_t^0 Z_t\right) > 0$$

其中矩阵 Σ_t^{-1} 是 Σ_t 的逆矩阵. Li 和 NG[6] 中的结果是假设所有 Σ_t 都是满秩情况下得到的, 而实际市场未必满足这个条件, 因此我们讨论更一般的情形[3]. 在 $\Sigma_t, t = 1, 2, \cdots, T$ 中, 假设一些矩阵是降秩的. 那么在某些时刻 t, 逆矩阵 Σ_t^{-1} 不再存在, 而满秩是降秩的特例, 因此, 我们的讨论隐含了满秩的情形. 定义 rank $(\Sigma_t) = r_t, t = 1, 2, \cdots, T$. 此外, 我们假设 rank$(E(e_t e_t')) > $ rank(Σ_t) 对于所有 t 成立. 由矩阵代数知, 对于任何 Σ_t, 都存在一个正交矩阵 $U_t \triangleq (u_{t1}, u_{t2}, \cdots, u_{tn})$, 其中 u_{ti} 是其第 i 列向量, 使得

$$U_t' \Sigma_t U_t = \text{Diag}(g_{t1}, g_{t2}, \cdots, g_{tr_t}, 0, \cdots, 0) \tag{1-1}$$

为对角阵, 其中 $g_{ti}, i = 1, 2, \cdots, r_t$ 是矩阵 Σ_t 的非零特征值. 这意味着正交基 $u_{tj}, j = 1, \cdots, N$ 中的后 $N - r_t$ 个 $u_{tj}, j = r_t + 1, \cdots, N$ 具有以下性质, 使得该 $t - 1$ 至 t 时段的超额回报为 0, 即

$$u_{tj}' Z_t = 0 \text{ 对 } j = r_t + 1, \cdots, N \text{ 成立}$$

事实上, 记

$$D_t \triangleq \text{Diag}(g_{t1}, g_{t2}, \cdots, g_{tr_t}, 0, \cdots, 0) \tag{1-2}$$

$$D_t^{-1} \triangleq \text{Diag}(g_{t1}^{-1}, g_{t2}^{-1}, \cdots, g_{tr_t}^{-1}, 0, \cdots, 0) \tag{1-3}$$

定义矩阵

$$\Lambda_t \triangleq U_t D_t^{-1} U_t' \tag{1-4}$$

显然当矩阵 Σ_t 为正定时, 矩阵 Λ_t 就是逆矩阵 Σ_t^{-1}. 以下定义六个二次型:

$A_t^1 \triangleq E(Z_t') \Lambda_t E(e_t^0 Z_t), \quad A_t^2 \triangleq E(e_t^0 Z_t') \Lambda_t E(e_t^0 Z_t)$

$A_t^3 \triangleq E(Z_t') \Lambda_t E(Z_t), \quad A_t^4 \triangleq E(Z_t') \Lambda_t E(q_t Z_t)$

$A_t^5 \triangleq E(q_t Z_t') \Lambda_t E(q_t Z_t), \quad A_t^6 \triangleq E(q_t Z_t') \Lambda_t E(e_t^0 Z_t), \text{对于 } t = 1, 2, \cdots, T$

$$\tag{1-5}$$

9.1 有限时段均值-方差最优资产组合模型

那么由假设 $\mathrm{rank}(E(\boldsymbol{e}_t \boldsymbol{e}_t')) > \mathrm{rank}(\boldsymbol{\Sigma}_t)$ 可得

$$E\left((e_t^0)^2\right) - A_t^2 > 0 \tag{1-6}$$

9.1.2 最优动态资产组合序列

定理 1.2 问题 $(P3, \beta, \theta)$ 的最优投资组合策略由以下形式给出:

$$\boldsymbol{\omega}_{T-1}^* = -x_{T-1}\boldsymbol{\Lambda}_T E\left(e_T^0 \boldsymbol{Z}_T\right) + l_{T-1}\boldsymbol{\Lambda}_T E\left(q_T \boldsymbol{Z}_T\right) + \frac{1}{2}\gamma \boldsymbol{\Lambda}_T E(\boldsymbol{Z}_T) \tag{1-7}$$

对 $t \leqslant T-2$ 有

$$\begin{aligned}
\boldsymbol{\omega}_t^* = &- x_t \boldsymbol{\Lambda}_{t+1} E\left(e_{t+1}^0\right) \\
&+ l_t \left(\prod_{k=t+2}^{T} \frac{E(e_k^0 q_k) - A_k^6}{E\left((e_k^0)^2\right) - A_T^2}\right) \boldsymbol{\Lambda}_{t+1} E(q_{t+1}\boldsymbol{Z}_{t+1}) \\
&+ \frac{1}{2}\gamma \left(\prod_{k=t+2}^{T} \frac{E(e_k^0) - A_k^1}{E\left((e_k^0)^2\right) - A_k^2}\right) \boldsymbol{\Lambda}_{t+1} E(\boldsymbol{Z}_{t+1})
\end{aligned} \tag{1-8}$$

其中 $\gamma = \beta/\theta$.

证明 由于条件期望算子满足规则 $E(E(\cdot|\mathcal{F}_{t+1})|\mathcal{F}_t) = E(\cdot|\mathcal{F}_t)$, 则优化问题 $(P3, \beta, \theta)$ 在动态规划的意义上是可分离的, 应用贝尔曼原理来求解.

首先, 设 x_{T-1}, l_{T-1} 已知, 那么在时间 $T-1$ 周期最优策略 $\boldsymbol{\omega}_{T-1}^*$ 是以下优化问题的解:

$$\begin{aligned}
&\text{Maximize} \quad E(\beta S_T - \theta S_T^2 | \boldsymbol{e}_1, \boldsymbol{e}_2, \cdots, \boldsymbol{e}_{t-1}) \\
&\text{s.t.} \quad x_T = x_{T-1}e_T^0 + \boldsymbol{\omega}_{T-1}' \boldsymbol{Z}_T \\
&\qquad\quad l_T = l_{T-1}q_T
\end{aligned}$$

其中 $E(\cdot|\boldsymbol{e}_1, \boldsymbol{e}_2, \cdots, \boldsymbol{e}_{t-1})$ 表示条件期望, 经过一些简单的计算可得

$$\begin{aligned}
&E(\beta S_T - \theta S_T^2 | \boldsymbol{e}_1, \boldsymbol{e}_2, \cdots, \boldsymbol{e}_{t-1}) \\
&= E(\beta x_T - \theta x_T^2 | \boldsymbol{e}_1, \boldsymbol{e}_2, \cdots, \boldsymbol{e}_{t-1}) - E(\beta l_T - \theta l_T^2 | \boldsymbol{e}_1, \boldsymbol{e}_2, \cdots, \boldsymbol{e}_{t-1}) \\
&\quad + E(2\theta x_T l_T | \boldsymbol{e}_1, \boldsymbol{e}_2, \cdots, \boldsymbol{e}_{t-1}) \\
&= -\theta \boldsymbol{\omega}_{T-1}' \boldsymbol{\Sigma}_t \boldsymbol{\omega}_{T-1} - 2\theta x_{T-1} \boldsymbol{\omega}_{T-1}' E(e_T^0 \boldsymbol{Z}_T) \\
&\quad + \beta \boldsymbol{\omega}_{T-1}' E(\boldsymbol{Z}_T) + 2\theta x_{T-1}^2 E\left((e_k^0)^2\right) - \left[\beta l_{T-1} E(q_T) + \theta l_{T-1}^2 E(q_T^2)\right]
\end{aligned}$$

$$+ 2\theta x_{T-1} l_{T-1} E\left(e_T^0 q_T\right) \tag{1-9}$$

现在作正交变换

$$\boldsymbol{\omega}_{T-1} = \boldsymbol{U}_T \boldsymbol{v}_{T-1} \tag{1-10}$$

然后计算导数

$$\frac{\partial E\left(\beta S_T - \theta S_T^2 | \boldsymbol{e}_1, \boldsymbol{e}_2, \cdots, \boldsymbol{e}_{T-1}\right)}{\partial \boldsymbol{v}_{T-1}}$$

$$= -2\theta D_T \boldsymbol{v} - 2\theta x_{T-1} \boldsymbol{U}_T' E\left(e_T^0 \boldsymbol{Z}_T\right) + \beta \boldsymbol{U}_T' E\left(\boldsymbol{Z}_T\right) + 2\theta l_{T-1} \boldsymbol{U}_T' E\left(q_T \boldsymbol{Z}_T\right)$$

因为当 $j \geqslant r_T + 1$ 时有

$$\boldsymbol{u}_{T,j}' E\left(\boldsymbol{Z}_T\right) = 0, \quad \boldsymbol{u}_{T,j}' E\left(e_T^0 \boldsymbol{Z}_T\right) = 0, \quad \boldsymbol{u}_{T,j}' E\left(q_T \boldsymbol{Z}_T\right) = 0$$

令

$$\frac{\partial E\left(\beta S_T - \theta S_T^2 | \boldsymbol{e}_1, \boldsymbol{e}_2, \cdots, \boldsymbol{e}_{T-1}\right)}{\partial \boldsymbol{v}_{T-1}} = 0$$

得解

$$v_{T-1}^{*i} = -x_{T-1} g_{T,i}^{-1} \boldsymbol{u}_{T,i}' E\left(e_T^0 \boldsymbol{Z}_T\right) + l_{T-1} g_{T,i}^{-1} \boldsymbol{u}_{T,i}' E\left(q_T \boldsymbol{Z}_T\right)$$

$$+ \frac{1}{2} \gamma g_{T,i}^{-1} \boldsymbol{u}_{T,i}' E(\boldsymbol{Z}_T) \tag{1-11}$$

对 $i \leqslant r_T$ 成立,而对于 $j \geqslant r_T + 1$, 对应的 v_{T-1}^{*i} 可以是任取的, 所以我们可以特别对 $j \geqslant r_T + 1$ 取 $v_{T-1}^{*i} = 0$. 用向量形式标出最优解为

$$\boldsymbol{v}_{T-1}^{*} = -x_{T-1} \boldsymbol{D}_T^{-1} \boldsymbol{U}_T' E\left(e_T^0 \boldsymbol{Z}_T\right) + l_{T-1} \boldsymbol{D}_T^{-1} \boldsymbol{U}_T' E\left(q_T \boldsymbol{Z}_T\right)$$

$$+ \frac{1}{2} \gamma \boldsymbol{D}_T^{-1} \boldsymbol{U}_T' E(\boldsymbol{Z}_T) \tag{1-12}$$

从而在时刻 $T-1$, 最优资产组合 $\boldsymbol{\omega}_{T-1}^{*}$ 由 (1-7) 式给出.

根据动态规划递推关系, 从 $T-1$ 时刻可以推出 $T-2$ 时刻的最优解, 进而任何 t 时刻的最优解如下. 首先由 $\boldsymbol{v}_{T-1}^{*}$ 的表达式, 可得

$$\max \left\{ E\left(\beta S_T -, \theta S_T^2 | \boldsymbol{e}_1, \boldsymbol{e}_2, \cdots, \boldsymbol{e}_{T-1}\right) \right\}$$

$$= -\theta x_{T-1}^2 \left[E\left(\left(e_T^0\right)^2\right) - A_T^2 \right] + \beta x_{T-1} \left[E\left(e_T^0\right) - A_T^1 \right]$$

$$+ 2\theta x_{T-1} l_{T-1} \left[E\left(e_T^0 q_T\right) - A_T^6 \right] - \theta l_{T-1} \left[E\left(q_T\right) - A_T^4 \right] + \frac{1}{4} \beta \gamma A_T^3 \tag{1-13}$$

9.1 有限时段均值–方差最优资产组合模型

注意到
$$x_{T-1} = x_{T-2}e_{T-1}^0 + \boldsymbol{\omega}'_{T-2}\boldsymbol{Z}_{T-1} \text{ 和 } l_{T-1} = l_{T-2}q_{T-1}$$

然后 (1-13) 两边取关于 $\mathcal{F}_{T-2}$ 的条件期望得

$$E\left(\max\left\{E\left(\beta S_T - \theta S_T^2 | \mathcal{F}_{T-1}\right)\right\} | e_1, e_2, \cdots, e_{T-2}\right)$$
$$= -\theta\left[E\left((e_T^0)^2\right) - A_T^2\right]$$
$$\cdot\left[x_{T-1}^2 E\left((e_T^0)^2\right) + \boldsymbol{\omega}'_{T-1}\boldsymbol{\Sigma}_{T-1}\boldsymbol{\omega}_{T-2} + 2x_{T-2}\boldsymbol{\omega}'_{T-2}E\left(e_{T-1}^0\boldsymbol{Z}_{T-1}\right)\right]$$
$$+ \beta x_{T-1}\left[E\left(e_T^0\right) - A_T^1\right]\left[x_{T-2}E\left(e_{T-1}^0\right) + \boldsymbol{\omega}'_{T-2}E\left(\boldsymbol{Z}_{T-1}\right)\right]$$
$$+ 2\theta x_{T-1}l_{T-1}\left[E\left(e_T^0 q_T\right) - A_T^6\right]\left[l_{T-2}l_{T-2}E\left(e_{T-1}^0 q_{T-1}\right) \pm l_{T-2}\boldsymbol{\omega}'_{T-2}E\left(q_{T-1}\boldsymbol{Z}_{T-1}\right)\right]$$
$$- \theta l_{T-2}^2 E\left(q_{T-1}^2\right)\left[E\left(q_T^2\right) - A_T^5\right] - \beta l_{T-2}E\left(q_{T-1}\right)\left[E\left(q_T\right) - A_T^4\right] + \frac{1}{4}\beta\gamma A_T^3 \tag{1-14}$$

作正交变换 $\boldsymbol{\omega}_{T-2} = \boldsymbol{U}_{T-1}\boldsymbol{v}_{T-2}$, 上式对 $\boldsymbol{v}_{T-2}$ 求导可得

$$\frac{\partial E\left(\max\left\{E\left(\beta S_T - \theta S_T^2 | \mathcal{F}_{T-1}\right)\right\} | e_1, e_2, \cdots, e_{T-2}\right)}{\partial \boldsymbol{v}_{T-2}}$$
$$= -\theta x_{T-1}^2\left[E\left((e_T^0)^2\right) - A_T^2\right]$$
$$\cdot\left[2D_{T-1}\boldsymbol{v}_{T-2} + 2x_{T-2}\boldsymbol{U}'_{T-1}E\left(e_{T-1}\boldsymbol{Z}_{T-1}\right)\right]$$
$$+ \beta x_{T-1}\left[E\left(e_T^0\right) - A_T^1\right]\boldsymbol{U}'_{T-1}E(\boldsymbol{Z}_{T-1})$$
$$+ 2\theta x_{T-1}l_{T-1}\left[E\left(e_T^0 q_T\right) - A_T^6\right]\boldsymbol{U}'_{T-1}E\left(q_{T-1}\boldsymbol{Z}_{T-1}\right) = 0 \tag{1-15}$$

得 $T-2$ 时段的最优组合

$$\boldsymbol{\omega}^*_{T-2} = \boldsymbol{U}_{T-1}\boldsymbol{v}^*_{T-2} = -x_{T-2}\boldsymbol{\Lambda}_{T-1}E\left(e_{T-1}^0\boldsymbol{Z}_{T-1}\right)$$
$$+ l_{T-2}\frac{E\left(e_T^0 q_T\right) - A_T^6}{E\left((e_T^0)^2\right) - A_T^2}\boldsymbol{\Lambda}_{T-1}E\left(q_{T-1}\boldsymbol{Z}_{T-1}\right)$$
$$+ \frac{1}{2}\gamma\frac{E\left(e_T^0\right) - A_T^1}{E\left((e_T^0)^2\right) - A_T^2}\boldsymbol{\Lambda}_{T-1}E(\boldsymbol{Z}_{T-1}) \tag{1-16}$$

进而

$$\max\left\{E\left(\beta S_T - \theta S_T^2 | e_1, e_2, \cdots, e_{T-2}\right)\right\}$$

$$\begin{aligned}
=& -\theta x_{T-2}^2 \left[E\left((e_T^0)^2\right) - A_{T-1}^2\right] \left[E\left((e_T^0)^2\right) - A_{T-1}^2\right] \\
& + \beta x_{T-2} \left[E\left(e_T^0\right) - A_{T-1}^1\right] \left[E\left(e_T^0\right) - A_{T-1}^1\right] \\
& + 2\theta x_{T-2} l_{T-2} \left[E\left(e_T^0 q_T\right) - A_{T-1}^6\right] \left[E\left(e_{T-1}^0 q_{T-1}\right) - A_{T-1}^6\right] \\
& - \theta C_{T-2}^1 l_{T-2}^2 - \beta C_{T-2}^2 l_{T-1} + C_{T-2}^3
\end{aligned} \quad (1\text{-}17)$$

其中 $C_{T-2}^1, C_{T-2}^2, C_{T-2}^3$ 是三个常数，继续反向推导就可以得到任何 $t\ (\leqslant T-2)$ 时刻的最优解，进而可得

$$\max\left\{E\left(\beta S_T - \theta S_T^2 | e_1, e_2, \cdots, e_t\right)\right\}$$

$$\begin{aligned}
=& -\theta x_t^2 \left(\prod_{k=t+1}^T \left[E\left((e_k^0)^2\right) - A_k^2\right]\right) + \beta x_t \left(\prod_{k=t+1}^T \left[E\left(e_k^0\right) - A_k^1\right]\right) \\
& + 2\theta x_t l_t \left(\prod_{k=t+1}^T \left[E\left(e_k^0 q_k\right) - A_k^6\right]\right) - \theta C_t^1 l_t^2 - \beta C_t^2 l_t + C_t^3
\end{aligned} \quad (1\text{-}18)$$

其中 C_t^1, C_t^2, C_t^3 是常数.

特别地当所有 $\boldsymbol{\Sigma}_t\ (t=1, 2, \cdots, T)$ 为满秩时，$l_0 = 0$，则上述优化问题 (P3, β, θ) 的解就退化为 $\boldsymbol{\Sigma}_t$ 为满秩时的解，即 Li 和 NG[6] 的解，故它们的结果是我们的特例.

在我们导出问题 (P2, θ) 的最优解前，为简化数学表达式，我们先定义以下一些量

$$B_t^1 \triangleq \frac{A_t^3}{2}\left(\prod_{k=t+1}^T \frac{E\left(e_k^0\right) - A_k^1}{E\left((e_k^0)^2\right) - A_k^2}\right)$$

$$B_t^2 \triangleq (A_t^3) \bigg/ 4\left(\prod_{k=t+1}^T \frac{E\left(e_k^0\right) - A_k^1}{E\left((e_k^0)^2\right) - A_k^2}\right)$$

$$B_t^3 \triangleq \frac{A_t^4}{2}\left(\prod_{k=t+1}^T \frac{E\left(e_k^0\right) - A_k^1}{E\left((e_k^0)^2\right) - A_k^2}\right)$$

$$B_T^1 \triangleq \frac{A_T^3}{2}, \quad B_T^2 \triangleq \frac{A_T^3}{4}, \quad B_T^3 \triangleq \frac{A_T^4}{2} \quad (1\text{-}19)$$

定义

$$\zeta \triangleq \prod_{k=1}^T \left(E\left(e_k^0\right) - A_k^1\right)$$

9.1 有限时段均值-方差最优资产组合模型

$$\tau \triangleq \prod_{k=1}^{T}\left(E\left(\left(e_k^0\right)^2\right)-A_k^2\right)$$

$$\varphi \triangleq \prod_{k=1}^{T}\left(E\left(e_k^0 q_k\right)-A_k^6\right)$$

$$\alpha \triangleq \prod_{k=1}^{T} E\left(q_k\right), \quad \delta \triangleq \prod_{k=1}^{T} E\left(q_k^2\right)$$

$$\eta \triangleq \sum_{t=1}^{T}\left(B_t^1 \prod_{k=t+1}^{T}\left(E\left(e_k^0\right)-A_k^1\right)\right) \tag{1-20}$$

其中 $\prod_{k=t+1}^{T}\left(E\left(e_k^0\right)-A_k^1\right) \triangleq 1$, 由此得

$$\sum_{t=1}^{T}\left(B_t^2 \prod_{k=t+1}^{T}\left(E\left(\left(e_k^0\right)^2\right)-A_k^2\right)\right)=\frac{\eta}{2}$$

类似地 $\prod_{k=t+1}^{T}\left(E\left(\left(e_k^0\right)^2\right)-A_k^2\right) \triangleq 1$.

我们再定义一些量

$$\tilde{B}_t^1 \triangleq A_t^4\left(\prod_{k=t+1}^{T} \frac{E\left(e_k^0 q_k\right)-A_k^6}{E\left(\left(e_k^0\right)^2\right)-A_T^2}\right)$$

$$\tilde{B}_t^2 \triangleq A_t^5\left(\prod_{k=t+1}^{T} \frac{E\left(e_k^0 q_k\right)-A_k^6}{E\left(\left(e_k^0\right)^2\right)-A_T^2}\right)$$

$$\tilde{B}_t^3 \triangleq A_t^5\left(\prod_{k=t+1}^{T}\left(\frac{E\left(e_k^0 q_k\right)-A_k^6}{E\left(\left(e_k^0\right)^2\right)-A_T^2}\right)^2\right)$$

$$\tilde{B}_t^4 \triangleq A_t^5\left[\prod_{k=t+1}^{T}\left(\frac{E\left(e_k^0 q_k\right)-A_k^6}{E\left(\left(e_k^0\right)^2\right)-A_T^2}\right) \cdot \left(\frac{E\left(e_k^0\right)-A_k^1}{E\left(\left(e_k^0\right)^2\right)-A_k^2}\right)\right] \tag{1-21}$$

$$\psi \triangleq \sum_{t=1}^{T}\left[\left(\prod_{i=1}^{t-1} E(q_i)\right) \tilde{B}_t^1 \left(\prod_{j=t+1}^{T}\left(E\left(e_j^0\right)-A_j^1\right)\right)\right]$$

$$\rho \triangleq \sum_{t=1}^{T}\left[\left(\prod_{i=1}^{t-1}E(q_i^2)\right)\right]\tilde{B}_t^2\left(\prod_{j=t+1}^{T}\left(E\left(e_j^0 q_j\right)-A_j^6\right)\right) \tag{1-22}$$

我们得

$$\rho = \sum_{t=1}^{T}\left[\left(\prod_{i=1}^{t-1}E(q_i^2)\right)\right]\tilde{B}_t^3\left(\prod_{j=t+1}^{T}\left(E\left(e_j^0\right)^2-A_j^6\right)\right)$$

$$\psi = \sum_{t=1}^{T}\left[\left(\prod_{i=1}^{t-1}E(q_i)\right)\right]\tilde{B}_t^4\left(\prod_{j=t+1}^{T}\left(E\left(e_j^0\right)^2-A_j^2\right)\right)$$

$$\frac{\psi}{2} = \sum_{t=1}^{T}\left[\left(\prod_{i=1}^{t-1}E(q_i)\right)\right]B_t^3\left(\prod_{j=t+1}^{T}\left(E\left(e_j^0 q_j\right)-A_j^6\right)\right)$$

我们再记 $a \triangleq \dfrac{\eta}{2}-\eta^2$, $b \triangleq \zeta x_0 + \psi l_0 - \alpha l_0$, $c \triangleq \tau x_0^2 - \rho l_0^2 + \delta l_0^2 - 2\varphi x_0 l_0$, 借助于这些记号, 我们可将 (P2, θ) 的最优解描述如下.

定理 1.3 问题 (P2, θ) 的最优解 $\omega^*(\theta)$ 可表示为如下的解析形式

$$\boldsymbol{\omega}_{T-1}^{*} = -x_{T-1}\boldsymbol{\Lambda}_T E\left(e_T^0 \boldsymbol{Z}_T\right) + l_{T-1}\boldsymbol{\Lambda}_T E\left(q_T \boldsymbol{Z}_T\right) + \frac{1}{2}\gamma\boldsymbol{\Lambda}_T E\left(\boldsymbol{Z}_T\right) \tag{1-23}$$

对 $t \leqslant T-2$ 有

$$\boldsymbol{\omega}_t^* = -x_t\boldsymbol{\Lambda}_{t+1}E\left(e_{t+1}^0\right) + l_t\left(\prod_{k=t+2}^{T}\frac{E\left(e_k^0 q_k\right)-A_k^6}{E\left(\left(e_k^0\right)^2\right)-A_T^2}\right)\boldsymbol{\Lambda}_{t+1}E\left(q_{t+1}\boldsymbol{Z}_{t+1}\right)$$

$$+ \frac{1}{2}\left(\frac{\eta}{2a\theta}+\frac{\eta b}{a}\right)\left(\prod_{k=t+2}^{T}\frac{E\left(e_k^0\right)-A_k^1}{E\left(\left(e_k^0\right)^2\right)-A_k^2}\right)\boldsymbol{\Lambda}_{t+1}E\left(\boldsymbol{Z}_{t+1}\right) \tag{1-24}$$

证明 由本章性质 1.1 知最优解有形式 (1-23), 唯一要确定的是参数 γ 的值, 将 (1-23) 和 (1-24) 代入投资者的财富和债务的表达式, 再在两边取条件期望, 可以得到以下 5 个递归方程:

$$E\left\{x_{t+1}\mid \boldsymbol{e}_1,\boldsymbol{e}_2,\cdots,\boldsymbol{e}_t\right\} = x_t\left(E\left(e_{t+1}^0\right)-A_{t+1}^1\right) + l_t\tilde{B}_{t+1}^1 + \gamma B_{t+1}^1$$

$$E\left\{x_{t+1}l_{t+1}\mid \boldsymbol{e}_1,\boldsymbol{e}_2,\cdots,\boldsymbol{e}_t\right\} = x_t l_t\left(E\left(e_{t+1}^0 q_{t+1}\right)-A_{t+1}^6\right) + l_t^2\tilde{B}_{t+1}^1 + \gamma l_t B_{t+1}^3$$

$$E\left\{x_{t+1}^2\mid \boldsymbol{e}_1,\boldsymbol{e}_2,\cdots,\boldsymbol{e}_t\right\} = x_t^2\left[E\left(\left(e_{t+1}^0\right)^2\right)-A_{t+1}^2\right] + l_t^2\tilde{B}_{t+1}^3 + \gamma l_t\tilde{B}_{t+1}^4 + \gamma^2 B_{t+1}^2$$

$$E\left\{l_{t+1}\mid \mathcal{F}_t\right\} = l_t E(q_{t+1})$$

$$E\left\{l_{t+1}^2\mid \mathcal{F}_t\right\} = l_t^2 E(q_{t+1}^2) \tag{1-25}$$

9.1 有限时段均值–方差最优资产组合模型

解出上述 5 个方程得

$$E(x_T) = \zeta x_0 + \psi l_0 + \eta\gamma$$

$$E(x_T l_T) = \varphi x_0 l_0 + \rho l_0^2 + \frac{1}{2}\psi l_0 \gamma$$

$$E(x_T^2) = \tau x_0^2 + \rho l_0^2 + \psi l_0 \gamma + \frac{1}{2}\eta\gamma^2$$

$$E(l_T) = \alpha l_0, \quad E(l_T^2) = \delta l_0^2$$

$$\text{Var}(S_T) = \alpha\gamma^2 - 2\eta b\gamma + c - b^2 \tag{1-26}$$

其中 $\alpha > 0$, 因此我们有

$$\tilde{U} = E(S_T) - \theta\text{Var}(S_T)$$
$$= -a\theta\gamma^2 + (\eta + 2\eta b\theta)\gamma - \theta(c - b^2)$$

$$d\tilde{U}/d\gamma = -2a\theta\gamma + (\eta + 2\eta b\theta)$$

最后令 $d\tilde{U}/d\gamma = 0$, 得

$$\gamma^* = \frac{\eta}{2a\theta} + \frac{\eta b}{a} \tag{1-27}$$

由此就得 $\omega^*(\theta)$ 的表达式.

性质 1.4 优化问题 $(P1, \varepsilon)$ 的最优解 $\omega^*(\varepsilon)$ 有以下解析形式

$$\boldsymbol{\omega}_{T-1}^* = -x_{T-1}\boldsymbol{\Lambda}_T E(e_T^0 \boldsymbol{Z}_T) + l_{T-1}\boldsymbol{\Lambda}_T E(q_T \boldsymbol{Z}_T) + \frac{1}{2}\left(\frac{\varepsilon - b}{\eta}\right)\boldsymbol{\Lambda}_T E(\boldsymbol{Z}_T) \tag{1-28}$$

对 $t \leqslant T - 2$ 有

$$\boldsymbol{\omega}_t^* = -x_t \boldsymbol{\Lambda}_{t+1} E\left(e_{t+1}^0\right)$$
$$+ l_t \left(\prod_{k=t+2}^{T} \frac{E(e_k^0 q_k) - A_k^6}{E\left((e_k^0)^2\right) - A_T^2}\right) \boldsymbol{\Lambda}_{t+1} E(q_{t+1}\boldsymbol{Z}_{t+1})$$
$$+ \frac{1}{2}\left(\frac{\varepsilon - b}{\eta}\right)\left(\prod_{k=t+2}^{T} \frac{E(e_k^0) - A_k^1}{E\left((e_k^0)^2\right) - A_k^2}\right) \boldsymbol{\Lambda}_{t+1} E(\boldsymbol{Z}_{t+1}) \tag{1-29}$$

证明 由式 (1-28) 和 (1-29), 定义 θ^* 满足以下等式

$$\varepsilon = \eta\left(\frac{\eta}{2a\theta^*} + \frac{\eta b}{a}\right) + b$$

即
$$\theta^* = \frac{\eta^2}{2a(\varepsilon-b)-2\eta^2 b}$$

因为问题 $(P2,\theta^*)$ 的最优解就是问题 $(P1,\varepsilon)$ 的解, 由以下方程就可以得到上述结果 (1-28) 和 (1-29)

$$\frac{\eta}{2a\theta^*} + \frac{\eta b}{a} = \frac{\varepsilon - b}{\eta} \tag{1-30}$$

性质 1.5 问题 $(P1,\varepsilon)$ 和 $(P2,\theta)$ 的均值-方差有效前沿就是下面的方程之解.

$$\mathrm{Var}(S_T) = \frac{a}{\eta^2}\left(E(S_T) - b - \frac{\eta^2 b^2}{a}\right)^2 - \frac{\eta^2 b^2}{a} + c - b^2$$

对 $2a(E(S_T)-b) - 2\eta^2 b > 0$ 成立.

证明 事实上从 (1-28) 和 (1-29) 中消去参数 γ 就得均值-方差有效前沿, 而 $2a(E(S_T)-b) - 2\eta^2 b > 0$ 就是为满足 $\theta > 0$ 的要求.

如果投资者要对冲其债务, 优化目标就是收益与债务差距的波动最小, 即如以下所述:

$$\text{(HP)} \quad \text{Minimize} \quad E\left((x_T - l_T)^2\right)$$
$$\text{s.t.} \quad x_{t+1} = x_t e_{t+1}^0 + \boldsymbol{\omega}_t' \boldsymbol{Z}_{t+1} \text{ 和 } l_{t+1} = l_t q_{t+1}$$

定理 1.6 以上问题 (HP) 的最优解为

$$\boldsymbol{\omega}_{T-1}^* = -x_{T-1}\boldsymbol{\Lambda}_T E\left(e_T^0 \boldsymbol{Z}_T\right) + l_{T-1}\boldsymbol{\Lambda}_T E(q_T \boldsymbol{Z}_T) \tag{1-31}$$

对 $t \leqslant T-2$ 有

$$\boldsymbol{\omega}_t^* = -x_t \boldsymbol{\Lambda}_{t+1} E\left(e_{t+1}^0\right)$$
$$+ l_t \left(\prod_{k=t+2}^{T} \frac{E(e_k^0 q_k) - A_k^6}{E\left((e_k^0)^2\right) - A_T^2}\right) \boldsymbol{\Lambda}_{t+1} E(q_{t+1} \boldsymbol{Z}_{t+1}) \tag{1-32}$$

证明 考虑以下优化问题

$$(\text{PH}, \beta, \theta): \quad \text{Minimize} \quad E(\beta S_T - \theta S_T^2)$$
$$\text{s.t.} \quad x_{t+1} = x_t e_{t+1}^0 + \boldsymbol{\omega}_t' \boldsymbol{Z}_{t+1}, \quad l_{t+1} = l_t q_t$$
$$t = 0, 1, \cdots, T-1$$

其中 $\theta < 0$, 显然, 问题 (HP) 就是问题 (PH, β, θ) 在 $\beta = 0$ 和 $\theta = -1$ 时的特例, 唯一的区别在于 θ 的符号. 因此由本章定理 1.2 以及关系式 $\gamma = \dfrac{\beta}{\theta} = 0$ 即得证.

附注 1.1 多周期的动态最优资产组合模型在理论上是有意义的, 它完善了均值方差分析的理论, 但是在实务中较少应用多周期模型, 原因之一是要准确估计多周期的收益和风险是困难的. 其二是多周期模型的计算量较单周期模型要大得多, 特别当资产数量很大时. 其三是大多数多周期模型没有考虑实际的市场约束, 如第 5 章所讨论的, 在实务中需要考虑各种市场约束. 因此在实务中多是利用单周期模型逐个周期进行优化.

9.2 log-最优资产组合模型及其极限定理

在前面的章节中简单介绍了最优增长模型, 也称 log-最优资产组合模型, Cover 系统地研究了 log-最优资产组合问题[4,5], Ye 和 Li[10] 研究了有风险控制的 log-最优投资组合问题. 本节先讨论任意投资组合增长率的性质和极限定理, 然后讨论单周期情形下任意投资组合增长率的性质, 并讨论了若干最优化控制, 最后给出序列投资模型和极限定理.

9.2.1 序列投资的一般模型

继续沿用前面讨论连续投资情况时的一些概念. 假设投资者有单位原始资金, 不妨设为 1, 设投资者在第 i 个周期的资产组合为 $\boldsymbol{w}_i = (w_{i1}, w_{i2}, \cdots, w_{iN})'$, 第 i 个周期的投资收益向量为 $\boldsymbol{X}_i = (X_{i1}, X_{i2}, \cdots, X_{iN})'$, 记 $B = \{\boldsymbol{w} \in R^N | \boldsymbol{1}'\boldsymbol{w} = 1, \boldsymbol{w} \geqslant \boldsymbol{0}, \boldsymbol{1} = (1, 1, \cdots, 1)'\}$ 为全体资产组合集. 则到第 n 个周期末投资者拥有的资金为

$$S_n = \prod_{i=1}^{n} (\boldsymbol{w}_i' \boldsymbol{X}_i)$$

取对数后得到 log-收益

$$\log S_n = \sum_{i=1}^{n} \log(\boldsymbol{w}_i' \boldsymbol{X}_i)$$

记 $\boldsymbol{w}_i^*$ 为第 i 个周期达到

$$W(\boldsymbol{w}^*, \boldsymbol{X}_i) = \max_{\boldsymbol{w} \in B} W(\boldsymbol{w}^*, \boldsymbol{X}_i) = \max_{\boldsymbol{w} \in B} E\{\log(\boldsymbol{w}' \boldsymbol{X}_i)\} \qquad (2\text{-}1)$$

的 log-最优资产组合, 并且 $\boldsymbol{w}_i^*$ 的选择只依赖于市场过去的历史, 而与未来的价格无关, 即第 i 个周期的 log-最优资产组合只依赖于过去的 $\boldsymbol{X}_1, \boldsymbol{X}_2, \cdots, \boldsymbol{X}_{i-1}$, 所以有时记为 $\boldsymbol{w}_i^*(\boldsymbol{X}_1, \boldsymbol{X}_2, \cdots, \boldsymbol{X}_{i-1})$, 又记

$$S_n^* = \prod_{i=1}^{n}(\boldsymbol{w}^{*\prime}\boldsymbol{X}_i)$$

既然模型的目的就是要寻求最优的资产组合序列 $w_i^*, i = 1, 2, \cdots$. 下面先引入一个简单的市场模型.

9.2.2 独立同分布市场模型

定理 2.1 假设收益向量序列 $\boldsymbol{X}_1, \boldsymbol{X}_2, \cdots$ 互相独立且有相同分布 F, 则有

(1) $$E(\log S_n^*) = nW^* \geqslant E(\log S_n) \qquad (2\text{-}2)$$

其中

$$W^* = W^*(F) = W(\boldsymbol{w}^*, F) = \max_{\boldsymbol{w} \in B} W(\boldsymbol{w}, F) = \max_{\boldsymbol{w} \in B} E\{\log(\boldsymbol{w}'\boldsymbol{X})\} \qquad (2\text{-}3)$$

(2) $$\lim_{n \to \infty} \sup \frac{1}{n} \log \frac{S_n}{S_n^*} \leqslant 0, \text{ 以概率 1 成立} \qquad (2\text{-}4)$$

(3) $$\lim_{n \to \infty} \frac{1}{n} \log S_n^* = W^*, \text{ 以概率 1 成立} \qquad (2\text{-}5)$$

结论中 (1) 表明如按 log-收益期望值标准, 每个周期都以 log-最优投资组合的平均获利为最大; (2) 表明 log-最优资产组合的渐近最优性; (3) 表明长期连续投资平均每个周期的 log-收益在保持同一个 log-最优资产组合以概率 1 收敛于最优倍率, 这个结果类似于概率中的大数定律, 其直观意义是在独立同分布市场下, 每个周期都保持 log-最优组合投资, 可保证其平均收益趋于最优. 证明可参见参考文献 [4].

9.2.3 平稳市场模型

设 $\boldsymbol{X}_1, \boldsymbol{X}_2, \cdots, \boldsymbol{X}_i, \cdots$ 代表证券市场收益的随机向量序列, 投资者在第 i 个周期作投资决策时只了解市场的历史, 即只依赖于 $\boldsymbol{X}_1, \boldsymbol{X}_2, \cdots, \boldsymbol{X}_{i-1}$, 记

$$S_n = \prod_{i=1}^{n}(\boldsymbol{w}_i'(\boldsymbol{X}_1, \boldsymbol{X}_2, \cdots, \boldsymbol{X}_{i-1})\boldsymbol{X}_i) \qquad (2\text{-}6)$$

要在所有可能的序列资产组合集 $\{\boldsymbol{w}_i, \cdots, i = 1, 2, \cdots\}$ 中寻求使 $E(\log S_n)$ 达到最大的序列资产组合 $\{\boldsymbol{w}_i^*, \cdots, i = 1, 2, \cdots\}$, 这时有

$$\max_{\boldsymbol{w}_1, \boldsymbol{w}_2, \cdots, \boldsymbol{w}_n} E(\log S_n) = \max_{\boldsymbol{w}_1, \boldsymbol{w}_2, \cdots, \boldsymbol{w}_n} E \sum_{i=1}^{n} \log(\boldsymbol{w}_i' \boldsymbol{X}_i)$$

$$= \sum_{i=1}^{n} \max_{\boldsymbol{w}_i'(\boldsymbol{X}_1, \boldsymbol{X}_2, \cdots, \boldsymbol{X}_{i-1})} E \log(\boldsymbol{w}_i'(\boldsymbol{X}_1, \boldsymbol{X}_2, \cdots, \boldsymbol{X}_{i-1})\boldsymbol{X}_i)$$

9.2 log-最优资产组合模型及其极限定理

$$= \sum_{i=1}^{n} E[\log(\boldsymbol{w}_i^{*\prime} \boldsymbol{X}_i)] \tag{2-7}$$

其中 $\boldsymbol{w}_i^*$, 即 $\boldsymbol{w}_i^*(\boldsymbol{X}_1, \boldsymbol{X}_2, \cdots, \boldsymbol{X}_{i-1})$ 是在已知市场历史表现 $\boldsymbol{X}_1, \boldsymbol{X}_2, \cdots, \boldsymbol{X}_{i-1}$ 条件下达到以下条件 log-最优投资组合:

$$\max_{\boldsymbol{w}} E[\log(\boldsymbol{w}' \boldsymbol{X}_i) | (\boldsymbol{X}_1, \boldsymbol{X}_2, \cdots, \boldsymbol{X}_{i-1}) = (\boldsymbol{x}_1, \boldsymbol{x}_2, \cdots, \boldsymbol{x}_{i-1})]$$
$$= W^*(\boldsymbol{X}_i | \boldsymbol{x}_1, \boldsymbol{x}_2, \cdots, \boldsymbol{x}_{i-1}) \tag{2-8}$$

进而对历史取数学期望得

$$W^*(\boldsymbol{X}_i | \boldsymbol{X}_1, \boldsymbol{X}_2, \cdots, \boldsymbol{X}_{i-1}) = E \max_{\boldsymbol{w}} E[\log(\boldsymbol{w}' \boldsymbol{X}_i) | \boldsymbol{X}_1, \boldsymbol{X}_2, \cdots, \boldsymbol{X}_{i-1}] \tag{2-9}$$

其中左式是条件最优倍率函数, 右式中的最大值是对所有定义在 $\boldsymbol{X}_1, \boldsymbol{X}_2, \cdots, \boldsymbol{X}_{i-1}$ 上的资产组合 $\boldsymbol{w}$ 取值的, 因此只有在每个周期采取条件 log-最优资产组合才可能达到最高的平均 log-收益. 记

$$W^*(\boldsymbol{X}_1, \boldsymbol{X}_2, \cdots, \boldsymbol{X}_n) = \max_{\boldsymbol{w}_1, \boldsymbol{w}_2, \cdots, \boldsymbol{w}_n} E(\log S_n) \tag{2-10}$$

其中最大值是对所有有理资产组合序列取值的. 又由于

$$\log S_n^* = \sum_{i=1}^{n} \log(\boldsymbol{w}_i^{*\prime} \boldsymbol{X}_i)$$

有以下关于 W^* 的链法则:

$$W^*(\boldsymbol{X}_1, \boldsymbol{X}_2, \cdots, \boldsymbol{X}_n) = \sum_{i=1}^{n} W^*(\boldsymbol{X}_i | \boldsymbol{X}_1, \boldsymbol{X}_2, \cdots, \boldsymbol{X}_{i-1}) \tag{2-11}$$

定理 2.2 平均倍率函数 W_∞^* 为

$$W_\infty^* = \lim_{n \to \infty} \frac{1}{n} W^*(\boldsymbol{X}_1, \boldsymbol{X}_2, \cdots, \boldsymbol{X}_n) \tag{2-12}$$

如果该极限存在, 否则就没有定义.

定理 2.3 对一个平稳市场, 以上定义的平均倍率函数存在且等于

$$W_\infty^* = \lim_{n \to \infty} \frac{1}{n} W^*(\boldsymbol{X}_n | \boldsymbol{X}_1, \boldsymbol{X}_2, \cdots, \boldsymbol{X}_{n-1}) \tag{2-13}$$

定理 2.4 设 S_n^* 是在平稳股市 $\{\boldsymbol{X}_n\}$ 中由一列条件 log-最优资产组合得到的收益, S_n 是任意其他理性投资策略得到的收益, 则

$$\lim_{n \to \infty} \sup \frac{1}{n} \log \frac{S_n}{S_n^*} \leqslant 0 \quad \text{以概率 1 成立} \tag{2-14}$$

定理 2.5 设 $X_1, X_2, \cdots, X_n, \cdots$ 表示平稳遍历股市的收益向量序列，S_n^* 表示到第 n 个周期末由一系列条件 log-最优资产组合得到的收益，即

$$S_n^* = \prod_{i=1}^n w_i^{*\prime}(X_1, X_2, \cdots, X_{i-1}) X_i \tag{2-15}$$

则

$$\lim_{n\to\infty} \frac{1}{n} \log S_n^* = W^* \quad \text{以概率 1 成立} \tag{2-16}$$

以上定理的证明均请参见参考文献 [4].

9.2.4 序列投资模型的一般极限定理

Cover[4] 证明了 log-最优投资组合模型在序列投资下的极限定理，记

$$w^* = \arg\max_w E\log(w^{*\prime} X) \tag{2-17}$$

$$S_n^* = \prod_{j=1}^n (w^{*\prime} X_j)$$

则有以下定理:

定理 2.6[4] 设风险资产回报向量列 $X_1, X_2, \cdots$ 为一个独立同分布随机变量序列，则 $\frac{1}{n} \log S_n^*$ 以概率 1 收敛到 $E\log(w^{*\prime} X)$.

以下我们将本章定理 2.4 的结论推广到一般市场情形 (参见 [1,2])，即不再假设市场是独立同分布或平稳的.

定理 2.7 设 $X_1, X_2, \cdots$ 为连续投资于 N 种风险资产的回报序列，$w_1, w_2, \cdots$ 为投资组合序列，w_n 只依赖于 n 时刻以前的信息，设 $S_n = \prod_{j=1}^n (w_j^\prime X_j)$，令

$$A = \left\{ w : \sum_{n=1}^\infty E[|\log(w_n^\prime X_n)|^p | X_1, \cdots, X_{n-1}]/n^p < +\infty \right\}, \quad 1 \leqslant p \leqslant 2 \tag{2-18}$$

则有

$$\lim_{n\to\infty} \left\{ \frac{1}{n} \log S_n - \frac{1}{n} \sum_{n=1}^\infty E\left[|\log(w_n^\prime X_n)||X_1, \cdots, X_{n-1}\right] \right\} = 0, \quad \text{a.s.} \quad w \in A$$

$$\tag{2-19}$$

证明 见文献 [1].

附注 2.1 本定理对市场未作任何假设, 也未对投资组合 w 作任何假设, 如果 w 取达到最优倍率的 w^*, 特别地当市场为独立同分布或平稳的, 则得到 Cover[4] 的结果.

推论 2.8 将本章定理 2.7 中条件 (2-18) 改为

$$\frac{1}{n}\sum_{n=1}^{\infty} E\left[|\log(w'_n X_n)|\right] < +\infty \tag{2-20}$$

则定理结论仍成立.

证明 事实上 (2-20) 可表示为

$$\frac{1}{n}\sum_{n=1}^{\infty} E\left[|\log(w'_n X_n)| \,|\, X_1, \cdots, X_{n-1}\right] < +\infty$$

由绝对值函数 $|x|$ 的非负性可得

$$\frac{1}{n}\sum_{n=1}^{\infty} E\left[|\log(w'_n X_n)| \,|\, X_1, \cdots, X_{n-1}\right] \quad \text{a.s. 收敛}$$

即 $P(A) = 1$, 由本章定理 2.7 即可得此推论.

推论 2.9 假设市场是马氏的, 即 $X_1, X_2, \cdots$ 是马尔可夫序列, 且

$$\frac{1}{n}\sum_{n=1}^{\infty} E\left[|\log(w'_n X_n)|\right] < +\infty$$

则

$$\lim_{n\to\infty}\left\{\frac{1}{n}\log S_n - \frac{1}{n}\sum_{n=1}^{\infty} E\left[|\log(w'_n X_n)| \,|\, X_{n-1}\right]\right\} = 0, \quad \text{a.s.}$$

9.3 通用证券组合

9.3.1 离散通用资产组合模型

考虑一个有 N 种风险资产的市场, 设第 i 天资产的回报向量为

$$X_i = (X_{i1}, X_{i2}, \cdots, X_{iN})'$$

其中 X_{ik} 是第 k 个资产在第 i 天的回报, 即

$$X_{ik} = \frac{\text{第 } k \text{ 个资产在第 } i \text{ 天的收盘价}}{\text{第 } k \text{ 个资产在第 } i \text{ 天的开盘价}}$$

记

$$w_i \in B = \left\{ w \big| w = (w_{i1}, \cdots, w_{iN})', w_{ik} \geqslant 0, \sum_{k=1}^{N} w_{ik} = 1 \right\}$$

由此, 在第 i 天采取组合 w_i, 得到的回报为 $w_i' X_i$.

定义 3.1 自融资策略.

一个组合序列 $w = (w_1, w_2, \cdots)'$ 称为自融资的, 如果在第 i 天, 既不额外增加资金, 也不抽出资金, 而把所有资金都用于再投资. 一个自融资策略称为不变策略, 如果所有的 $w_i = w$ 都相同.

假设初始时刻投资者有 1 个单位的资金, 即设 $S_0(b) = 1$, 那么采取不变自融资策略到第 n 天后的总资金达到

$$S_n(w) = \prod_{i=1}^{n} w' X_i$$

用

$$S_n^* = \max_{w \in B} S_n(w)$$

表示采取不变策略所能得到的最大回报. 我们有以下性质.

性质 3.2 在时刻 n, S_n^* 超过以下几种策略的回报:

(1) 最好的买入并持有策略 (即初始时刻买入后一致持有的策略), 即

$$S_n^* \geqslant \max_{j=1,2,\cdots,n} S_n(e_j)$$

其中 e_j 表示第 j 个分量为 1, 其他分量为 0 的单位向量.

(2) 资产价格的几何均值, 即

$$S_n^* \geqslant \left(\prod_{j=1}^{n} S_n(e_j) \right)^{1/N}$$

(3) 资产价格的加权平均, 即

$$S_n^* \geqslant \sum_{j=1}^{N} \alpha_j S_n(e_j) \quad 对任 \quad \alpha \in B$$

证明 因为 S_n^* 是 B 上所有可能组合序列的最大值, 所以必大于 B 的所有顶点上组合对应的值, 而买入并持有策略的回报最多和最优的资产回报一样, 因此好于最优的买入并持有策略的回报. 故 (1) 得证.

9.3 通用证券组合

又因为几何均值以及加权平均值都小于参与均值的各项的最大值, 所以 (2) 和 (3) 都是 (1) 的推论, 因此 (2) 和 (3) 得证.

在持续投资过程中如何在每个时刻调整投资组合, 使之最终达到适应市场分布的最优的组合呢? Cover 给出了如下的通用资产组合的构造方法.

第一步: 取初始组合为均匀组合 $\hat{\boldsymbol{w}}_1 = \left(\dfrac{1}{N}, \dfrac{1}{N}, \cdots, \dfrac{1}{N}\right)'$.

第 $k+1$ 步: $\hat{w}_{k+1} = \dfrac{\int_B w S_k(w) dw}{\int_B S_k(w) dw}, k > 1.$

则对应的财富过程 (通用财富) 为

$$\hat{S}_n = \prod_{k=1}^n \hat{\boldsymbol{w}}_k' \boldsymbol{X}_k$$

注意通用组合不是一个不变组合, 它从一个均匀组合开始, 在以后阶段中取所有常值组合的加权平均, 其权重决定于各资产的表现, 我们来证明这是一个好的策略. 我们引入以下概念, 记

$$W(\boldsymbol{w}, F_n) := \int \ln(\boldsymbol{w}'\boldsymbol{x}) dF_n(\boldsymbol{x})$$

$$W^*(F_n) := \max_{\boldsymbol{b} \in B} W(\boldsymbol{w}, F_n)$$

其中 $F_n(\boldsymbol{x})$ 表示 $(X_1, X_2, \cdots, X_n)' \in R_+^N$ 的经验分布, 而常值组合 $\boldsymbol{b} \in R^N$, 则我们有

$$S_n^* = \max_{\boldsymbol{b} \in R^N} \prod_{j=1}^n \boldsymbol{w}'\boldsymbol{x}_i = \max_{\boldsymbol{b} \in R^N} \exp\left(n \frac{1}{n} \sum_{i=1}^n \ln(\boldsymbol{w}'\boldsymbol{x}_i)\right)$$

$$= \max_{\boldsymbol{b} \in R^N} \exp\left(n \int \ln(\boldsymbol{w}'\boldsymbol{x}) dF_n(\boldsymbol{x})\right) \exp(nW^*(F_n))$$

类似地有

$$S_n(\boldsymbol{w}) = \exp(nW(\boldsymbol{w}, F_n))$$

称 $W(\boldsymbol{w}, F_n)$ 为 $S_n(\boldsymbol{w})$ 的指数增长率.

以下这些性质是通用组合的一些基本性质.

性质 3.3 (1) $\hat{S}_n$ 是对应所有常值组合的 $S_n(\boldsymbol{w})$ 的算术平均, 即

$$\hat{S}_n = \frac{\int_B S_n(\boldsymbol{w})d\boldsymbol{w}}{\int_B d\boldsymbol{w}}$$

其中 B 的定义见 9.2.1 节.

(2) 通用组合超过了顶点组合的几何平均, 即

$$\hat{S}_n \geqslant \left(\prod_{j=1}^n S_n(\boldsymbol{e}_j)\right)^{1/N}$$

(3) $\hat{S}_n = \hat{S}_n(\boldsymbol{x}_1, \cdots, \boldsymbol{x}_n)$ 对于 $\boldsymbol{x}_1, \cdots, \boldsymbol{x}_n$ 的任何置换其值不变.

证明 (1) $\hat{\boldsymbol{w}}_k' \boldsymbol{x}_k = \dfrac{\int_B \boldsymbol{w}' \boldsymbol{x}_k S_k(\boldsymbol{w}) d\boldsymbol{w}}{\int_B S_k(\boldsymbol{w}) d\boldsymbol{w}} = \dfrac{\int_B \prod_{i=1}^k \boldsymbol{w}' \boldsymbol{x}_i d\boldsymbol{w}}{\int_B \prod_{i=1}^{k-1} \boldsymbol{w}' \boldsymbol{x}_k d\boldsymbol{w}}$

可得

$$\hat{S}_n = \prod_{i=1}^n \boldsymbol{w}_i' \boldsymbol{x}_i = \frac{\int_B \prod_{i=1}^n \boldsymbol{w}' \boldsymbol{x}_i d\boldsymbol{w}}{\int_B d\boldsymbol{w}} = \frac{\int_B S_n(\boldsymbol{w})d\boldsymbol{w}}{\int_B d\boldsymbol{w}}$$

(2) 利用 (1) 中 $\hat{S}_n$ 的表达式, 如果表示常值组合的 $\boldsymbol{b}$ 在 B 中是均匀分布的, 我们可得

$$\hat{S}_n = E_{\boldsymbol{w}}\left(S_n(\boldsymbol{w})\right)$$

$$= E_{\boldsymbol{w}}\left(\exp\left(nW(\boldsymbol{w}, F_n)\right)\right) \geqslant \exp\left(E_{\boldsymbol{w}}\left(nW(\boldsymbol{w}, F_n)\right)\right)$$

$$= \exp\left(E_{\boldsymbol{w}}\left(n \int \ln(\boldsymbol{w}'\boldsymbol{x}) \, dF_n(\boldsymbol{x})\right)\right)$$

$$\geqslant \exp\left(nE_{\boldsymbol{w}}\left(\sum_{j=1}^N b_j \int \ln(\boldsymbol{e}_j'\boldsymbol{x}) \, dF_n(\boldsymbol{x})\right)\right)$$

$$= \exp\left(\frac{1}{N}\sum_{j=1}^N n \int \ln(\boldsymbol{e}_j'\boldsymbol{x}) \, dF_n(\boldsymbol{x})\right)$$

$$= \left(\prod_{j=1}^n S_n(e_j)\right)^{1/N}$$

9.3 通用证券组合

其中第一个不等式成立是因为 Jensen 不等式, 第二个不等式成立是因为以下不等式

$$\ln\left(\sum_{i=1}^{n} w_i x_i\right) \geqslant \sum_{i=1}^{n} w_i \ln(x_i)$$

其中用到了对数函数 ln 的凹性, 而最后一个等式成立是因为

$$E_{\boldsymbol{w}}(w_j) = \frac{1}{N}$$

(3) 是 (1) 的直接推论, 因为

$$\hat{S}_n = \frac{\int_B \prod_{j=1}^{n} \boldsymbol{w}' \boldsymbol{x}_j d\boldsymbol{w}}{\int_B d\boldsymbol{w}}$$

附注 3.1 (i) 本章性质 3.3(1) 中通用证券组合的财富的表达式给出通用证券组合的一种解释, 根据通用证券组合, 我们可以形式上对给定的 $\boldsymbol{b} \in B$, 给每个常值组合设置 $d\boldsymbol{w} \bigg/ \int_B d\boldsymbol{w}$ 的量, 在时间段 $(1, 2, \cdots, n)$ 进行投资, 那么在时刻 n 得到的财富为 $S_n(\boldsymbol{w})d\boldsymbol{w}/S_B d\boldsymbol{w}$, 在第 n 天总的收益为 $\hat{S}_n$. 在这个意义上通用证券组合是一种安全策略.

(ii) 举一个例子, 假设我们将钱分别存在不同银行, 它们的利率分别为 r_i, 一次存好后不再改变, 存款到期后再连本带利续存, 这样可以获得复利, 那么到时刻 t, 在一家银行存款本利共为 $e^{r_i t}$, 但是开始时我们并不知道银行的利率是多少, 假设最高的利率是 r^*, 那么存在第 i 个银行和存在最高利率银行, 最终财富的比值为

$$\frac{e^{r_i t}}{e^{r^* t}} = e^{(r_i - r^*)t}$$

如果 r_i 不等于 r^*, 那么当 $t \to \infty$ 时, 上式趋于 0. 为了不使这种情况发生, 我们可以在初始时刻分散存各个银行, 假设存在第 i 个银行的比例为 α_i, 则到时刻 t, 连本带利总资金为

$$X(t) = \sum_{i=1}^{n} \alpha_i e^{r_i t}$$

则有

$$X(t)/e^{r^* t} \stackrel{t \to \infty}{\longrightarrow} \alpha^*$$

其中 α^* 就是最初存在利率最高的银行的资金的比例. 也就是说那些指数函数 $e^{r_i t}$ 的平均值和最高利率指数函数有相同的指数 r^*. 注意到 $S_n(\boldsymbol{w}) = \exp(nW(\boldsymbol{w}, F_n))$, 由附注 3.1(i). 我们猜测通用证券组合的 $S_n(b)$ 和最优的 S_n^* 将有相同的渐近增长率.

为比较 $\hat{S}_n$ 和 S_n^*, 我们需要引入一些新的概念, 记 $\boldsymbol{w}^* = \boldsymbol{w}^*(F_n)$, 为最初 n 天对应市场向量 $\boldsymbol{x}_1, \cdots, \boldsymbol{x}_n$ 的最优 $\boldsymbol{w}^*(n) = \boldsymbol{w}^*(n : \boldsymbol{x}_1, \cdots, \boldsymbol{x}_n)$, 因为 S_n^* 是 $S_n(\boldsymbol{w})$ 在 B 上的最大值, 等价于 $W(\boldsymbol{w}, F_n)$ 在 B 上取最大值.

定义 3.4 我们称所有证券

(1) 是 "活跃" 的 (在 t 时刻), 如果存在某个 $\boldsymbol{w}^*$ 能达到 $W^*(F_n)$, 且所有分量

$$(\boldsymbol{w}^*(F_n))_i > 0, \quad i = 1, 2, \cdots, N$$

(2) 是 "严格活跃" 的 (在 t 时刻), 如果对所有达到 $W^*(F_n)$ 的 $\boldsymbol{w}^*$, 满足所有分量

$$(\boldsymbol{w}^*(F_n))_i > 0, \quad i = 1, 2, \cdots, N$$

如通常所说向量 $\boldsymbol{x}_1, \cdots, \boldsymbol{x}_n$ ($n > N$) 是满秩的, 如果它们能张成整个空间 R^N. 也就是说市场上没有线性相关的证券. 为了说明通用组合的效果, 我们以两个证券为例来证明, 至于任意多个证券的情形更加复杂, 但道理是一样的, 我们不加以证明了.

9.3.2 两证券情形

我们严格地来证明通用组合的渐近性质, 更确切地说是要证明 $\hat{S}_n/S_n^*$ 渐近地趋于 $\sqrt{2\pi/(nJ_n)}$, 其中 J_n 是稍后要定义的波动率指标. 我们将证明在一般的意义下 $\sqrt{2\pi/(nJ_n)}$ 是 $\hat{S}_n/S_n^*$ 的一个下界, 同时证明在较强的假设下它也是渐近的上界, 然而从实务角度看只和下界有关.

假设 $\boldsymbol{x}_i = (x_{i1}, x_{i2}), i = 1, 2, \cdots, n$ 是一列两证券的市场向量, 这时一个常值组合有形式 $\boldsymbol{w} = (b, 1-b)', b \in [0,1]$, 可以用第一个分量来识别这个组合, 一些相关的记号可以简化表示如下

$$S_n(b) := S_n(\boldsymbol{w}) = \prod_{i=1}^{n}(bx_{i1} + (1-b)x_{i2})$$

$$S_n^* = \max_{b \in [0,1]} S_n(b) = S_n(b_n^*)$$

$$W_n(b) := \frac{1}{n}\ln(S_n(b)) = \frac{1}{n}\sum_{i=1}^{n}\ln(bx_{i1} + (1-b)x_{i2})$$

$$= \int_{R^2} \ln(bx_{i1} + (1-b)x_{i2})\, dF_n(x)$$

9.3 通用证券组合

$$W_n^* = \max_{b \in [0,1]} W_n(b)$$

其中 F_n 是 $\boldsymbol{x}_i = (x_{i1}, x_{i2}), i = 1, 2, \cdots, n$ 的经验分布函数.

同样我们简化表示通用组合, 利用积分变换可得

$$\hat{S}_n = \frac{\int_0^1 S_n(b)db}{\int_0^1 db = \int_0^1 S_n(b)db = \int_0^1 \exp\{nW_n(b)\} db}$$

现在 $\hat{\boldsymbol{w}}_k = \left(\hat{b}_k, 1 - \hat{b}_k\right)$ 为

$$\hat{b}_k = \int_0^1 bS_{k-1}(b)db \bigg/ \int_0^1 S_{k-1}(b)db$$

为了分析 $\hat{S}_n$ 我们定义相对值域为

$$\tau_n = \sqrt[3]{2\left(\frac{\max\limits_{i=1,\cdots,n; j=1,2} x_{ij} - \min\limits_{i=1,\cdots,n; j=1,2} x_{ij}}{\min\limits_{i=1,\cdots,n; j=1,2} x_{ij}}\right)}$$

记 J_n 为波动率指标, 来度量 $S_n(b)$ 和其最大值的差距, 定义 J_n 为

$$J_n = \frac{1}{n} \sum_{i=1}^n \frac{(x_{i1} - x_{i2})^2}{(b_n^* x_{i1} + (1 - b_n^*) x_{i2})^2}$$

事实上我们只须证明如果在 n 时刻, 两个证券都活跃时

$$J_n = -W_n''(b_n^*)$$

我们假设就是这个情况, 并且市场向量的每个分量的最小值为严格正值, 特别地这就保证了有正的相对值域. 下面的定理给出 $\hat{S}_n/S_n^*$ 的一个下界.

定理 3.5 设 $\boldsymbol{x}_1, \boldsymbol{x}_2, \cdots$ 为任一列取值于 $(0, \infty)^2$ 的市场向量, 并设 $\min\limits_{i,j} \{x_{ij}\} > 0$. 令

$$a_n = \min\left\{b_n^*, 1 - b_n^*, \frac{3J_n}{\tau_n^3}\right\} > 0, \quad \text{对任正整数 } n \text{ 成立}$$

当 n 充分大, 使得至少存在一个时刻 $i \leqslant n$ 满足 $x_{i1} \neq x_{i2}$, 对任给的 $\varepsilon \in (0,1)$, 有

$$\frac{\hat{S}_n}{S_n^*} \geqslant \sqrt{\frac{2\pi}{nJ_n(1+\varepsilon)}} - \frac{2}{\varepsilon(1+\varepsilon)a_nJ_nn} e^{\frac{\varepsilon^2(1+\varepsilon)a_nJ_nn}{2}}$$

证明 将 $W_n(b)$ 依 b_n^* 作泰勒展开可得

$$W_n(b) = W_n(b_n^*) + (b - b_n^*)W_n'(b_n^*) + \frac{1}{2}(b - b_n^*)^2 W_n''(b_n^*) + \frac{1}{6}(b - b_n^*)^3 W_n'''(\bar{b}_n)$$

其中 $\bar{b}_n$ 是 b 和 b_n^* 之间的某个适当的值. 由于 b_n^* 的最优性, 并设它是 (0,1) 内的一个点, 展开式中的一些项为

$$W_n(b_n^*) = \frac{1}{n}\ln(S_n^*) = W_n^*$$

$$W_n'(b_n^*) = 0$$

$$W_n''(b_n^*) = -J_n < 0$$

$$W_n'''(\bar{b}_n) = 2\int \frac{(x_1 - x_2)^3}{\left(\bar{b}_n x_1 - (1 - \bar{b}_n)x_2\right)^3} dF_n(x)$$

因为

$$\left|\bar{b}_n x_1 - (1 - \bar{b}_n)x_2\right| \geqslant \bar{b}_n \min_{i,j}\{x_{ij}\} + (1 - \bar{b}_n)\min_{i,j}\{x_{ij}\} = \min_{i,j}\{x_{ij}\}$$

我们得到

$$\left|W_n'''(\bar{b}_n)\right| \leqslant \tau_n^3 \text{ 对任 } \bar{b}_n \in [0,1] \text{ 成立}$$

由此我们可得到 $S_n(b)$ 的下界, 记为

$$\underline{S_n}(b) = \exp\left(nW_n^* - \frac{n}{2}(b - b_n^*)^2 - \frac{n}{6}|b - b_n^*|^3 \tau_n^3\right)$$

利用这个下界, 并作变量代换 $u = \sqrt{n}(b - b_n^*)$, 得

$$\hat{S}_n = \int_0^1 \underline{S_n}(b)db \geqslant \frac{S_n^*}{\sqrt{n}}\int_{-\sqrt{n}b_n^*}^{\sqrt{n}(1-b_n^*)} \exp\left(-\frac{1}{2u^2 J_n} - \frac{1}{6\sqrt{n}}|u|^3 \tau_n^3\right)du$$

如果我们进一步限制积分区域, 则最后一个积分递减, 注意到我们有

$$-\frac{1}{2}u^2 J_n - \frac{1}{6\sqrt{n}}|u|^3 \tau_n^3 \geqslant -\frac{1}{2}u^2 J_n(1 + \varepsilon) \text{ 对 } |u| \leqslant 3\varepsilon\sqrt{n}\frac{J_n}{\tau_n^3} \text{ 成立}$$

利用 a_n 的定义, 我们有

$$\frac{\sqrt{n}\hat{S}_n}{S_n^*} \geqslant \int_{-\sqrt{n}b_n^*}^{\sqrt{n}(1-b_n^*)} \exp\left(-\frac{1}{2}u^2 J_n - \frac{1}{6\sqrt{n}}|u|^3 \tau_n^3\right)du$$

9.3 通用证券组合

$$\geqslant \int_{-\sqrt{n}a_n\varepsilon}^{\sqrt{n}a_n\varepsilon} \exp\left(-\frac{1}{2}u^2 J_n(1-\varepsilon)\right) du$$

$$= \int_{-\infty}^{+\infty} \exp\left(-\frac{1}{2}u^2 J_n(1-\varepsilon)\right) du - 2\int_{-\infty}^{-\sqrt{n}a_n\varepsilon} \exp\left(-\frac{1}{2}u^2 J_n(1-\varepsilon)\right) du$$

$$= \sqrt{\frac{2\pi}{J_n(1+\varepsilon)}} - \sqrt{\frac{8\pi}{J_n(1+\varepsilon)}} \Phi\left(-\varepsilon a_n \sqrt{nJ_n(1+\varepsilon)}\right)$$

其中 Φ 表示正态分布函数, 利用 $\Phi(x)$ 和标准正态密度关系的一个不等式, 取 $x = \varepsilon a_n \sqrt{nJ_n(1+\varepsilon)}$ 就得

$$\Phi\left(-\varepsilon a_n \sqrt{nJ_n(1+\varepsilon)}\right) < \frac{1}{\sqrt{2\pi(\varepsilon a_n)^2 nJ_n(1+\varepsilon)}} \exp\left(-\frac{\varepsilon^2(1+\varepsilon)a_n J_n n}{2}\right)$$

证毕.

该定理证实了 $\dfrac{\hat{S}_n}{S_n^*} \geqslant \sqrt{\dfrac{2\pi}{nJ_n}}$, 如果 J_n 有一个正值的下界 J, 那么 $\dfrac{\hat{S}_n}{S_n^*}$ 就有一个系数为 $\dfrac{1}{\sqrt{n}}$ 的下界, 这和 $\hat{S}_n$ 和 S_n^* 的指数增长率相同. 下一个定理, 我们来严格证明这一点.

定理 3.6 设 $x_1, x_2, \cdots$ 为任一列取值于 $(0,\infty)^2$ 的市场向量, 假设存在常数 δ, τ, J 使得在一个时间的子序列 $n_1, n_2, \cdots$ 上满足 $\delta \leqslant b_n^* \leqslant 1-\delta, \tau_n \leqslant \tau < \infty, J_n \geqslant J > 0$, 那么在这个时间子列上有

$$\lim_{n\to\infty} \inf \frac{\dfrac{\hat{S}_n}{S_n^*}}{\sqrt{\dfrac{2\pi}{(n_i J_{n_i})}}} \geqslant 1$$

证明 由本章定理 2.4 以及 b_n^*, J_n, τ_n 的有界性得

$$\frac{\hat{S}_n/S_n^*}{\sqrt{2\pi/(n_i J_{n_i})}} \geqslant \sqrt{\frac{1}{1+\varepsilon_n}} - \frac{2}{\varepsilon_n(1+\varepsilon_n)a_n\sqrt{2\pi J_n n}}$$

$$\geqslant \sqrt{\frac{1}{1+\varepsilon_n}} - \frac{2}{\varepsilon_n(1+\varepsilon_n)\min(\delta, 3J/(\tau^3)\sqrt{2\pi J_n n})}$$

其中所有的 n 都属于子列 $n_1, n_2, \cdots$, 我们任选 $\varepsilon_n \in (0,1)$, 特别地取 $\varepsilon_n = n^{-1/4}$, 可以看到上式右边收敛到 1.

本章定理 2.4 和定理 2.5 中的两个不等式给出通用组合相对于最好常值组合的下界, 即通用组合渐近地和 $S_n^*\sqrt{2\pi/(n_iJ_{n_i})}$ 一样好. 为了证明通用组合的效果不能更好了, 我们将证明定理 2.5 中的下界实际上也是 $\hat{S}_n/S_n^*$ 的上界. 为证明这一点, 还需要对市场向量、最优常值组合以及对应的最优财富作一些约束, 我们将看到, 由于下一个定理说明这些假设可以被满足.

定理 3.7 假设存在时间的一个子列 $n_1, n_2, \cdots$ 以及二次可微函数 $W : [0, 1] \to R, W_{n_i} \to W(b)$, 当 $i \to \infty$ 时, 那么对 $0 \leqslant b \leqslant 1$ 以及上述子列中的所有 n 有:

(1) $W(b)$ 可以达到其唯一的最大值点 $b^* \in (0, 1)$.

(2) $W_n(b) \leqslant W(b)$, 对 $0 \leqslant b \leqslant 1$ 成立.

(3) $b_n^* \to b^*$, 其中 b^* 是 $W_n(b)$ 的最大值点.

(4) $W_n''(b_n^*) \to W''(b^*), W_n''(b_n^*) \leqslant -J$ 对某个 $J > 0$ 和 $0 \leqslant b \leqslant 1$ 成立. 进一步假设满足定理 2.6 中的假设, 那么沿着子列有

$$\frac{\hat{S}_n}{S_n^*} \sim \sqrt{2\pi/(n_iJ_{n_i})}$$

其中 $a_n \sim b_n$ 意味着 $(a_n/b_n) \to 1$.

证明 利用积分的拉普拉斯方法, 对二次可微函数 g, 满足 $g'' \leqslant -J$, 且有唯一的最大值点 $u^* \in (0, 1)$, 我们有

$$\int_0^1 e^{ng(u)} du \sim e^{ng(u^*)} \sqrt{\frac{2\pi}{n|W''(b^*)|}}$$

这样, 由于 $W(b)$ 的假设, 注意到

$$\hat{S}_n = \int_0^1 \exp\{nW_n(b)\} db \leqslant \int_0^1 \exp\{nW(b)\} db \sim e^{nW(b^*)} \sqrt{\frac{2\pi}{n|W''(b^*)|}} \sim S_n^* \sqrt{\frac{2\pi}{nJ_n}}$$

注意到定理 2.5 已经得到同样的下界, 由此完成了证明.

附注 3.2 如果假设市场向量列 $x_i \in [0, \infty)^2$ 满足 $A_* \leqslant x_{i1}, x_{i2} \leqslant A^*$ (A_* 和 A^* 是两个适当的常数), 且 $W_n'' \leqslant -J < 0$ 对所有 $n \in N$ 和 $0 \leqslant b \leqslant 1$ 成立, 则可以证明存在一个函数 $W : [0, 1] \to R$ 满足以下性质:

(1) $W \in C^2([0, 1])$;

(2) $W(b) = \lim_{i \to \infty} W_{n_i}(b), \forall 0 \leqslant b \leqslant 1$ (沿子列 n_i);

(3) $W''(b) \leqslant -J < 0, \forall 0 \leqslant b \leqslant 1$.

证明 包含了证 $\{W_n, n \in N\}, \{W_n', n \in N\}, \{W_n'', n \in N\}$ 一致有界和一致连续, 并利用了分析中的 Arzéla-Ascoli 定理 (参见 [8]).

9.3.3 多证券情形

首先要修正对波动率指数的定义.

定义 3.8 设 $F(x)$ 是定义在 $[0,\infty)^N$ 上的分布函数, 满足对所有 $1 \leqslant i,j \leqslant N-1$ 以下积分存在

$$J_{ij}(b) = \int \frac{(x_i - x_N)(x_j - x_N)}{\left(\sum\limits_{j=1}^{N-1} b_j x_j + \left(1 - \sum\limits_{j=1}^{N-1} b_j\right) x_N\right)^2} dF(x), \quad 1 \leqslant i,j \leqslant N-1$$

称对应的矩阵值函数 $J(b) = J(b;F)$ 为敏感矩阵函数, 进而记 $J^* = J(b^*(F))$, 其中 $b^*(F)$ 是达到 $W(b,F)$ 最大值的 b. 类似两种证券的情形, 可以直接证明: 如果在时刻 n 所有资产都是活跃的, 记 $B = \{\boldsymbol{w} \in R^N | \mathbf{1}_N' \boldsymbol{w} = 1, \boldsymbol{w} \geqslant 0\}$, $\text{int}(B)$ 表集合 B 的内点, 则对于 $b^* \in \text{int}(B)$ 有

$$J_{ij}^* = J_{ij}(b^*(F)) = \frac{\partial^2 W(b^*,F)}{\partial b_i \partial b_j}$$

亦即 $J_n(b_n^*)$ 代表着 $S_n(b)$ 在最大值点 b_n^* 的曲率. 以下是 N 个证券情形的定理.

定理 3.9 (通用组合的渐近性质) 假设有一列市场向量 $\boldsymbol{x}_1, \boldsymbol{x}_2, \cdots, \boldsymbol{x}_i \in [\alpha, \gamma]^N$ 对某两个常数 α 和 γ 成立, 并且沿着时间子列 n_i 存在函数 W, 使得

(1) $W_n(\boldsymbol{w}) \uparrow W(\boldsymbol{w}), \forall \boldsymbol{w} \in B$ 和某个 $W \in C^2(B)$,

(2) $w_n^* \to w^*$ 对于某个 $w^* \in \text{int}(B)$ 成立,

(3) $J_n(w_n^*) \to J^* := -\left(\frac{\partial^2 W(\boldsymbol{w},F)}{\partial w_i \partial w_j}\right)_{1 \leqslant i,j \leqslant N-1}$,

并且 $W(w)$ 在 B 上是严格凹函数, 其三阶偏导数有界, $w_n^* \in \text{int}(B)$, 则我们有

$$\frac{\hat{S}_n}{S_n^*} \sim \left(\sqrt{\frac{2\pi}{n}}\right)^{N-1} \frac{(N-1)!}{\sqrt{\det(J^*)}}$$

附注 3.3 (1) 比较本章定理 3.6 和定理 3.9, 我们看到, 市场上每增加一种证券, 通用组合的渐近性能就差一个 $1/\sqrt{n}$ 因子, 但是这并不改变 $\hat{S}_n$ 和 S_n^* 渐近地有相同的增长率.

(2) 上述讨论中我们假设市场上每一种证券都影响着市场, 即市场没有冗余的资产, 但是实际市场通常是有冗余的, 这会导致一列最优组合 w_n^* 落在 B 的 k-维子集中, 进而, 限于这 k 个资产子集上的通用组合的渐近性能如 $(1/\sqrt{n})^{k-1} S_n^*$, 当然我们事先并不知道 N 个资产的这个 k-维子集, Cover 构造了一个一般化的通用组合, 它是由资产集 $\{1, 2, \cdots, N\}$ 的 $(2^N - 1)$ 个 k-元子集中各抽取 1 个通用

组合混合而成的,更准确地说,设 $V \subset \{1, 2, \cdots, N\}$,并设 μ_V 是集合 $B(V) := \{\boldsymbol{w} \in B | w_i = 0, \forall i \notin V\}$ 上对应均匀分布的测度,再定义测度

$$\mu := \frac{1}{2^N - 1} \sum_{\varnothing \neq V \subset \{1,2,\cdots,N\}} \mu_V$$

在这个测度下,定义一般化的通用组合为

$$\hat{w}_{n+1} := \frac{\int_B \boldsymbol{w} S_n(\boldsymbol{w}) \mu(d\boldsymbol{w})}{\int_B S_n(\boldsymbol{w}) \mu(d\boldsymbol{w})}, \quad S_n(\boldsymbol{w}) = \prod_{i=1}^n \boldsymbol{w}' \boldsymbol{x}_i, \quad S_0(\boldsymbol{w}) = 1$$

定义 $J_n^{(k)}(F_n)$ 为对应 V 中 k 个资产的 $(k-1, k-1)$ 维敏感性矩阵,其中 V 是资产集合 $\{1, 2, \cdots, N\}$ 中所有最优组合 $b_n^*(F_n)$ 都在 $\text{int}(B)$ 中的最小集合,Cover 给出一般化通用组合的渐近性能

$$\frac{\hat{S}_n}{S_n^*} \sim \frac{1}{2^N - 1} \left(\sqrt{\frac{2\pi}{n}} \right)^{N-1} \frac{(k-1)!}{\sqrt{\det \left(J_n^{(k)}(F_n) \right)}}$$

其中 det 表示行列式,当然,这个性能只对 $k > 1$ 成立. 而对应 $k = 1$,我们有

$$\frac{\hat{S}_n}{S_n^*} \sim \frac{1}{2^N - 1}$$

参 考 文 献

[1] 包振华, 叶中行, 杨卫国. log-最优投资组合的极限定理 [J]. 数学杂志, 2007, 27(4): 467-470.

[2] 叶中行, 周煦, 徐云. 投资组合的增长率及其极限定理 [J]. 上海交通大学学报, 2005, 39(6): 1020-1024.

[3] Chen W C, Ye Z X. Discrete time mean-variance analysis with singular second moment matrixes and an exogenous liability[J]. Acta Mathematica Sinica, English Series, 2008, 24(4): 565-576.

[4] Cover T M. Universal Portfolios[J]. Math. Finance, 1991, 16: 876-898.

[5] Cover T M, Thomas J A. Elements of Information Theory[M]. New York: John Wiley & Sons, Inc,1991.

[6] Li D. NG W L. Optimal dynamic portfolio selection: Multiperiod mean-variance formulation[J]. Mathematical Finance, 2000, 10(3): 387-406.

- [7] Markowitz H. Mean-variance Analysis in Portfolio Choice and Capital Markets[M]. Cambridge: Basel Blacwell, 1989.
- [8] Serge L. Real and Functional Analysis[M]. Berlin: Spring Verlag, 1993.
- [9] Wei S Z, Ye Z X. Multi-period portfolio with bankruptcy control in stochastic market[J]. Journal of Applied Mathematics and Computation, 2007, 186: 414-425.
- [10] Ye Z, Li J. Optimal portfolio with risk control[J]. Applied Prob. and Statistics, 1999, 15(2): 152-167.

第 10 章 利率理论和债券组合

前面我们讨论的最优资产组合问题中投资的对象主要是风险证券, 如股票, 而把债券当作有固定利息的无风险资产. 事实上, 由于利率的波动使得债券的现金流变得不确定, 因此投资债券也是有风险的, 债券按其付息方式可以分为固定利率债券和浮动利率债券, 固定利率债券又分为零息票和附息债券. 零息票是一种折价出售、到期前不支付利息, 到期日归还本金 (面值) 的债券. 附息债券是以面值出售, 定期支付利息, 到期还本并支付最后一期利息. 浮动利率债券的利率随市场利率定期浮动, 通常由市场基准利率加一定利差来确定.

有些债券有发行方违约的风险, 另外有的债券还附加了一些选择权, 如可赎回债券、可回售债券、可转换债券、附认股权证的债券等, 这些债券的定价比较复杂, 和衍生产品定价有关, 不是本书讨论范围, 有兴趣的读者可以参阅相关文献, 有些可以作为研究课题.

债券的定价原则上是债券在有效期限内的现金流的贴现值.

一般地, 如果设 $C(t)$ 为 t 时刻的现金流, d_t 为 t 时刻的贴现因子, 为某种利率的函数, 则债券价格可表为

$$P = d_1 C(1) + d_2 C(2) + \cdots + d_T C(T) \tag{0-1}$$

问题是用什么利率来贴现, 这是一个问题的两个方面, 通常现金流是已知的, 如果贴现利率已知, 比如用无风险利率做贴现利率, 则可计算债券的价格, 这个方向的计算相对容易. 反之知道了债券的价格和现金流, 就可用定价公式反推出债券的贴现利率, 它不一定和无风险利率一致, 我们把它称作债券的利率或收益率, 这个方向的计算比较复杂, 我们将逐个介绍之.

本章首先介绍债券的利率理论, 主要包括 4 种计算利率的不同方法. 然后讨论债券的定价方法, 接着介绍债券的久期和基于久期的债券组合, 10.5 节讨论债券指数和基于指数的债券估价方法, 有点类似资本资产定价理论. 10.6 节讨论可违约债券的定价. 本章内容主要参考 [1-3].

10.1 利率理论

关于债券的利率, 有 4 种不同的定义, 它们是到期收益率 (yield to maturity), 当前利率 (current rate)、现货利率 (也称即时利率, spot rate) 和期货利率 (future rate). 我们分别讨论之.

10.1.1 到期收益率

定义 1.1 到期收益率是指债券直至到期日的内在收益率.

例 1.2 一只 3 年期的付息债券, 面值 1000 元, 每年付息 100 元, 到期还本, 现价为 900 元, 设其内在年利率为 y, 则有

$$900 = \frac{100}{1+y} + \frac{100}{(1+y)^2} + \frac{100+1000}{(1+y)^3} = \sum_{t=1}^{3} \frac{C(t)}{(1+y)^t}$$

其中 $C(t)$ 为 t 时刻的现金流. 由上式计算可得 $y = 14.3\%$.

大多数政府和公司债券都是每半年付息一次, 如上述债券改成每半年支付 50 元利息, 则

$$900 = \frac{50}{1+y/2} + \frac{50}{(1+y/2)^2} + \frac{50}{(1+y/2)^3} + \frac{50}{(1+y/2)^4}$$
$$+ \frac{50}{(1+y/2)^5} + \frac{50+1000}{(1+y/2)^6}$$
$$= \sum_{t=1}^{6} \frac{C(t)}{(1+y/2)^t}$$

计算得 $y = 14.2\%$, 和上述结果略有不同.

附注 1.1 这里我们并没有考虑其中所得利息的再投资收益, 如果考虑再投资的话, 对应的利率称为有效年利率 (effective annual rate), 它等于 $\left(1+\frac{y}{2}\right)^2 - 1$, 如上例中有效年利率等于

$$\left(1+\frac{14.2\%}{2}\right)^2 - 1 = 1.071^2 - 1 = 14.7\%$$

例 1.3 一只 30 年期的长期附息债券, 现值 1000 元, 每月付息 8.482 元, 设其内在年利率为 y, 则有

$$1000 = \sum_{t=1}^{360} \frac{8.482}{(1+y/12)^t}$$

解出得 $y = 9.6\%$, 再计算得有效年利率

$$\left(1+\frac{9.6\%}{12}\right)^{12} - 1 = 1.071^2 - 1 = 10.03\%$$

政府发行的期限小于 1 年的债券也称信用债,其利率计算公式为

$$b = \frac{P_1 - P_0}{P_0} \times \frac{360}{N} \tag{1-1}$$

其中 b 为利率, P_1 为到期价格, P_0 为初始价格, N 为期限.

例 1.4 一只期限为 60 天的短期债券, 发行价为 99 元, 60 天到期还本 100 元, 则其内在 (年) 利率为

$$\frac{100-99}{99} \times \frac{360}{60} = 6.06\%$$

10.1.2 当前利率

定义 1.5 当前利率 (也称现时收益率) 定义为每年支付的总利息与债券价格的比值. 这个利率通常在金融新闻中被称为利率 (interest rate).

例 1.6 每半年付息 50 元, 现价为 800 元的债券的当前利率为 $100/800 = 12.5\%$.

10.1.3 即时利率

定义 1.7 零息票是一种折价出售、到期前不支付利息, 到期日归还本金 (面值) 的债券.

例 1.8 一张 6 个月到期的零息票售价为 970.87 元, 到期支付面值 1000 元, 记其即时利率为 S_{01}, 其下标 01 意思为以半年为 1 个单位, 从 0 时刻开始, 半年到期, 则 $970.87 = \dfrac{1000}{1+S_{01}/2}$ 可得

$$S_{01} = 6\%$$

10.1.4 期货利率

定义 1.9 期货利率是现在约定的未来执行的 (年) 利率.

例 1.10 现在约定 6 个月后贷出 924.56 元, 18 个月后归还 1000 元, 记这个期货利率为 f_{13}, 其下标 13 意思为以半年为 1 个单位, 3 个单位为 1 年半, 表示 6 个月以后执行的到 18 个月到期 (实际期限为 1 年) 的执行利率, 则有

$$\left(1 + \frac{f_{13}}{2}\right)^2 = \frac{1000}{924.56}$$

计算的 $f_{13} = 8\%$.

例 1.11 一年后贷出 845.80 元, 3 年后归还 1000 元, 记期货利率为 f_{26}, 则有

$$\left(1+\frac{f_{26}}{2}\right)^4 = \frac{1000}{845.80}$$

计算得 $f_{26} = 8\%$.

10.1.5 即时利率和期货利率的关系

例 1.12 分别用 1 元以两种不同方式投资债券, 第一种购买即时利率为 S_{02} 的债券, 1 年后得 $1 \times \left(1+\frac{S_{02}}{2}\right)^2$.

第二种先购买半年期即时利率为 S_{01} 的债券, 半年后连本带利以期货利率为 f_{12} 贷出, 1 年后收回

$$1 \times \left(1+\frac{S_{01}}{2}\right)\left(1+\frac{f_{12}}{2}\right)$$

这两种方法的收益应该相同, 即

$$\left(1+\frac{S_{01}}{2}\right)\left(1+\frac{f_{12}}{2}\right) = \left(1+\frac{S_{02}}{2}\right)^2$$

设 $S_{01} = 6\%, S_{02} = 7\%$, 则得 $f_{12} = 8\%$.

例 1.13 直接购买利率为 S_{03} 的期限为 1 年半的债券, 或先购买利率为 S_{02} 的 1 年期债券, 到期后再以利率 f_{23} 贷出半年, 则有

$$\left(1+\frac{S_{03}}{2}\right)^3 = \left(1+\frac{S_{02}}{2}\right)^2\left(1+\frac{f_{23}}{2}\right)$$

计算可得

$$1+\frac{f_{23}}{2} = \frac{\left(1+\frac{S_{03}}{2}\right)^3}{\left(1+\frac{S_{02}}{2}\right)^2} \quad \text{或} \quad f_{23} = 2 \times \left[\frac{\left(1+\frac{S_{03}}{2}\right)^3}{\left(1+\frac{S_{02}}{2}\right)^2} - 1\right]$$

例 1.14 有 3 只债券的价格和现金流如表 10.1.1 所示. 设 $S_{01} = 6\%, S_{02} = 7\%$, 则

$$P_A = \frac{10}{1+0.06/2} + \frac{110}{(1+0.07/2)^2} = 112.39$$

$$P_B = \frac{5}{1+0.06/2} + \frac{105}{(1+0.07/2)^2} = 102.87$$

$$P_C = \frac{100}{1+0.06/2} = 97.09$$

表 10.1.1

债券	价格	现金流 6 个月	1 年
A	$P_A = 112.39$	10	110
B	$P_B = 102.87$	5	105
C	$P_C = 97.09$	100	0

10.1.6 如何递推地计算即时利率

例 1.15 设有 2 只债券, 其价格和现金流如表 10.1.2 所示.

表 10.1.2

债券	价格	现金流 6 个月	1 年
A	$P_A = 100$	100	
B	$P_B = 96.54$	6	106

先利用债券 A 来计算即时利率 S_{01},

$$\frac{100}{1+S_{01}/2} = 100$$

得

$$S_{01} = 12\%$$

再利用债券 B 计算 S_{02},

$$\frac{6}{1+0.126/2} + \frac{106}{(1+S_{02}/2)^2} = 96.54$$

计算得

$$S_{02} = 16\%$$

如果再加一个 1 年半期的债券信息, 就可以进一步计算 S_{03}.

一般地, 如果设 $C(t)$ 为 t 时刻的现金流, 用 $d_t = \left(1+\dfrac{S_{0t}}{2}\right)^t$ 作为 t 时刻的贴现因子, 则由 (0-1), 债券价格可表为

$$P = \sum_{t=1}^{T} C(t)\left(1+\frac{S_{0t}}{2}\right)^t \tag{1-2}$$

10.2 债券价格的计算

上一节我们讨论了如何从债券的现值和现金流计算债券的各种收益率和利率，本节要从债券的现金流出发，讨论怎么计算债券的价格即现值. 债券定价的基本原则是债券现金流的贴现值，根据所选择的利率的不同，其定价也略有不同.

10.2.1 常利率情形

假设 P 为债券面值，T 是债券到期期限，r 为年利率.
(1) 零息票的价格:
$$P_0 = \frac{P}{(1+r)^T} \tag{2-1}$$

(2) 附息债券的价格:
(i) 按年付息，每次付息 c 元，则债券价格为
$$P_0 = \sum_{t=1}^{T} \frac{c}{(1+r)^t} + \frac{P}{(1+r)^T} \tag{2-2}$$

(ii) 每半年付一次利息，每次付息 $c/2$，则债券价格为
$$P_0 = \sum_{t=1}^{2T} \frac{c/2}{\left(1+\frac{r}{2}\right)^t} + \frac{P}{\left(1+\frac{r}{2}\right)^{2T}} \tag{2-3}$$

(iii) 每年分 m 次付息，每次付息 c/m 元，则债券价格为
$$P_0 = \sum_{t=1}^{mT} \frac{c/m}{\left(1+\frac{r}{m}\right)^t} + \frac{P}{\left(1+\frac{r}{m}\right)^{mT}} \tag{2-4}$$

(2-2)—(2-4) 中的 r 为贴现利率，一般可取无风险利率.

10.2.2 变利率情形

假设实际利率随期限不同而不同，以每半年作为付息周期，每期付息 c 元，记 1 期 (半年) 的即时利率为 S_{01}，2 期 (一年) 的利率为 S_{02}，依次类推，则面值为 P、每期付息 c 元、期限为 T 期的附息债券的价格为

$$P_0 = \frac{c}{\left(1+\frac{S_{01}}{2}\right)} + \frac{c}{\left(1+\frac{S_{02}}{2}\right)^2} + \frac{c}{\left(1+\frac{S_{03}}{2}\right)^3} + \cdots + \frac{P+c}{\left(1+\frac{S_{0T}}{2}\right)^T} \tag{2-5}$$

也可表为
$$P_0 = cD_1 + cD_2 + cD_3 + \cdots + (P+c)D_T \tag{2-6}$$

其中
$$D_t = \frac{1}{\left(1+\dfrac{S_{0t}}{2}\right)^t}, \quad t=1,2,\cdots,T \tag{2-7}$$

也可以把 D_t 看作回归因子的系数, 把 (2-6) 式看作线性回归模型. 通常要求 $D_t < D_{t-1}$.

以上考虑的是离散利率模型, 也可以在连续利率模型下考虑, 设第 t 期的现金流为 $C(t)$, $D(t)$ 为贴现函数, 比如以连续无风险利率作贴现因子

$$D(t) = e^{-rt} \tag{2-8}$$

则
$$P_0 = \sum_{t=1}^{T} c(t) e^{-rt} \tag{2-9}$$

或选择其他连续函数作贴现因子, 如
$$D(t) = a_0 + a_1 t + a_2 t^2 \tag{2-10}$$

则有
$$\begin{aligned} P_0 &= \sum_{t=1}^{T} c(t) D(t) = \sum_{t=1}^{T} c(t)\left(a_0 + a_1 t + a_2 t^2\right) \\ &= a_0 \left[\sum_{t=1}^{T} c(t)\right] + a_1 \left[\sum_{t=1}^{T} t c(t)\right] + a_2 \left[\sum_{t=1}^{T} t^2 c(t)\right] \end{aligned} \tag{2-11}$$

附注 2.1 近似计算的误差. 有时在利率较小时常常用离散利率来近似连续利率, 如 $e^x \approx 1+x$, 或多加一项 $e^x \approx 1+x+\dfrac{1}{2}x^2$, 产生的误差有多大呢? 举一例说明之, 设离散利率为 $r=5\%$, 则一期的贴现因子为 $\dfrac{1}{1+5\%} \approx 0.9524$, 连续贴现因子为 $e^{-0.05}$, 可以近似为

$$e^{-0.05} \approx 1 - 0.05 = 0.95$$

如果多加一项, 得 $e^{-0.05} \approx 1 - 0.05 + \dfrac{1}{2}(0.05)^2 = 0.95125$, 显然后者近似误差小一点, 即用 (2-10) 效果好一些.

10.3　久期的第一种算法

本节讨论利率的变化对债券价格变化的影响, 设 I 为利率, ΔI 为利率的变化量, R_u 为由于利率变化 ΔI 引起债券价格的变化量, 则

$$R_u = -D\Delta I \tag{3-1}$$

D 就是久期 (duration), 其中

$$\Delta I = \frac{d(1+I)}{1+I} \tag{3-2}$$

10.3.1　零息票的久期

设零息票面值为 P, 期限为 T 年, 年利率为 I, 其价格为

$$P_0 = \frac{P}{(1+I)^T}$$

则

$$dP_0 = -\frac{PTd(1+I)}{(1+I)^{T+1}} = -\frac{PT}{(1+I)^T}\frac{d(1+I)}{1+I} = -TP_0\frac{d(1+I)}{1+I}$$

所以

$$\frac{dP_0}{P_0} = -T\frac{d(1+I)}{1+I} \tag{3-3}$$

$$R_u = -D\Delta I$$

得 $D = T$, 久期就是它的期限.

如果记

$$D_A = \frac{D}{1+I} \tag{3-4}$$

则得

$$R_u = -D_A d(1+I) = -D_A dI \tag{3-5}$$

有时也记为

$$R_u = -D_A \Delta I \tag{3-6}$$

称 D_A 为修正久期.

10.3.2　附息债券的久期

一只附息债券可以看作一组零息票的组合, 假设一只附息债券每 5 年付息 1 次, 到 1 年到期还本付息, 设 P_0 是附息债券的现值, P_5 是 5 年期零息票的现值, P_{10} 是 10 年期零息票的现值, 则

$$R_u = \left(\frac{P_5}{P_0}\right) R_u^5 + \left(\frac{P_{10}}{P_0}\right) R_u^{10} \tag{3-7}$$

其中 R_u^5 和 R_u^{10} 分别是 5 年期和 10 年期零息票的变动率,

$$R_u^5 = -5\Delta I, \quad R_u^{10} = -10\Delta I$$

则

$$\begin{aligned} R_u &= \left(\frac{P_5}{P_0}\right)(-5\Delta I) + \left(\frac{P_{10}}{P_0}\right)(-10\Delta I) \\ &= -\left[5\left(\frac{P_5}{P_0}\right) + 10\left(\frac{P_{10}}{P_0}\right)\right](\Delta I) \\ &= -D_u \Delta I \end{aligned}$$

所以付息债券的久期为

$$D_u = 5\left(\frac{P_5}{P_0}\right) + 10\left(\frac{P_{10}}{P_0}\right)$$

一般地,设 $C(t)$ 为附息债券第 t 期的支付,$\dfrac{C(t)}{(1+I)^t}$ 为其现值,它在债券价格 P_0 中的比例为 $\dfrac{C(t)}{(1+I)^t}\Big/ P_0$,则期限为 T 的附息债券的久期为

$$D = \sum_{t=1}^{T} \frac{tC(t)}{(1+I)^t} \Big/ P_0 \tag{3-8}$$

一般地说 $D < T$. 而且 T 越大,D 也越大.

10.3.3 凸度

在上面定义的久期意义下,R_u 是利率变化 ΔI 的线性函数,比较适用于利率变化较小时,但当利率变化较大时,误差就变大,这时可以把久期修正为

$$R_u = -D\Delta I + C(\Delta I)^2 \tag{3-9}$$

其中 D 见 (3-8) 式.

当利率变化较大时,第 2 项 $C(\Delta I)^2$ 对 R_u 的影响更接近于一个凸函数,而不是线性函数,所以称 C 为凸度. 下面来推导第二项,事实上对债券价格 $P(I+h)$ 做泰勒展开

$$P(I+h) = P(I) + P'(I)h + P''(I)h^2$$

10.3 久期的第一种算法

其中

$$P(I) = \sum_{t=1}^{T} \frac{C(t)}{(1+I)^t}$$

$$P'(I) = -\sum_{t=1}^{T} \frac{tC(t)}{(1+I)^t} \frac{1}{(1+I)}$$

$$P''(I) = \sum_{t=1}^{T} \frac{t(t+1)C(t)}{(1+I)^t} \frac{1}{(1+I)^2}$$

而

$$R_u = \frac{P(I+h) - P(I)}{P(I)} = \frac{1}{P(I)} \left[P'(I)h + P''(I)h^2 \right] = -D\Delta I + C(\Delta I)^2$$

其中定义 $\Delta I = \dfrac{h}{1+I}$，则

$$D = \sum_{t=1}^{T} \frac{\dfrac{tC(t)}{(1+I)^t}}{P_0} \tag{3-10}$$

$$C = \frac{1}{2} \sum_{t=1}^{T} \frac{t(t+1)C(t)}{(1+I)^t} \bigg/ P_0 \tag{3-11}$$

例 3.1 设 5 年期零息票的面值为 1000 元，当利率为 10% 时它的价格为

$$\frac{1000}{1.10^5} = 620.92$$

当利率变为 12.2% 时，它的价格为

$$\frac{1000}{1.122^5} = 562.39$$

则价格变化率为

$$\frac{562.39 - 620.92}{620.92} = -0.094 = -9.4\%$$

而利率的变化率为 $\Delta I = \dfrac{0.122 - 0.1}{1.1} = 0.02$，因此无凸度时

$$R_u = -D\Delta I = -5 \times 0.02 = -0.10 = -10\%$$

和实际变化率 -9.4% 有 6.4% 的误差. 而加上凸度项时

$$C = \frac{1}{2} \times \frac{5 \times (5+1) \times 1000}{(1.10)^5} = 15$$

$$R_u = -D\Delta I + C(\Delta I)^2 = -5 \times 0.02 + 15 \times (0.02)^2 = -0.10 + 0.006$$
$$= -0.094 = -9.4\%$$

与实际吻合.

10.4 债券收益率的风险管理

债券久期的变化会影响债券的价格, 增加债券投资的不确定性, 如何管理由于债券期限变动导致的风险, 通常有两种方法, 完全匹配 (exact matching) 法和免疫 (immunizations) 法.

10.4.1 完全匹配法

该方法是寻找一个最小代价的组合, 使得它产生的现金流和所需要的现金流相匹配.

例 4.1 有三种现金流 (见表 10.4.1).

表 10.4.1

组合	周期 1	周期 2	周期 3
期望现金流	100	1000	2000
债券 A	100	1000	2000
债券 B	195	900	2000

投资要求是在 3 年中每年的现金流为 100, 1000, 2000. 完全匹配法要求构造一个由 1 年期、2 年期和 3 年期的债券组合, 使得该组合产生与上述相同的现金流. 组合 A 的现金流正好匹配. 组合 B 则考虑前两个周期的现金流是否有盈余, 用以满足以后周期现金流的匹配, 在周期 1, 该组合产生现金收益 195, 除去满足该周期的现金流 100 外, 剩余 95 用于再投资在第二周期产生利息 5 元, 即可满足第二周期的现金流.

完全匹配法通常要考虑以下因素:

(1) $L(t)$ 为期望的 t 时刻产生的现金流;

(2) $C(tsi)$ 为第 i 只债券在 t 时刻产生的现金流;

(3) $P(i)$ 为债券 i 的现价;

(4) $N(i)$ 为购买债券 i 的数量.

则组合的总成本为 $\sum_i N(i)P(i)$, 要求 $\sum_i N(i)C(t,i) \geqslant L(t)$, $N(i) > 0$, $\forall i$.

综上可将完全匹配问题归纳为以下的约束优化模型 (I):

$$\text{Minimize} \quad \sum_i N(i)P(i) \tag{4-1}$$

$$\text{s.t.} \quad \sum_i N(i)C(t,i) \geqslant L(t), \quad \forall t \tag{4-2}$$

$$N(i) \geqslant 0, \quad \forall i \tag{4-3}$$

注意组合中的现金流可以是本金, 也可以是利息, 而且不允许期间卖掉债券来满足现金流. 这是个线性规划问题. 其中还有个问题, 如何利用现有的现金流来满足未来的现金流. 设 F_{t-1} 为 $t-1$ 时刻的短期投资, 到 t 时刻的回报为 $F_{t-1}(1+r)$, r 为无风险利率, 于是 $\sum_i N(i)C(t,i) + F_{t-1}(1+r) = L(t) + F_t$, 即在 t 时刻左边债券收益加上投资收益除了支付 t 时刻期望的现金流 $L(t)$ 外, 剩余部分 F_t 就作为 t 时刻的投资额, 那么上述匹配问题就变成以下的约束优化问题 (II):

$$\text{Minimize} \quad \sum_i N(i)P(i) \tag{4-4}$$

$$\text{s.t.} \quad \sum_i N(i)C(t,i) + F_{t-1}(1+r) = L(t) + F_t, \quad \forall t \tag{4-5}$$

$$N(i) \geqslant 0, \quad \forall i \tag{4-6}$$

$$F_t \geqslant 0, \quad \forall i \tag{4-7}$$

如果 r 很小 (≈ 0) 时, 则就没必要投资, 即 $F_{t-1} = 0$, 当然 F_t 也为 0, 则上述问题就归结为问题 (I).

10.4.2 久期免疫

该方法是构造一个债券组合使得组合的久期完全匹配所要求的久期. 设 $\boldsymbol{w} = (w_1, w_2, \cdots, w_n)$ 为一个债券组合, 其中 w_i 为债券 i 在组合中所占的比值, 又设 D_i 为债券 i 的久期, 则债券组合的久期为

$$D_p = \sum_{i=1}^n w_i D_i \tag{4-8}$$

通常有两种策略, 第一种称为杠铃策略 (barbell strategy), 见下例.

例 4.2 用久期分别为 6, 8, 12 的 3 只债券构造一个久期为 10 的组合, 则有

$$\left(\frac{1}{6}\right) \times 6 + \left(\frac{1}{4}\right) \times 8 + \left(\frac{7}{12}\right) \times 12 = 10$$

于是债券组合为 $\left(\dfrac{1}{6}, \dfrac{1}{4}, \dfrac{7}{12}\right)$.

第二种免疫方法称为前向策略 (forward strategy), 就是尽量找久期和所要求的久期接近的债券, 如要求的债券久期为 10, 则可找久期为 9 和 11 的债券来构造组合.

通常金融机构的负债结构是个外生变量, 受自身影响较少, 而其他资产结构可以根据需要调整, 使之与负债结构相平衡, 以对冲利率风险, 这时免疫策略的主要目的, 归纳成以下三条要求.

(1) 按照当前的收益率, 资产的现值等于负债的现值.

(2) 资产的久期等于负债的久期; 这点保证利率发生变化时资产价值变化的幅度和负债变化的幅度相同, 从而资产价值不低于负债价值.

(3) 资产的凸度大于负债的凸度, 这点可保证利率发生变化时, 资产的价值超过负债的价值.

以下来证明, 在上面三个条件下, 利率的变化不会导致金融机构的盈余减少.

设资产的现值为 P_A, 修正久期为 D_A, 凸度为 C_A; 负债的现值为 P_L, 修正久期为 D_L, 凸度为 C_L, 要求满足

(1) $P_A = P_L$;
(2) $D_A = D_L$;
(3) $C_A > C_L$.

金融机构的盈余为

$$W(I) = P_A - P_L$$

对利率 I 求导, 并利用修正久期

$$W'(I) = \dfrac{dP_A}{dI} - \dfrac{dP_L}{dI} = -(D_A P_A - D_L P_L)$$

再求二阶导数, 并应用凸度的定义

$$W''(I) = \dfrac{d^2 P_A}{dI^2} - \dfrac{d^2 P_L}{dI^2} = C_A P_A - C_L P_L$$

假设利率的变化为 ΔI, 应用泰勒展开式, 并注意到免疫的 3 个条件可知

$$W(I) = 0, \quad W'(I) = 0, \quad W''(I) > 0$$

$$W(I + \Delta I) = W(I) + W'(I)\Delta I + \dfrac{1}{2} W''(I)(\Delta I)^2 + o\left((\Delta I)^2\right)$$

上式前 2 项为 0, 第 3 项无论利率变化是增加还是减少都为正, 即盈余大于零.

10.4.3 久期的第二种定义

上面讨论的久期的定义适合收益率曲线比较平滑 (flat) 的情形, 如果收益率曲线不平滑时, 要对久期做适当修正.

1. 零息票的久期

我们用即时利率做贴现率, 考虑面值为 P, 周期为 t, 即时利率为 S_{0t}, 那么零息票的现价为

$$P_0 = \frac{P}{(1+S_{0t})^t} = \frac{P}{1+I_{0t}} \tag{4-9}$$

它关于 I_{0t} 的敏感度为

$$dP_0 = \frac{P}{(1+S_{0t})^{t+1}}(-t)\, d(1+I_{0t})$$

$$= \frac{P}{(1+S_{0t})^t}(-t)\frac{d(1+I_{0t})}{1+I_{0t}} = P_0(-t)\frac{d(1+I_{0t})}{1+I_{0t}} \tag{4-10}$$

即

$$\frac{dP_0}{P_0} = (-t)\frac{d(1+I_{0t})}{1+I_{0t}} \tag{4-11}$$

如果假设所有时刻即时利率的变化率都相同, 即

$$\frac{d(1+S_{0t})}{1+S_{0t}} = \frac{d(1+S_{01})}{1+S_{01}}$$

则

$$\frac{dP_0}{P_0} = (-t)\frac{d(1+S_{01})}{1+S_{01}}, \quad \forall t \tag{4-12}$$

所以零息票的久期就等于它的期限 t.

2. 附息债券的久期

设有一附息债券, 其现金流为 $C(t), t=1,2,\cdots,T$, 它可表示成一系列零息票的组合, 即其现值可表示为

$$P_0 = P_0^1 + P_0^2 + \cdots + P_0^T \tag{4-13}$$

其中 $P_0^t = \dfrac{C(t)}{(1+S_{0t})^t}$, 则

$$dP_0 = dP_0^1 + dP_0^2 + \cdots + dP_0^T \tag{4-14}$$

$$\frac{dP_0}{P_0} = \frac{dP_0^1}{P_0} + \frac{dP_0^2}{P_0} + \cdots + \frac{dP_0^T}{P_0}$$

$$= \frac{dP_0^1}{P_0^1} \cdot \frac{P_0^1}{P_0} + \frac{dP_0^2}{P_0^2} \cdot \frac{P_0^2}{P_0} + \cdots + \frac{dP_0^T}{P_0^T} \cdot \frac{P_0^T}{P_0}$$

$$= (-1) \frac{d(1+S_{01})}{1+S_{01}} \cdot \frac{\frac{C(1)}{(1+S_{01})}}{P_0} + (-2) \frac{d(1+S_{01})}{1+S_{01}} \cdot \frac{\frac{C(2)}{(1+S_{02})^2}}{P_0} + \cdots$$

$$+ (-T) \frac{d(1+S_{01})}{1+S_{01}} \cdot \frac{\frac{C(T)}{(1+S_{0T})^T}}{P_0}$$

$$= -\frac{\sum_{t=1}^{T} \frac{tC(t)}{(1+S_{0t})^t}}{P_0} \cdot \frac{d(1+S_{01})}{1+S_{01}}$$

$$= -D_2 \cdot \frac{d(1+S_{01})}{1+S_{01}} \tag{4-15}$$

其中

$$D_2 = \frac{\sum_{t=1}^{T} \frac{tC(t)}{(1+S_{0t})^t}}{P_0} \tag{4-16}$$

就是久期的第二种表达形式.

10.4.4 久期的第三种定义

在推导久期的第二种表达式时我们假设了所有时刻即时利率的变化率都相同, 即

$$\frac{d(1+S_{0t})}{1+S_{0t}} = \frac{d(1+S_{01})}{1+S_{01}} \tag{4-17}$$

如果没有该假设, 即各期的即时利率变化率不同, 设

$$\frac{d(1+S_{0t})}{1+S_{0t}} = K(t) \frac{d(1+S_{01})}{1+S_{01}} \tag{4-18}$$

特别地可设

$$K(t) = k^t, \quad k < 1 \tag{4-19}$$

则对零息票有

$$\frac{dP_0}{P_0} = -tk^{t-1} \frac{d(1+S_{01})}{1+S_{01}} \tag{4-20}$$

10.4 债券收益率的风险管理

对附息票有

$$\frac{dP_0}{P_0} = (-1)\frac{d(1+S_{01})}{1+S_{01}} \cdot \frac{\frac{C(1)}{(1+S_{01})}}{P_0} + (-2)\frac{d(1+S_{01})}{1+S_{01}} \cdot \frac{\frac{C(2)}{(1+S_{02})^2}}{P_0} + \cdots$$

$$+ (-T)\frac{d(1+S_{01})}{1+S_{01}} \cdot \frac{\frac{C(T)}{(1+S_{0T})^T}}{P_0}$$

$$= -\frac{\sum_{t=1}^{T}\frac{tk^{t-1}C(t)}{(1+S_{0t})^t}}{P_0} \cdot \frac{d(1+S_{01})}{1+S_{01}}$$

$$= -D_3 \cdot \frac{d(1+S_{01})}{1+S_{01}} \tag{4-21}$$

其中

$$D_3 = \frac{\sum_{t=1}^{T}\frac{tk^{t-1}C(t)}{(1+S_{0t})^t}}{P_0} \tag{4-22}$$

此为久期的第三种表达方式.

修正久期的计算

$$\frac{dP_0}{P_0} = -DdI$$

例 4.3 设有一面值为 100 的 5 年期附息债券, 每年付息 10 元, 利率的变化见表 10.4.2.

表 **10.4.2**

t	$S_{0t}(\%)$	$S'_{0t}(\%)$
1	10	11
2	11	12
3	12	13
4	13	14
5	14	15

由第 2 列利息计算得债券的现值为

$$P_1 = \frac{10}{1.10} + \frac{10}{1.11^2} + \frac{10}{1.12^3} + \frac{10}{1.13^4} + \frac{110}{1.14^5} = 87.589$$

由第 3 列利息计算得债券的现值为

$$P_1' = \frac{10}{1.11} + \frac{10}{1.12^2} + \frac{10}{1.13^3} + \frac{10}{1.14^4} + \frac{110}{1.15^5} = 84.522$$

则久期

$$D = -\frac{\frac{84.522 - 87.589}{87.589}}{0.01} = 3.5$$

所以该债券的久期为 3.5 年.

10.5 债券指数

一个债券指数是一组债券的组合, 它的收益率是这组债券的收益率的加权平均, 它反映了市场上债券的平均收益. 类似证券定价的 CAPM, 为估计债券的价值, 我们也可以构造一些债券指数, 作为市场债券收益的比较基准, 来估计其他债券的价值.

10.5.1 单指数模型

设 R_m 为一个债券指数的收益率, $\bar{R}_m$ 为它的均值, 它的久期为 D_m, 设组成该指数的债券组合为 $\boldsymbol{w} = (w_1, w_2, \cdots, w_n)$, 设 R_i 为债券 i 的收益率, $\bar{R}_i$ 为它的均值, 它的久期为 D_i, 则

$$R_i = \bar{R}_i - D_i \Delta + \varepsilon_i, \quad i = 1, 2, \cdots, n \tag{5-1}$$

其中 $\Delta = \dfrac{dI}{1+I}$ 是利率 I 的变化率, ε_i 是误差项, 满足

$$E(\varepsilon_i) = 0, \quad \text{Var}(\varepsilon_i) = \sigma_{ei}^2, \quad i = 1, 2, \cdots, n \tag{5-2}$$

$$E(\varepsilon_i \varepsilon_j) = 0, \quad i \neq j \tag{5-3}$$

则债券指数的收益率可表为成分债券收益率的加权平均

$$R_m = \sum_{i=1}^n w_i R_i = \sum_{i=1}^n w_i (\bar{R}_i - D_i \Delta + \varepsilon_i) = \sum_{i=1}^n w_i \bar{R}_i - \Delta \sum_{i=1}^n w_i D_i + \sum_{i=1}^n w_i \varepsilon_i \tag{5-4}$$

当成分债券很多时最后一项 $\sum_{i=1}^n w_i \varepsilon_i$ 可以忽略不计. 其中

$$\bar{R}_m = \sum_{i=1}^n w_i \bar{R}_i \tag{5-5}$$

为指数的平均收益率. 又记

$$D_m = \sum_{i=1}^{n} w_i D_i \tag{5-6}$$

则

$$R_m = \bar{R}_m - D_m \Delta \tag{5-7}$$

由此得

$$\Delta = \frac{\bar{R}_m - R_m}{D_m} \tag{5-8}$$

(5-8) 代入 (5-1) 得

$$R_i = \bar{R}_i - D_i \frac{\bar{R}_m - R_m}{D_m} + \varepsilon_i = \bar{R}_i - \frac{D_i}{D_m}\left(\bar{R}_m - R_m\right) + \varepsilon_i \tag{5-9}$$

如果记

$$\beta_i = \frac{D_i}{D_m} \tag{5-10}$$

则

$$R_i = \bar{R}_i - \beta_i \left(\bar{R}_m - R_m\right) + \varepsilon_i \tag{5-11}$$

这就是类似 CAPM 的债券的定价公式, 易计算得

$$\text{cov}(R_i, R_j) = \frac{D_i D_j}{D_m^2} \sigma_m^2 \tag{5-12}$$

$$\text{Var}(R_i) = \frac{D_i^2}{D_m^2} \sigma_m^2 \tag{5-13}$$

10.5.2 多指数模型

债券价值可能受多个因素的影响, 则可以构建多因子模型, 如二因子模型

$$R_{it} = \bar{R}_{it} + \beta_{i1} F_{1t} + \beta_{i2} F_{2t} + \varepsilon_{it} \tag{5-14}$$

其中 R_{it} 表示第 i 只债券在第 t 周期的收益率, F_{1t}, F_{2t} 表示第 t 周期的两个影响因子, β_{i1}, β_{i2} 代表债券收益率关于两个因子的敏感性, 因为附息债券可以看作零息票的组合, 因此我们可以先对零息票估计关于两个因子的敏感性, 再用它们来建立附息债券的定价公式. 设

(1) b_{t1}, b_{t2} 表示零息票在第 t 周期关于两个因子的敏感度;

(2) $\text{PV}(f_{ti})$ 为债券 i 在第 t 周期的现金流;

(3) P_i 为债券 i 的价格.

则我们有

$$\beta_{i1} = \sum_t \frac{\mathrm{PV}(f_{ti})}{P_i} b_{t1} \tag{5-15}$$

$$\beta_{i2} = \sum_t \frac{\mathrm{PV}(f_{ti})}{P_i} b_{t2} \tag{5-16}$$

10.6 可违约债券

10.6.1 可违约零息票的定价公式

债券的一种重要风险是违约风险，主要发生在公司债券，当然也发生过国家或地方政府债券违约的情形，本节以零息票为例介绍可违约债券的简单定价公式.

例 6.1 假设某公司发行的 1 年期零息票面值为 100 元，以低于面值的折价销售，如在债券到期日前无违约事件发生，则债券持有者可回收 100 元，如发生违约事件，则公司只能按回收率 60% 支付，设违约概率为 5%，他在到期日的期望收入为

$$[0.05 \times 60\% + (1-0.05)] \times 100 = 98$$

期望损失为 $100 - 98 = 2$ 元.

一般地设零息票面值为 100 元，违约概率为 P，违约后的回收率为 R，则债券持有人到期日的期望收入为

$$[PR + (1-P)] \times 100 = 100 \times [1 - P(1-R)] \tag{6-1}$$

期望损失为

$$100 \times \{1 - [PR + (1-P)]\} = 100P(1-R) \tag{6-2}$$

我们也把 $1-R$ 称为损失率. 那么这种零息票合理的定价应是多少呢？

例 6.1（续） 继续上述例子，如果一只无违约风险的债券利率为 $r_f = 5\%$，则该债券的发行价应为

$$\frac{100}{1+r_f} = \frac{100}{1+5\%} = 95.24 (\text{元})$$

当有违约风险时，到期时回收 98 元，如果持有人是风险中性的，他对投资于上述两只债券无偏好，则他可以以无风险利率 5% 贴现，得到可违约债券的现值为

$$\frac{98}{1+r_f} = \frac{98}{1+5\%} = 93.33 (\text{元})$$

如果设可违约债券的回报率为 r_d，则它满足

10.6 可违约债券

$$\frac{100}{1+r_d} = 93.33$$

得

$$r_d = 7.15\%$$

记

$$s_d = r_d - r_f = 2.15\% \tag{6-3}$$

比无风险利率高出 2.15%，称 s_d 违约风险加价，或称信用加价.

一般地，我们有可违约零息票的现值

$$P_0 = \frac{PR + (1-P)}{1+r_f} = \frac{1}{1+r_d} \tag{6-4}$$

得

$$r_d = \frac{1+r_f}{PR+(1-P)} - 1 \tag{6-5}$$

则

$$\begin{aligned} s_d &= \frac{1+r_f}{PR+(1-P)} - 1 - r_f = \frac{(1+r_f)\left[1 - PR - (1-P)\right]}{PR+(1-P)} \\ &= \frac{(1+r_f)\left[P - PR\right]}{PR+(1-P)} \approx P(1-R) \end{aligned} \tag{6-6}$$

最后一个近似式在 P 和 r_f 较小时成立，即信用风险加价等于信用风险造成的预期损失.

10.6.2 可违约附息债券的定价公式

模型一：离散时间模型

假设债券面值为 1，到期期限为第 n 年末，每年年末支付利息 c 元，违约事件为随机变量 τ，每年内违约的概率为 p，在 t 时刻的贴现因子为 $D_t = \dfrac{1}{(1+r)^t}$，违约回收率为 R，则该债券的现金流贴现到 0 时刻的现值 $P_0 = 1$，

$$\begin{aligned} 1 &= cD_1 P(\tau > 1) + cD_2 P(\tau > 2) + \cdots + (c+1)D_n P(\tau > n) + RD_\tau P(\tau < n) \\ &= \frac{c(1-p)}{1+r} + \frac{c(1-p)^2}{(1+r)^2} + \cdots + \frac{(1+c)(1-p)^n}{(1+r)^n} + \frac{Rp}{1+r} \\ &\quad + \frac{Rp(1-p)}{(1+r)^2} + \cdots + \frac{Rp(1-p)^{n-1}}{(1+r)^n} \end{aligned}$$

$$= \left(c + \frac{Rp}{1-p}\right)\left[\frac{1-p}{1+r} + \frac{(1-p)^2}{(1+r)^2} + \cdots + \frac{(1-p)^n}{(1+r)^n}\right] + \frac{(1-p)^n}{(1+r)^n}$$

$$= \left(c + \frac{Rp}{1-p}\right) a\left[1 + a^2 + \cdots + a^{n-1}\right] + a^n$$

$$= \left(c + \frac{Rp}{1-p}\right) a\frac{1-a^n}{1-a} + a^n \tag{6-7}$$

其中
$$a = \frac{1-p}{1+r}$$

反解出
$$1 = \left(c + \frac{Rp}{1-p}\right)\frac{a}{1-a}$$

$$c = \frac{1-a}{a} - \frac{Rp}{1-p} = r + \frac{p+rp-Rp}{1-p} \approx r + \frac{(1-R)p}{1-p} \tag{6-8}$$

最后一个近似号当 p 很小时成立. 可见可违约债券的收益率等于无风险利率加上违约风险加价. 当违约风险 p 很小时, 违约风险加价约等于 $(1-R)p$, 和前面一致.

模型二: 连续时间模型

设违约时间 τ 满足参数为 λ 的指数分布, 即其概率密度为

$$f(t) = \begin{cases} \lambda e^{-\lambda t}, & t > 0 \\ 0, & t \leqslant 0 \end{cases} \tag{6-9}$$

则

$$P(\tau \leqslant t) = \int_0^t \lambda e^{-\lambda s} ds = 1 - e^{-\lambda t}$$

$$P(k < \tau \leqslant k+1) = \int_k^{k+1} \lambda e^{-\lambda s} ds = e^{-\lambda k} - e^{-\lambda(k+1)}$$

$$P(\tau > t) = \int_t^\infty \lambda e^{-\lambda s} ds = e^{-\lambda t}$$

贴现因子 $D_t = e^{-\lambda r}$, 则该债券贴现到 0 时刻的现金流为

$$1 = cD_1 P(\tau > 1) + cD_2 P(\tau > 2) + \cdots + (c+1)D_n P(\tau > n) + RD_\tau P(\tau < n)$$
$$= c\left(e^{-r}e^{-\lambda} + e^{-2(r+\lambda)} + \cdots + e^{-n(r+\lambda)}\right) + e^{-nr}e^{-n\lambda} + RD_\tau P(\tau < n)$$

10.6 可违约债券

$$= ce^{-(r+\lambda)} \left(\frac{1-e^{-n(r+\lambda)}}{1-e^{-(r+\lambda)}} \right) + e^{-n(r+\lambda)} + RD_\tau P(\tau < n) \tag{6-10}$$

上式最后一项为

$$\begin{aligned}RD_\tau P(\tau < n) &= RD_1 P(0 < \tau \leqslant 1) + RD_2 P(1 < \tau \leqslant 2) \\ &\quad + \cdots + RD_n P(n-1 < \tau \leqslant n) \\ &= Re^{-r}(1-e^{-\lambda}) + Re^{-2r}\left(e^{-\lambda} - e^{-2\lambda}\right) \\ &\quad + \cdots + Re^{-nr}\left(e^{-(n-1)\lambda} - e^{-n\lambda}\right) \\ &= R(1-e^{-\lambda})e^{-r}\left[1 + e^{-(r+\lambda)} + e^{-2(r+\lambda)} + \cdots + e^{-(n-1)(r+\lambda)}\right] \\ &= R(1-e^{-\lambda})e^{-r}\frac{1-e^{-(n-1)(r+\lambda)}}{1-e^{-(r+\lambda)}} \end{aligned} \tag{6-11}$$

将上式代入 (6-10) 整理后得

$$\left[ce^{-(r+\lambda)} + R(1-e^{-\lambda})e^{-r}\right]\frac{1-e^{-n(r+\lambda)}}{1-e^{-(r+\lambda)}} = 1 - e^{-n(r+\lambda)}$$

两边消去 $1-e^{-n(r+\lambda)}$，并利用 $e^x \approx 1+x$ 得

$$c = \frac{r+\lambda-R\lambda}{1-(r+\lambda)} \tag{6-12}$$

当 r 和 λ 很小时，上式可以近似表示

$$c = r + (1-R)\lambda \tag{6-13}$$

即可违约风险债券的收益率等于无风险利率加上违约风险加价，与离散情形结果相似.

为了规避债券的违约风险，债券持有人可以购买信用违约互换衍生产品，这种互换给持有债券的一方提供违约保险，即当违约事件发生时，由信用违约互换的卖方向信用违约互换的买方即债券持有者给予赔偿，如无违约事件发生，则无赔偿，当然债券持有人须向信用违约互换的卖方支付一笔费用，这个费用就是这份互换的价格. 信用违约互换的定价问题不在本书讨论范围内，有兴趣的读者可参考作者的另一本教材 [1]. 但是它提出了一个重要问题，就是投资保险问题，而这个问题在学术界和实务界研究得都不多，是一个值得探究的方向.

参 考 文 献

[1] 叶中行, 卫淑芝, 王安娇. 数理金融基础 [M]. 2 版. 北京: 高等教育出版社, 2022.
[2] 吴岚, 黄海, 何洋波. 金融数学导论 [M]. 2 版. 北京: 北京大学出版社, 2013.
[3] Elton E J, Gruber M J. Modern Portfolio Theory and Investment Analysis [M]. 9th ed. New York: John Wiley & Sons, Inc., 1995.

第 11 章 最优资产组合的计算方法

均值-方差分析的数值算法强烈地依赖于对均值、方差-协方差矩阵的估计. 基于历史数据的估计是常用的基本方法, 也是讨论的出发点. 11.1 节首先讨论均值-协方差的估计方法, 接下来就讨论最优化问题的计算方法, 最优资产组合的问题归根到底是一个约束优化问题, 如债券组合优化是一个线性规划问题, 均值-方差模型是一个有线性约束的二次规划问题, 有非线性约束时变成非线性规划问题, 还有整数规划、多目标优化和动态规划问题等. 非线性问题有时可以用线性规划近似求解 (参见 [1]). 求解方法上当然首选的是用解析方法, 主要是拉格朗日乘子法, 就像我们在前面章节中已经讨论过的若干模型, 但是有相当多的模型没有解析解, 需要借助数值计算. 在 11.2 节我们先对约束优化问题的数值解法作一个简要的综述, 对于较复杂的有约束的优化问题, 需要在解空间里搜索, 通常有单点搜索和群体搜索, 11.3 节和 11.4 节分别介绍几种常用的单点搜索法和群体搜索法.

11.1 均值-协方差的估计

在第 2 章中我们讨论了几种有解析解的均值-方差最优组合模型, 前提是资产的联合分布已知, 但在实务中这一点是做不到的. 如果资产收益的分布未知, 通常是用观测到的数据来估计, 将估计的均值和协方差矩阵代入理论最优解就得到最优组合的数值解. 以下我们首先回顾第 3 章中与指数有关的模型, 借助 CAPM 和多因子模型来估计协方差矩阵, 然后介绍基于历史数据的估计, 包括常用的不重复抽样和重复抽样估计, 接着介绍压缩估计和随机矩阵估计, 最后对各种方法得到的估计进行比较和实证分析.

11.1.1 基于历史数据的统计估计

假设我们有 n 组历史观察值

$$(x_{i1}, x_{i2}, \cdots, x_{iN}), \quad i = 1, 2, \cdots, n$$

记

$$\bar{\mu}_j = \frac{1}{n} \sum_{i=1}^{n} x_{ij}, \quad j = 1, 2, \cdots, N \tag{1-1}$$

$$\hat{\sigma}_{k,j} = \frac{1}{n}\sum_{i=1}^{n}(x_{ik}-\bar{\mu}_k)(x_{ij}-\bar{\mu}_j), \quad 1\leqslant k,j \leqslant N \tag{1-2}$$

用统计均值向量 $\bar{\boldsymbol{\mu}} = (\bar{\mu}_1, \bar{\mu}_2, \cdots, \bar{\mu}_N)'$ 作为概率均值向量 $\boldsymbol{\mu}$ 的估计,用样本协方差矩阵 $\hat{\boldsymbol{\Sigma}} = (\hat{\sigma}_{k,j})_{1\leqslant k,j\leqslant N}$ 作为概率协方差矩阵 $\boldsymbol{\Sigma}$ 的估计,代入理论解就得最优解的数值为

$$\boldsymbol{w}^* = \delta_1 \hat{\boldsymbol{\Sigma}}^{-1}\bar{\boldsymbol{\mu}} + \delta_2 \hat{\boldsymbol{\Sigma}}^{-1}\boldsymbol{1} \tag{1-3}$$

其中

$$\delta_1 = (r_p c - b)/\Delta, \quad \delta_2 = (a - r_p b)/\Delta \tag{1-4}$$

$$a = \bar{\boldsymbol{\mu}}'\hat{\boldsymbol{\Sigma}}^{-1}\bar{\boldsymbol{\mu}}, \; b = \boldsymbol{1}'\hat{\boldsymbol{\Sigma}}^{-1}\bar{\boldsymbol{\mu}} = \bar{\boldsymbol{\mu}}'\hat{\boldsymbol{\Sigma}}^{-1}\boldsymbol{1}, \; c = \boldsymbol{1}'\hat{\boldsymbol{\Sigma}}^{-1}\boldsymbol{1}, \; \Delta = ac - b^2 \tag{1-5}$$

11.1.2 因子模型

由上可见原来的协方差矩阵是对称阵,有 $\frac{1}{2}N(N+1)$ 个参数,是 N^2 阶的,以下利用因子模型来估计协方差矩阵可以达到降维的效果.

1. 基于 CAPM 的估计

回忆第 3 章 3.1 节,假设市场上有 N 种证券,它们的收益率可以用 CAPM 模型估计,即

$$X_i = \alpha_i + \beta_i X_M + \varepsilon_i, \quad i = 1, 2, \cdots, N \tag{1-6}$$

其中 X_M 为市场指数的收益率,$\sigma_M^2 = \text{Var}(X_M)$,则协方差矩阵为

$$\boldsymbol{\Sigma} = \sigma_M^2 \boldsymbol{B} \tag{1-7}$$

其中

$$\boldsymbol{B} = \begin{pmatrix} \beta_1^2 & \cdots & \beta_1\beta_N \\ \vdots & & \vdots \\ \beta_N\beta_1 & \cdots & \beta_N^2 \end{pmatrix} \tag{1-8}$$

现在估计的参数是 N 的线性阶的,有明显的降维作用.

2. 基于套利定价模型的估计

回忆第 3 章 3.2 节,假设有 N 种证券,它们的收益率 $X_1, X_2, \cdots, X_N$ 受 L 个因子 $I_1, I_2, \cdots, I_L$ 影响,可以用以下 N 个线性方程表示

$$X_i = \alpha_i + b_{i1}I_1 + b_{i2}I_2 + \cdots + b_{iL}I_L + \varepsilon_i, \quad i = 1, 2, \cdots, N \tag{1-9}$$

则协方差估计为

$$\mathrm{cov}(X_j, X_k) = E\left[(X_j - E(X_j))(X_k - E(X_k))\right]$$
$$= b_{j1}b_{k1}\sigma_{I_1}^2 + b_{j2}b_{k2}\sigma_{I_2}^2 + \cdots + b_{jL}b_{kL}\sigma_{I_L}^2, \quad k \neq j \tag{1-10}$$

其中

$$\sigma_{I_j}^2 = \mathrm{Var}(I_j), \quad j = 1, 2, \cdots, L$$

也有明显的降维作用, 第 3 章 3.2 节给出了一个两因子的示例, 此处不再赘述.

11.1.3 改进方法

用历史数据的统计量作为估计量是否合理? 为解决这个问题, 学者们用基于历史数据的预测值来代替直接用历史数据的统计量. 当资产数量很少时, 样本协方差矩阵是总体协方差矩阵的优良估计 (相合估计、无偏估计、一致估计等), 但随着资产数的增加, 样本协方差矩阵变得越来越不稳定, 并且待估参数也越来越多, 导致估计误差增大, 样本协方差矩阵不再是总体协方差矩阵的优良估计. 特别当资产数量远大于样本数时 (此时对应的协方差矩阵的估计称为高维协方差矩阵的估计), 样本协方差矩阵常常是奇异的, 即不可求逆, 为解决这个问题, 也有很多相关的研究. 以下我们简要地介绍一些相关结果 [6-10, 14, 16-19].

1. 重复抽样

当资产数量较多而观测数据不足时, 可以用重复抽样[13] 来弥补. 利用重复抽样计算得到均值和协方差矩阵的估计值, 进而据此可以得到相应的投资有效前沿, 这个有效前沿通常处于真正的有效前沿下方 (见图 11.1.1), 在低风险段比较接近.

图 11.1.1　不重复抽样和重复抽样有效前沿比较

2. 压缩估计

压缩估计的方法来源于 [12], 称为 James-Stein 估计量, 实际是贝叶斯估计, 即给出一个先验协方差矩阵, 然后对估计量和先验估计量作加权平均, 先验估计量的权重就是压缩强度.

不同于样本协方差是完全基于历史数据的，先验的协方差矩阵可以来源于主观判断、历史经验或者模型. 样本协方差估计是无偏的，但有估计误差，先验协方差有较严格的假设和设定偏差，但具有较少的估计误差. 通过选择加权的权重，在设定偏差和估计误差之间达到最优的平衡. 压缩估计可以表示为

$$\Sigma_a = a\boldsymbol{F} + (1-a)\hat{\boldsymbol{\Sigma}} \tag{1-11}$$

其中 $\boldsymbol{F}$ 为先验估计，即压缩目标，$\hat{\boldsymbol{\Sigma}}$ 为样本协方差矩阵，a 为压缩强度. 为确定最优的压缩强度，可定义一个损失函数表示压缩估计和真实协方差矩阵 $\boldsymbol{\Sigma}$ 的距离

$$L(a) = \left\| \left(a\boldsymbol{F} + (1-a)\hat{\boldsymbol{\Sigma}}\right) - \boldsymbol{\Sigma} \right\|^2 \tag{1-12}$$

使得这个距离最小化的 a 即为最优压缩强度，详情可参阅 [14]. 也可以从几何角度来理解最优压缩强度，压缩估计是真实协方差矩阵在样本协方差矩阵和压缩目标连线上的正交投影，见图 11.1.2.

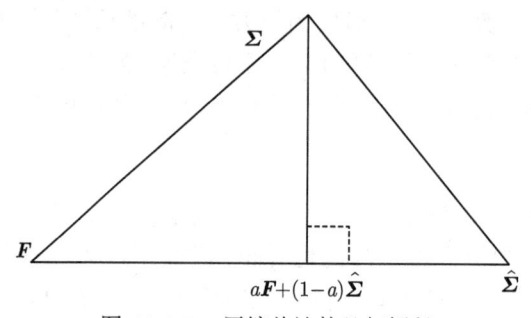

图 11.1.2　压缩估计的几何解释

关于压缩目标的选择，通常可选市场模型、单位矩阵或固定相关系数矩阵，也可以根据投资人自己的经验选取，并无其他限制.

另一种方法是对样本协方差矩阵和其他协方差估计矩阵之间取相同权重构成等权重组合估计. 例如取

$$\tilde{\boldsymbol{\Sigma}} = \frac{1}{3}\boldsymbol{F} + \frac{1}{3}\hat{\boldsymbol{\Sigma}} + \frac{1}{3}\boldsymbol{D}$$

其中 $\boldsymbol{F}$ 为市场模型，$\hat{\boldsymbol{\Sigma}}$ 为样本协方差矩阵，$\boldsymbol{D}$ 为对角元素为样本方差的对角阵.

压缩估计应用于最优资产组合问题已有较多研究，读者可参阅 [7,9].

附注 1.1　以上压缩估计取的是算术平均，文献 [18] 和 [19] 首先提出协方差矩阵的几何型压缩方法，它在最优资产组合方面的应用可参阅 [7-9].

3. 随机矩阵方法[20]

随机矩阵理论提供了一种去除样本协方差矩阵噪声的方法, 当股票数量远超过样本数量时, 其协方差矩阵的位于一定范围内的特征根与完全随机的收益序列的协方差矩阵的特征根相近, 被看作噪声, 对它们进行调整, 从而提高样本协方差矩阵所含的总体信息. 其原理和调整过程如下.

设 X 为 $N \times T$ 元素互相独立的随机矩阵, 其样本相关系数矩阵为 C. 根据随机矩阵理论, 当 N 和 T 都 $\to \infty$, 而 $\dfrac{T}{N} \to q$ 时, C 的最大和最小特征根分别为

$$\lambda_{\max} = \left(1 + \sqrt{q^{-1}}\right)^2, \quad \lambda_{\min} = \left(1 - \sqrt{q^{-1}}\right)^2$$

那么样本协方差矩阵的特征根如落在 $[\lambda_{\min}, \lambda_{\max}]$ 区间内, 则被看作噪声, 而保留那些大于 $\lambda_{\max}$ 的特征根, 从而过滤掉噪声. C 可以表示成

$$C = \sum_{i=1}^{N} \lambda_i \varphi_i \varphi_i'$$

其中 $\lambda_1 = \lambda_{\max} \geqslant \lambda_2 \geqslant \cdots \geqslant \lambda_N = \lambda_{\min}$ 为 C 的特征根, φ_i 是 λ_i 对应的特征向量. 如果样本协方差矩阵有 k 个特征根大于 $\lambda_{\max}$, 取这 k 个特征根的平均值, 记为 a. 于是调整相关系数矩阵如下

$$\bar{C} = \sum_{i=1}^{N} \lambda_i \varphi_i \varphi_i' + aI$$

其中 I 为 $N \times N$ 单位矩阵, 进而将样本协方差矩阵调整为

$$\bar{\Sigma} = D^{1/2} \bar{C} D^{1/2}$$

其中 D 为对角阵, 其对角元素为样本方差.

注意到矩阵 $\bar{C}$ 是半正定的, 但不一定是相关矩阵, 因为其对角元素不一定是 1, 而 $\bar{\Sigma}$ 是半正定的, 是协方差矩阵, 事实上在调整过程中 $\sum_{i=k+1}^{N} \lambda_i \varphi_i \varphi_i'$ 被对角阵替代了, 实质上是将原相关矩阵的非对角元素向 0 压缩了.

附注 1.2 当然还有其他调整协方差矩阵的方法, 我们就不一一介绍了. 而对调整情况的优劣应作评价, 可以用统计方法或非统计方法进行评价, 我们也不在此讨论了.

11.1.4 数值计算案例

1. 数据选取

选取中国、美国和英国三个市场, 并基于日对数收益率数据进行实证分析, 数据选取如表 11.1.1 所示.

表 11.1.1　数据选取

	中国市场	美国市场	英国市场
指数选取	上证 380 (SSE380)	纳斯达克 100 (NASDAQ100)	富时 100 (FISE100)
数据区间	2014/1/2—2021/12/31	2015/1/2—2021/4/30	2015/1/5—2021/4/30
样本量	1949	1591	1503
个股数量	149	89	78

2. 计算步骤

步骤一: 选取股票. 从中国、美国和英国每个市场, 分别随机选取 50 只股票.

步骤二: 计算样本协方差阵. 基于历史对数收益率数据计算三个市场的样本协方差矩阵.

步骤三: 计算随机矩阵理论处理后的协方差阵. 参考文献 [16] 用 PG+法剔除相关系数矩阵中的噪声特征值, 进而改进协方差阵.

步骤四: 计算压缩协方差阵. 参考文献 [15] 和 [17] 将每个变量的方差收缩至所有变量方差的中位数 (以下计算中用中位数代替均值).

步骤五: 计算重复抽样协方差阵. 参考文献 [13] 从期望收益和协方差矩阵的多元正态分布中模拟资产收益, 再计算协方差矩阵.

步骤六: 优化求解. 将以上四个协方差矩阵分别代入均值-方差模型中, 求解均值-方差最优资产组合, 得到有效前沿曲线. 结果见图 11.1.3. 因为中国股市不允许卖空, 所以针对上证 380 的分析中添加了非卖空约束; 而因为欧美市场允许卖空行为, 所以对纳斯达克 100 和富时 100 股市则允许卖空, 也即权重可以为负.

分析计算结果, 可得如下结论.

(1) 三个市场中, 压缩协方差、重复抽样协方差与传统协方差下的有效前沿曲线几乎重合. 通过固定期望收益, 比较在险价值的大小可对四种方法的优劣进行排序, 排名越高的方法表示能选出更优的资产组合.

(2) 对于中国市场上证 380, 四种方法的优劣可排序为: 压缩协方差 ≈ 传统协方差 ≈ 重复抽样法 > 随机矩阵方法. 对于美国市场纳斯达克指数和英国市场富时指数, 四种方法的优劣排序均为: 随机矩阵方法 ≫ 压缩协方差法 ≈ 传统协方差 ≈ 重复抽样法, 随机矩阵方法的优势更大.

(3) 基于中国市场实践, 实证分析中我们对中国市场添加了非卖空约束. 同时, 我们也尝试对中国市场取消非卖空约束, 其优化结果显示随机矩阵方法具有明显的优势, 由此推断: 随机矩阵方法对非卖空约束条件比较敏感.

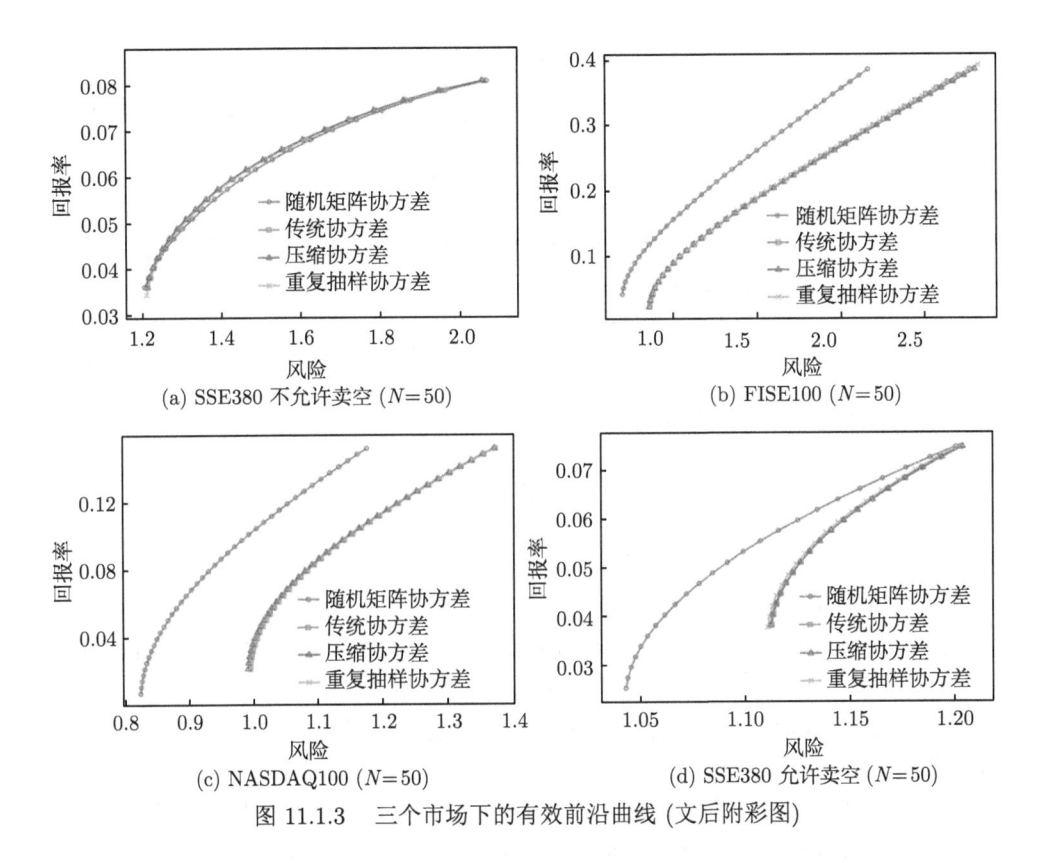

(a) SSE380 不允许卖空 ($N=50$)

(b) FISE100 ($N=50$)

(c) NASDAQ100 ($N=50$)

(d) SSE380 允许卖空 ($N=50$)

图 11.1.3　三个市场下的有效前沿曲线 (文后附彩图)

(4) 总体来看, 与其他三种方法相比, 随机矩阵方法的有效前沿曲线有较为明显的差异. 这是因为随机矩阵方法是对传统协方差阵的非对角线上的元素进行降噪, 压缩协方差阵方法是对传统协方差阵的对角线上的元素进行压缩, 重复抽样方法是模拟多次抽样再取均值, 因此, 随机矩阵方法对原始协方差阵的改变是最大的.

(5) 股票数量越多, 资产组合的分散性越强, 因而难以对比不同数量下优化结果的差异. 同时, 我们随机选择一定数量的股票进行分析, 对于样本较小的资产数量的结果并不稳健, 优化结果受数据选择的影响极大.

11.2　约束优化问题数值解法综述

11.2.1　模型的一般描述

本书讨论的各种最优资产组合模型是约束优化问题[11], 属于更广泛的一类非线性规划 (nonlinear programming) 范畴, 此类问题的一般模型可以描述如下.

设要优化的目标函数 (也称适应函数) 为

$$f(\boldsymbol{x}), \quad \boldsymbol{x} = (x_1, x_2, \cdots, x_n) \in \mathbb{R}^n$$

因为 Minimize$\{f(\boldsymbol{x})\}$ 等价于 Maximize$\{-f(\boldsymbol{x})\}$，所以我们只讨论最小化问题，

$$\text{Minimize}\{f(\boldsymbol{x})\}$$

其中 $\boldsymbol{x} \in \mathcal{F} \subseteq \mathcal{S} \subseteq \mathbb{R}^n$，称 $\mathcal{S}$ 为搜索空间 (search space)，为无约束时目标函数的定义域，通常 $\mathcal{S}$ 取为 n 维超立方

$$l(i) \leqslant x_i \leqslant u(i), \quad i = 1, 2, \cdots, n \tag{2-1}$$

而 $\mathcal{F}$ 由 m ($m \geqslant 0$) 个约束条件所确定

$$g_j(\boldsymbol{x}) \leqslant 0, \quad j = 1, 2, \cdots, q \tag{2-2}$$

$$b_j(\boldsymbol{x}) = 0, \quad j = q+1, \cdots, m \tag{2-3}$$

前 q 个为不等式约束，后 $m-q$ 个为等式约束，当 $\boldsymbol{x}$ 满足 (2-2) 中等号时，称 $\boldsymbol{x}$ 是活跃的 (active)，显然满足等式约束 (2-3) 的 $\boldsymbol{x}$ 是活跃的，称 $\mathcal{F}$ 为可行区域 (feasible region)，称 $\mathcal{S}\backslash\mathcal{F}$ 为不可行区域。

不同的目标函数和约束条件可以导致不同的优化问题，其中常见的有以下的约束优化问题：

(1) 无任何约束时，即 $m = 0$, $\mathcal{F} = \mathcal{S}$ 时，称为无约束优化问题。

(2) 所有 $g_j(\boldsymbol{x})$ 和 $b_j(\boldsymbol{x})$ 都是线性函数时，称对应的优化问题为线性约束问题。

(3) 目标函数 $f(\boldsymbol{x})$ 是最高阶为二次的多项式时，称为二次规划问题。特别当 $f(\boldsymbol{x})$ 是线性函数，约束条件也都是线性时，称为线性规划问题。

(4) 当目标函数或约束函数中至少有一个为非线性函数时，称为非线性规划问题。

求解以上约束优化问题遇到的一个主要困难是局部极值问题。以最小化问题为例，如果存在 $\varepsilon > 0$，使得对 $\boldsymbol{x}_0$ 的 ε-邻域里的点 $\boldsymbol{x}$ 都有 $f(\boldsymbol{x}) > f(\boldsymbol{x}_0)$，则称可行域中一个点 $\boldsymbol{x}_0 \in \mathcal{F}$ 是目标函数的局部极值。如果局部极值点满足目标函数可导性，很多基于梯度的算法都会遇到局部极值问题。求解以上约束优化问题有很多方法，全局优化范畴中不可能有比穷尽搜索法更好的确定性算法，通常穷尽搜索法适用于约束函数 $g_j(\boldsymbol{x})$ 和 $b_j(\boldsymbol{x})$ 是一般函数时，此时无其他优化方法。除了穷尽搜索法外，按照迭代的每一代有多少个体，又分为单点搜索法和群体搜索法，我们后面介绍的梯度下降法 (包括共轭梯度法)、模拟退火算法、迭代法等属于单点搜索法，而进化算法 (evolutionary algorithms) 属于群体搜索法，包括遗传算法 (genetic algorithm)(参见 [5])、进化规划 (evolutionary programming) 和进

化策略 (evolutionary strategies), 以及各种变形, 因为此类算法是模拟生物进化的算法, 有时也称智能算法.

单点搜索法的一般程序 (1) 初始时在可行集 $\mathcal{F}$ 中随机找一点 $\boldsymbol{x}_0$, 计算 $f(\boldsymbol{x}_0)$, 称之为适应值, 如 $f(\boldsymbol{x})$ 可导, 计算导数 $f'(\boldsymbol{x}_0)$.

(2) 从 $\boldsymbol{x}_0$ 出发, 以某种规则 (比如梯度下降方向) 发现下一个迭代点 $\boldsymbol{x}_1$, 计算 $f(\boldsymbol{x}_1)$, 如果 $f(\boldsymbol{x}_1) < f(\boldsymbol{x}_0)$, 则保留 $\boldsymbol{x}_1$, 作为下一次迭代的出发点. 如果 $f(\boldsymbol{x}_1) > f(\boldsymbol{x}_0)$, 以一定概率保留 $\boldsymbol{x}_1$, 这样可以跳出可能的局部极值点. 随着迭代次数的增加, 这个概率逐渐趋于 0.

重复上述过程直到满足预设的终止规则 (预设一个计算误差或最大迭代代数). 输出最后的 $\boldsymbol{x}^*$ 和 $f(\boldsymbol{x}^*)$, 即为最优解.

11.2.2 群体搜索法

另一类有广泛应用的群体搜索法称为进化算法, 它适用于复杂的目标函数 (不可微、不连续函数), 我们来重点介绍此类算法的一般框架[11,12].

求解优化问题

$$\begin{aligned}
&\text{Minimize} \quad f(\boldsymbol{x}) \\
&\text{s.t.} \quad g_j(x) \leqslant 0, \quad j = 1, 2, \cdots, q \\
&\quad\quad\ b_j(x) = 0, \quad j = q+1, \cdots, m
\end{aligned}$$

1. 个体表示

在不同的算法中, 称一个解为个体 (也称解向量), 有不同的表示法, 可以用有限的二进制字符串来表示一个个体 $\boldsymbol{x}$ (如遗传算法), 也可以用浮点数向量表示, 统称这些表示为染色体 (chromosomal).

2. 主要算子

(1) 变异算子 (mutation operator).

(a) 高斯变异, 常用于进化策略 (evolution strategies), 对解向量 $\boldsymbol{x}^t = (x_1, x_2, \cdots, x_n)$, 作变异运算

$$\boldsymbol{x}^{t+1} = \boldsymbol{x}^t + N(\boldsymbol{0}, \boldsymbol{\sigma}^2)$$

其中 $N(\boldsymbol{0}, \boldsymbol{\sigma}^2)$ 是 n-维互相独立的正态分布, 协方差矩阵是对角矩阵, 对角线上元素为 $\sigma_1^2, \sigma_2^2, \cdots, \sigma_n^2$. 特别地可取 σ_i 都相等, 即 $\sigma_i = \sigma, i = 1, 2, \cdots, n$. $\boldsymbol{\sigma}$ 也可以动态地调整.

$$\boldsymbol{\sigma}' = \boldsymbol{\sigma} \cdot e^{N(0, \Delta\sigma)}, \quad \Delta\sigma \text{ 为调节参数.}$$

(b) 非均匀变异

$$x_j^{t+1} = \begin{cases} x_j^t + \Delta(t, r(j) - x_j^t), & \text{当生成的二元随机数为 0 时} \\ x_j^t + \Delta(t, x_j^t - l(j)), & \text{当生成的二元随机数为 1 时} \end{cases}$$

其中 $\Delta(t, y)$ 是取值于 $[0, y]$ 的一个随机数, 且其生成概率随 t 增加而趋于 0, 比如

$$\Delta(t, y) = y \cdot r \cdot \left(1 - \frac{t}{T}\right)^b$$

其中 r 为取值于 $[0, 1]$ 的随机数, T 是最大迭代次数, b 是决定非均匀性的参数.

(c) 一致变异 (uniform mutation): 每次只有一个分量变异, 即如 $\boldsymbol{x}^t = (x_1, \cdots, x_k, \cdots, x_n)$, 则 $\boldsymbol{x}^{t+1} = (x_1, \cdots, x_k', \cdots, x_n)$, 其中 x_k' 是该分量值域上的一个随机数, 对于二元表示的染色体, 就有 $0 \to 1$ 或 $1 \to 0$.

(2) 交叉算子 (crossover operator): 由上一代 (称为父代) 的两个染色体 $\boldsymbol{x}^t = (x_1, x_2, \cdots, x_n)$ 和 $\boldsymbol{y}^t = (y_1, y_2, \cdots, y_n)$ 产生 2 个子代, 其中之一为 $\boldsymbol{z}^t = (z_1, z_2, \cdots, z_n)$, 其中 z_i 以等概率取 x_i 或 y_i, 另一个是将 x_i 和 y_i 互换. 以下是几种特例.

(a) 算术交叉 (arithmetical crossover): 由 2 个父代 $\boldsymbol{x}^t = (x_1, x_2, \cdots, x_n)$ 和 $\boldsymbol{y}^t = (y_1, y_2, \cdots, y_n)$ 产生 2 个子代.

$$\boldsymbol{z}^{(1)} = \alpha \boldsymbol{x} + (1 - \alpha) \boldsymbol{y}, \ \boldsymbol{z}^{(2)} = (1 - \alpha) \boldsymbol{x} + \alpha \boldsymbol{y}, \ \alpha \in [0, 1],$$ 特别地当 $\alpha = \frac{1}{2}$ 时, 也称平均值交叉.

或由多个父代 $\boldsymbol{x}^{(1)} = (x_1, x_2, \cdots, x_n), \cdots, \boldsymbol{x}^{(r)} = (x_1, x_2, \cdots, x_n)$ 产生子代

$$\boldsymbol{z} = \alpha_1 \boldsymbol{x}^{(1)} + \cdots + \alpha_r \boldsymbol{x}^{(r)}$$

其中 $\alpha_i \in [0, 1]$, 且 $\alpha_1 + \cdots + \alpha_r = 1$.

(b) 单纯形交叉 (simplex crossover): 取 $k > 2$ 的父代, 通过选择算子找出最好和最坏的染色体, 记为 $\boldsymbol{b}$ 和 $\boldsymbol{w}$, 移去最坏的, 计算剩余的 $k - 1$ 个染色体的重心 (centroid)

$$\boldsymbol{c} = \frac{1}{k - 1} \sum_{x_i \in \mathcal{F} \backslash \boldsymbol{w}} x_i$$

以及关于最坏的 $\boldsymbol{w}$ 的反射点 (reflected point)

$$\boldsymbol{b} = \boldsymbol{c} + (\boldsymbol{c} - \boldsymbol{w})$$

$\boldsymbol{b}$ 和 $\boldsymbol{c}$ 就是 2 个子代.

(c) 启发式交叉 (heuristic crossover): 2 个父代个体 $\boldsymbol{x}$ 和 $\boldsymbol{y}$ 只产生 1 个子代

$$z = \boldsymbol{r} \cdot (\boldsymbol{x} - \boldsymbol{y}) + \boldsymbol{x}$$

其中对最小化问题 $f(\boldsymbol{x}) \leqslant f(\boldsymbol{y})$.

(d) 几何交叉 (geometric crossover): 只适应于取正值的染色体, 即 $0 \leqslant l(i) \leqslant x_i \leqslant u(i)$, 2 个父代个体 $\boldsymbol{x}^t = (x_1, x_2, \cdots, x_n)$ 和 $\boldsymbol{y}^t = (y_1, y_2, \cdots, y_n)$ 只产生 1 个子代

$$\boldsymbol{z} = (\sqrt{x_1 y_1}, \cdots, \sqrt{x_n y_n})$$

推广到多个父代 $\boldsymbol{x}^{(1)} = (x_{11}, x_{12}, \cdots, x_{1n}), \cdots, \boldsymbol{x}^{(r)} = (x_{r1}, x_{r2}, \cdots, x_{rn})$ 产生子代

$$\boldsymbol{z} = ((x_{11})^{a_1} (x_{21})^{a_2} \cdots (x_{r1})^{a_r}, \cdots, (x_{1n})^{a_1} (x_{2n})^{a_2} \cdots (x_{rn})^{a_r})$$

其中 $a_1 + a_2 + \cdots a_r = 1, 0 \leqslant a_i \leqslant 1, i = 1, 2, \cdots, r$.

(e) 高斯交叉: 选取 2 个父代 $\boldsymbol{x}^{(1)} = (x_1^{(1)}, x_2^{(1)}, \cdots, x_n^{(1)})$ 和 $\boldsymbol{x}^{(2)} = (x_1^{(2)}, x_2^{(2)}, \cdots, x_n^{(2)})$ 和 2 个高斯向量

$$\boldsymbol{N}(0, \boldsymbol{\sigma}^{(1)}), \boldsymbol{\sigma}^{(1)} = (\sigma_1^{(1)}, \sigma_2^{(1)}, \cdots, \sigma_n^{(1)}); \quad \boldsymbol{N}(0, \boldsymbol{\sigma}^{(2)}), \boldsymbol{\sigma}^{(2)} = (\sigma_1^{(2)}, \sigma_2^{(2)}, \cdots, \sigma_n^{(2)})$$

产生后代 $\boldsymbol{y} = (y_1, y_2, \cdots, y_n)$, 其中 $y_i = x_i^{(q_i)} + N(0, \sigma_i^{(q_i)}), q_i = 1$ 或 2, 即分量分别来自 2 个个体的变异.

(3) 选择算子: 初始时, 在可行解集合中随机选取 L 个个体, 到第 t 代经过变异和交叉算子如何产生下一代呢? 有 2 种方法, 即 $(L+M)$ 选择和 (L, M) 选择.

$(L+M)$ 选择: 由 L 个个体产生 M 个后代, 从这 $L+M$ 个个体中经选择留下最好的 L 个个体进行下一次迭代.

(L, M) 选择: 由 L 个父代产生 $M (> L)$ 个后代, 在这 M 个个体中经选择留下最好的 L 个作下一次迭代, 每个个体只有一代的寿命.

相比较而言, (L, M) 选择对于最优解随时间变化或目标函数有噪声时表现较好.

11.2.3 处理不可行解的惩罚函数法

在求解约束优化问题的计算中有些算子可以保持在可行区域中搜索, 比如当可行域是凸集且目标函数是凸函数时, 对于浮点型的染色体, 如果 $\boldsymbol{x}, \boldsymbol{y} \in \mathcal{F}$, 则凸组合型的交叉算子得到的子代 $\alpha \boldsymbol{x} + (1-\alpha) \boldsymbol{y} \in \mathcal{F}$, 但是在其他变异或交叉算子下有可能产生不可行解, 即子代在 $\mathcal{S} \backslash \mathcal{F}$ 中, 那么在迭代计算过程中如何处理不可行解呢? 主要是利用惩罚函数法. 通过惩罚函数将约束优化问题转化为 $\mathcal{S}$ 上的无约束优化问题, 定义修正后的适应函数为

$$\text{eval}(\boldsymbol{x}) = \begin{cases} f(\boldsymbol{x}), & \text{如果 } \boldsymbol{x} \in \mathcal{F} \\ f(\boldsymbol{x}) + g(\boldsymbol{x}), & \text{其他} \end{cases}$$

其中 $g(\boldsymbol{x})$ 为惩罚函数, 如何设计惩罚函数则因算法和问题而异, 通常有以下几种[12].

(1) 死亡惩罚法 (death penalty method): 直接拒绝不可行个体.

(2) 静态惩罚法 (static penalty method): 对每个约束条件设置惩罚函数 $f_j(\boldsymbol{x})$, $j = 1, 2, \cdots, m$, 且按照违反的程度设置不同水平的惩罚

$$R_{ij}, \quad i = 1, 2, \cdots, l; j = 1, 2, \cdots, m$$

其中第 1 个下标表示不同的水平, 第 2 个下标表示不同的约束条件, 则定义

$$\text{eval}(\boldsymbol{x}) = f(\boldsymbol{x}) + \sum_{j=1}^{m} R_{ij} f_j^2(\boldsymbol{x})$$

(3) 动态惩罚法 (dynamic penalty method): 定义

$$\text{eval}(\boldsymbol{x}) = f(\boldsymbol{x}) + (Ct)^\alpha \sum_{j=1}^{m} R_{ij} f_j^\beta(\boldsymbol{x})$$

其中 C, α, β 是参数.

(4) 退火惩罚法 (annealing penalty method): 定义

$$\text{eval}(\boldsymbol{x}, \tau) = f(\boldsymbol{x}) + \frac{1}{2\tau} \sum_{j=1}^{m} f_j^2(\boldsymbol{x})$$

其中 τ 是温度, 初始取为 $\tau = \tau_0$, 随迭代次数增加而下降, 直到达到某个预先设定的临界值 $\tau < \tau_f$, 即终止.

(5) 可调节惩罚法 (adaptive penalty method): 定义

$$\text{eval}(\boldsymbol{x}) = f(\boldsymbol{x}) + \lambda(t) \sum_{j=1}^{m} f_j^2(\boldsymbol{x})$$

其中 $\lambda(t)$ 为可调系数,

$$\lambda(t) = \begin{cases} \dfrac{1}{\beta_1} \lambda(t), & \text{如果前 } k \text{ 代的最好解都是可行解} \\ \beta_2 \lambda(t), & \text{如果前 } k \text{ 代的最好解都是不可行解} \\ \lambda(t), & \text{如果前 } k \text{ 代的最好解中既有可行解又有不可行解} \end{cases}$$

其中 $\beta_1, \beta_2 > 1$, 这说明第一种情形减少惩罚, 第二种情形增加惩罚, 第三种情形不作改变, 并要求 $\beta_1 \neq \beta_2$ 以避免产生循环. 此方法有 3 个参数 β_1, β_2, k.

(6) 分段惩罚法 (segregated penalty method): 注意到惩罚函数太小会导致产生不可行解, 太大则将搜索限制在可行集中, 阻止向边界搜索而得不到最优解, 为此可设两个不同水平的惩罚函数 $p_1(\boldsymbol{x}), p_2(\boldsymbol{x})$, 在完成变异和交叉算子后对留下的所有个体都计算

$$f_i(\boldsymbol{x}) = f(\boldsymbol{x}) + p_i(\boldsymbol{x}), \quad i = 1, 2$$

将计算结果按照 $i = 1, 2$ 从好到坏排成 2 列, 从每一列中选取最好的个体作为新一代的父代, 这样就形成两个子群, 分别更可能落在可行集和不可行集中, 两边向边界靠拢, 更容易得到最优解.

(7) 有记忆的死亡惩罚法 (death penalty method with memory): 此方法对随机选取的个体逐个验证是否满足约束条件, 留下一定规模的满足所有约束条件的个体再进行优化.

(8) 可行解优先的方法 (penalty with superiority) 定义

$$\mathrm{eval}(\boldsymbol{x}) = f(\boldsymbol{x}) + r \sum_{j=1}^{m} f_j(\boldsymbol{x}) + \theta(t, \boldsymbol{x})$$

其中 r 为常数, $\theta(t, \boldsymbol{x})$ 是附加的迭代项, 使得对每个可行解 $\boldsymbol{x}$ 和不可行解 $\boldsymbol{y}$ 都有

$$\mathrm{eval}(\boldsymbol{x}) < \mathrm{eval}(\boldsymbol{y})$$

为达此目的, 可取

$$\theta(t, \boldsymbol{x}) = \begin{cases} 0, & \text{如果 } \boldsymbol{x} \in \mathcal{F} \\ \max\left\{0, \max_{\boldsymbol{x} \in \mathcal{F}} f(x) - \min_{\boldsymbol{x} \in \mathcal{S} \setminus \mathcal{F}} \left\{ f(\boldsymbol{x}) + \sum_{j=1}^{m} f_j(\boldsymbol{x}) \right\} \right\}, & \text{其他} \end{cases}$$

即对不可行解增加惩罚, 使得它们的适应值不可能好于可行解.

11.3 单点搜索法

11.3.1 直接代入法

该方法适用于当资产收益向量 $\boldsymbol{X} = (X_1, X_2, \cdots, X_m)$ 的联合分布 $F(\boldsymbol{x})$ 已知, 且比较简单, 则可以用直接代入法.

例 3.1 log-最优资产组合的一个简单例子.

假设市场只有两种证券, 其中一种是现金, 其收益率为 1, 另一种是所谓的 "热门" 股票, 其收益率以概率 α 增加 50%, 以概率 $1 - \alpha$ 减半, 则可定义收益向量为

$$X = \begin{cases} (1, 1.5), & \text{以概率} \alpha \\ (1, 0.5), & \text{以概率} 1 - \alpha \end{cases} \tag{3-1}$$

我们假设 $1/3 < \alpha < 2/3$, 求解最优资产组合.

解 设投资者以资产组合 $\boldsymbol{b} = (w, 1-w)$ 持有部分现金和投资部分股票, 其中 $0 < w < 1$. 要最大化的倍率为

$$W(\boldsymbol{b}, p(\boldsymbol{x})) = E[\log(\boldsymbol{b}'\boldsymbol{X})] = \alpha \log[w + 1.5(1-w)] + (1-\alpha)\log[w + 0.5(1-w)]$$

令上式对 w 求导数为 0, 可解出 log-最优资产组合中持有现金的比例为

$$w^* = 3 - 4\alpha$$

并且得最优倍率函数为

$$W(\boldsymbol{b}, p(\boldsymbol{x})) = \alpha \log[3 - 4\alpha + 1.5(4\alpha - 2)] + (1-\alpha)\log[3 - 4\alpha + 0.5(4\alpha - 2)]$$

$$= \alpha \log(2\alpha) + (1-\alpha)\log[2(1-\alpha)] = \log 2 + h(\alpha)$$

其中 $h(\alpha) = \alpha \log \alpha + (1-\alpha)\log(1-\alpha)$ 是二元熵函数.

例 3.2 跑马博弈.

跑马赌博中每一轮比赛只有一匹马胜出, 每匹马都有自己的赔率, 只有押在这匹马上的赌注才能获得相应赔率倍数的回报. 经过很多轮或很多天比赛下来, 人们对各匹马获胜的概率有一个估计, 根据这个概率怎样来下注使得收益最大呢? 可以把跑马赌博看作一个特殊的股票市场, 在一个给定的时刻只有一只股票有正收益, 其他股票的收益为零.

设第 i 只股票的收益率为 a_i, 这等价于说, 股市的收益向量 $\boldsymbol{X}$ 的概率分布为

$$\boldsymbol{X} = (0, \cdots, 0, a_i, 0, \cdots, 0)' \quad \text{以概率} p_i, \quad i = 1, 2, \cdots, m$$

其中

$$\sum_{i=1}^{m} p_i = 1$$

假设投注者必须把他所有的资金投注到各个马匹, 不能保留一部分现金. 问投注者应如何投注才能使期望收益最大?

假设投资者把单位资金按资产组合 $\boldsymbol{b} = (w_1, w_2, \cdots, w_m)'$ 投资到各只股票, 其平均倍率为

$$W(\boldsymbol{b}, p(x)) = E[\log(\boldsymbol{b}'\boldsymbol{X})] = \sum_{i=1}^{m} p_i \log(w_i a_i) = \sum_{i=1}^{m} p_i \log\left(\frac{w_i a_i p_i}{p_i}\right)$$

11.3 单点搜索法

$$= \sum_{i=1}^{m} p_i \log\left(\frac{w_i}{p_i}\right) + \sum_{i=1}^{m} p_i \log p_i + \sum_{i=1}^{m} p_i \log a_i \qquad (3\text{-}2)$$

其中第二、三项为已知常数, 要使倍率达到最大, 只对第一项求最大值, 利用一个简单不等式

$$\log x \leqslant x - 1 \quad (x \geqslant 0)$$

其中等号成立当且仅当 $x = 1$, 可得第一项

$$\sum_{i=1}^{m} p_i \log\left(\frac{w_i}{p_i}\right) \leqslant \sum_{i=1}^{m} p_i \left(\frac{w_i}{p_i} - 1\right) = \sum_{i=1}^{m} w_i - \sum_{i=1}^{m} p_i = 0$$

其中等号成立当且仅当 $w_i = p_i$ 对所有 i 成立. 换句话说, 达到最优赔率的赌注组合为

$$w_i^* = p_i$$

对所有 i 成立. 其直观意义是, 赌马时以马匹获胜的概率分配投注可获最大的平均收益.

11.3.2 迭代算法

在第 5 章最大熵资产组合和第 8 章有高阶矩的模型讨论时, 得到的最优资产组合的解析解是隐函数形式, 这些形式本身就给出了一种迭代算法. 下面介绍根据最优解存在的 Kuhn-Tucker 条件得到的计算 log-最优组合的迭代算法.

假设资产收益向量 $\boldsymbol{X} = (X_1, X_2, \cdots, X_N)'$ 的联合分布 $F(\boldsymbol{x})$ 已知, 资产组合为 $\boldsymbol{b} = (w_1, w_2, \cdots, w_N)'$, 考虑无风险约束的 log-最优资产组合问题,

$$\begin{aligned}
&\text{Maximize} \quad E\left[\log\left(\boldsymbol{b}'\boldsymbol{X}\right)\right] \\
&\text{s.t.} \quad \sum_{i=1}^{N} w_i = 1, \quad w_i \geqslant 0, \quad i = 1, 2, \cdots, N
\end{aligned}$$

根据最优解存在的 Kuhn-Tucker 条件, 我们有以下的迭代算法:

(1) 任取一个资产组合 $\boldsymbol{b}^{(0)} = (w_1^{(0)}, w_2^{(0)}, \cdots, w_N^{(0)})'$ 作为初值, 通常可取均匀组合 $\boldsymbol{b}^{(0)} = \left(\frac{1}{N}, \frac{1}{N}, \cdots, \frac{1}{N}\right)$, 计算 $\boldsymbol{w}^{(1)}$, 其分量为

$$w_j^{(1)} = E\left(\frac{X_j}{\sum_i w_i^{(0)} X_i}\right) \qquad (3\text{-}3)$$

(2) 一般地,设第 n 步得到 $\boldsymbol{w}^{(n)}$,则第 $n+1$ 次迭代所得 $\boldsymbol{w}^{(n+1)}$ 的分量为

$$w_j^{(n+1)} = E\left(\frac{X_j}{\sum_i w_i^{(n)} X_i}\right) \tag{3-4}$$

迭代过程直至达到预期的精度为止,其最终的 $\boldsymbol{w}^*$ 即为所求.

该方法的优点是简单易行,缺点是: 其一,须知道 $\boldsymbol{X}$ 的分布函数. 其二,不一定收敛. 即使收敛,其速度也是相当慢的,因为要计算多重积分.

$$E\left(\frac{X_j}{\sum_i w_i X_i}\right) = \int_{x_1}\cdots\int_{x_m} \frac{x_j}{\sum_i w_i x_i} f(x_1,\cdots,x_N)\, dx_1\cdots dx_N$$

也非易事.

如果资产收益的分布未知,通常是用观察到的数据来估计,假设我们有 n 组观察值

$$(x_{i1}, x_{i2}, \cdots, x_{iN})', \quad i = 1, 2, \cdots, n$$

则 $E\left(\dfrac{X_j}{\sum_i w_i X_i}\right)$ 可以用以下统计均值来近似

$$W(\boldsymbol{b}) = \frac{1}{n}\sum_{i=1}^{n} \log\left(\sum_{j=1}^{N} w_j x_{ij}\right)$$

然后利用最优化算法计算出最优资产组合 $\boldsymbol{w}^* = (w_1^*, w_2^*, \cdots, w_m^*)$.

11.3.3 单纯形法

线性规划问题的标准形式可用以下约束优化模型表示.

$$\text{Maximize} \quad z = c_1 x_1 + c_2 x_2 + \cdots + c_N x_N \tag{3-5}$$

$$\text{s.t.} \quad \begin{array}{l} a_{11} x_1 + a_{12} x_2 + \cdots + a_{1N} x_N \leqslant (=, \geqslant) b_1 \\ \cdots\cdots \\ a_{k1} x_1 + a_{k2} x_2 + \cdots + a_{kN} x_N \leqslant (=, \geqslant) b_k \\ x_1, x_2, \cdots, x_N \geqslant 0 \end{array} \tag{3-6}$$

其中 (3-5) 中的目标函数是一组未知变量 $(x_1, x_2, \cdots, x_N)'$ 的线性函数, (3-6) 为线性约束条件,其中第三条为非负性条件. 因为约束条件都是线性约束,满足这些

条件的 $(x_1, x_2, \cdots, x_N)'$ 落在 m 维空间的一个多面体内, 我们称这个多面体为可行域 (有时可行域是无界的), 若存在最优解, 它必落在可行域的一个顶点上, 若在两个顶点上同时获得最优解, 则这两个顶点的连线上的任何一点也是最优解. 如果可行域无界, 则可能不存在最优解.

求解上述问题有很多方法, 其中常用的一个方法是单纯形法, 其基本思想是从可行域中一个基本可行解 (一个顶点) 开始, 转换到另一个基本可行解 (顶点), 并且使目标函数逐步增大, 当目标函数达到最大时, 即为所求的最优解. 关于单纯形法的具体实施步骤可以参考任何一本运筹学的教材, 此处不再赘述.

11.3.4 简约梯度算法

简约梯度算法 (reduced gradient method) 是一种可行性算法, 它的基本思想是沃尔夫 (Wolfe) 在 1962 年作为线性规划单纯形法的一种推广, 针对非线性目标函数和线性约束问题首先提出来的.

该方法可应用于求解以下的约束优化问题

$$\text{Minimize} \quad f(\boldsymbol{x})$$
$$\text{s.t.} \quad \boldsymbol{A}\boldsymbol{x} = \boldsymbol{b} \tag{3-7}$$
$$\boldsymbol{x} \geqslant \boldsymbol{0} \tag{3-8}$$

其中 $f(\boldsymbol{x})$ 是向量 $\boldsymbol{x}\ (\in R^m)$ 的非线性函数, (3-7) 表示线性约束, $\boldsymbol{A}$ 为 $k \times m$ 矩阵, $\boldsymbol{b} \in R^k$, (3-8) 为非负性条件, 第 2 章中讨论的不允许卖空的均值–方差最优组合问题正好属于此类问题, 因此可以用简约梯度算法求解.

简约梯度算法的每一次迭代都通过有效约束消去一部分变元, 从而降低最优化的维数, 因此有人称其为消元法. 它的另一特点是每次迭代都产生一个容许下降的搜索方向, 从而它的各次迭代点都是容许的, 因此又称为容许方向法. 近十年来, 国内外数学家经过深入理论分析和系统的数值实验, 证明了这类方法的可靠性和有效性. 它对于大规模线性约束最优化问题是最好的,

我们先举一个应用简约梯度算法求解只有简单约束的 log-最优组合问题, 然后再应用于求解均值–方差问题.

例 3.3 假设资产收益向量 $\boldsymbol{X} = (X_1, X_2, \cdots, X_N)'$ 的联合分布 $F(\boldsymbol{x})$ 已知, 资产组合为 $\boldsymbol{w} = (w_1, w_2, \cdots, w_N)'$, 考虑无风险约束的 log-最优资产组合问题,

$$\text{Maximize} \quad f(\boldsymbol{w}) = E\left[\log\left(\boldsymbol{w}'\boldsymbol{X}\right)\right]$$
$$\text{s.t.} \quad \sum_{i=1}^{N} w_i = 1, \quad w_i \geqslant 0, \quad i = 1, 2, \cdots, N$$

解法:

(1) 任取一初值 $\boldsymbol{w}^{(0)} = (w_1^{(0)}, w_2^{(0)}, \cdots, w_N^{(0)})'$, $k = 0$, 设定允许误差 $\varepsilon > 0$.

(2) 确定最大分量方向 $j_0: w_{j_0}^{(k)} = \max_j \{w_j^{(k)}\}$ (即取 $\boldsymbol{w}^{(k)}$ 的最大分量方向), 令

$$r_j = \frac{\partial}{\partial w_{j_0}} f(\boldsymbol{w}^{(k)}) - \frac{\partial}{\partial w_j} f(\boldsymbol{w}^{(k)}), \quad j = 1, 2, \cdots, N \tag{3-9}$$

对 $j \neq j_0$, 取

$$d_j^{(k)} = \begin{cases} r_j, & -r_j \leqslant 0 \\ r_j w_j^{(k)}, & -r_j > 0 \end{cases} \tag{3-10}$$

以这些 $d_j^{(k)}$ 为分量构成向量 $\boldsymbol{d}^{(k)} = \left(d_1^{(k)}, d_2^{(k)}, \cdots, d_N^{(k)}\right)$, 如果 $\|\boldsymbol{d}^{(k)}\| < \varepsilon$ (即近似为零向量, $\|\cdot\|$ 为欧氏距离), 则计算终止. 否则进入下一步. $\boldsymbol{d}^{(k)}$ 为零向量的充要条件是对应的 $\boldsymbol{w}^{(k)}$ 是满足 Kuhn-Tuker 条件的极值点.

(3) 确定调整步长的参数 λ, 计算

$$\lambda_{\max} = \min \left\{ \frac{w_j^{(k)}}{d_j} : d_j < 0 \right\} \tag{3-11}$$

进行 1-维搜索满足以下要求之 $\lambda^{(k)}$,

$$f(\boldsymbol{w}^{(k)} + \lambda^{(k)} \boldsymbol{d}^{(k)}) = \max_{0 \leqslant \lambda \leqslant \lambda_{\max}} f(\boldsymbol{w}^{(k)} + \lambda \boldsymbol{d}^{(k)}) \tag{3-12}$$

(4) 取 $\boldsymbol{w}^{(k+1)} = \boldsymbol{w}^{(k)} + \lambda^{(k)} \boldsymbol{d}^{(k)}$, 转第 (2) 步, 执行下一步迭代, 直至达到终止目标.

(5) 计算终止法则, 如果 $\|\boldsymbol{d}^{(k)}\| < \varepsilon$ (即近似为零向量), 或者达到预先设定的最大迭代步数 N, 则计算终止, 输出 $\boldsymbol{w}^{(N)}$ 即为所求之最优组合. 如果计算形成无限次迭代过程, 则所生成的向量序列 $\boldsymbol{w}^{(k)}$ 的任何一个极限点都是最优组合. 如果最优组合 $\boldsymbol{b}^*$ 唯一, 则

$$\lim_{k \to \infty} \boldsymbol{w}^{(k)} = \boldsymbol{w}^*$$

简约梯度算法的流程图见图 11.3.1.

下面我们用简约梯度法来解不允许卖空的均值--方差资产组合问题 (参见第 2 章), 和第 2 章内容略有不同的是, 这里我们先进行降维处理, 再对降维后的模型运用简约梯度算法.

11.3 单点搜索法

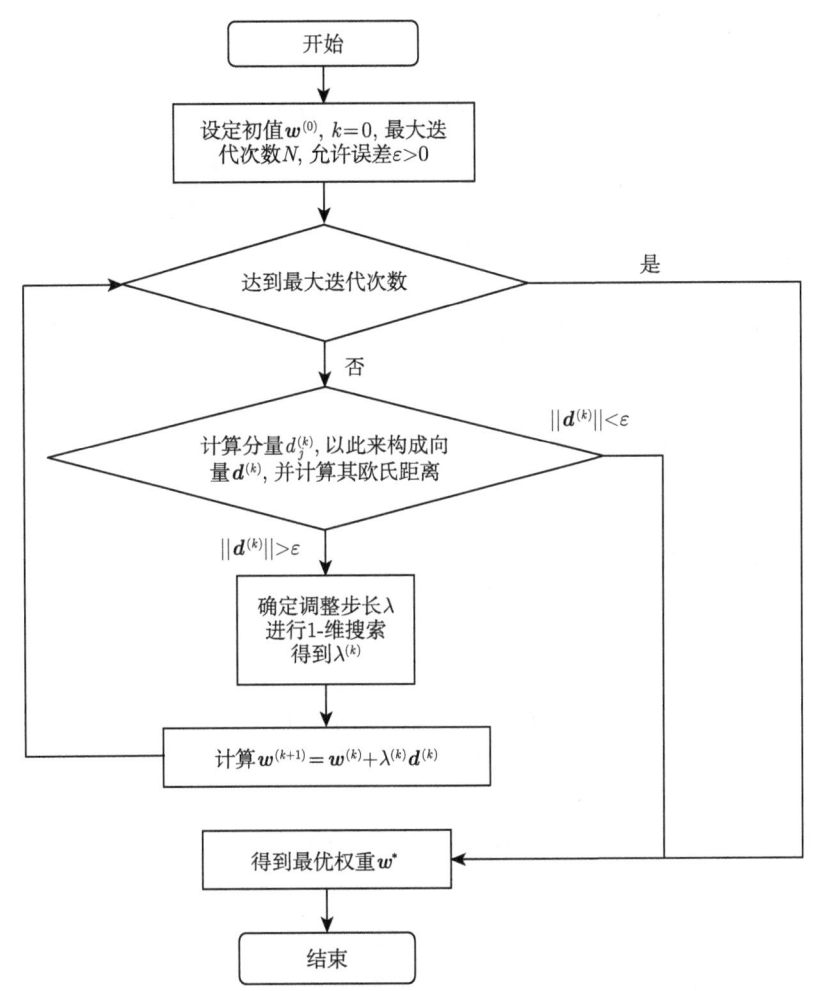

图 11.3.1 计算 log-最优组合的简约梯度算法框图

例 3.4 均值–方差资产组合问题 (I)

$$\text{Minimize} \quad f(\boldsymbol{w}) = \boldsymbol{w}'\boldsymbol{\Sigma}\boldsymbol{w} \tag{3-13}$$

$$\text{s.t.} \quad \begin{aligned} &\sum_{i=1}^{N} w_i \mu_i = \boldsymbol{w}'\boldsymbol{\mu} = r_p \\ &\sum_{i=1}^{N} w_i = \boldsymbol{w}'\boldsymbol{1} = 1 \\ &\boldsymbol{w} \geqslant \boldsymbol{0} \end{aligned} \tag{3-14}$$

我们把约束条件改写成

$$\begin{cases} w_1\mu_1 + w_2\mu_2 + \cdots + w_N\mu_N = r_p \\ w_1 + w_2 + \cdots + w_N = 1 \\ w_i \geqslant 0,\ i=1,2,\cdots,N \end{cases} \tag{3-15}$$

作降维处理, 把 (3-15) 中前两个条件写成矩阵形式, 如果记

$$\boldsymbol{A} = \begin{pmatrix} \mu_1 & \mu_2 & \cdots & \mu_N \\ 1 & 1 & \cdots & 1 \end{pmatrix},\quad \boldsymbol{w} = (w_1, w_2, \cdots, w_N)',\quad \boldsymbol{b} = \begin{pmatrix} r_p \\ 1 \end{pmatrix}$$

$$\boldsymbol{B} = \begin{pmatrix} \mu_1 & \mu_2 \\ 1 & 1 \end{pmatrix},\ \boldsymbol{N} = \begin{pmatrix} \mu_3 & \cdots & \mu_N \\ 1 & \cdots & 1 \end{pmatrix},\ \boldsymbol{w_B} = (w_1, w_2)',\ \boldsymbol{w_N} = (w_3, \cdots, w_N)'$$
$$\tag{3-16}$$

则 (3-15) 中前两式可表为

$$\boldsymbol{Aw} = \boldsymbol{b}$$

或

$$(\boldsymbol{B}\quad \boldsymbol{N})\begin{pmatrix} \boldsymbol{w_B} \\ \boldsymbol{w_N} \end{pmatrix} = \boldsymbol{b}$$

即

$$\boldsymbol{Bw_B} + \boldsymbol{Nw_N} = \boldsymbol{b}$$

得

$$\boldsymbol{w_B} = \boldsymbol{B}^{-1}\boldsymbol{b} - \boldsymbol{B}^{-1}\boldsymbol{Nw_N} \tag{3-17}$$

于是 $f(\boldsymbol{w})$ 可表为

$$f(\boldsymbol{w}) = \boldsymbol{w}'\boldsymbol{\Sigma}\boldsymbol{w} = (\boldsymbol{w_B}',\boldsymbol{w_N}')\,\boldsymbol{\Sigma}\begin{pmatrix} \boldsymbol{w_B} \\ \boldsymbol{w_N} \end{pmatrix} \triangleq f(\boldsymbol{w_B}, \boldsymbol{w_N})$$

记

$$F(\boldsymbol{w_N}) = f(\boldsymbol{w_B}, \boldsymbol{w_N}) = f(\boldsymbol{w_B}(\boldsymbol{w_N}), \boldsymbol{w_N})$$

于是优化问题 (I) 变成除非负性约束外无其他约束的二次规划问题 (II)

$$\text{Minimize}\quad F(\boldsymbol{w_N}) \tag{3-18}$$

$$\text{s.t.}\quad \begin{aligned} &\boldsymbol{w_B} = \boldsymbol{B}^{-1}\boldsymbol{b} - \boldsymbol{B}^{-1}\boldsymbol{Nw_N} \geqslant 0 \\ &\boldsymbol{w_N} \geqslant 0 \end{aligned} \tag{3-19}$$

11.3 单点搜索法

对比原问题降维了. 下面我们就用简约梯度法来求解问题 (II).

第一步: 选择初始可行点 $\boldsymbol{w}^{(0)}$, 允许误差 $\varepsilon > 0$, 取 $k = 0$.

第二步: 计算 $F(\boldsymbol{w_N})$ 的梯度, 即 $f(\boldsymbol{w}^{(k)})$ 的简约梯度为

$$r(\boldsymbol{w}_{\boldsymbol{N}}^{(k)}) = \nabla F(\boldsymbol{w}_{\boldsymbol{N}}^{(k)}) = \nabla_{\boldsymbol{w_N}} f(\boldsymbol{w}^{(k)}) - (\boldsymbol{B}^{-1}\boldsymbol{N})' \nabla_{\boldsymbol{w_N}} f(\boldsymbol{w}^{(k)}) \qquad (3\text{-}20)$$

第三步: 构造可行下降方向.
记

$$\boldsymbol{d}_{\boldsymbol{B}}^{(k)} = (d_1^{(k)}, d_2^{(k)})', \quad \boldsymbol{d}_{\boldsymbol{N}}^{(k)} = (d_3^{(k)}, \cdots, d_m^{(k)})', \quad \boldsymbol{d}^{(k)} = \begin{pmatrix} \boldsymbol{d}_{\boldsymbol{B}}^{(k)} \\ \boldsymbol{d}_{\boldsymbol{N}}^{(k)} \end{pmatrix}$$

其中

$$d_{N_j}^{(k)} = \begin{cases} -w_{N_j}^{(k)} r_j(\boldsymbol{w}_{\boldsymbol{N}}^{(k)}), & r_j(\boldsymbol{w}_{\boldsymbol{N}}^{(k)}) > 0 \\ -r_j(\boldsymbol{w}_{\boldsymbol{N}}^{(k)}), & r_j(\boldsymbol{w}_{\boldsymbol{N}}^{(k)}) \leqslant 0 \end{cases} \qquad (3\text{-}21)$$

$$\boldsymbol{d}_{\boldsymbol{B}}^{(k)} = -\boldsymbol{B}^{-1}\boldsymbol{N}\boldsymbol{d}_{\boldsymbol{N}}^{(k)} \qquad (\text{见以下附注 3.1}) \qquad (3\text{-}22)$$

第四步: 检查终止条件, 如果 $\|\boldsymbol{d}^{(k)}\| < \varepsilon$ (即近似为零向量, $\boldsymbol{d}^{(k)}$ 是 $f(\boldsymbol{w})$ 的 Kuhn-Tuker 极值点), 则终止计算, 输出 $\boldsymbol{w}^{(k)}$, 记为 $\boldsymbol{w}^*$, 否则转第五步.

第五步: 确定一维搜索步长. 当迭代点 $\boldsymbol{w}^{(k)} \geqslant \boldsymbol{0}$ 时, 为保持 $\boldsymbol{w}^{(k+1)} \geqslant \boldsymbol{0}$, 需选择 $\lambda \geqslant 0$ 的范围, 使得

$$w_j^{(k)} + \lambda d_j^{(k)} \geqslant 0, \quad j = 1, 2, \cdots, N \qquad (3\text{-}23)$$

计算

$$\lambda_{\max} = \begin{cases} \min\left\{-\dfrac{w_j^{(k)}}{d_j^{(k)}}\right\}, & d_j^{(k)} < 0 \\ \infty, & d_j^{(k)} \geqslant 0 \end{cases} \qquad (3\text{-}24)$$

进行一维搜索, 求解 $0 \leqslant \lambda \leqslant \lambda_{\max} f(\boldsymbol{w}^{(k)} + \lambda \boldsymbol{d}^{(k)})$, 得到最优解 $\lambda^{(k)}$.

第六步: 取 $\boldsymbol{w}^{(k+1)} = \boldsymbol{w}^{(k)} + \lambda^{(k)} \boldsymbol{d}^{(k)}$, 转第二步, 进行下一步迭代.

计算步骤见图 11.3.2.

定理 3.5 用简约梯度构造可行下降方向 $\boldsymbol{d}$, 而 $\boldsymbol{d}$ 成为 $\boldsymbol{w}$ 处的可行下降方向的充要条件是

$$\begin{cases} \nabla f(\boldsymbol{w})' \boldsymbol{d} < \boldsymbol{0} \\ \boldsymbol{A}\boldsymbol{d} = \boldsymbol{0} \\ d_{N_j} \geqslant \boldsymbol{0}, \quad \text{当 } w_{N_j} \geqslant 0 \text{ 时} \end{cases} \qquad (3\text{-}25)$$

证明 略.

将 d 分解为 $d = \begin{pmatrix} d_B \\ d_N \end{pmatrix}$, 则 (3-23) 第二式 $Ad = 0$ 就变成

$$Bd_B + Nd_N = 0$$

得

$$d_B = -B^{-1}Nd_N$$

附注 3.1 这里因为只有两个线性约束,因此降维效果不大,但是线性约束较多时,降维效果就更好.

此算法流程图见图 11.3.2.

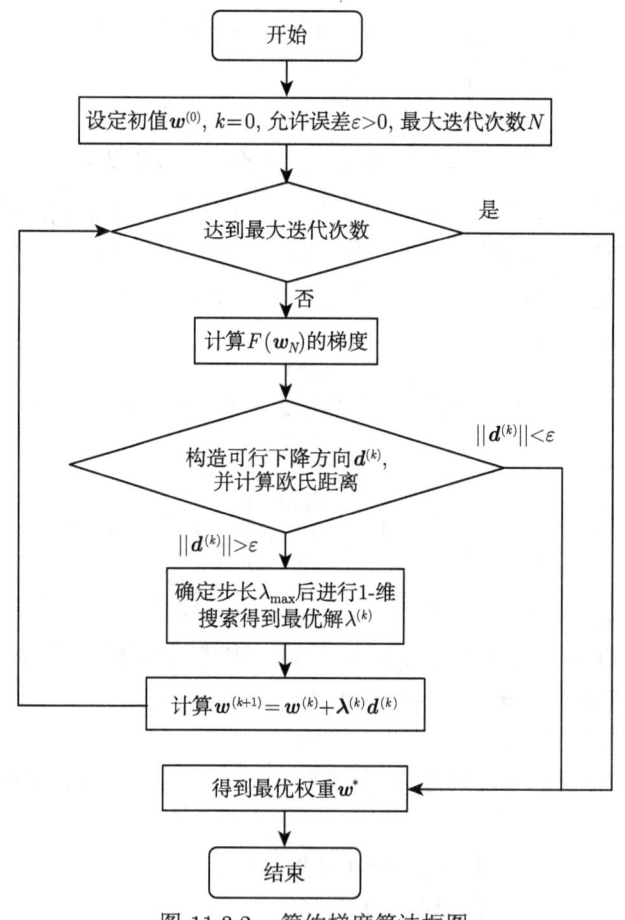

图 11.3.2 简约梯度算法框图

11.3.5 模拟退火算法

模拟退火 (simulated annealing, SA) 算法是综合梯度下降算法和随机过程的启发式随机搜索方法. 模拟退火算法的思想借鉴于固体的退火原理, 当固体的温度很高的时候, 内能比较大, 固体的内部粒子处于快速无序运动状态, 当温度慢慢降低的过程中, 固体的内能减小, 粒子的运动慢慢趋于有序, 最终, 当固体处于常温时, 内能达到最小, 此时, 粒子最为稳定. 模拟退火算法可应用于众多的最优化问题, 也可以应用于求解最优资产组合问题.

模拟退火算法从某一较高的温度出发, 这个温度称为初始温度, 伴随着温度参数的不断下降, 算法中的解趋于稳定. 但是, 可能这样的稳定解是一个局部最优解. 此时, 模拟退火算法中粒子会以一定的概率跳出这样的局部最优解, 以寻找目标函数的全局最优解.

我们用模拟退火算法来求解最优资产组合的均值-方差模型.

假设问题的最优解是 $\boldsymbol{w}^*, f(\boldsymbol{w}^*)$.

第一步: 随机产生一个满足约束条件的初始解 $\boldsymbol{w}^{(0)}$, 取 $\boldsymbol{w}^* = \boldsymbol{w}^{(0)}, f^* = f(\boldsymbol{w}^{(0)})$.

第二步: 在满足约束条件的 $\boldsymbol{w}^{(0)}$ 的领域里随机选取一个 $\boldsymbol{w}$ 计算 $f(\boldsymbol{w})$, 并与 f^* 比较, 如果 $f(\boldsymbol{w}) < f^*$, 则取 $\boldsymbol{w}^{(1)} = \boldsymbol{w}$.

......

第 k 步: 在满足约束条件的 $\boldsymbol{w}^{(k)}$ 的领域里随机选取一个 $\boldsymbol{w}$ 计算 $f(\boldsymbol{w})$, 并与 $f(\boldsymbol{w}^{(k)})$ 比较, 如果 $f(\boldsymbol{w}) < f(\boldsymbol{w}^{(k)})$, 则取 $\boldsymbol{w}^{(k+1)} = \boldsymbol{w}$; 如果 $f(\boldsymbol{w}) < f^*$, 则取 $(\boldsymbol{w}^*, f(\boldsymbol{w}^*)) = (\boldsymbol{w}, f(\boldsymbol{w}))$;

......

如果 $f(\boldsymbol{w}) \geqslant f(\boldsymbol{w}^{(k)})$, 则取 $\Delta f_k = f(\boldsymbol{w}) - f(\boldsymbol{w}^{(k)})$, 并计算概率

$$p\left(k, \boldsymbol{w}, \boldsymbol{w}^{(k)}\right) = \frac{1}{1 + \exp\left(-\frac{1}{T_k}\Delta f_k\right)}$$

以 $[0, 1]$ 上的均匀分布随机产生一个随机数 p, 如果

$$p \leqslant p\left(k, \boldsymbol{w}, \boldsymbol{w}^{(k)}\right)$$

则取 $\boldsymbol{w}^{(k+1)} = \boldsymbol{w}$, 否则取 $\boldsymbol{w}^{(k+1)} = \boldsymbol{w}^{(k)}$.

上述过程称为模拟退火过程, 其中 T_k 为温度, 在前 L 步保持不变, 超过 L 后乘以一个因子 $\alpha \in (0, 1)$, 使温度逐步降下来, 而使得概率 $\dfrac{1}{1 + \exp\left(-\dfrac{1}{T_k}\Delta f_k\right)}$ 趋于零. 继续上述过程, 直到满足终止规则, 输出最优解.

算法流程见图 11.3.3.

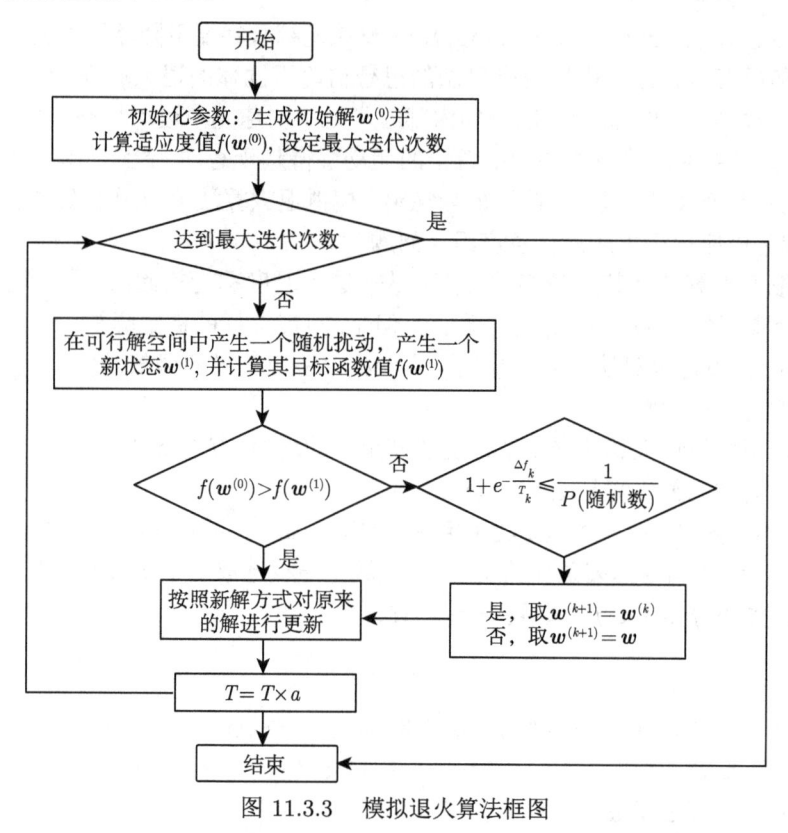

图 11.3.3　模拟退火算法框图

模拟退火算法结构简单、通用性好、鲁棒性强，它是通过温度的不断下降渐近地逼近最优解，是一列马氏链序列，在温度下降足够慢时，目标函数满足的分布收敛于全局最小状态的均匀分布，从而保证以概率 1 收敛到最优解. 模拟退火算法对温度下降的控制很重要，虽然在理论上，温度下降太慢可以保证以概率 1 收敛到最优解，但耗时过长会导致误差积累，难以保证计算结果为最优；而温度下降过快很可能得不到最优解. 因此需要作一个权衡或采取变速策略.

11.4　群体搜索法——进化算法

进化算法是一种具有全局优化性能的算法，其并行性、通用性、无需目标函数的可导性等优点，使其特别适用于大规模最优化问题的求解. 这种算法一般具有严密的理论依据，而不是单纯凭借专家经验，理论上可以在一定的时间内找到最优解或近似最优解. 常用的进化算法有：遗传算法、禁忌搜索算法、粒子群算法、蚁群算法等. 下面主要介绍遗传算法和粒子群算法.

11.4.1 遗传算法

遗传算法是模拟基因遗传进化的智能型算法,在该算法中每个可行解称为一个基因,每次产生若干个基因称为一"代",通过轮盘赌方式随机生成候选基因,然后实施"交叉"和"变异",淘汰差的基因,留下好的基因作为新一代的基因,如此不断进化,直到符合终止规则. 遗传算法主要分为二值型和实数型,二值型算法实施时需要在数据的二值型和实数型表达方式之间来回转换,多有不便. 这里只介绍实数型遗传算法[2,4].

第一步:随机生成初始解群体 $P(0) = \left\{\boldsymbol{w}_1^{(0)}, \boldsymbol{w}_2^{(0)}, \cdots, \boldsymbol{w}_K^{(0)}\right\}$,其中每个 $\boldsymbol{w}_i^{(0)} = \left(w_{i1}^{(0)}, w_{i2}^{(0)}, \cdots, w_{iN}^{(0)}\right)$ 称为基因,都是满足约束条件的资产组合,如不满足则舍去,直至够 K 个为止.

第二步:计算适应度 (即目标值) $f(\boldsymbol{w}_i^{(0)}) = \boldsymbol{w}_i^{(0)\prime} \boldsymbol{\Sigma} \boldsymbol{w}_i^{(0)}$,$i = 1, 2, \cdots, K$,其中 $\boldsymbol{\Sigma}$ 是资产收益率的协方差矩阵.

第三步:实施轮盘赌方式挑选基因. 每次从 $P(0)$ 中随机选取 q 个基因,并保留其中适应度最小的基因作为下一代群体 $P(1)$ 的候选成员,直到取够 K 个基因为止.

第四步:实施交叉算子. 在第三步选出的 K 个基因中每次随机选取两个基因,例如记为 $\boldsymbol{a}$ 和 $\boldsymbol{b}$,以它们作为两个端点组成一线段,一共进行 K 次得到 K 个线段,对每一对 $(\boldsymbol{a}_i, \boldsymbol{b}_i)$,随机产生 1 个 $\lambda_i, 0 \leqslant \lambda_i \leqslant 1, 1 \leqslant i \leqslant K$,构造新的基因 $\boldsymbol{c}_i = \lambda_i \boldsymbol{a}_i + (1 - \lambda_i) \boldsymbol{b}_i$,易知它们自然满足约束条件,随后计算它们的适应度

$$f(\boldsymbol{c}_i) = \boldsymbol{c}_i' \boldsymbol{\Sigma} \boldsymbol{c}_i, \quad i = 1, 2, \cdots, K$$

并每次都与 $f(\boldsymbol{a}_i)$ 和 $f(\boldsymbol{b}_i)$ 比较,留下适应度最小的两个基因,如此共得 K 个新基因,组成新一代群体 $P(1)$,并记下这一代中的最好解.

第五步:回到第三步,直到满足终止规则 (例如相邻两代最优解的差小于预设的误差限,或步数达到预设的最大步数),则停止,输出最终一代基因中对应适应度最小的基因 $\boldsymbol{w}^*$,即为所求的最优组合,其对应的

$$f(\boldsymbol{w}^*) = \boldsymbol{w}^{*\prime} \boldsymbol{\Sigma} \boldsymbol{w}^*$$

为最优目标值.

算法流程图见图 11.4.1.

遗传算法在实施过程中要注意全局探索和局部开发能力的平衡. 全局探索的目的是对可行空间进行更全面的探索,而局部开发主要目的是对已知区域进行更精细的搜索,希望获得质量更好的新解. 因此可以对标准的遗传算法进行适当改进,在算法运行初始阶段,缩小个体适应度差距,减少淘汰率,使算法具有较好的全局探索能力,进行广域搜索; 而在算法运行后期,扩大个体适应度差距,保证算

法能在高适应度个体对应解区域进行集中搜索,加快算法收敛速度. 遗传算法是群体进化,是在整个可行解空间进行搜索,可以有效避免陷入局部极值,但是遗传算法求解精度不尽如人意,局部搜索能力差,收敛速度较慢.

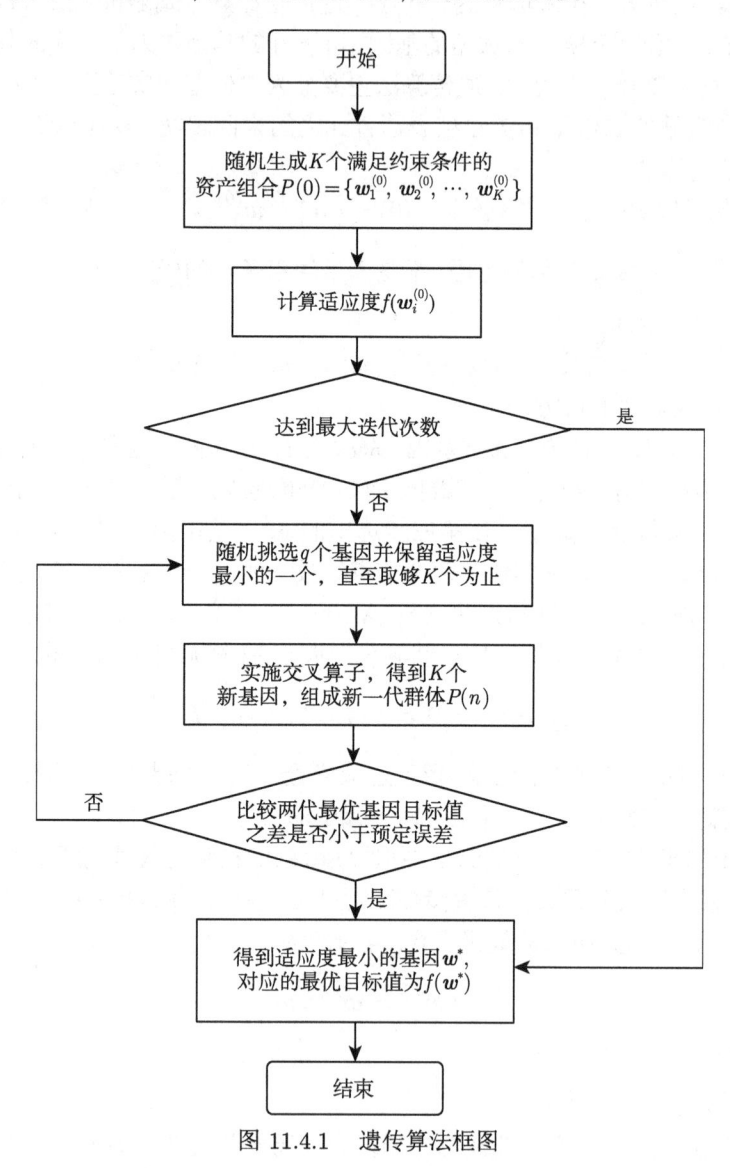

图 11.4.1 遗传算法框图

11.4.2 粒子群算法

此算法是模拟鸟群寻食的过程,一群鸟在寻食过程中不断改变飞行方向,鸟群中的每一只鸟记住它自身历史上的最好位置,即找到鸟食最多的地方,同时也记住

11.4 群体搜索法——进化算法

整个鸟群历史的最好位置, 然后根据当前位置和历史最好位置的位移来修正飞行方向. 模拟鸟群寻食过程的演化方法称为粒子群优化 (particrle swarm optimization, PSO) 算法. 在此算法中, 我们把每一个可行解称为一个粒子, 一次产生一群粒子, 计算每个粒子对应的目标值, 每个粒子在演化过程中记住自己历史最好位置和整个群体的最好位置, 粒子按照一定的规则演化, 直到符合终止规则, 具体算法如 [3].

第一步: 随机生成满足约束条件的初始粒子群 (可行解) $\{\boldsymbol{w}_1^{(0)}, \boldsymbol{w}_2^{(0)}, \cdots, \boldsymbol{w}_K^{(0)}\}$, 计算它们的目标值

$$f(\boldsymbol{w}_i^{(0)}) = \boldsymbol{w}_i^{(0)\prime} \boldsymbol{\Sigma} \boldsymbol{w}_i^{(0)}, \quad i = 1, 2, \cdots, K$$

第二步: 产生下一代粒子群, 记第 l 代的粒子群为

$$\{\boldsymbol{w}_1^{(l)}, \boldsymbol{w}_2^{(l)}, \cdots, \boldsymbol{w}_K^{(l)}\}$$

第 i 个粒子截至第 l 代的历史最好位置是

$$\boldsymbol{w}_i^{[l]*} = \arg\max_{1 \leqslant j \leqslant l} f(\boldsymbol{w}_i^{(j)})$$

记下第 l 代整个粒子群的最好位置 (最优解)

$$\boldsymbol{w}^{(l)*} = \arg\max_{1 \leqslant i \leqslant K} f(\boldsymbol{w}_i^{(l)})$$

而粒子群历史上最好位置为

$$\boldsymbol{w}^* = \arg\max_{1 \leqslant i \leqslant K} f(\boldsymbol{w}_i^{(l)*})$$

产生下一代粒子的运算规则为

$$\boldsymbol{w}_i^{(l+1)} := \boldsymbol{w}_i^{(l)} + \boldsymbol{V}_{id}$$

其中 ":=" 表示将右边的数值赋予左边, $\boldsymbol{V}_{id}$ 是改变的增量, 运算都是向量运算.

$$\boldsymbol{V}_{id} := \boldsymbol{V}_{id} + c_1 \times \text{rand}(\cdot)\left(\boldsymbol{w}_i^{[l]*} - \boldsymbol{w}_i^{(l)}\right) + c_2 \times \text{Rand}(\cdot)\left(\boldsymbol{w}^* - \boldsymbol{w}_i^{(l)}\right)$$

其中 c_1 和 c_2 为预设常数, rand($\cdot$) 和 Rand($\cdot$) 为 (0, 1) 区间上的随机数. 这里需要注意的是, 对新一代粒子, 首先要验证它们是否符合约束条件, 如不符合, 需作调整.

第三步: 回到第二步, 直到满足终止规则, 输出最优解.

文献 [3] 给出了粒子群算法的实例.

附注 4.1 粒子群算法还可以略作如下改进,

$$V_{id} := \lambda V_{id} + c_1 \times \text{rand}\,(\cdot) \left(w_i^{[l]*} - w_i^{(l)}\right) + c_2 \times \text{Rand}\,(\cdot) \left(w^* - w_i^{(l)}\right)$$

在演化过程中令 $\lambda \to 0$.

附注 4.2 粒子群算法适合求解实数问题, 算法简单, 计算方便, 求解速度快, 但是存在着陷入局部最优等问题, 并且这类算法普遍, 比如粒子群算法尚无稳定性证明, 目前很少有人能够给出一个普适性的收敛证明. 可以将各种智能算法进行混合, 取长补短, 然后融合其中的优势, 比如将遗传算法中的变异算子加入粒子群中就可以形成基于变异的粒子群算法. 有兴趣的读者可以自行研究.

算法流程见图 11.4.2.

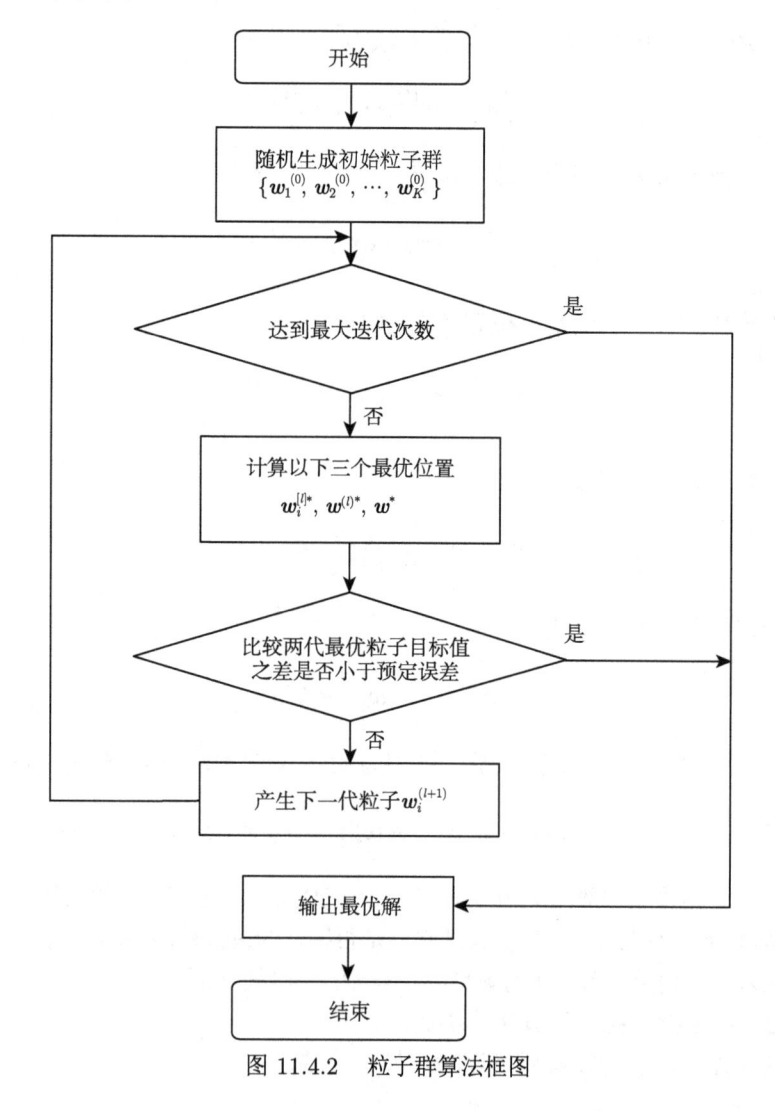

图 11.4.2 粒子群算法框图

附注 4.3 一个约束优化求解问题的困难程度取决于目标函数的复杂性和由约束条件确定的可行域的复杂性，没有一个公认的衡量算法优劣的标准，应综合权衡最优解的质量、算法的收敛性、收敛速度等因素. 经验告诉我们：目标函数在无约束下的全局最优值和有约束下的最优值差距越大，在可行域边界达到约束条件下的最优解的可能性越大，求解的难度也越大，多数情况下需要使用惩罚函数. 读者可以根据自己要解决的约束优化问题尝试不同的计算方法，找到适合此类问题的较好算法，也可以在已有算法的基础上自行设计混合算法，找到符合实际问题的解决途径.

最后要说明的是，我们讨论的都是概率模型，实际上资产价格或收益的概率分布通常是未知的，可以通过观测到的市场上的实际数据来估计，这需要借助于统计估计的方法. 应该说最后得到的最优组合及有效前沿也是一个统计计算的结果，应该对它进行统计检验，而这个问题不在本书范围内，读者可以自己讨论之.

参 考 文 献

[1] 陈志娟, 叶中行. 有高阶矩约束的最优投资组合模型及其近似线性规划解法 [J]. 工程数学学报, 2008, 25(6): 1005-1012.

[2] 王俊, 叶中行. 一种改进的遗传算法在多目标最优投资组合选择上的应用 [J]. 宁夏大学学报, 2004, 25(3): 226-229.

[3] 王雪峰, 叶中行. 基于 PSO 的最优投资组合计算方法 [J]. 工程数学学报, 2007, 24(1): 31-36.

[4] 叶中行. 股市智能化分析的数学基础 [J]. 当代经济科学增刊, 1995: 44-64.

[5] 叶中行, 张忆军. Improved genetic algorithm to optimal portfolio with risk control[J]. Journal of Shanghai Jiao Tong University, 1996, E1(2): 9-16 .

[6] 赵霞, 朱钇频, 杨雅婕, 等. 基于含时网络与随机矩阵理论的投资组合研究 [J]. 山东大学学报 (理学版), 2023, 58(1): 101-110.

[7] 天风证券. 协方差矩阵的常用估计和评价方法 [R]. 证券研究报告, 2017.

[8] 季政. 协方差矩阵压缩估计在投资组合风险管理中的理论及应用研究 [D]. 上海财经大学博士学位论文, 2018.

[9] 肖敏. 协方差矩阵的几何型收缩估计及其应用 [D]. 浙江工商大学博士学位论文, 2018.

[10] 宋鹏. 高维协方差矩阵估计及其投资组合应用 [D]. 中央财经大学博士学位论文, 2019.

[11] Dasgupta D, Michalewicz Z. Evolutionary Algorithms in Engineering Application[M]. New York: Springer-verlag, 1997.

[12] James W, Stein C. Estimation with quadratic loss [J]. Proceeding of the Fourth Berkeley Symp. On Math. Statis. and Probab., 1961, 1(1): 361-379.

[13] Michaud R O, Michaud R. Estimation error and portfolio optimization: A resampling solution[J]. Journal of Investment Management, 2008, 6(1): 8-28.

[14] Ledoit O. Wolf M. Improved estimation of the covariance matrix of stock returns with an application to portfolio selection [J]. Journal of Empirical Finance, 2003, 10(5): 603-621.

[15] Opgen-Rhein R, Strimmer K. Accurate ranking of differentially expressed genes by a distribution-free shrinkage approach[J]. Statistical Applications in Genetics and Molecular Biology, 2007, 6(1), Article 9.

[16] Plerou V, Gopikrishnan P, Rosenow B, et al. Random matrix approach to cross correlations in financial data[J]. Physical Review E, 2002, 65(6), 066126.

[17] Schäfer J, Strimmer K. A shrinkage approach to large-scale covariance matrix estimation and implications for functional genomics[J]. Statistical Applications in Genetics and Molecular Biology, 2005, 4(1), Article 32.

[18] Tang T, Wang Y. Optimal shrinkage estimation of variance with application to microarray data analysis[J]. Journal of the American Statistical Association, 2007, 102(477): 113-122.

[19] Tang T, Jang H, Wang Y. James-Stein type estimation of variance[J]. Journal of Mutivariate Analysis, 2012, 107(3): 232-243.

[20] Würtz D, Chalabi Y, Chen W, et al. Portfolio Optimization with R/Rmetrics[M]. eBook. R metrics Association and Finance Online, Zurich. ISBN: 978-3-906041-01-8 (update 2015).

《运筹与管理科学丛书》已出版书目

1. 非线性优化计算方法　袁亚湘　著　2008年2月
2. 博弈论与非线性分析　俞建　著　2008年2月
3. 蚁群优化算法　马良等　著　2008年2月
4. 组合预测方法有效性理论及其应用　陈华友　著　2008年2月
5. 非光滑优化　高岩　著　2008年4月
6. 离散时间排队论　田乃硕　徐秀丽　马占友　著　2008年6月
7. 动态合作博弈　高红伟　〔俄〕彼得罗相　著　2009年3月
8. 锥约束优化——最优性理论与增广Lagrange方法　张立卫　著　2010年1月
9. Kernel Function-based Interior-point Algorithms for Conic Optimization　Yanqin Bai　著　2010年7月
10. 整数规划　孙小玲　李端　著　2010年11月
11. 竞争与合作数学模型及供应链管理　葛泽慧　孟志青　胡奇英　著　2011年6月
12. 线性规划计算(上)　潘平奇　著　2012年4月
13. 线性规划计算(下)　潘平奇　著　2012年5月
14. 设施选址问题的近似算法　徐大川　张家伟　著　2013年1月
15. 模糊优化方法与应用　刘彦奎　陈艳菊　刘颖　秦蕊　著　2013年3月
16. 变分分析与优化　张立卫　吴佳　张艺　著　2013年6月
17. 线性锥优化　方述诚　邢文训　著　2013年8月
18. 网络最优化　谢政　著　2014年6月
19. 网上拍卖下的库存管理　刘树人　著　2014年8月
20. 图与网络流理论(第二版)　田丰　张运清　著　2015年1月
21. 组合矩阵的结构指数　柳柏濂　黄宇飞　著　2015年1月
22. 马尔可夫决策过程理论与应用　刘克　曹平　编著　2015年2月
23. 最优化方法　杨庆之　编著　2015年3月
24. A First Course in Graph Theory　Xu Junming　著　2015年3月
25. 广义凸性及其应用　杨新民　戎卫东　著　2016年1月
26. 排队博弈论基础　王金亭　著　2016年6月
27. 不良贷款的回收：数据背后的故事　杨晓光　陈暮紫　陈敏　著　2017年6月

28. 参数可信性优化方法　刘彦奎　白雪洁　杨凯　著　2017 年 12 月
29. 非线性方程组数值方法　范金燕　袁亚湘　著　2018 年 2 月
30. 排序与时序最优化引论　林诒勋　著　2019 年 11 月
31. 最优化问题的稳定性分析　张立卫　殷子然　编著　2020 年 4 月
32. 凸优化理论与算法　张海斌　张凯丽　编著　2020 年 8 月
33. 反问题基本理论——变分分析及在地球科学中的应用　王彦飞　V. T. 沃尔科夫　A. G. 亚格拉　著　2021 年 3 月
34. 图矩阵——理论和应用　卜长江　周江　孙丽珠　著　2021 年 8 月
35. 复张量优化及其在量子信息中的应用　倪谷炎　李颖　张梦石　著　2022 年 3 月
36. 全局优化问题的分支定界算法　刘三阳　焦红伟　汪春峰　著　2022 年 9 月
37. Modern Optimization Methods　Qingna LI　著　2023 年 10 月
38. 最小约束违背优化　戴彧虹　张立卫　著　2023 年 12 月
39. 最优投资决策：理论、模型和算法　叶中行　赵霞　著　2024 年 6 月

彩 图

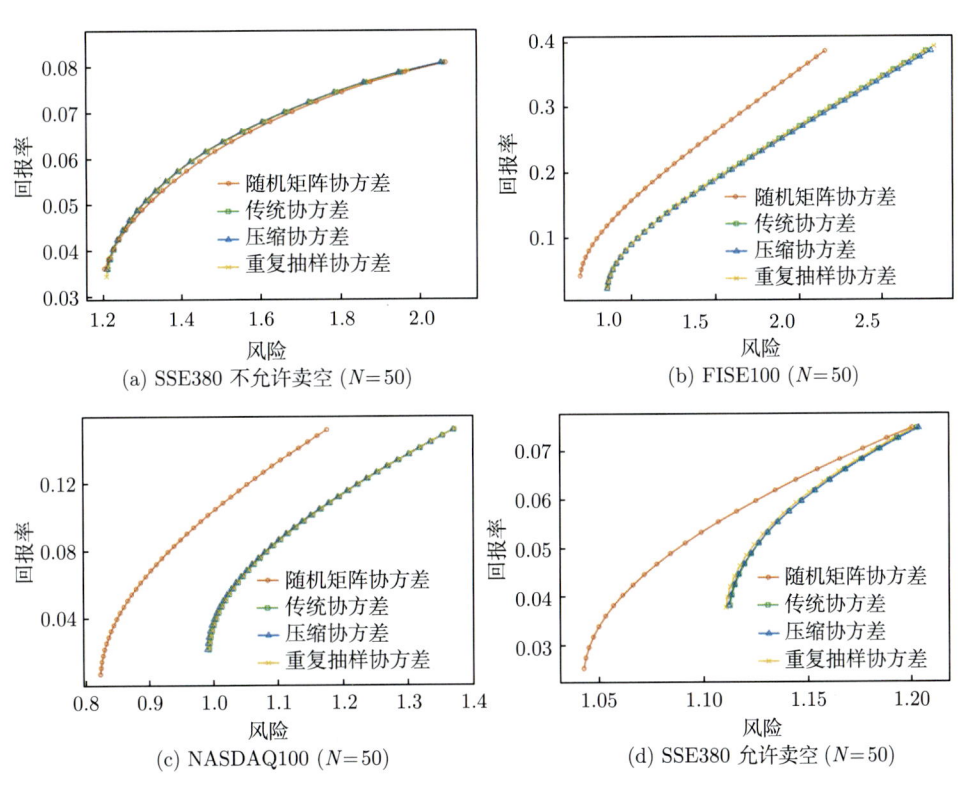

(a) SSE380 不允许卖空 ($N=50$)

(b) FISE100 ($N=50$)

(c) NASDAQ100 ($N=50$)

(d) SSE380 允许卖空 ($N=50$)

图 11.1.3 三个市场下的有效前沿曲线